Der Bauernrebell

Johann Kirchinger

# Der Bauernrebell

Das Leben des streitbaren Landtagsabgeordneten
**Franz Wieland (1850–1901),**
Ökonom in Hierlbach, Post Straubing

Verlag Friedrich Pustet
Regensburg

Umschlagmotive:
Franz Wieland nach einer retuschierten Fotografie. – Bayerischer Bauernverband, Geschäftsstelle Straubing-Bogen.
Brief Wielands an das Reichspatentamt Berlin, 17. Januar 1897. – Privatarchiv Helmut Hilz.

**Bibliografische Information der Deutschen Nationalbibliothek**
Die Deutsche Nationalbibliothek verzeichnet diese Publikation in der Deutschen Nationalbibliografie; detaillierte bibliografische Angaben sind im Internet über http://dnb.d-nb.de abrufbar.

**www.verlag-pustet.de**

ISBN 978-3-7917-2271-9

Umschlaggestaltung: Martin Veicht, Regensburg
Satz: Vollnhals Fotosatz, Neustadt a. d. Donau
Druck und Bindung: Friedrich Pustet, Regensburg
Printed in Germany 2010

# Inhalt

Hinweis für die Leser: Um die Unmittelbarkeit der Quellen zu erhalten, wird die jeweilige Rechtschreibung beibehalten und zur besseren Verständlichkeit nur die Zeichensetzung den aktuellen Regeln angepasst. Hervorhebungen werden beibehalten und in kursiver Schrift wiedergegeben. Erläuternde Zusätze werden in eckige Klammern gesetzt.

Bei Schriftstücken aus dem Nachlass Wielands im Privatarchiv von Helmut Hilz wird auf Archiv- und Bestandsangaben verzichtet.

# Vorwort

Die Pfarrer predigten gegen ihn, die Beamten fürchteten ihn, der Adel verachtete ihn, die Bauern verehrten ihn – den reichen Gäubodenbauern Franz Wieland (1850–1901) aus dem Weiler Hierlbach bei Straubing. Mit äußerster psychischer Brutalität wehrte er sich, als sich die von Klerus und Adel gestützten sowie von Beamten geführten Regierungen im Reich und in Bayern am Ende des 19. Jahrhunderts verstärkt von der Landwirtschaft ab- und den industriellen Interessen zuwandten. Mit Charisma und außergewöhnlichem demagogischen Talent begabt, stellte sich Wieland schon bald an die Spitze der jungen Bauernbundsbewegung, der ersten landwirtschaftlichen Interessenvertretung Bayerns. Von dieser Position aus wollte er die Bauern aus der politischen Unmündigkeit befreien, in die sie seiner Meinung nach von den traditionellen kirchlichen, bürokratischen und adeligen Autoritäten gedrückt wurden. Die Neue freie Volkszeitung verglich ihn deshalb mit dem ungarischen Nationalhelden Lajos Kossuth (1802–1894), der die aufständische ungarische Regierung in den Jahren 1848 und 1849 gegen die Habsburger angeführt und die Bauernbefreiung vorangetrieben hatte: „Was Kossuth für die ungarischen, das war Wieland für die bayerischen Bauern: ein Befreier." (19. Februar 1901) Die um ihren Einfluss bei den Bauern fürchtende katholische Zentrumspartei beschimpfte ihn dagegen als „Des Satans Zutreiber" (zit. nach: Neue freie Volkszeitung vom 7./8. Januar 1899). Nach Ansicht der Passauer Donau-Zeitung war er „der beste Agitator der Bauernbündler, dessen Popularität sich von Versammlung zu Versammlung steigerte". Sie bezeichnete ihn deshalb als „eine der charakteristischsten Figuren vom Schauplatze des öffentlichen Lebens in Bayern" (20. September 1901).

Trotzdem findet sich Wielands Name in keinem biografischen Nachschlagewerk. Zu Unrecht steht er im Schatten anderer Bauernbundspolitiker, wie etwa des wortgewandten und spöttischen Journalisten Dr. Johann Baptist Sigl oder des Priesters Dr. Georg Ratzinger, der – ein Großonkel von Papst Benedikt XVI. – mit ausgreifenden sozialethischen Programmen an die Öffentlichkeit trat. Während es diese beiden politischen Einzelgänger in das Rampenlicht der Geschichtsforschung geschafft haben, prägte der vergessene Wieland

Gestalt und Programmatik der Bauernbundsbewegung viel stärker als sie. Da er jedoch im Gegensatz zu den beiden Genannten nicht mit eigenen Publikationen an die Öffentlichkeit trat, machte er es der Forschung nicht leicht, sich mit ihm zu beschäftigen. Es war deshalb erst der sensationelle Fund von Wielands schriftlichem Nachlass im Jahr 2007, der die nähere Beschäftigung mit seinem biografischen Werdegang, seinen politischen Motiven und seiner Denkstruktur anregte, um so auch einen tieferen Einblick in die Motive der Bauernbundsbewegung zu bekommen. Zu diesem Zweck wurden neben Wielands Nachlass auch seine Reden und Diskussionsbeiträge im bayerischen Landtag, im niederbayerischen Landrat und in den Bauernbundsversammlungen analysiert. Umso bedauerlicher ist es deshalb, dass die zu Wielands Lebzeiten erschienenen Jahrgänge seines Straubinger Organs, des Niederbayerischen Anzeigers, nach dem gegenwärtigen Kenntnisstand nicht erhalten sind. Diese Lücke wird teilweise von dem zentrumsnahen Journalisten Armin Kausen gefüllt, der Artikel des Niederbayerischen Anzeigers in seinen bauernbundskritischen Pamphleten unter den Pseudonymen Ferdinand Bauernfreund und Xaver Wahrmund ausgiebig zum Abdruck brachte. Ergänzend konnte die vollständig erhaltene Neue freie Volkszeitung, Wielands Münchner Organ, ausgewertet werden. Um die Fremdsicht auf Wieland zu analysieren, wurde die klerikale Passauer Donau-Zeitung, die dem Bauernbund bisweilen wohlwollend gegenüberstehende liberale Augsburger Abendzeitung, die sozialdemokratische Münchener Post, das von Beamten redigierte Wochenblatt des Landwirtschaftlichen Vereins in Bayern und das in den staatlichen Archiven aufbewahrte einschlägige Schriftgut der staatlichen Behörden herangezogen. Als ergiebig erwies sich nicht zuletzt der Nachlass von Wielands politischem Weggefährten Georg Eisenberger aus Ruhpolding.

Eine solide Basis für die Beschäftigung mit Franz Wieland stellt die Bauernbundsmonografie von Anton Hochberger aus dem Jahr 1991 dar, mit Einschränkungen gilt dies auch für die ältere Doktorarbeit Alois Hundhammers von 1924. Die von den angelsächsischen Autoren David Blackbourn, Ian Farr und James C. Hunt verfassten Aufsätze zur Bauernbundsgeschichte zeichnen sich durch eine beeindruckende und anregende analytische Schärfe aus. Demgegenüber stellt die im Jahr 2000 fertig gestellte Doktorarbeit von John Abbott lediglich eine quellengesättigte Vertiefung des damals aktuellen Forschungsstandes dar.

Die Drucklegung dieses Buches wäre nicht ohne namhafte finanzielle und personelle Unterstützung möglich gewesen. Ich danke deshalb allen, die daran beteiligt waren. Herrn Helmut Hilz aus Siegsdorf, Nachfahre von Franz Wielands Cousin Peter Wieland (1848–1926) aus Kröhstorf, sei für die Überlassung des Nachlasses von Franz Wieland herzlich Dank gesagt. Um die Benutzung des Nachlasses auch in Zukunft sicherzustellen, will er ihn dem Bayerischen Hauptstaatsarchiv in München überlassen. Mein besonderer Dank gilt Frau Mathilde Willnecker – ebenfalls Nachkommin von Peter Wieland – aus Schatzbach bei Bad Birnbach, der das Verdienst gebührt, den Nachlass ausfindig gemacht und so vor der Vernichtung bewahrt zu haben.

Das Erscheinen dieses Bandes wurde großzügig ermöglicht von der Ernst-Pietsch-Stiftung Deggendorf, dem Landrat von Straubing-Bogen, Herrn Alfred Reisinger, der Kulturstiftung des Bezirks Niederbayern, Herrn Helmut Hilz und dem Bayerischen Bauernverband, Bezirksverband Niederbayern. Stellvertretend für das Entgegenkommen, das mir in den öffentlichen Archiven stets zu teil wurde, möchte ich mich ganz herzlich bei Herrn Dr. Herbert Wurster und Herrn Diplomarchivar Wolfgang Fronhöfer vom Bistumsarchiv Passau bedanken. Mit außergewöhnlichem Engagement und Interesse an der Person Wielands erstellten sie dessen Ahnenreihe. Für die hervorragende Zusammenarbeit möchte ich mich bei den Mitarbeitern des Verlages Friedrich Pustet in Regensburg bedanken. Für wertvolle Ratschläge danke ich nicht zuletzt Herrn Prof. Dr. Karl Hausberger, Ordinarius für Mittlere und Neue Kirchengeschichte an der Universität Regensburg, dessen Assistent ich in den vergangenen dreieinhalb Jahren sein durfte.

Holztraubach in Niederbayern, an Lichtmess 2010
Johann Kirchinger

*„Denn sie, als die Großen und Gescheiden,
wollen Alles schulmeistern ...“*

# Erste politische Erfahrungen

Franz Xaver Wieland wurde am 20. Oktober 1850 im Vilstaldorf Gergweis (Bezirksamt Vilshofen) als erster ehelicher Sohn von Michael (1822–1888) und Katharina Wieland (1823–1864) geboren und noch am selben Tag in der Pfarrkirche von Galgweis getauft[1]. Sein Vater war der Bühlerbauer und stammte aus einer der reichsten Familien von Gergweis[2]. Seine Mutter war die Tochter des wohlhabenden Niederseißenbauern Michael Habersbrunner aus dem nahen Gainstorf[3]. Die beiden hatten am 22. Januar 1850 geheiratet, als sich Michaels Vater Joseph (1793–1874) alt genug fühlte, um den Bühlerhof an das junge Paar zu übergeben. Vorher war ihnen eine Heirat aufgrund der gesetzlichen Bestimmungen verboten. Trotzdem hatten sie – entgegen den kirchlichen Vorschriften – eine voreheliche Beziehung geführt, aus der im Jahr 1846 bereits ein Sohn entsprossen war.

Zwischen 1852 und 1864 bekam Franz dann noch neun Geschwister, wovon nur zwei das Säuglings- bzw. Kindesalter überlebten. Die Mutter überlebte die Geburt der letzten Tochter Katharina nicht. Sie starb am 9. Dezember 1864 im Wochenbett. Sentimentalität konnte sich der Vater nicht leisten. Weil er eine Mutter für die Kinder, eine Aufsicht für die zahlreichen weiblichen Dienstboten und eine Arbeitskraft auf dem Hof benötigte, war er um eine pragmatische Lösung bemüht und heiratete kurzerhand Anna, die Zwillingsschwester seiner verstorbenen Frau.

Die Gergweiser Familie Wieland entstammte einem alten niederbayerischen Bauerngeschlecht. Erstmals trat es mit Caspar Wieland (gest. 1665), dem Weindlbauern von Bruck bei Künzing, ins Licht der Geschichte. Im Vilstal siedelte sich die Familie an, als Caspars Urenkel Josef (1703–1776) im Jahr 1731 die Witwe des Mayrhoferbauern von Gergweis heiratete. Sein Sohn Sebastian (1757–1812) wurde in einem Nachlassinventar aus dem Jahr 1818

*Franz Wieland nach einer retuschierten Fotografie, wie sie nach seinem Tode die Gaststuben vieler niederbayerischer Wirtshäuser zierte. Dieses Exemplar hing in einem Wirtshaus in Straßkirchen bei Straubing.*

als „Besitzer des Mairhofer- und Pichlergutes" bezeichnet, dem in Gergweis 58,5 Tagwerk gehörten[4]. Seinem Sohn Joseph – Großvater von Franz Wieland – gelang es, den Besitz der Familie stetig zu vermehren, so dass er bald neben dem halben Bühlerhof auch noch das Amthofergut besaß. Während er das große Amthofergut mit der dazugehörigen Brauerei an seinen erstgeborenen Sohn Josef (geb. 1820) übergab, bekam der zweitgeborene Michael im Jahr 1850 den halben Bühlerhof, der nur 66 Tagwerk umfasste. Neun Jahre später besaß er jedoch bereits 155 Tagwerk und kurz bevor er den Hof im Jahr 1882 an seinen Sohn Franz übergab, nannte er dann 168 Tagwerk in Gergweis sein Eigen.

Innerhalb eines halben Jahrhunderts hatten sich die Gergweiser Bühlerbauern von den Besitzern eines halben Hofes zu Großbauern emporgearbeitet. Die Möglichkeit dazu verschaffte ihnen die so genannte Bauernbefreiung, die seit dem Ende des 18. Jahrhunderts zu einer zunehmenden Mobilisierung von landwirtschaftlichem Grund und Boden führte. Die neue wirtschaftliche Freiheit, die vor allem in der Beseitigung grundherrschaftlicher und gemeindlicher Verpflichtungen gründete[5], erlaubte den Bühlerbauern eine markt- und gewinnorientierte Wirtschaftsweise, die sie auf dem Hintergrund der Agrarkonjunktur der 1830er- bis 1870er-Jahre zur Eigentumsvermehrung auszunutzen verstanden. Der Ertrag ihres Besitzes ging schließlich weit über den Eigenbedarf hinaus und trotzdem blieben sie rührig. Um den Kapitaleinsatz zu optimieren, bemühte sich Michael Wieland um eine Rationalisierung der Betriebsabläufe auf dem Bühlerhof. Deshalb tauschte er mit der Gemeinde Gergweis Grundstücke „zur Arrondierung und bessern Bewirthschaftung"[6] und setzte moderne Technik ein. So besaß er Anteile an einer Dampfsäge und bereits wenige Jahre nach ihrer Erfindung eine Dampfdreschmaschine[7]. Und im Jahr 1875 bean-

*Wohnhaus von Franz Wieland in Gergweis: ein typisches Rottaler Bauernhaus in Blockbauweise. Es ist noch weitgehend in dem Zustand erhalten, in dem es Wieland 1891 verlassen hat, bevor es die Gemeinde erstand und als Armenhaus nutzte.*

tragte er, ein Schöpfrad an der Vils errichten zu dürfen, um fließendes Wasser in Haus und Stall zu bekommen[8].

Damit hatte Michael Wieland begonnen, sich einen geradezu städtischen Lebensstil zuzulegen. Dies zeigt, dass seine Investitionen nicht zuletzt dem Zweck dienten, Reichtum zur Schau zu stellen und seine soziale Stellung als Angehöriger der dörflichen Oberschicht der reichen Großbauern zu demonstrieren. Dabei hatte die Bauernbefreiung in Gergweis insgesamt zu einer großen Besitzumschichtung geführt, an deren vorläufigem Ende in der zweiten Hälfte des 19. Jahrhunderts eine besonders starke soziale Differenzierung stand. In Gergweis wohnten damals 498 Einwohner in 58 Anwesen, der landwirtschaftlich nutzbare Grund und Boden umfasste 784 Hektar[9]. Die zehn Großbauernfamilien, die Höfe im Umfang zwischen 86 und 225 Tagwerk besaßen, stellten etwa 14 Prozent der Bevölkerung und verfügten über 53 Prozent des landwirtschaftlich nutzbaren Bodens. Jenseits einer sehr schmalen Schicht von sechs Mittelbauern, die Höfe im Umfang von 30 bis 65 Tagwerk bewirtschafteten, fristete der Großteil der Gergweiser Bevölkerung sein Dasein als Kleinstbauern und Taglöhner, die darauf angewiesen waren, zu ihrem Lebensunterhalt auf den Höfen der Großbauern zu arbeiten.

Es waren aber nicht nur die wirtschaftlichen Ressourcen, die sich in Gergweis in den Händen der Großbauern befanden. Da die dörfliche Hierarchie von ökonomischen Faktoren bestimmt war, befand sich auch das Machtmonopol in den Händen der wenigen Großbauern. Diesen fiel die Führung im Dorf noch ganz selbstverständlich zu, immerhin boten sie den Großteil der innerdörflichen Arbeitsplätze und zahlten den Großteil der Gemeindeumlagen. Ihr Machtmonopol und ihren Besitz sicherten sie durch eine gezielte Heiratspolitik ab. Sie wählten sich ihre Ehepartner nur aus den sozial gleichrangigen Familien benachbarter Großbauern und umschlossen das Dorf dadurch mit einem engen verwandtschaftlichen Netzwerk. Während Michael Wieland selbst den drittgrößten Gergweiser Hof bewirtschaftete, besaß sein Vetter, der Straubingerbauer Joseph Willnegger, den zweitgrößten Hof (176 Tagwerk). Der größte Bauer im Dorf war Michaels Bruder, der Amthofergutsbesitzer Josef Wieland (1820–1890), dessen Besitz neben der Brauerei 225 Tagwerk umfasste. Allein zwischen diesen drei Höfen wechselte in der zweiten Hälfte des 19. Jahrhunderts das Amt des Bürgermeisters[10].

Darüber hinaus war auch die Kirchenverwaltung in den Händen der Wieland'schen Verwandtschaft[11].

Entsprechend dieser für die Erhaltung des sozialen Status der Großbauern unumgänglichen Konvention suchte sich Franz Wieland seine Gattin ebenfalls aus der dörflichen Oberschicht, als er am 17. Januar 1882 die Gergweiser Wirtstochter Maria Geßl (1859–1934) heiratete. Mit ihr hatte er bereits eine voreheliche Partnerschaft unterhalten – zum Zeitpunkt der Hochzeit war sie bereits im siebten Monat schwanger. Marias Vater besaß zwar nur 82 Tagwerk, gehörte als Wirt jedoch zu den reichsten Dorfbewohnern. Als Franz Wieland heiratete, übergab ihm sein Vater den Bühlerhof. Als neuer Bühlerbauer trat er dann auch die kommunalpolitische Nachfolge seines Vaters an. Ende des Jahres 1887 wurde er zum Beigeordneten gewählt, d. h. zum Stellvertreter des Bürgermeisters, seines Vetters Ludwig Willnegger (1842–1908)[12]. Darüber hinaus war er Feldgeschworener, Mitglied des Ausschusses der Feuerwehren im Bezirksamt Vilshofen, Geschworener beim niederbayerischen Schwurgericht und Mitglied des Vilshofener Distriktsrates, der Vertretungskörperschaft der im Gebiet eines Bezirksamtes befindlichen Gemeinden und Grundbesitzer[13]. Franz Wieland war nun ein vollgültiges Mitglied der tonangebenden Oberschicht von Gergweis.

## Der Gergweiser Kirchenstreit

Die zahlenmäßige Schwäche der mittelbäuerlichen Schicht führte innerhalb des Dorfes zu einer besonders ausgeprägten sozialen Abgrenzung der Großbauern von den wirtschaftlich weniger potenten Dorfbewohnern. In der Kirche genügte es ihnen nicht, abgesondert von den Taglöhnern und Kleinbauern in den vordersten Bänken zu sitzen. Sie verlangten auch einen eigenen Zugang zur Kirche. In Gergweis betraten die Großbauern von der Sakristei aus die Kirche und gingen wie der Pfarrer vom Altar aus in ihre Stühle, um so die Gottgewolltheit ihrer sozial herausgehobenen Stellung gegenüber den Kleinbauern und Taglöhnern sichtbar zu machen. Als dies der Gergweiser Expositus Andreas Schneider (1850–1930) aus liturgischen Gründen nicht mehr akzeptieren wollte, zeigte die großbäuerliche Gergweiser Oberschicht Widerstand. Sie war bereit, ihre

*Der Gergweiser Expositus Andreas Schneider.*

durch Verwandtschaft und Besitz abgesicherte Stellung in der Dorfhierarchie ohne Rücksicht gegenüber solcher Autorität durchzusetzen, die wie diejenige der Pfarrer und Beamten von außerhalb des Dorfes stammte und nicht in konkretem Besitz, sondern in der Bekleidung eines abstrakten Amtes gründete.

Zum Wortführer der dörflichen Oberschicht schwang sich der junge Bühlerbauer auf. Schneiders Vorgesetzter, der Galgweiser Pfarrer Josef Dick (1814–1892), beschwerte sich deshalb in einem Schreiben an das Bischöfliche Ordinariat in Passau: „In Gergweis besteht eine bekannte Clique, welche der Geistlichkeit und ihren Anordnungen stets mißgünstig gegenübersteht, alles benergelt u. bekritelt u. der auch die Geistlichkeit zu Willen sein soll, wie die übrigen Dorfbewohner. Denn sie, als die Großen und Gescheiden, wollen Alles schulmeistern, regieren und beherrschen. Als unberufener Wortführer, Agitator u. Kirchenvater thut sich besonders hervor der Biller-Anwesensbesitzer Wiland Frz. Er hat von sich sehr hohe Begriffe u. große Selbsteingenommenheit, großen Hochmut und Anmaßung mit eigener Ruhmredigkeit." Dabei vergaß Dick nicht anzufügen, „daß Wiland ein ganz verbissener u. nur von bösen Willen geleiteter Mensch ist"[14]. Der Streit eskalierte, als Franz in einem Schreiben an das Bezirksamt Vilshofen behauptete:

„Ich kenne kirchliche Vorgesetzte überhaupt nicht, ich kenne blos Lehrer (Religionslehrer)." Pfarrer Dick ergriff die Gelegenheit und lud den jungen Bühlerbauern am 29. Februar 1888 in das Pfarramt nach Galgweis vor. Dort wurde ihm eröffnet, „daß er dadurch seine Ansicht über die Lehre der kath. Kirche stellte; diese also angriff u. verwarf, sich somit von ihr getrennt und ausgeschlossen hat". Pfarrer Dick wollte also nichts weniger als Wielands Exkommunikation feststellen. Wieland war wie vor den Kopf gestoßen. Er verweigerte eine Antwort auf die Anwürfe und unterschrieb auch das Protokoll nicht[15].

Zu seiner Verteidigung verfasste Wieland noch am selben Tag ein Schreiben[16] an den Passauer Bischof Josef Franz von Weckert (1822–1889). Dabei ging er ohne Umschweife auf den Grund des Zerwürfnisses ein. Es handelte sich laut Wieland darum, „daß uns unser Herr Expositus die vordere Kirchenthür, welche durch die Sakristei in die Kirche führt, ohne besonders große Veranlassung hiezu absperrte und uns den Durchgang durch dieselbe verwehrte, trotzdem wir nachweislich seit undenklichen Zeiten diesen Durchgang ausübten". Als besondere Demütigung der dörflichen Oberschicht empfand es Wieland, dass dieser der Durchgang verwehrt wurde, während „ein paar Weibspersonen, welche besonders bevorzugt scheinen, ihren Durchgang durch die Sakristei nehmen". Er verlangte deshalb, Schneider solle „es für alle Fälle unterlassen, hiesige Bürger [...] durch Herabsetzung unter Weibspersonen zu belästigen".

Die Sperrung der Sakristeitür war aber nicht der einzige Kritikpunkt Wielands an Schneider. Es missfielen ihm auch die liturgischen Neuerungen, die dieser in Gergweis einführte. Der Expositus hatte zum Ärger Wielands die „uralte Sitte" abgeschafft, zur Information der dörflichen Bevölkerung bei der Erteilung der Sterbesakramente die Glocken läuten zu lassen. Die Änderungen, die Schneider an der Erntedankprozession vorgenommen hatte, wollten dem Bühlerbauern auch nicht gefallen, und bezüglich „der sogenannten cäcilianischen Kirchenmusik [Bewegung zur liturgischen und kirchenmusikalischen Reform] ersuchten wir Herrn Expositus, er wolle dieses unterlassen, da sie uns nicht gefällt; auch glaubten wir, daß andere Priester der Umgebung auch ihre Schuldigkeit thun, trotzdem sie keine solche Kirchenmusik haben".

Im Anschluss an diese Kritik wies er den Bischof auf Schneiders zweifelhaften Lebenswandel hin. Er berichtete ihm, dass im Dorf

Zettel angeschlagen wurden, „welche das Leben unsers Expositus mit seiner Köchin in einer Weise schildern, die ich hier nicht näher beschreiben will". Trotzdem hielt er die Gerüchte für glaubhaft. Er hatte nämlich selbst beobachtet, wie Schneider „seine Köchin vergangenen Sommer ein paar mal scherzweise mit Kothbrökeln [Erdbatzen] bewarf". Deshalb forderte er den Bischof auf, er solle nun „selbst beurtheilen, wer Schuldträger ist an der gegenwärtigen großen Mißachtung unsers Herrn Expositus". Dabei erblickte er den eigentlichen „Störer des kirchlichen Friedens in Gergweis" in dem Galgweiser Pfarrer Dick. Diesem warf er vor, sich über die Wahl eines Kirchenpflegers durch die Kirchenverwaltung hinweggesetzt und einen eigenen Kandidaten eingesetzt zu haben. Und „welche Frechheit und unrechtes Verlangen stellte dießer Herr Pfarrer wiederum an die Kirchenverwaltungsmitglieder, als er sie auf Handgelübde verpflichten wollte, sie sollten ihm gehorsam sein, anstatt sie zu verpflichten, ihre Stimme nach besten Wissen und Gewissen nur zum Besten der Kirche abzugeben". Er fragte sich deshalb: „Welche Achtung kann es also wohl geben für Geistliche, die selbst vor Lüge, Verläumdung und, wie es scheint, nicht einmal vor Urkundenfälschung [wegen der eigenmächtigen Revision der Wahl eines Kirchenpflegers] zurückschreken, wenn es gilt, Bürger von Gergweis

*Gergweis auf einer Postkarte aus dem Jahr 1907. Im Hintergrund links die rauchenden Kamine der Brauerei von Paul Wieland.*

herabzusetzen, ihnen Schaden zuzufügen oder sie in ihren Rechten zu beeinträchtigen oder ihnen dieselben streitig zu machen." Nachdem Wieland den Bischof zur Bekräftigung seiner Bitte auf die Kosten aufmerksam gemacht hatte, die den Gergweisern der Bau des Expositurhauses verursacht hatte, ersuchte er ihn: „Sie wollen uns durch Zurechtweisung dieser beiden Priester unsern Durchgang wie früher durch die Sakristei wieder zusichern sowie unsere liebe kirchliche Ordnung wiederherstellen."

Als Schneider die Sakristeitüre sperrte und als liturgischer Neuerer auftrat, griff er in einen besonders sensiblen Bereich des Dorflebens ein. Die Kirche war der Ort, in dem sich das Dorf als sozial gegliederter Organismus des göttlichen Beistandes versicherte, um die noch kaum durchschaubaren Unwägbarkeiten der Natur zu bewältigen. Die Kirche stellte deshalb den zentralen Ort dörflicher Identitätsstiftung dar. Die Demonstration der sozialen Ungleichheit der Dorfbewohner war integraler Bestandteil kirchlicher Riten. Sie konnten deshalb nicht verändert werden, ohne das dörfliche Sozialgefüge zu erschüttern[17]. Ein im Umkreis Wielands anzusiedelnder anonymer Schreiber forderte daher vom bischöflichen Ordinariat in Passau, dass „unsere gottesdienstlichen Verrichtungen, wie wir selbe früher in herkömmlicher Weise hatten, und wie solche in anderen Kirchen stattfinden", wieder eingeführt werden[18]. Aber Schneider kümmerte sich nicht darum. Es entsprach dem herrschenden kirchlichen Zentralismus[19], dass Schneider die tradierten dörflichen Riten dem von der Amtskirche vorgegebenen liturgischen Schema unterwerfen und das Herrschaftsmonopol des Klerus in kirchlichen Angelegenheiten auch gegenüber den überkommenen Gebräuchen der Dorfbevölkerung durchsetzen wollte. Damit trat er in Konkurrenz zur dörflichen Oberschicht, die ihre Kompetenz zur Mitsprache in kirchlichen Angelegenheiten von der Erbringung finanzieller Leistungen an die Kirche – etwa anlässlich des Baues des Expositurhauses – ableitete. Dabei geht aus Wielands Schreiben deutlich hervor, dass es ihm nicht mehr nur darum ging, das dörfliche Sozialgefüge durch die Rückkehr zu den tradierten Riten zu bewahren. Wielands Widerstand gegen das klerikale Herrschaftsmonopol in kirchlichen Angelegenheiten besaß bereits eine politische Qualität. Im Streit mit der Gergweiser Dorfgeistlichkeit begann er, politisches Selbstbewusstsein zu entwickeln. Besonders deutlich wurde dies, als er für sich und namens der anderen Angehörigen der großbäuerlichen Gergweiser Oberschicht im oben genannten Schreiben an den Passauer Bischof damit drohte, „daß, wer uns Bürger so offen missachtet, sich auf die gleiche Mißachtung gefasst machen darf, denn jeder Wurm regt sich, wenn er getreten wird".

Diese Politisierung war eine konsequente Folge der Tatsache, dass sich der Herrschaftsanspruch der Geistlichkeit seit dem Kulturkampf zwischen katholischer Kirche und weltanschaulich liberalem Staat nicht mehr auf den kirchlichen Bereich beschränken konnte, sondern ebenso auf den öffentlichen Raum erstreckte. Die Gergweiser Großbauern wurden dadurch angestoßen, ihre gegen die Dorfgeistlichkeit gerichteten sozialen Interessen auch mit politischen Mitteln durchzusetzen. Der Galgweiser Pfarrer Dick beschwerte sich deshalb in einem Schreiben an das Passauer Ordinariat nicht von ungefähr über den politischen Eigensinn der von Wieland angeführten Großbauern: „Diese Klique beherrscht ganz Gergweis; nur ihr Angehörige kommen in die Gemeinde- und Kirchenverwaltung; bei Landtagswahlen wird immer ein eigener Kandidat aufgestellt u. einstimmig gewählt."[20]

Da Schneider die Interessen der Großbauern verletzt hatte, waren sie es, die in Gergweis zuerst politisches Bewusstsein entwickelten. Denn es musste geradezu revolutionär auf das dörfliche Sozialgefüge wirken, als er den Ansprüchen der großbäuerlichen Honoratioren entgegentrat. Dabei fand er aber bei der kleinstbäuerlichen und handwerklich tätigen Gergweiser Unterschicht keine Unterstützung. Selbst der kleinste Besitzer fühlte sich mit den Großbauern durch den allen gemeinsamen Rhythmus der landwirtschaftlichen Arbeit, die Abhängigkeit gegenüber den Unwägbarkeiten der Natur und das Streben nach Erhalt und Vermehrung des Eigentums verbunden[21]. Eigenständiges soziales und politisches Bewusstsein entwickelte sich bei den Gergweiser Unterschichten noch nicht, weshalb sie sich dem Führungsanspruch der Großbauern im Kampf gegen den Expositus unterwarfen.

Wer sich aber dem klerikalen Herrschaftsanspruch nicht unterwarf, konnte nach Ansicht der Geistlichkeit auch auf dem Dorf nur als liberal im weltanschaulichen und parteipolitischen Sinne betrachtet werden. Der Aidenbacher Dekan Augustin Zitzelsberger, der die kirchlichen Zustände in Gergweis im Auftrag des Passauer Ordinariates zu untersuchen hatte, stellte sich deshalb die Frage:

„Warum ist aber Herr Schneider so unbeliebt und verhaßt bei den Gergweisern (bei den (liberalen) Tonangebenden und ihren Anhängern, welche ihn aber auch bei den Niedrigen herabzusetzen suchen)?"[22] Diese Auslassung über Wielands politische Orientierung wurde später von der Donau-Zeitung bestätigt, als sie schrieb, dass Wieland „von jeher liberal" gewesen sei, „wie er einmal selbst gestand"[23]. Trotz ihres eindeutig diffamierenden Zweckes entbehren diese Behauptungen nicht der Grundlage. Schon die Tatsache, dass sich Wielands Familie über die kirchliche Sexualmoral hinwegsetzte, zeigt eine gewisse Distanz zu kirchlichen Vorschriften. Auch das Feuerwehrwesen, für das sich Wieland engagierte, stand im Verdacht des Liberalismus. Denn erstmals wurde mit den Feuerwehren eine bürgerliche Organisationsform von der Stadt auf das Land übertragen, die Zwecken diente, die nicht kirchlich waren[24].

Zum Verdacht des Liberalismus schien auch zu passen, dass Wieland von Schneider als „äußerst nachlässiger Kirchenbesucher" denunziert wurde. Wieland wies diesen Vorwurf jedoch in seinem oben genannten Schreiben an den Passauer Bischof energisch zurück und kündigte sogar an, deswegen Klage gegen Schneider zu erheben. Tatsächlich besuchte Wieland den sonntäglichen Gottesdienst im Nachbarort Galgweis, denn „unter solchen Umständen, wo mir mein Durchgang durch die Sakristei entzogen und nur ein paar bevorzugten Weibspersonnen gestattet ist, ziehe ich es freilich vor, in einer der umgebenden Kirchen, regelmäßig in der Frühmesse zu Galgweis, meinen Gottesdienst beizuwohnen". Diese Reaktion wirft nun ein bezeichnendes Licht auf die tatsächlich vorhandene innere Dimension von Wielands Frömmigkeit. Offenbar war ihm der Gottesdienstbesuch ein Bedürfnis, dessen Intensität man erkennt, wenn man die ungünstigen Umstände in Betracht zieht, die Wieland im Nachbarort antraf. Er gehörte nicht zur Galgweiser Dorfgemeinschaft und war deshalb ein Fremder – auch wenn ihn jeder kannte in Galgweis, aber das machte die Angelegenheit nicht angenehmer für ihn. Dort war er nicht der Bühlerbauer, der in den vorderen Bänken seinen Platz einnahm. Da die herausgehobenen Bänke von den dortigen Honoratioren besetzt waren, konnte er nicht dem Hauptgottesdienst beiwohnen. Er konnte sich nicht unter Seinesgleichen einreihen. Er musste die Frühmesse besuchen, in der er sich neben ein paar alten ‚Weibern' irgendeinen Platz suchen konnte – und trotzdem tat er es.

Dies zeigt sehr deutlich, dass Wielands Widerstand gegen die Geistlichkeit nicht religiös motiviert war. Vielmehr sind die kirchlichen Auseinandersetzungen in Gergweis als sozialer Konflikt um die Herrschaft im Dorf zu deuten. Dieser Streit wurde nicht nur vor der Sakristeitür, sondern auch in den Scheunen der Bauern geführt. Gestützt auf das Gewohnheitsrecht und bereit, sein Recht mit aller Rücksichtslosigkeit durchzusetzen, forderte der Expositus nämlich von den Gergweisern einen Beitrag zu seinem Lebensunterhalt, die so genannten Naturalreichnisse[25]. So sehr diese Forderung für Schneider von existentieller Bedeutung war, ist der Streit, der darüber entstand, als symbolische Auseinandersetzung um die Grenzen klerikalen Herrschaftsanspruches auf dem Dorf zu sehen – zumal die finanzielle Bedeutung der Naturalreichnisse für den einzelnen Pflichtigen vernachlässigbar war. So musste der reiche Bühlerbauer jährlich ein Vierling Roggen [18,528 Liter, entspricht 13 kg[26]] und zwei Reiß Flachs abliefern[27]. Während sich aber die Dorfgeistlichkeit auf den Standpunkt stellte, dass die Naturalreichnisse ohne Aufforderung pflichtgemäß abzuliefern seien, war Wieland der Ansicht, dass es sich dabei um eine freiwillige Gabe handle, um die der Pfarrer bitten müsse und deren Höhe vom Wohlverhalten des Pfarrers abhängig gemacht werden könne. Den Galgweiser Pfarrer Dick machte er deshalb am 6. April 1890 darauf aufmerksam, dass „wohl Sie am allerbesten wissen, daß Sie, so lange Sie in Galgweis sind, von meinem Anwesen nie eine Garbe werden bekommen noch gefordert haben“[28].

Laut einer Aufstellung Schneiders leistete Wieland die Naturalreichnisse tatsächlich nicht mehr, seitdem er den Bühlerhof übernommen hatte. Als der Streit zwischen der Dorfgeistlichkeit und Wieland dann wegen der Sakristeisperrung eskalierte, dehnte sich der Boykott der Naturalreichnisse zunächst auf die gesamte Verwandtschaft Franz Wielands – seinen Cousin Paul Wieland, seinen Vetter Ludwig Willnegger und seinen Schwiegervater Franz Paul Geßl – und dann noch darüber hinaus auf die gesamte Bevölkerung aus. Schneider beklagte sich deshalb, dass „mit verschwindend geringen Ausnahmen die fassionsmäßigen ‚Reisl‘ Flachs [doppelhandvoll Flachs, das durch die Hechel gezogen wird] fast nirgends verabreicht wurden, auch keine entsprechende Geldentschädigung dafür“[29].

Wielands Ansicht war rechtlich nicht haltbar. Die Naturalreichnisse gründeten im Gewohnheitsrecht und waren verpflichtend. Dies war Wielands Vater bestätigt worden, als er am 2. Dezember 1890 vom Bayerischen Verwaltungsgerichtshof in dritter Instanz nach einem zehnjährigen Rechtsstreit mit der Pfarrpfründe Galgweis für ein Gut, dass er erworben und zertrümmert hatte, zur Leistung der Naturalreichnisse verurteilt worden war[30]. Umso mehr trug der Streit um sie dazu bei, dass sich die Fronten zwischen der kirchlichen und der dörflichen Autorität immer mehr verhärteten. Darunter litt nicht zuletzt Wielands Familie. So wurden seine Kinder vom Expositus in der Schule benachteiligt. Er schrieb deshalb an Schneider: „Unterstehen Sie Sich nicht mehr und strafen Sie mein Kind nicht mehr wegen Kirchenbesuch, ich stelle sofort Klage, wenn es nochmal geschieht, den es ist eine grobe Unverschämtheit von Ihnen, weil Sie kein Recht hiezu haben. Franz Wieland."[31] Im Herbst 1889 waren die Verhältnisse derart unhaltbar geworden, dass Schneider am 1. Oktober 1889 darüber im Passauer Ordinariat vernommen wurde. Seiner Ansicht nach war selbstverständlich Wieland der Hauptschuldige an der Eskalation. Wieland wolle sich „in keine Ordnung fügen u. erhielt schon durch das k. Bezirksamt wegen ungeeigneten Benehmens gegen mich in Schriften eine Rüge". Er beklagte sich darüber, „wie aufsäßig mir eine gewisse aus ca. 12 Individuen bestehende Partei ist. [...] Die Haupttreiber sind aber die drei Wieland u. der Geßl, die aber auch ieder von einem gewissen Lehrer Richter gehetzt werden."[32]

Trotz des taktisch klugen Hinweises auf den Lehrer Karl Richter (geb. 1835), der schon mehrfach und unabhängig vom Gergweiser Kirchenstreit mit der geistlichen Schulaufsicht in Konflikt geraten war[33], gelang es Schneider nicht, das Ordinariat von seiner Unschuld zu überzeugen. Vielmehr wurde er gerügt, dass er „durch seine Unklugheiten, richtiger gesagt Ausschreitungen, vor denen wir ihn schon früher nachdrücklich warnen mußten, die bedauerlichen Verhältnisse in Gergweis verschlimmerte"[34]. Daraufhin intervenierte der Galgweiser Pfarrer Dick für Schneider. In einem Schreiben an das Ordinariat bestätigte er dessen Ausführungen. Er wies darauf hin, dass die Schuld an den Zerrüttungen ausschließlich bei der „Klique" um den „Hauptagitator" Wieland liege, „die am Glauben Schiffbruch gelitten, die allem Kirchl. u. Religiösen, dem Geistl. u. der Geistlichkeit mißgünstig, gehäßig und feindselig gegenüber steht, die Alles nach ihrem Sinn und Wünschen richten u. leiten will; die auch thut, als sei sie die Filialgemeinde"[35].

Im Ordinariat wurde Dicks Intervention jedoch als ungebührliche Einmischung verstanden, weshalb er sich eine scharfe Zurückweisung gefallen lassen musste: „Wenn Herr Pfarrer Dick meint, daß, wenn bei Herrn Coop[erator]. expos[itus]. Unklugheiten vorkamen, ‚er dies mit Anderen teilt', so wird ihm doch wohl nicht entgehen, daß die Unklugheiten des Einen, zumal bei Verhältnissen wie in Gergweis, durch die Unklugheiten Anderer nicht entschuldigt werden."[36] Das Passauer Ordinariat war nicht zur Nachsicht gegenüber Schneider bereit, weil sich dieser bereits vor seiner Gergweiser Zeit wegen seiner häufigen Wirtshausbesuche und seines zweifelhaften Umgangs mit dem weiblichen Geschlecht eine Ordinariatsrüge eingehandelt hatte[37]. Da der Konflikt nicht mehr gütlich beizulegen war und Schneider keinen Rückhalt am Ordinariat besaß, sah er nach der zweiten Rüge seiner priesterlichen Karriere keinen anderen Ausweg mehr, als von Gergweis wegzugehen. Ja er sah ein, dass er sich durch sein Verhalten in der ganzen Diözese Passau unmöglich gemacht hatte. Er wechselte deshalb in das Bistum Augsburg[38]. Wielands Exkommunikationsprozess aber war im Passauer Ordinariat kommentarlos „ad acta" gelegt worden, während ihm die Sakristeitür versperrt blieb[39].

Die Geistlichkeit hatte den Konflikt um die Herrschaft in Gergweis auf der ganzen Linie verloren und insgesamt eine antiklerikale Politisierung der Dorfbevölkerung bewirkt. Als die Gergweiser Unterschichten dann schließlich doch gegen die krassen sozialen Ungleichheiten im Dorf aufbegehrten, taten sie dies nicht im Rahmen katholischer Landarbeiter- und Dienstbotenorganisationen, sondern im Rahmen der Sozialdemokratie. Im Jahr 1898 wurde in Gergweis einer der ältesten Ortsverbände der SPD im ländlichen Bayern gegründet[40]. Die Großbauern aber konnten im Liberalismus keine dauerhafte politische Heimat finden. In diesem fanden sie zwar einen Bündnispartner gegen den öffentlichen Herrschaftsanspruch des Klerus. Wirtschaftspolitisch überwogen jedoch die Differenzen zu den liberalen Kandidaten aller Parteischattierungen, da diese als Vertreter städtischer und gewerblicher Interessen galten. Das von der Geistlichkeit geweckte politische Bewusstsein Wielands war deshalb noch labil.

Der Gergweiser Kirchenstreit aber besaß für Wielands spätere politische Karriere nicht nur aufgrund seiner aufrüttelnden politisierenden Wirkung enorme Bedeutung, er zwang den Bühlerbauern auch, seine schriftliche und mündliche Ausdrucksfähigkeit andauernd unter Beweis zu stellen und dadurch zu schulen. Die Gergweiser Dorfgeistlichkeit war deshalb wesentlich dafür verantwortlich, dass dem Klerus in Wieland nicht nur ein erbitterter, sondern auch ein wortgewandter Gegner erwuchs. Als Wieland im Jahr 1893 in die Arena des politischen Kampfes stieg, war er in der Lage, sich mit einer grammatikalischen Sicherheit und einer geschliffenen Stilistik auszudrücken, die weit über die Möglichkeiten seiner bäuerlichen Mitstreiter hinausging. Seine Handschrift war gleichmäßig, nüchtern und scharf, sie verriet den geübten und disziplinierten Schreiber. Dabei war sich Wieland bewusst geworden, wie nützlich die Vermittlung derartiger Fähigkeiten in der Volksschule war. Er scheute sich deshalb nicht, der in der Bauernschaft populären und von Teilen des Klerus – so etwa von seinem späteren politischen Gegner Dr. Georg Ratzinger (1844–1899)[41] – unterstützten Forderung nach einer Verkürzung der Volksschulpflicht entgegenzutreten, indem er „in allen Versammlungen betonte, daß der Bund energisch für Beibehaltung des 7. Schuljahres eintreten müsse, damit die junge Generation etwas Tüchtiges lerne und nicht zu Knechten der Herrschenden werde“[42]. Seinem ersten intellektuellen Mentor, dem Gergweiser Volksschullehrer Karl Richter, behielt er deshalb zeitlebens eine innige Anhänglichkeit, wie zahlreiche Briefe in seinem Nachlass bezeugen.

*„Es gibt keinen Bauernstand mehr, wohl aber einen ‚Oekonomen'-Stand."*

# Als kapitalistischer Agrarunternehmer in Hierlbach

Wie sein Vater, so nutzte auch Franz Wieland den Überschuss, den der Bühlerhof abwarf, um diesen zu vergrößern. Im Dezember 1887 umfasste sein Besitz 188 Tagwerk. Finanzielle Sorgen musste sich Wieland trotz der abflauenden Agrarkonjunktur nicht machen. Seine Familie wuchs und gedieh. Beinahe alle Jahre brachte seine Frau ein Kind auf die Welt. Am 4. April 1882 wurde die Tochter Maria geboren, am 2. Juni 1883 der erste Sohn Franz, der nach zehn Monaten wieder starb. Zu diesem Zeitpunkt trug die Bühlerbäuerin schon den nächsten Sohn unter ihrem Herzen, der am 5. Dezember 1884 geboren wurde. Er erhielt wieder den Namen Franz, überlebte das Kindesalter und wurde der Hoferbe. Am 19. April 1886 kam Emilie auf die Welt, die das Kindesalter ebenfalls überlebte und unverheiratet blieb. Die am 9. Mai 1887 geborene Franziska starb wenige Tage nach der Geburt, ebenso der am 14. Mai 1888 geborene Michael.

Nachdem der Bühlerhof den größten Umfang erreicht hatte, wurde Wieland immer unruhiger. Er kümmerte sich kaum mehr um die Bewirtschaftung seiner Felder. Das Grundsteuerkataster vermerkt ein hektisches Kaufen und Verkaufen von Grundstücken. Innerhalb eines Jahres hatte Wieland den Bühlerhof vollständig zertrümmert. Im März 1891 war nichts mehr von ihm übrig. Dies brachte ihm in der Zentrumspresse in den politischen Auseinandersetzungen seit 1893 den Vorwurf ein, „ein ganz gewöhnlicher Hofmetzger" zu sein, „der so wenig bäuerlichen Sinn hat, daß er sein ererbtes väterliches Anwesen zertrümmert"[43]. Wieland hatte sich zunehmend von der Landwirtschaft abgewandt und auf den Grundstückshandel verlegt. Die Spekulation mit landwirtschaftlichen Grundstücken war ungeachtet sinkender Getreidepreise ein lukratives Geschäft. Denn trotz abflauender Agrarkonjunktur sorgte die Hoffnung auf anziehende Erzeugerpreise für steigende Grundstückspreise[44]. Da das Preisniveau für Einzelgrundstücke über demjenigen für Gesamtgüter[45] lag, kaufte Wieland ganze Bauernhöfe, um die Einzelflächen dann anschließend wieder gewinnbringend zu veräußern. Zwischen 1887 und 1891 zertrümmerte er als Güterhändler nach eigener Aussage 34 Anwesen[46]. Dabei war er Teil eines Güterhandelsunternehmens, an dem auch sein Vater Michael, sein Onkel Josef und dessen beide Söhne Peter (Brauereibesitzer in Kröhstorf) und Paul (Anthoferbräu in Gergweis) beteiligt waren[47]. Wieland scheute sich nicht, Zahlungsschwierigkeiten seiner Schuldner rücksichtslos auszunutzen, um ihnen überhöhte Zinsen abzupressen[48]. Es ist daher wohl auf seine Tätigkeit als Güterhändler zurückzuführen, dass er am 27. Januar 1891 wegen „strafbaren Eigennutzes", d. h. Wucher, verurteilt wurde[49].

Wie die Familienüberlieferung wissen will, zerstritten sich die an dem Unternehmen beteiligten Familienmitglieder aber schlussendlich wegen der Aufteilung des Gewinns, weshalb sich Franz nun sesshaft machte und seine Güterhandelsunternehmungen aufgab. Mit dem Gewinn, den er sich dabei erwirtschaftet hatte, erwarb er am 14. Dezember 1891 einen großen Bauernhof in Hierlbach bei Straubing. Für das 240 Tagwerk umfassende Gut mitten im fruchtbaren Gäuboden musste er einschließlich des Inventars an landwirtschaftlichem Gerät, Vieh und Vorräten 117 000 Mark bezahlen[50]. Voller Elan ging er an die Bewirtschaftung des Gutes, das sich aufgrund der zahlreichen Besitzerwechsel in den vergangenen dreißig Jahren in keinem guten Zustand befand. Konkret zeigte sich dies für Wieland an den Nachlässigkeiten, die sich während dieser Zeit bei den Dienstboten – drei Pferdeknechte, vier Ochsenknechte und zwei Viehmägde – eingeschlichen hatten. Der 1. Pferdeknecht, so Wieland an Lichtmeß 1892 wenige Wochen nach seiner Ankunft in Hierlbach, „versteht noch wenig und zeigte auch keine Ordnungsliebe", der 2. Pferdeknecht „besitzt nach meiner Ansicht keinen offenen Charakter" und sei „im Ackern und Eggen sehr ungenau", der 2. Ochsenknecht „verdient durchaus nicht den bedungenen Lohn", ein weiterer sei „etwas sehr träge" und die 1. Viehmagd sei „sehr eigensinnig und hat die böse Eigenschaft, daß sie unbedingt eine Bekanntschaft im Hause haben muß und verrichtet dann die Arbeit nur schlauderisch"[51].

Wie es auf Wielands Hierlbacher Gut insgesamt zuging, schildert uns am anschaulichsten die bündlerische Neue freie Volkszeitung in ihrer Ausgabe vom 16./17. August 1894:

„Wieland ist der Prototyp eines niederbayerischen Bauern. Auf einer großen, kräftigen breitschultrigen Gestalt, an der nichts von unserer entnervten Zeit zu bemerken, sitzt ein mittelgroßer Kopf. Der Grundzug des Gesichtes ist Energie, die Stirne ist hoch, die Nase ein klein wenig gebogen. Ein schwarzer, nur mit einzelnen grauen Haaren mellirter dicker Schnurrbart umrahmt die Oberlippe, eine Mücke dient der Unterlippe als Schmuck. Das runde Gesicht freut sich des morgigen Samstags, da wird es wohl von den Bartstoppeln befreit. Das Auge ist grau, stechend und gleitet forschend, ja drohend auf den zur Rechten gehenden Besuch. Hinter einem braungrünen Lodenhut dringt schwarzes Haar in dichten Büscheln hervor. Die Kleidung ist die des arbeitenden Landmannes. Statt der Lederhose trägt Herr Wieland Tuchhosen. Er lebt auf ‚großem Fuß'. Ein Paar Pantoffeln bilden die einzige Fußbekleidung.

Wir treten in die Wohnung, zugleich Arbeitszimmer; darinnen ein altes Tafelpiano, darauf eine Nähmaschine und ein Maßkrug; links davon ein Kinderwagen mit lebendem Inhalt; weiter links ein Tisch, auf dem mehrere Zeitungsnummern liegen. Eine angebotene Havanna steckt der Hofbesitzer in einen neben Gewehren hängenden Rock. Eine hübsche, junge Frau begrüßt uns und geht mit in die Ställe, alle musterhaft gehalten und voll des schönsten Viehes, lauter Allgäuer Rasse. ‚Ohne Brennerei gibt's koan ordentlichen Landwirth.' Die neugebaute Brennerei zeigt der Besitzer mit besonderem Stolz – sie hat ihn 17 000 M gekostet. Wir besichtigen die landwirthschaftlichen Maschinen, auch den zwei Hofhunden statten wir einen Besuch ab und hören zu, wie man den böhmischen Gänsen die Flaumfedern gewinnt. Und was wir auf dem halbstündigen Rundgang gesprochen? Der alte Vergil [antiker römischer Schriftsteller, Verfasser eines landwirtschaftlichen Lehrgedichts] hätte sich gefreut, es war ein ununterbrochenes Loblied auf die Landwirthschaft und das Landleben. Die Politik war von vorneherein verpönt – wenn man den Satz ausnimmt, den Herr Wieland besonders betonte: ‚All's könna's ma thun, meine Feind, nur lüg'n derfa's nöt über mi – da wer i grob und nocha scheu i koa Klag und fürchts a nöt'. Beim Abschied reichte ich ihm die Hand. ‚Ich kann Ihna koa Hand nöt geb'n – i hab' grad Maschina g'schmiert'. ‚Macht nichts', sagte ich – ergriff die derbe Rechte, lüpfte den Hut und im flotten Trabe ging's wieder Straubing zu."

Der „Prototyp eines niederbayerischen Bauern", den Wieland nach Ansicht des Redakteurs der Neuen freien Volkszeitung darstellte, war ein Landwirt, der sich städtischen Lebensstil leisten konnte

*Wielands Hierlbacher Gut, ein Beispiel für eine Agrarfabrik seiner Zeit. Im Hintergrund die Schlote der Kartoffelbrennerei; im Hof genügend Platz für die schnaufenden Dampfrösser, die im Sommer anrückten, um die Dreschmaschinen zu betreiben; in den Ställen ganze Batterien von Milchleisungskühen in Reih und Glied; in den Stadeln die Magazine für das Getreide – alles auf Produktivitätssteigerung orientiert.*

– deutlich ablesbar an dem Kinderwagen und dem Tafelpiano, das umso mehr als Statussymbol diente, als es nutzlos war und als Unterlage für die Nähmaschine diente –, und auf eine unternehmerische, rationelle und kapitalistische Art und Weise wirtschaftete. Nach Aussage des Vilshofener Bezirksamtmanns hatte er sich schließlich deshalb in Hierlbach angesiedelt, da die Bewirtschaftung des Bühlerhofes in Gergweis „wegen der weit auseinander liegenden Gründe und dergl. schwierig und nicht rentabel" gewesen sei[52]. Damit führte er die Rationalisierungsbemühungen seines Vaters konsequent weiter. Hatte sich dieser aber noch an die sozialen Kontakte seiner Heimat gebunden gefühlt, begann Franz Wieland mit seiner Übersiedlung nach Hierlbach damit, sich von allen tradierten Bindungen und Verpflichtungen frei zu machen. Als er den Bühlerhof zertrümmerte und das Hierlbacher Gut erwarb, handelte er als kapitalistischer Agrarunternehmer. Grund und Boden stellten für ihn ein grundsätzlich vermehrbares und nicht standortgebundenes Produktionskapital dar. Das Ziel seiner Wirtschaftsführung bestand deshalb nicht in der bloßen Befriedigung des Lebensunterhaltes, sondern in Gewinnmaximierung. Seine Wirtschaftsweise war kapitalbestimmt und in hohem Maß marktorientiert. Im Kuhstall mochte ihm deshalb das genügsame, aber leistungsschwache niederbayerische Landvieh nicht mehr genügen, weshalb er es gegen das anspruchsvollere und milchbetonte Allgäuer Vieh austauschte[53]. Denn für die Milch bot das nahe Straubing einen günstigen Absatzmarkt.

Im Ackerbau spezialisierte er sich auf den Kartoffelbau[54]. Er hatte den Markt für landwirtschaftliche Produkte genau beobachtet und bemerkt, dass dem zunehmenden Import billigen Getreides aus Übersee keine entsprechende Einfuhr der weniger haltbaren Kartoffeln gegenüberstand[55]. Der Kartoffelanbau schien deshalb eine lukrative Option auf die Zukunft zu sein, zumal er die Kartoffeln in seiner neu erbauten Branntweinbrennerei zu Schnaps veredeln konnte. Ein Problem stellte jedoch die besondere Arbeitsintensität des Kartoffelbaus dar, denn Landarbeiter waren wegen der zunehmenden Industrialisierung knapp und teuer. Da er für betriebswirtschaftliche und produktionstechnische Innovationen aufgeschlossen war, trug er sich deshalb mit dem Gedanken, eine Kartoffelerntemaschine zu konstruieren und patentieren zu lassen, „welche die reifen Kartoffeln aus der Erde gräbt, dieselben von Erde, Kraut und Gras p.p. reinigt und in Körbe oder Säke liefert"[56]. Dabei waren es vor allem die Maschinen, die Wielands sozialen Status als finanzstarker Agrarunternehmer symbolisieren sollten – so wie ehedem die Rösser als Statussymbol dienten, von denen in dem Bericht der Neuen freien Volkszeitung keine Rede ist. Die ölverschmierten Hände, die Wieland nach dem Wortlaut dieses Berichtes hatte, sollten ja gerade zeigen, dass er selbst körperlich nicht arbeiten musste, sondern in der Lage war, sich Maschinen zu leisten, deren Wartung so kompliziert war, dass sie in seinen unternehmerischen Aufgabenbereich fielen.

Wenn er bald nach seiner Ankunft in Hierlbach daranging, die verstreuten Felder und Wiesen seines neuen Anwesens zu arrondieren, so tat er dies jedoch nicht nur zur Rationalisierung seiner Betriebsführung. Wie er ausdrücklich zugab, wollte er damit nicht zuletzt die Voraussetzung schaffen, um die Jagd auf seinen Grundstücken selbst ausüben zu können[57]. Es war noch nicht lange her, dass der Adel sein Jagdmonopol verloren hatte und die Bauern mit dem Jagdgesetz vom 4. Juni 1848 zur Jagd zugelassen worden waren, wozu sie aber eine zusammenhängende Fläche von 300 Tagwerk benötigten[58]. Wenn Wieland nun die Ausübung des Jagdrechts auf seinen Feldern und Wiesen anstrebte, dann wollte er damit demonstrieren, dass er der alleinige Herr auf seinen Feldern und Wiesen war, der keine fremden Rechte auf seinem Grund dulden musste. Er erhob den Anspruch, die ehemals herrschaftlichen Rechte des Adels innerhalb der Grenzen seines Besitzes selbst ausüben zu können. Die Gewehre, die der Bericht der Neuen freien Volkszeitung so beiläufig erwähnte, dienen als Symbol dafür.

Wieland duldete keine Eingriffe in seine betriebswirtschaftliche Autonomie. Infolgedessen war er auch in Hierlbach nicht bereit, die Pflicht zur Leistung von Naturalreichnissen an die Geistlichkeit der Pfarrei Feldkirchen anzuerkennen. Wieder verweigerte er dem Pfarrer die vorgeschriebene, äußerst niedrige Leistung von fünf so genannten Kirchtrachtwecken, die mit dem Geldwert von 1,50 Mark angesetzt wurden. Aber schon allein deshalb, dass Wielands Beispiel nicht Schule machen konnte, wollte der Pfarrer von Feldkirchen nicht auf die Leistung verzichten. Er wandte sich daher an das Bezirksamt Straubing um Unterstützung[59]. Daraufhin erklärte Wieland am 28. Dezember 1896, „von dem Streite abstehen und die Kirchtrachtbrote auch künftig leisten zu wollen, ohne hiemit anzuerkennen, daß diese Reichnisse gerechtfertigt seien und noch in die Gegenwart herein passen; er werde daher mit allen Mitteln danach streben, diese Lasten im Wege der Gesetzgebung zu beseitigen"[60].

Wieland wollte das Hierlbacher Gut seiner unternehmerischen Freiheit ohne Rücksicht auf gewachsene Strukturen, rechtliche Bindungen und religiöse Orientierungen vollständig unterwerfen – nicht zufällig fehlen in dem Bericht der Neuen freien Volkszeitung alle Hinweise auf religiöse Symbole, die in zeitgenössischen Schilderungen von Bauernstuben so häufig sind. In keiner Weise entsprach Wieland der agrarromantischen Vorstellung vom schollenverwurzelten und traditionsverbundenen Bauern, die im städtischen Bürgertum als Reaktion auf die sozialen Herausforderungen der Industrialisierung entstanden war[61]. An Wielands Gebaren als Landwirt lässt sich somit der ökonomische, der soziokulturelle und der politische Aspekt des ländlichen Modernisierungsprozesses erkennen. Dazu passt es, dass sich der stets städtisch gekleidete Wieland selbst nicht als Bauer bezeichnete, sondern immer als „Gutsbesitzer" oder „Ökonom".

Wie sehr er gerade mit dieser Selbstbezeichnung konservative Denker vor den Kopf stieß, zeigt die Klage des hochadeligen Zentrumspolitikers Konrad Graf von Preysing (1843–1903), der später zu einem der hauptsächlichen Gegner Wielands werden sollte. Die Zustände in Wielands Heimat im Vilstal aufs Korn nehmend, behauptete er im Mai 1884: „Und wie es mit dem Bauernstande steht – das ist ja so bekannt; d. h. es gibt keinen Bauernstand mehr, wohl aber einen ‚Oekonomen'-Stand. Man braucht nur die Zeitungen zu lesen, wo immer ein Bauer in irgendwelcher Weise geehrt wird, sei es als Preisträger, Mitglied eines Land- oder Districts-Rathes, oder gar als Redner und ‚Herr Abgeordneter', da ist nimmer mehr vom Bauern, sondern nur vom Oekonomen die Rede. Daß ein in praktisch wirthschaftlichen Fragen unerfahrenes, im liberalen Manchesterthum versimpeltes, saftloses Bureaukratenthum vermeint, den Bauern mit dem Titel Oekonom eine Ehrung zu erweisen, kann ja nicht Wunder nehmen; aber das ist beklagenswerth – nomen omen –, daß das Standesbewußtsein im Bauernstande bereits so wenig mehr hervortritt, daß man in dem ‚Oekonom' eine Ehrung erblickt."[62]

*„Wir wollen keine Grafen,*
*Beamten, Doktoren, Professoren*
*als Abgeordnete mehr ...“*

## Die Rebellion der Großbauern

In den 1880er-Jahren hatte sich das wirtschaftliche Klima für die Landwirtschaft deutlich verschlechtert. Die 1879 eingeführten Schutzzölle waren kaum in der Lage, den Preisdruck auf die Erzeugerpreise aufzuhalten. Produktionstechnische Fortschritte in der Saat- und Viehzucht, der Agrarchemie und im Maschinenbau hatten zu steigenden Erträgen geführt. Gleichzeitig sorgte der Ausbau der Wasserstraßen und der Eisenbahnen dafür, dass billiges überseeisches Getreide bis in die letzten Winkel des Deutschen Reiches gelangen konnte. Zusätzlich kam die Landwirtschaft auf der Kostenseite unter Druck. Die dynamische Industrialisierung benötigte Arbeitskräfte. In der Industrie boten sich den Landarbeitern und Dienstboten deshalb günstige Arbeitsbedingungen, mit denen landwirtschaftliche Arbeitgeber nicht mithalten konnten. Landflucht, Dienstbotenmangel und steigende Löhne waren die Folge. Die neuen Sozialversicherungen, die die gesellschaftlichen Machtverhältnisse des Deutschen Reiches angesichts der um sich greifenden Sozialdemokratie stabilisieren sollten, belasteten die Landwirtschaft zusätzlich. Darüber hinaus forderte der sozial- und wirtschaftspolitisch reglementierende Interventionsstaat, zu dem sich das Deutsche Reich zu entwickeln begann, ein wachsendes Beamtenheer. Die öffentlichen Ausgaben verfünffachten sich deshalb zwischen der Reichsgründung und dem Ersten Weltkrieg – nicht zuletzt auch wegen der andauernden Heeresvermehrungen. Die Folge waren steigende Steuern. Allein die zum Großteil von den Landwirten zu tragenden Gemeindesteuern stiegen zwischen 1885 und 1892 um 18 Prozent[63].

In dieser Situation bewirkte Reichskanzler Leo von Caprivi (1831–1899) cinc vorsichtige Liberalisierung der Außenhandelspolitik, um den Export von Industrieprodukten durch die Senkung der

Agrarzölle zu fördern und die wirtschaftliche Stagnation zu überwinden. Obwohl die Zölle bereits vor der Senkung kaum in der Lage gewesen waren, die landwirtschaftlichen Erzeugerpreise zu stabilisieren, wurde Caprivi nun allein für die unbefriedigende Preissituation verantwortlich gemacht. Der Jahresbericht des Landwirtschaftlichen Vereins für die Oberpfalz vermerkte im Jahr 1892: „Hemmend und hindernd kommen jedoch mehr und mehr sinkende Preise für alle landwirthschaftlichen Erzeugnisse, für Getreide wie für Vieh, zur Geltung. Was die gute Ernte mehr gebracht, wird durch die schlechten Getreidepreise wieder aufgezehrt. Die Hoffnungen, welche bei den hohen Viehpreisen 1891 für die Viehzucht berechtigt waren, zerrinnen allmählich bei weichenden Preisen und stockendem Absatz und eine allgemeine Mißstimmung macht sich geltend, weil nach der allgemeinen Ansicht durch den neuen Handelsvertrag mit Österreich-Ungarn jenes stetige Sinken der Viehpreise verschuldet worden ist. Der Mangel an besseren Einnahmen aus dem Betriebe läßt auch die Lasten der neuen sozialen Gesetzgebung, wie überhaupt jede Steigerung der Abgaben, besonders drückend empfinden."[64]

Die Verbitterung in der Landwirtschaft wuchs. Das Krisengefühl, das sich der Landwirtschaft nun bemächtigte, gründete jedoch nicht in einer tatsächlichen existentiellen Notsituation, sondern in einer pessimistischen Zukunftserwartung. Der positive Erwartungshorizont, den die Landwirtschaft trotz aller wirtschaftlichen Probleme bisher an ihre Entwicklung gestellt hatte, wurde mit Caprivis Außenhandelspolitik in sein Gegenteil verkehrt. Die Landwirtschaft fühlte sich zugunsten der Industrie benachteiligt. Das Minderwertigkeitsgefühl und die Statusangst eines an volkswirtschaftlicher Bedeutung immer weiter verlierenden Wirtschaftszweiges machte die Zuschrift eines Landwirts an die Neue freie Volkszeitung deutlich: „Früher fuhren die Bauern in Chaisen mit der Frau Bäuerin zur Schranne in die Stadt; jetzt geht der Bauer zu Fuß und die Frau Bäuerin schickt ihre Schmalzkübel, wenn sie noch solche füllen kann, durch die Bötin per Schubkarren auf den Viktualienmarkt. Früher gab ein Bauer seinem Sohne und seiner Tochter einige tausend Gulden zur Hochzeit mit, ein ‚Roß' und ein Paar Ochsen; heutzutage sagt man es einander nur stille, was der Bräutigam oder die Braut mitbringt; denn, wenn man es sagen würde, so würde man es nicht glauben. Ja wir haben – gar keine Bauern mehr."[65]

Wie sich der oberbayerische Bauernbundsführer Georg Eisenberger (1863–1945) später erinnerte, richtete sich der Unmut der bäuerlichen Bevölkerung zunehmend gegen die Parteien, die nicht willens waren oder sich zumindest als unfähig erwiesen hatten, der Reichsregierung entgegenzutreten und diese Entwicklung zu verhindern: „Der Bauern- und Mittelstand war damals politisch ganz hilflos der Willkür der beiden herrschenden Parteien Zentrum und Liberalen ausgeliefert, sodass die Unzufriedenheit nicht nur im Gebirge, sondern auch auf dem Lande in ganz Altbayern immer grösser wurde."[66]

Dabei musste sich der Protest im katholischen Altbayern vor allem gegen die Zentrumspartei richten. Diese hatte es während des Kulturkampfs zwischen den weltanschaulich liberalen Regierungen auf Reichs- und Landesebene einerseits sowie der katholischen Kirche andererseits verstanden, die Mehrheit der sozial heterogenen katholischen Wählerschaft hinter sich zu scharen. Dies tat sie mit dem Hinweis auf die gemeinsamen kirchenpolitischen Interessen. In den ländlichen Gebieten des katholischen Altbayern errang sie auf diesem Wege sogar das politische Monopol, zumal sie sich auch als Wahrerin agrarischer Interessen bewährte. Nun waren es aber Reichstagsabgeordnete der Zentrumspartei, welche der industriefreundlichen Außenhandelspolitik der Reichsregierung ebenso zu einer Mehrheit verholfen hatten wie der Aufstockung des Heeres und der Einführung der Sozialgesetzgebung. Für diese Entwicklung war vor allem der vom hohen Adel und der hohen Geistlichkeit geführte Zentrumsflügel verantwortlich. Um Einfluss und Privilegien gegen die immer lauter werdenden sozial- und verfassungspolitischen Forderungen der Arbeiterschaft zu verteidigen, näherte sich dieser Zentrumsflügel immer mehr den bisher bekämpften Bürokraten in der Reichs- und der bayerischen Staatsregierung an. In diesem Konflikt zwischen einer dynamischen und einer defensiv agierenden sozialen Schicht drohte die Landwirtschaft zermahlen zu werden. Angesichts der aufbrechenden sozioökonomischen Differenzen innerhalb der Zentrumswählerschaft verlor der Hinweis auf die gemeinsamen kirchenpolitischen Interessen immer mehr an Bindekraft[67].

Erstmals bekam die Zentrumspartei diese Entwicklung zu spüren, als ihr Kandidat anlässlich der Nachwahl in dem niederbayerischen Reichstagswahlkreis Kelheim-Rottenburg-Mallersdorf am 19. Oktober 1892 nur mit einer hauchdünnen Mehrheit von 124 Stimmen über seinen Herausforderer, den populären Journalisten Dr. Johann Baptist Sigl (1839–1902) siegte[68]. Der im niederbayerischen Ascholtshausen bei Pfaffenberg geborene Sigl war einer der bedeutendsten katholischen Publizisten seiner Zeit. Er gab „Das Bayerische Vaterland" heraus, das die Leser mit einer volkstümlichen Sprache, beißendem Spott und derbem Witz begeisterte. Mit einer Auflage von sieben- bis achttausend gehörte es zu den größten katholischen Blättern in Bayern. Sigls Einfluss auf die ländliche Wählerschaft war deshalb nicht zu überschätzen. Von der Zentrumspartei hatte er sich distanziert, weil sie ihm zu wenig reichsfeindlich und nicht entschieden genug katholisch war[69].

Für die Bauern musste Sigls partikularistische Agitation vor allem wegen der darin enthaltenen Kritik an den sozial- und wirtschaftspolitischen Maßnahmen der Reichsregierung attraktiv gewesen sein. In dieser Hinsicht ist Sigls Kandidatur in die von Caprivi ausgelöste reichsweite landwirtschaftliche Protestbewegung einzureihen. In Hessen hatte der Schriftsteller Otto Böckel (1859–1923) bereits 1890 den Mitteldeutschen Bauernverein gegründet, dessen Programm adelsfeindlich, antisemitisch und antikapitalistisch war. Im Rheinland und in Westfalen brachen die Bauernvereine unter der Führung von Felix von Loë-Terporten (1825–1896) und Burghard von Schorlemer-Alst (1825–1895) mit dem Zentrum. Sie wollten sich dem Zentrum nur mehr in kirchenpolitischen Angelegenheiten anschließen. Wirtschaftspolitisch suchten sie die Nähe zu dem am 18. Februar 1893 in Berlin gegründeten Bund der Landwirte. Dessen Ziel bestand darin, die Regierung auf parlamentarischem Wege, durch Beeinflussung der öffentlichen Meinung und durch Mobilisierung der bäuerlichen Massen massiv unter Druck zu setzen. Erstmals war damit im Deutschen Reich eine Organisation entstanden, die eine rücksichtslose Vertretung landwirtschaftlicher Interessen versprach[70]. Entsprechend groß war die Aufmerksamkeit, die der Bund der Landwirte erregte. Wie es in einem Bericht des Bezirksamtmanns von Straubing hieß, habe die Gründung des Bundes der Landwirte auch in Niederbayern „allgemeinen Anklang gefunden und den Wunsch rege gemacht, sich diesem Vereine anzuschließen, eventuell einen eigenen Bauernverein für Niederbayern zu gründen"[71].

## Die Geburtsstunde der landwirtschaftlichen Interessenvertretung in Bayern

Dass die ersten Schritte zu einer organisatorischen Festigung der entstehenden agrarischen Protestbewegung in Bayern von Niederbayern und dort vor allem vom Straubinger Gäu ausgingen, liegt daran, dass die dort angesiedelten marktorientierten Großbauern von Caprivis Handelspolitik besonders betroffen waren. Bereits wenige Tage nach der Gründung des Bundes der Landwirte hatte sich eine Gruppe von elf Großbauern, Brauern und Wirten aus der Umgebung Straubings zu einer Diskussionsrunde zusammengefunden. Als ihren Sprecher erkoren sie den Gutsbesitzer Xaver Hien (gest. 1898) aus Mitterharthausen. Um sich über das weitere Vorgehen klar zu werden, luden sie den Hohengebrachinger Gutspächter Roderich Sodan vom Bund der Landwirte zu einer Versammlung ein, die am 18. März 1893 im Kriegerkeller in Straubing stattfinden sollte und zu der nur eine handverlesene Schar von Gesinnungsgenossen eingeladen war[72]. An diesem Tag war aber Pferde- und Rindermarkt in Straubing. Die Geschäfte gingen flau, die Bauern waren

*Der Kriegerkeller in der Straubinger Bahnhofstraße im Jahr 1914. Hier schlug die Geburtsstunde des Bundes der niederbayerischen Landwirte, der ersten landwirtschaftlichen Interessenvertretung Bayerns.*

deshalb sehr aufgebracht. Als sie hörten, dass im Kriegerkeller ein Abgesandter des Bundes der Landwirte sprechen soll, strömten sie dorthin und verlangten Einlass. Schließlich war der Saal mit über 400 Anwesenden berstend voll. Nachdem Hien die Anwesenden begrüßt hatte, sprach Sodan über eine Stunde lang über die Ziele des Bundes der Landwirte. Er wollte die Anwesenden zur Gründung eines von Berlin abhängigen Landesverbandes bewegen und hatte zu diesem Zweck detaillierte Organisationsvorschläge mitgebracht. Dies versuchte der Posthalter von St. Englmar, der Straubinger Zentrumsabgeordnete Josef Echinger (1841–1911), zu verhindern. Er kannte den misstrauischen Charakter seiner Wähler und schürte deren Angst vor preußischer Übermacht. Deshalb empfahl er, einen selbstständigen „Bund der niederbayerischen Bauern" zu gründen, wofür er reichen Beifall erntete.

Es sah so aus, als sei es ihm gelungen, den Vorstoß aus Berlin abzuwehren und den bäuerlichen Unmut in die Bahnen des Zentrums zurückzulenken. Die Stimmung kippte jedoch zuungunsten des Zentrums, als der Arzt Dr. Albert Gäch (1852–1926) aus Schwarzach das Wort ergriff und „in überaus fanatischem Tone gegen Geistliche und Centrum sprach und dafür reichliche Zustimmung erntete". In der Versammlung entstand daraufhin Tumult. Nachdem Gäch den zentrumsfeindlichen Weg geebnet hatte, wagten sich auch die anwesenden Bauern hervor. Einer von ihnen „betonte unter dem Beifall der Versammlung, man solle nicht wie bisher im Parlamente die religiösen Fragen höher stellen als die wirthschaftlichen". Ein anderer machte deutlich, „daß es den Bauern gleichgiltig sei, ob die Abgeordneten den Liberalen oder den Sozialdemokraten angehörten, wenn sie nur die Interessen der Landwirthe wahrten".

Als der Straßkirchener Posthalter und Landtagsabgeordnete Franz Englberger (1832–1900) das Zentrum gegen die Vorwürfe verteidigen wollte, auf die Verdienste seiner Partei für die Verbesserung der bayerischen Agrarstruktur hinwies und die Gründung eines unter der politischen Führung des Zentrums stehenden „niederbay. Bauernvereins auf christlicher Basis" vorschlug, war er aufgrund des im Saal auftobenden Gebrülls kaum mehr zu verstehen. Schließlich entschieden sich die Anwesenden mit großer Mehrheit zwar gegen den Anschluss an den Bund der Landwirte, mit ebenso großer Mehrheit aber auch gegen die Errichtung einer zentrumsnahen Organisation. Das klerikale Münchner Fremdenblatt schimpfte über die „liberalisirenden Bauern“ und urteilte zutreffend, „man will Lostrennung vom Centrum und von der Führerschaft der Geistlichen“.

Ob Wieland am 18. März zur auserlesenen Schar der geladenen Gäste gehörte und anwesend war, ist nicht bekannt. Am 10. April gehörte er jedenfalls zu den geladenen Gästen, als Hien eine weitere „Vorbesprechung behufs Gründung eines niederbayerischen Bauernbundes“[73] veranstaltete. Nach dem Hailinger Wirt Jakob Waasmaier (1852–1912) trat er sogar als zweiter Hauptredner auf. Mittlerweile hatte sich die zentrumsfeindliche Tendenz der Straubinger Protestbewegung derart verfestigt, dass Klerikern der Zutritt verweigert wurde. Dementsprechend nahm Waasmaier vor allem die Äußerungen des Mettener Abtes aufs Korn, der in Schwarzach vor der entstehenden agrarischen Protestbewegung gewarnt hatte: „Wir lassen uns vom Abt von Metten keine Faxen vormachen! Nicht unser Herrgott ist schuld, daß es uns schlecht geht, wie er in Schwarzach gesagt hat, sondern die guten Freunderln des Herrn Prälaten im Land- und Reichstag. Die neue Reichspolitik, der Wechselbalg der Zentrumspolitik, die Handelsverträge, Steuerlasten und Gesetze sind schuld, daß wir Bauern uns so heftig beklagen müssen. Wählen wir also Männer, die gegen solche Politik und für uns sind. Der Herr Abt macht den Leuten die alte Geschichte vor, daß die Religion in Gefahr ist. Nicht wahr ist es! Die Bauern thun der Religion nichts; sie sind gut katholisch, aber der Geldbeutel ist in Gefahr.“

Angestachelt durch die antiklerikalen Ausfälle seines Vorredners ließ Wieland seine Ausführungen unter dem Beifall der Anwesenden in dem Satz gipfeln: „Der Bauer muß sich aufraffen und Politik treiben. Wir bleiben bei unserer Religion, aber auch bei unserem Stande und wollen ihn selber vertreten und uns selber helfen. Was haben uns die Parteien geholfen? Rein gar nichts; unsere Partei ist der Bauernbund! Wir wollen keine Grafen, Beamten, Doktoren, Professoren als Abgeordnete mehr, sondern Bauern.“ Daraufhin nahm sich Hermann Rabl (1845–1906), Gutsbesitzer von Einhausen und Sohn des liberalen Landtagsabgeordneten Joseph Rabl von Münchshöfen, den bisherigen Straubinger Reichstagsabgeordneten Konrad Graf Preysing vor: „Unser Reichstagsabgeordneter, Graf Preysing, hat für alles Mögliche gestimmt, nur nicht so, wie es

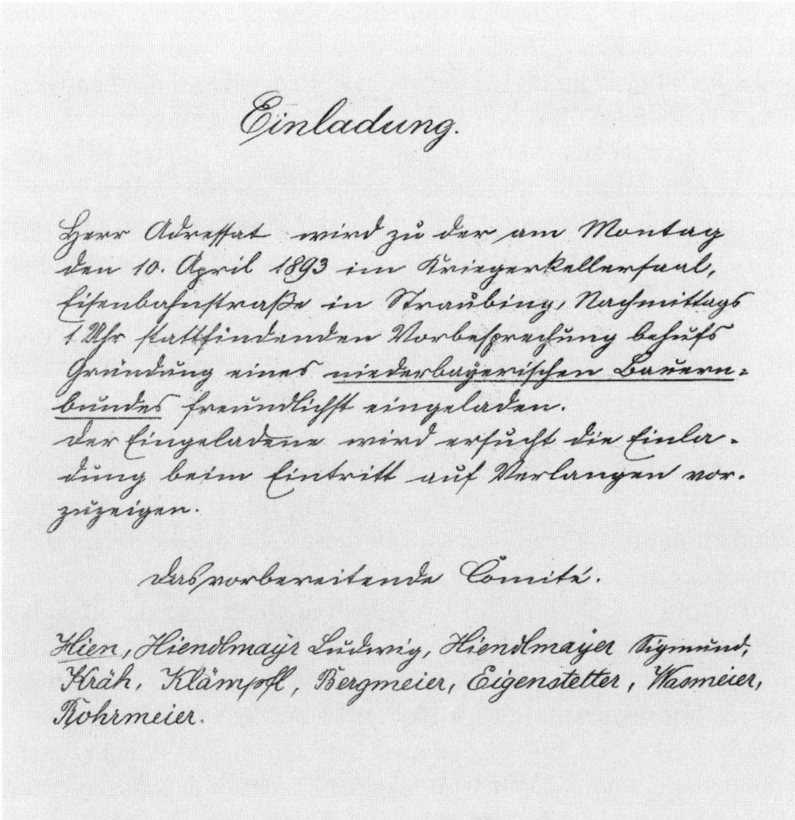
Einladung.

Herr Adressat wird zu der am Montag den 10. April 1893 im Kriegerkellersaal, Eisenbahnstraße in Straubing, Nachmittags 1 Uhr stattfindenden Vorbesprechung behufs Gründung eines niederbayerischen Bauernbundes freundlichst eingeladen.
Der Eingeladene wird ersucht die Einladung beim Eintritt auf Verlangen vorzuzeigen.

Das vorbereitende Comité.

Hien, Hiendlmayr Ludwig, Hiendlmayer Sigmund, Kräh, Klämpfl, Bergmeier, Eigenstetter, Wasmeier, Rohrmeier.

*Mit diesem Schreiben lud Xaver Hien zur Gründung des Niederbayerischen Bauernbundes in den Kriegerkeller nach Straubing ein.*

die Bauern wollten. Mit unseren Grafen, Baronen und Professoren ist gar nichts los; sie halten kein Wort und sind wie die Windfahnen. Also fort damit!"

Enttäuscht von ihrer bisherigen parlamentarischen Vertretung beschlossen die Anwesenden, in Zukunft nur mehr „praktische, tüchtige Landwirte als Kandidaten zur Wahl in die Parlamente" aufstellen zu wollen. Um eine Vernachlässigung der landwirtschaftlichen zugunsten von politisch-taktischen Interessen zu verhindern, wie dies in der Vergangenheit beim Zentrum geschehen und bei einer dem Gemeinwohl verpflichteten Partei auch unvermeidlich war, sollten sich die Abgeordneten gemäß der einstimmig angenommenen Satzung „verpflichten, die energische Vertretung der landwirtschaftlichen Interessen sich zur Aufgabe zu machen und volle Bürgschaft zu leisten, daß sie nie das Wohl der Landwirtschaft treibenden Bevölkerung politischen Erwägungen unterordnen, sondern jederzeit und in allen Fragen im Einverständnisse mit dem Bundesausschuß und Bundesvorstand handeln wollen". Nach der Annahme der Satzungen, der Wahl der Vorstandschaft und dem Beitritt aller 160 Anwesenden war der „Bund der niederbayerischen Landwirte" gegründet.

Schillernd zwischen Verbands- und Parteicharakter war damit die erste wirtschaftspolitische Interessenvertretung der bayerischen Landwirtschaft errichtet worden. Denn die Bayerisch-Patriotischen Bauernvereine von Deggendorf und Tuntenhausen besaßen den Charakter von zentrumsnahen Wahlvereinen, in denen die wirtschaftspolitische Interessenvertretung hinter der parteipolitischen zurücktrat[74]. Im Gegensatz zu diesen schloss die Satzung des Bundes der niederbayerischen Landwirte den Anschluss an die Zentrumspartei aus, darüber hinaus jedoch auch an eine der liberalen Parteien. Stattdessen sah sie eine enge Fühlungnahme mit dem großagrarischen Bund der Landwirte vor. Laut dem Bericht der Donau-Zeitung hatte sich am 10. April vor allem Wieland für diese Lösung stark gemacht[75]. Dies deutet darauf hin, dass Wieland maßgeblich dafür verantwortlich zu machen ist, dass aus dem geplanten „Niederbayerischen Bauernbund" in Anlehnung an die Berliner Gründung ein „Bund der niederbayerischen Landwirte" geworden ist – ein Name, der der Selbstsicht der marktorientierten Großbauern des Gäubodens besser entsprach. Und es war ihre Organisation, die am 10. April entstanden war. Dies zeigt schon ein Blick auf die Zusammensetzung der Vorstandschaft. Ganz entsprechend dem am Besitz verhafteten Statusdenken der ländlichen Gesellschaft wurde der größte Grundbesitzer in der Runde der rebellierenden Landwirte zum ersten Vorsitzenden gewählt – der Mitterharthauser „Bauer beim Zinken", Gutsbesitzer Hien (329 Tagwerk)[76]. Für Wieland reichte es mit seinen 240 Tagwerk nur zum Stellvertreterposten. Zu Schriftführern wurden der 160 Tagwerk schwere Ökonom Ludwig Hiendlmayer aus Oberast bei Alburg[77], der Rinkamer Gutspächter Karl Kuchenmeister und Edmund Redlbacher, Gutsbesitzer in Geiselhöring (136 Tagwerk)[78], gewählt. Kassiere waren der ehemalige Straubinger Brauereibesitzer und nunmehrige Privatier Sigmund Hiendlmayer (1860–1903)[79], der Hailinger Wirt Jakob Waasmaier, der mit seinen 55 Tagwerk in der Vorstandschaft geradezu ärmlich erscheint[80], sowie der Landwirt Xaver Murrer aus Aiterhofen (140 Tagwerk)[81].

Wielands politisches Bewusstsein hatte nun seine volle agrarische Ausprägung gefunden. Dass dieses politische Bewusstsein nichts weniger als liberal war, sondern in der betriebsbezogenen Denkweise der Landwirte gründete, äußerte sich vor allem in der von Wieland am 10. April besonders befürworteten Satzungsbestimmung, welche die eigene landwirtschaftliche Erfahrung als notwendige Voraussetzung für die Übernahme agrarpolitischer Verantwortung forderte. Darin spiegelt sich nicht zuletzt die in der Landwirtschaft vorherrschende Identität zwischen Familie und Betrieb wider, die dazu führte, dass das soziale und politische Bewusstsein der Landwirte von einer kaum vorhandenen Distanz zum Gegenstand ihrer beruflichen Tätigkeit geprägt war. Das politische Bewusstsein der Landwirte war deshalb an die eigene Lebenserfahrung gebunden und behinderte die Fähigkeit, agrarpolitische Probleme von den eigenen Lebens- und Arbeitsverhältnissen zu abstrahieren[82], was sich zuerst in der Satzung und später im Programm des Bundes der niederbayerischen Landwirte niederschlug.

*„Wieland scheint etwas streitsüchtig zu sein ...“*

# Die nervöse Reaktion der Bürokratie

Am 10. April 1893 hatte ein neuer Hauptdarsteller die Bühne der bayerischen Agrarpolitik betreten. Obwohl Wieland an diesem Tag nur zum stellvertretenden Bundesvorsitzenden gewählt wurde, konzentrierte sich die Aufmerksamkeit der regionalen und überregionalen Presse ganz auf ihn. Die Zentrumspresse berichtete nur über seine Rede, nur sie wurde widerlegt[83]. Am 21. April beschäftigte sich die klerikale Passauer Donau-Zeitung intensiv mit seiner Person. Der anonyme Autor war über Wielands Vergangenheit sehr gut informiert und behauptete, dass Wieland „ein ganz bekannter Erzliberaler und ein Feind der Geistlichen" sei. Wieland habe „ganz Recht, wenn er ein Feind des Centrums ist", denn dieses „verabscheut die Güterzertrümmerer; desto fester stehen wir zum Centrum und lassen uns durch solche Leute nicht irre machen". Bisher habe der Autor Sympathie für die landwirtschaftliche Protestbewegung empfunden, „seitdem wir aber gelesen haben, daß der Gutsbesitzer Franz Wieland von Hierlbach zum II. Vorstand gewählt worden ist, ist unsere Liebe gründlich vorbei".

Nun wurden die Beamten auf Wieland aufmerksam. Aufgeschreckt durch den Artikel der Donau-Zeitung beauftragte der niederbayerische Regierungspräsident Felix Friedrich von Lipowsky (1824–1900) am 1. Mai 1893 den Bezirksamtmann von Straubing, „über die persönlichen und sonstigen Verhältnisse des Wieland eingehenden vertraulichen Bericht zu erstatten", während er sich für Hien überhaupt nicht zu interessieren schien[84]. Der Regierungspräsident wollte eine Wiederholung der Panne vom 18. März vermeiden, als die zuständigen Behörden es versäumt hatten, die erste Straubinger Bauernversammlung zu überwachen. Er reagierte deshalb ungehalten, als nach einer Woche immer noch kein Bericht aus Straubing vorlag[85]. Aufgrund der geradezu hektischen Betriebsamkeit, die Wieland in diesen Wochen in den niederbayerischen

Amtsstuben hervorrief, sah sich der Straubinger Bezirksamtmann genötigt, am 9. Mai einen unfertigen Bericht an das Regierungspräsidium zu schicken. Genauestens werden darin Wielands Familienverhältnisse und seine ökonomische Situation dargestellt. Der Straubinger Bezirksamtmann kannte Wieland persönlich und beschrieb ihn als finsteren Charakter. Er sei von stattlicher Statur, „jedoch ist dessen Äußeres sehr unsympatisch, da er bei einer Unterredung immer die Augen zu Boden schlägt und Niemanden gerade anschauen kann". Er „verkehrt wenig mit seinen Standesgenossen und Ortsnachbarn und hat einen sehr verschlossenen Charakter". Wieland, so der Bezirksamtmann, „scheint etwas streitsüchtig zu sein, da er bald nach Übernahme des Anwesens in Hierlbach mit der Gemeindeverwaltung Feldkirchen und mehreren Ökonomen von dort in Dissidien geriet". Überhaupt sei er „bei Allen, die ihn näher kennen, nicht beliebt". Über seine „sonstigen Verhältnisse und Vorleben" war dem Straubinger Bezirksamtmann allerdings nichts bekannt, weshalb er seinen Kollegen in Vilshofen darum gebeten hatte, „in vertraulicher Weise die benöthigten Erhebungen zu pflegen"[86].

Der Bericht des Bezirksamtmanns von Vilshofen traf am 10. Mai in Straubing ein. Dieser kannte Wieland nicht mehr persönlich. Anlässlich einer Sitzung des Distriktsausschusses konnte er jedoch „bei den Hrn. Ausschussmitgliedern, die sämmtlich aus dem Distrikte stammen und daher den Franz Wieland seit langem und genau kennen, das Gespräch auf letzteren in unauffälliger Weise bringen". Auf dieser Informationsgrundlage fiel der Vilshofener Bericht deutlich positiver aus als derjenige aus Straubing. Die Mitglieder des Vilshofener Distriktsausschusses besaßen eine gute Meinung über Wieland. Dieser „sei in guten Verhältnissen, er sei ein energischer Mann und sei redegewandt". Ihrer Ansicht nach war er kein „Erzliberaler und verbissener Feind der Geistlichen", obwohl er mit dem Gergweiser Expositus „in Hader und Streit gelegen" war. Sie vermuteten deshalb Schneider als Autor des anonymen Artikels in der Donau-Zeitung, denn es „sei ganz die Schreibweise des Expositus Schneider und sie hätten sich gleich gedacht, als sie den Artikel gelesen hatten, daß der vom Expositus Schneider sei". Daraufhin nahm der Bezirksamtmann selbst Einsicht in die Akten über den Gergweiser Kirchenstreit und kam ebenfalls zu dem Ergebnis, dass der Expositus die Hauptschuld daran trage[87].

Auf der Grundlage dieser Berichte veranlasste der Regierungspräsident ein Gutachten über Wieland, das sich vor allem auf den negativen Bericht aus Straubing stützte und aus dem Vilshofener Bericht nur die dazu passenden Passagen übernahm[88]. Dieses Verhalten zeigt, wie sehr sich die Beamten durch die agrarische Protestbewegung bedrängt und angegriffen fühlten. Die gesamte staatliche Bürokratie durchzog vom Minister bis hinab zum Bezirksamtsassessor die Tradition des aufgeklärten Absolutismus, der sich in Reaktion auf die Herausforderungen durch die dynamische volkswirtschaftliche Entwicklung am Ende des 19. Jahrhunderts zum sozial- und wirtschaftspolitisch reglementierenden Interventionsstaat entfaltete[89]. Das Ergebnis war ein bürokratischer Obrigkeitsstaat, dessen administrative Allmacht verfassungsrechtlich dadurch abgesichert war, dass die Regierungen auf Landes- und Reichsebene nicht den jeweiligen Parlamenten verantwortlich, sondern vom Vertrauen der Monarchen abhängig waren, weshalb sie vom parteipolitischen Willensbildungsprozess weitgehend abgekoppelt agieren konnten. In diesem Obrigkeitsstaat wurden die Bauern als unreife Untertanen betrachtet, die durch bürokratische Fürsorge erst zu sittlicher Reife und ökonomischer Kompetenz im Rahmen des Gemeinwohls erzogen werden mussten. Konkret wirkte sich diese bürokratische Bevormundung in einer Flut von Gesetzen und Verordnungen aus. Damit versuchte die staatliche Bürokratie Bayerns, die Landwirtschaft jenseits der handelspolitischen Zuständigkeit des Reiches mit strukturpolitischen Maßnahmen, die in den Amtsstuben nach den wissenschaftlichen Standards der Zeit als rational betrachtet wurden, auf autoritäre Weise an die Erfordernisse einer sich zunehmend industrialisierenden Volkswirtschaft anzupassen – um „das Grundeigenthum auf eine höhere Stufe der Kultur und des Ertrags überzuführen", wie es in einer Propagandaschrift der bayerischen Landwirtschaftsverwaltung hieß. Gesetzlich geregelt wurden die Hagelversicherung, die Flurbereinigung, die Urbarmachung von Ödland und Moorflächen, die Körung [Auswahlkriterien] von Zuchtstieren und Zuchthengsten, das Hufbeschlagwesen, die Abwehr von Viehseuchen, die Förderung des Butterverbrauchs sowie der Handelsverkehr mit Milch und anderen Nahrungsmitteln. Der Aufwand für die Umsetzung dieser Regelungen und den Unterhalt der staatlichen Versuchsstationen betrug 1890/1891 in Bayern über eine Million Mark[90].

Absender:

______________________________

Name, Vorname

______________________________

Straße

______________________________

PLZ, Ort

E-Mail: ________________________

Alter: ________________________

Beruf: ________________________

Selbstverständlich behandeln wir Ihre Angaben vertraulich und nutzen sie ausschließlich für unsere interne Statistik.

Bitte freimachen.

Verlag
Friedrich Pustet
93008 Regensburg

Angesichts derartiger Wohltaten reagierte die staatliche Bürokratie mit Unverständnis gegenüber der agrarischen Protestbewegung. Das politische Aufbegehren der Bauernschaft erschien so manchem Vertreter der staatlichen Bürokratie deshalb als Undankbarkeit, ihre Protagonisten erachtete man in den Amtsstuben als ungezogene Querulanten. Wie der niederbayerische Regierungspräsident Ludwig Freiherr Fuchs von Bimbach und Dornheim (1833–1900) am 7. Mai 1897 an das Innenministerium nach München berichtete, kam es ihm so vor, als fehlte vor allem dem „niederbayerischen Bauernstande" der „anderwärts wahrnehmbare konservative Zug; so lange er bei hohen Getreidepreisen und geringen Produktionskosten in Geld und Champagner schwamm, blickte er auf Beamte und Geistliche mit protziger Verachtung herab und verlor so jede Achtung vor der Autorität, wozu auch seine durch das Einzelhofsystem genährte Weltfremdheit das ihre beitrug". Nun sei der Wohlstand geschwunden, der Stolz jedoch geblieben: „Die zur Zeit auf den Bauernhöfen sitzende Nachkommenschaft erfreut sich allerdings nicht mehr des gleichen Wohlstandes, ist aber in dieser vorerwähnten Gesinnung aufgewachsen und erzogen und hat ihre helle Freude an jeglicher Rohheit und Unbotmäßigkeit. Unterstützt wird diese Gesinnung durch hochgradigen Bildungsmangel und ziemlich verbreitete Trunksucht." Unwissenheit und Arroganz waren es also, welche den Bauern nach Ansicht des Regierungspräsidenten die Einsicht in die Segnungen der Bürokratie verbauten und für den Erfolg der Bauernbewegung verantwortlich zu machen waren: „In den Bezirken Straubing, Bogen, Dingolfing, Landau, Landshut, Vilshofen p. p. wird die Stimmung unter Gäch'scher Ägide nur von verhältnismäßig wenigen Bauern gemacht, denen die Andern aus Indolenz, Unwissenheit und Freude am Skandal nachlaufen und nachschreien." Er wollte aber nicht aufgeben und kündigte an, weiterhin an seinem Ziel der Erziehung der Bauern festhalten zu wollen: „Für den Verwaltungsbeamten sind daher zur Zeit in Niederbayern unmittelbar sichtbare Erfolge kaum zu erreichen; wir müssen uns darauf beschränken bei jeder entsprechenden Gelegenheit belehrend und versöhnend einzuwirken und hiemit das hier zu Lande jedem Beamten entgegengebrachte Mißtrauen zu überwinden, namentlich aber für Hebung der wirthschaftlichen Verhältnisse unablässig thätig zu sein."[91]

Noch deutlicher als der niederbayerische Regierungspräsident zeichnete Innenminister Maximilian von Feilitzsch (1834–1913) in einem Bericht an Prinzregent Luitpold (1821–1912) wenige Tage später das in den bürokratischen Amtsstuben entstandene Zerrbild der landwirtschaftlichen Protestbewegung: „Breite Massen der landwirthschaftlichen Bevölkerung, welche Ursache zur Unzufriedenheit zu haben glauben und nicht einsehen wollen, daß die Verschlechterung ihrer wirthschaftlichen Lage zum großen Theile auf ihre gesteigerte Genußsucht zurückzuführen ist, folgen lieber Führern, welche eine extreme Stellung einnehmen und eine aufreizende Sprache führen, als maßvollen Leuten, welche eine Verbesserung der Lage der Landwirthschaft auf anständigem Wege und mit Besonnenheit zu erreichen suchen."[92] Wie wenig diese Interpretation der Realität entsprach, zeigt Wielands eigene Betriebsführung, die keineswegs lethargisch war, sondern für betriebswirtschaftliche und produktionstechnische Innovationen aufgeschlossen. Die Bürokratie verkannte, dass Landwirte wie Wieland eigenes politisches Bewusstsein entwickelten, sich von kirchlicher und staatlicher Bevormundung zu emanzipieren suchten und dabei bei ihren Berufskollegen Anhang fanden. Die Bürokratie aber empfand es als umstürzlerisch, wenn Wieland etwa forderte, „daß auch der Bauer sich endlich einmal seiner Würde als Staatsbürger bewußt werden müsse und nicht immer den frommen Knecht und gehorsamen Diener der Regierung machen dürfe"[93].

*„Der Einfluß Wielands auf die großen Massen ist unbeschreiblich.“*

## Mit Charisma und Demagogie an die Spitze

Die agrarische Protestbewegung verbreitete sich wie ein Lauffeuer über ganz Niederbayern, wie der linksliberale Schriftsteller Johann Riblinger berichtete: „In wenigen Wochen war ganz Niederbayern von den bündlerischen Agitationsrednern in Revolution gebracht. Die Bauern waren plötzlich ‚wild‘ geworden.“[94] Ohne Wahlkasse und ohne zentrale Wahlkampfleitung war es allein durch Agitation gelungen, die Reichstags- und Landtagswahlen des Jahres 1893 zu einem Triumphzug für den Bund der niederbayerischen Landwirte zu gestalten. In den Reichstagswahlen am 15. Juni errang er 47,6 Prozent der abgegebenen Stimmen. Drei der sechs niederbayerischen Wahlkreise fielen an ihn. In Straubing wurde der Brauereibesitzer Joseph Bruckmaier (geb. 1848) aus Bogen gewählt und in Kelheim Sigl. Der Landwirt Benedikt Bachmaier (1852–1912) aus Mitterhaarbach (Bezirksamt Griesbach) bekam im Wahlkreis Pfarrkirchen sogar 75 Prozent, während der Eglseer Bürgermeister Joseph Wimmer (geb. 1844) dem Zentrumskandidaten in seinem Heimatwahlkreis Passau mit wenigen Stimmen unterlag.

Wenige Wochen später wiederholte sich der Erfolg bei den Landtagswahlen, die nach dem geltenden Recht indirekte Wahlen waren. Auf den Bund der niederbayerischen Landwirte fielen 41 Prozent der Wahlmänner, weshalb er auf Anhieb acht der 20 niederbayerischen Mandate bekam. Im Wahlkreis Pfarrkirchen wurden der Reichstagsabgeordnete Bachmaier, der Pfarrkirchener Kaufmann Hans Sinzinger (1858–1906) und Adalbert Braun (1843–1915), Landwirt in Vorderelexenau bei Simbach am Inn, gewählt. In Deggendorf wurden der Pankofener Wirt Georg Häring (1833–1910) und der Kaufmann und Bürgermeister Friedrich Kurz (1837–1916) aus Winzer gewählt. Im Wahlkreis Passau siegte der bei der Reichstagswahl unterlegene Wimmer. In Regen wurden der Priester Ratzinger und der Raindorfer Bürgermeister Jakob Penn (1839–1897) aus Laiflitz mit Unterstützung des Bundes gewählt. Im Wahlkreis Kelheim unterlagen die Bundeskandidaten Sigl und Josef Münsterer, Brauereibesitzer in Langquaid, dem Zentrum nur knapp[95].

Dieser Erfolg ist nicht nur auf die Wählerwanderung vom Zentrum zurückzuführen. Von entscheidender Bedeutung war die gestiegene Wahlbeteiligung. Diese war auf dem flachen Land kontinuierlich zurückgegangen[96], seitdem das Zentrum als Vertretung agrarischer Belange in den Augen der Landwirtschaft immer mehr versagt hatte. Dagegen eigneten sich die Liberalen zwar im konkreten Einzelfall zum Protest gegen den politischen Einfluss der katholischen Geistlichkeit, auf Dauer boten sie der Masse der ländlichen Bevölkerung aufgrund ihrer Orientierung an gewerblichen Interessen allerdings keine politische Heimat – bis sie sich aufgrund ihrer traditionellen Regierungsfreundlichkeit während Caprivis Amtszeit als Wahlalternative schließlich völlig diskreditierten. Es war deshalb ein politisches Vakuum entstanden, das die agrarische Protestbewegung füllte. Das Wahlergebnis zeigt somit, wie sehr das halbwache politische Bewusstsein der Bauern nach einem Ausdruck suchte, den es weder in der Zentrumspartei noch bei den Liberalen finden konnte. Dies war die Basis, auf der der Bund der niederbayerischen Großbauern zunächst auch bei Klein- und Mittelbauern erfolgreich sein konnte.

Dabei ist dieser Erfolg nicht zuletzt Wielands Agitationstätigkeit geschuldet. Schon in den ersten Wochen nach der Gründungsversammlung hatte sich Wieland allein im Hinblick auf die Zahl der bestrittenen Versammlungen zum Hauptagitator des Bundes der niederbayerischen Landwirte entwickelt[97]. Dies ist nicht nur darauf zurückzuführen, dass er als Großlandwirt über die dafür nötigen zeitlichen und finanziellen Ressourcen verfügte. Vielmehr war er wie kaum ein anderer in der Lage, dem erwachenden politischen Bewusstsein der Bauern Ausdruck zu verleihen. Aus dem Rottal wurde ihm deshalb geschrieben, „daß es höchst bedürftig ist, die Leute an ein selbständiges Denken zu erinnern, und hiezu machen Sie den meisten Eindruck", weshalb „für Ihre Person die allermeiste Sympathie herrscht"[98].

Ein frühes Beispiel für die Art und Weise, wie Wieland diesen Eindruck erweckte, ist seine Landshuter Wahlkampfrede vom 14. Mai 1893. Er hatte verstanden, dass sich der Bund über die schmale Schicht der niederbayerischen Großlandwirte hinaus auf alle Bauern ausdehnen musste, wenn er dauerhaften politischen Erfolg haben sollte. Ganz bewusst solidarisierte er sich deshalb mit seiner vornehmlich klein- und mittelbäuerlichen Zuhörerschaft, indem er den adeligen Großgrundbesitz zum gemeinsamen Feind stilisierte: „Wenn es so fortgehe, wird der Kleingrundbesitz von dem Großgrundbesitze noch gänzlich verschlungen und es gibt nur Ritterguts- und Großgrundbesitzungen mehr, auf welchen dann unsere Nachkommen als Pächter, Knechte und Sklaven arbeiten können." Sensibel reagierte Wieland auf die Statusängste seiner Zuhörer, die er ganz bewusst schürte, wenn er behauptete, „daß sich der Bauernstand in einer Nothlage befinde, die ihn zwinge, mit Einigkeit zusammenzustehen, um das Ärgste, nämlich den vollständigen Untergang, von sich fern zu halten". Dabei scheute er auch vor bewussten Übertreibungen nicht zurück, wenn er „die Reichsregierungsvorlagen und die daraus hervorgegangenen Gesetze als einen fortwährenden Hagelschlag" bezeichnete und von diesen als den „vernichtenden Lasten und Ausbeutungen des Bauernstandes" sprach. Indem er zu bedenken gab, dass „Vaterlandsliebe und Begeisterung für Thron und Vaterland" dadurch litten, stilisierte Wieland die Agrarkrise nicht nur zum bäuerlichen Überlebenskampf, sondern zudem zur Existenzfrage für den monarchischen Staat überhaupt. Dadurch vermittelte er seinen bäuerlichen Zuhörern politisches Selbstbewusstsein, das deren Gefühl der Benachteiligung noch verstärkte und sich mit ihren Statusängsten zu einer explosiven Stimmung vermischte. Wieland selbst ließ sich deshalb dazu hinreißen, eine Parallele zwischen der Handelspolitik des im Jahr 1793 geköpften Franzosenkönigs und Caprivis zollpolitischem Kurs zu ziehen und unverhohlen mit Revolution zu drohen: „Das römische Reich ist durch die Vernachläßigung und Vernichtung der Landwirthschaft zu Grunde gegangen und die große französische Revolution, gelegentlich welcher ein König Ludwig XVI. sein Haupt unter das Schaffot legen mußte, erst durch die gleiche Vernachlässigung der Landwirthschaft, durch die die Landwirthschaft schädigenden Handelsverträge mit England heraufbeschworen worden."[99]

Derart drastische Formulierungen machen es verständlich, dass die Bauern schon aus Sensationslust zusammenströmten, wenn Wieland sprach. Wieland wirkte vor allem dadurch, dass er die von ihm geleiteten Versammlungen zu einem Erlebnis zu gestalten verstand. An die Stelle einer differenzierten Analyse der Agrarkrise trat bei ihm der emotional überfrachtete Appell an die subjektive Existenzangst seiner Zuhörer. Die Donau-Zeitung sprach im Zusammenhang mit seiner Rhetorik von „grenzenlosem Fanatismus", „jeder Beschreibung spottender Rücksichtslosigkeit" und „an Wahnsinn streifendem Radikalismus"[100].

Die Hektik, die Wielands Auftreten in den niederbayerischen Amtsstuben bewirkte, wird deshalb erst verständlich, wenn man seine aufpeitschende, demagogische Rhetorik betrachtet, mit der er seine Zuhörer in den Bann zog. So konnte der Landauer Bezirksamtsassessor im Bericht über eine Bauernbundsversammlung in Wallersdorf bemerken, dass „die bekannten Redner Ökonom Wieland und Dr. Gäch ihre offenbar von Verbitterung und dem Streben nach Verhetzung dictirten Phrasen über Beamtentum und Geistlichkeit vom Stapel ließen, welche auf die bäuerliche Zuhörerschaft den meisten Eindruck machten und diese zu teilweise stürmischen Beifallsbezeigungen und zustimmenden Zwischenrufen veranlaßten"[101]. Auf diese Art und Weise führte Wieland seine Zuhörer zu gewaltbereiter Ekstase gegen die zu gemeinsamen Feinden stilisierten Adeligen, Kleriker und Beamten. Durch eine derartige Agitation schaffte es Wieland, die verschiedenen, miteinander kaum zu vereinbarenden Interessen der Großbauern und Kleinstbesitzer, der Körndlbauern des Gäubodens und der Hörndlbauern des Bayerischen Waldes, zu überdecken.

Dies gelang ihm aber nicht zuletzt auch deshalb, weil er in der Lage war, seine Ausführungen in die bildreiche, an konkrete Erfahrungen gebundene Sprache seiner bäuerlichen Zuhörer zu kleiden. Mit diesen verband ihn das unsichtbare Band der gleichen betriebsbezogenen Denkweise. Dadurch suggerierte der reiche Großbauer aus dem Gäuboden auch noch dem kleinsten Häusler wie selbstverständlich, dass einer Seinesgleichen auf der Rednertribüne stand. Dabei wurde Wielands rhetorische Wirkung gerade dadurch unterstützt, dass er als einer der größten Grundbesitzer im Bezirksamt Straubing über eine geradezu natürliche Autorität bei seinen bäuerlichen Zuhörern verfügte, deren Statusdenken wie das seine vom Besitz an Grund und Boden abgeleitet war – so wie es Ludwig Thoma (1867–1921) auf unvergleichliche Weise in seiner Satire „Der heilige Hies" beschrieben hatte: „Wer sechs Roß im Stall stehen hat, ist ein Bauer und sitzt im Wirtshaus beim Bürgermeister und beim Ausschuß. Wenn er das Maul auftut und über die schlechten Zeiten und über die Steuern schimpft, gibt man acht auf ihn, und die kleinen Leute erzählen noch am andern Tag, daß gestern der Harlanger, oder wie er sonst heißt, einmal richtig seine Meinung gesagt hat."[102]

Wieland bewegte sich als Bauernbundsführer innerhalb des ländlichen Sozialgefüges Niederbayerns, über das er sich jedoch gleichzeitig hinaushob, indem er in der Lage war, seinen bäuerlichen Zuhörern zu demonstrieren, wie sehr sich ihre eigene Sprache zum Protest gegen die herrschenden politischen Zustände eignete. Die Donau-Zeitung urteilte deshalb: „In seiner ganzen Erscheinung der echte Typus des niederbayerischen Bauers, verstand er es meisterhaft, in ernsten schlichten Worten die Schmerzen des Bauernstandes zum Ausdruck zu bringen."[103] In Wielands Führungsstil vermischten sich traditional patriarchalische und charismatische Elemente zu einem brutalen agrarischen Populismus. Das Vertrauen, das ihm aufgrund seiner vom Besitz abgeleiteten sozialen Stellung entgegengebracht wurde, steigerte sich mit der Faszination, die sein respektloser Mut hervorrief, zu einer Verehrung, die es ihm erlaubte, seine Zuhörerschaft einem Gefolgschaftsverhältnis zu unterwerfen und die Interessengegensätze in seiner Anhängerschaft erst recht vergessen zu lassen. Da er die Massen auf eine rational nicht zu verstehende Weise im Griff zu haben schien, erschien er manchem akademisch gebildeten Bürokraten als geradezu dämonische Gestalt – eine Wirkung, die durch sein finsteres Äußeres noch unterstrichen wurde. Der Polizeikommissar, der zur Überwachung einer Straubinger Bauernbundsversammlung abgeordnet war, wusste diesbezüglich zu berichten: „Der Einfluß Wielands auf die großen Massen ist unbeschreiblich. Wenn der Lärm noch so groß und das Geschrei noch so wild war, so daß sich Niemand Gehör verschaffen konnte, genügte eine einzige Handbewegung Wielands, die aufgeregte Menge zum Schweigen zu bringen."[104]

Das charismatische Band zwischen Wieland und seinen Anhängern äußerte sich am deutlichsten in dessen quasireligiösem Charakter. Das Bild, das die Bauern von Wieland hatten, besaß bisweilen messianische Züge. So hofften die Bauern aus dem nahe Ingolstadt gelegenen Dörfchen Theissing im Herbst 1895, „daß ihr lang ersehnter Wieland kommt"[105]. Der Landtagsabgeordnete Adalbert Braun schrieb am 1. Juni 1895 an Wieland: „Alles sehnt sich nach dem Tage, wo du und Herr Dr. Gäch in unserer Mitte erscheinst und eine große öffentliche Versammlung abhältst." Und aus Wirbenz bei Kemnath schrieb ein Anhänger Wielands am 6. Mai 1898: „H. Wieland wird von den meisten Bauern in hiesiger Gegend geradezu vergöttert." Wieland erwiderte diese quasireligiöse Verehrung mit einem tief und echt empfundenen Sendungsbewusstsein, die Bauern aus der Bevormundung durch Adelige, Kleriker und Beamte zu befreien und sie davon zu überzeugen, ihre politische Vertretung selbst zu übernehmen, weshalb er am 30. August 1896 in Moosham bei Regensburg behauptete: „Der Landwirth muß Politik treiben. Wo sind unsere Vorfahren, wo sind wir selbst hingerathen, die wir uns nie um Politik gekümmert haben, die einen zu dieser, die anderen zu jener Partei gegangen sind und uns stets blindlings dem unterworfen haben, was diese Parteien für gut fanden. Dadurch wurde der Untergang der Landwirthschaft herbeigeführt." Dabei stilisierte er sich selbst zum Messias der bayerischen Bauern, als er diesen den Weg aus dem klerikalen und bürokratischen Jammertal des Obrigkeitsstaates mit den Worten wies: „Wenn wir dies aber nicht thun, wenn wir uns nicht aufraffen, werden uns unsere Nachkommen verfluchen, daß wir sie in's Proletariat hinabgedrückt haben, wenn wir ihnen nichts mehr übergeben können."[106]

Die Kombination aus strukturbedingter Autorität, charismatischer Wirkung, finanzieller Potenz und geschulter Ausdrucksweise führte dazu, dass Wieland den eigentlichen Vorsitzenden des Bundes der niederbayerischen Landwirte schon bald in den Hintergrund drängte. Hien, so scheint es, ließ sich das gerne gefallen. Er war ein ungeübter und ungelenker Redner. Offensichtlich machte ihm die Agitation keine Freude. Bald ging er in den Versammlungen dazu über, nach einer kurzen Begrüßung das Wort sogleich an Wieland zu übergeben, bevor er ganz aus der Öffentlichkeit verschwand. Wieland war der eigentliche Bundesvorsitzende und schon bald wurde er in der öffentlichen Wahrnehmung zum eigentlichen Gründer der Bauernbundsbewegung[107].

*„Ich werde thun, was du thust.“*

# Der Schwarzacher Arzt Dr. Albert Gäch, ein Bundesgenosse und Freund

Die Bauernbundsbewegung hatte wegen ihrer zentrumsfeindlichen Haltung bei den Protagonisten der liberalen Diaspora Niederbayerns große politische Hoffnungen geweckt. Der linksliberale Schriftsteller Riblinger gab zu: „Wir begrüßten damals mit großer Freude das Erwachen der Bauern aus ihrem politischen Schlafe und registrierten mit wachsendem Vergnügen das rasche Vorwärtsschreiten der Bewegung, welche ihre Lebenskraft durch zahlreiche, sich Schlag auf Schlag folgende Versammlungen bekundete."[108] Der zentrumsfeindliche Schriftsteller Ludwig Thoma war sich sicher, „daß die Herren vom Zentrum ihr verlorenes Terrain so rasch nicht mehr gewinnen werden. Man mag über die Bewegung denken wie man will, den Gemeinsinn, der sich darin offenbart, und das männliche, unerschrockene Auftreten ihrer bäuerlichen Führer muß man bewundern."[109]

Im Nachlass Wielands finden sich zahlreiche Briefe studierter Autoren, die die Bauernbundsbewegung geradezu als Erlösung von der drückenden Zentrumsdominanz betrachteten. Darunter finden sich auch Briefe des kirchenkritischen Pilstinger Arztes Dr. Karl Carossa, des Vaters des bekannten Dichters Hans Carossa (1878–1956). Er drängte Wieland seine organisatorischen Ratschläge und schriftstellerischen Dienste geradezu auf[110]. Ein Straubinger Rechtsanwalt gab Wieland ebenfalls Ratschläge für die Organisation der Bauernbundsbewegung, beanspruchte eine führende Position und kritisierte die bisherige Leitung[111]. Ein Münchner Gymnasiallehrer klärte ihn über die Gefährlichkeit der eigentumsfeindlichen Tendenzen des Sozialismus auf, wobei er nicht vergaß, ihn darauf hinzuweisen, wie man den Namen des französischen Sozialisten Pierre-Joseph Proudhon (1809–1865) – „sprich: Prudong" – vorzutragen habe[112].

Aber Wieland interessierte sich weder für französische Sozialisten noch für Münchner Gymnasiallehrer, er interessierte sich für den Getreide- und Kartoffelpreis und die Entwicklung auf den Vieh-

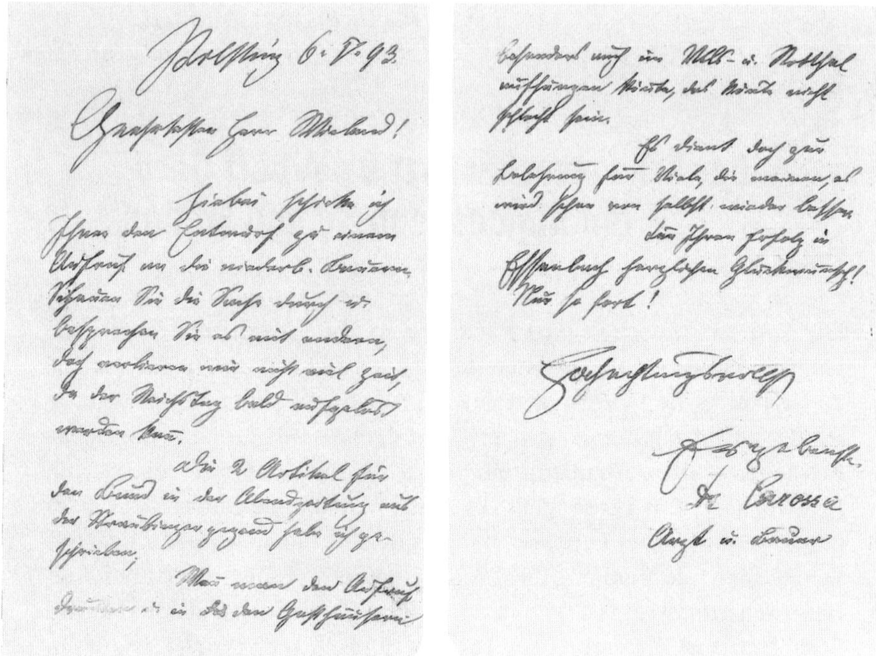

*Viele kirchenkritische Zeitgenossen setzten ihre Hoffnungen auf den antiklerikalen Bund der niederbayerischen Landwirte, darunter auch der Pilstinger Arzt Karl Carossa, Vater des berühmten Dichters Hans Carossa. Mit diesem Brief bot er Wieland seine Unterstützung an.*

märkten. Wieland verstand es aufgrund seiner betriebsbezogenen Denkweise schlichtweg nicht, warum sich jemand aufrichtig für Interessen einsetzen wollte, die ihn selbst nicht betrafen. Die Zentrumsprälaten hatten es ja bewiesen, dass sie nicht in der Lage waren, agrarische Interessen in dem von den Bauern gewünschten Ausmaß zu vertreten. Er selbst sah keinen Grund, sich für die Interessen der Ärzte, Rechtsanwälte und Gymnasiallehrer einzusetzen. Warum sollten sich diese also für die Interessen der Landwirtschaft einsetzen? Wer für Interessen eintrat, die nicht die seinen waren, konnte es nach Auffassung Wielands nicht aufrichtig meinen. Hinter solchem Engagement vermutete er stets Strebertum und die Suche nach finanziellem Vorteil[113]. Wielands Programmsatz lautete deshalb seit der Gründungsversammlung am 10. April 1893: „Keine Adeligen, keine Beamten, keine Geistlichen, keine Doktoren und Professoren, sondern nur Bauern." „Wo Wieland auftrat," – so ein missgünstiger Beobachter – „wurde dieser Programmsatz bis zur Bewußtlosigkeit heruntergeleiert."[114]

Lediglich dem Schwarzacher Arzt Dr. Albert Gäch öffnete sich der misstrauische und verschlossene Wieland. Innenminister Feilitzsch bezeichnete Wieland am 27. Mai 1897 in einem Gutachten, das er für den Prinzregenten verfasste und Charakterisierungen sämtlicher Bauernbundsführer enthielt[115], als „intimen Freund" Gächs. Offenbar gestand Wieland dem Landarzt die Aufrichtigkeit bei der Vertretung landwirtschaftlicher Interessen zu, die er bei anderen Intellektuellen nicht erkennen konnte. Immerhin musste Gäch für Wieland glaubhaft erscheinen, weil er ein kleines Ökonomiegut im Umfang von 40 Tagwerk mit Hilfe eines Baumeisters selbst bewirtschaftete – „wohl augenscheinlich zu dem Zweck, damit er den ausübenden Landwirthen beigezählt werden kann", so der Innenminister. Mit dieser Ansicht lag er sicher nicht falsch, kannte der kluge Landarzt doch das Misstrauen der Bauern gegen alles, was ihrer eigenen Lebenswelt fremd war. Wenn es Gäch dadurch gelang, das Vertrauen der Bauern und die Freundschaft Wielands zu erwerben, so konnte der Innenminister darin nur die Voraussetzung erblicken, die es Gäch erlaubte, seinen Ehrgeiz und seine Gefallsucht zu befriedigen. Daneben nannte er als Motivation von Gächs Tätigkeit für die Bauernbundsbewegung „Haß gegen alle Autorität und auch gegen die besseren Gesellschaftskreise, an denen er sich anscheinend dafür rächen will, daß ihn seine Vergangenheit vom Verkehr mit denselben ausschließt". Feilitzsch spielte damit auf den Konflikt an, in den Gäch geraten war, als er sich aus eigenem Geschäftsinteresse mit den lokalen Honoratioren Schwarzachs gegen die staatliche Medizinalbürokratie verbündet hatte, um die kommunalen Ausgaben für die Armenpflege zu senken. Auf dem Hintergrund dieses Konflikts fiel es dem Innenminister leicht, Gäch als zwielichtige, charakterschwache Person von moralisch verwerflicher Gesinnung darzustellen. Detailliert schildert Feilitzsch Gächs Streitlust, die sich schon in zahlreichen Raufereien gezeigt habe. Wegen Beleidigung sei er mit 30 Tagen Gefängnis vorbestraft. In der politischen Agitation kenne er „nur eine Grenze, nämlich die Gefahr, sich eine Gefängnisstrafe zuzuziehen". Dabei erschien es Feilitzsch bemerkenswert, „daß ein Mann, der im Hinblick auf Moral so tief steht wie Gäch, doch eine politisch so einflußreiche Persönlichkeit sein kann". Den agitatorischen Erfolg

Gächs konnte sich der Innenminister deshalb nur mit der charakterlichen Unreife und sittlichen Rohheit der Bevölkerung erklären: „Der Einfluß des Gäch dürfte hauptsächlich darauf zurückzuführen sein, daß er zu sagen weiß, was die Leute gern hören und ein Ersatz für ihn unter den politisch Gleichgesinnten nicht vorhanden ist, dann daß der Standpunkt eines großen Theiles der Bevölkerung des Amtsbezirkes [Bogen] in Rücksicht auf Moral und Ehre ein ziemlich niedriger ist."

Dass ein solcher Mann aufrichtig religiös sein konnte, war für Feilitzsch nicht vorstellbar, zumal Gäch schon vor seiner politischen Tätigkeit für die Bauernbundsbewegung gegen die Höhe der Stolgebühren [Entgelte für geistliche Verrichtungen wie Taufen, Trauungen und Begräbnisse[116]] protestiert hatte. Wenn Gäch öffentliche Rosenkränze mitbetete, „wie er das erst kürzlich anläßlich einer Beerdigung in Degenberg gethan hat", dann nur, „um den Pfarrprovisor von Schwarzach zu ärgern", so der Innenminister. Dass Gäch aufgrund seiner antiklerikalen und antibürokratischen Einstellung mit den umstürzlerischen Sozialdemokraten „zweifellos in nahen Beziehungen" stehe, stand für Feilitzsch außer Frage, obwohl er konkrete Anhaltspunkte dafür nicht nennen konnte.

Zu dem negativen Charakterbild, das sich Feilitzsch zurechtlegte, passte es dann auch, dass Gäch seinen ärztlichen Pflichten nicht nachkam: „Das Erträgniß der Praxis wäre ein weit höheres, wenn Gäch derselben sich mehr widmen würde; Gäch befindet sich aber sehr häufig auf Agitationsreisen und betheiligt sich vielfach an Kneipereien, an Volksfesten und an ähnlichen Vergnügungen, namentlich in Deggendorf und Straubing, um sich bekannt und populär zu machen, so daß er zu Hause selten zu treffen ist, wodurch die Praxis Schaden leidet."

Vergleicht man das Gutachten, das der Innenminister für den Prinzregenten zusammenstellte, mit demjenigen, das der niederbayerische Regierungspräsident Lipowsky über Wieland erarbeitet hatte, so erkennt man immer wieder die gleichen stereotypen und austauschbaren Charakterisierungen. Glaubt man den Beamten, dann waren Bauernbündler geltungssüchtig, großsprecherisch, moralisch minderwertig, rücksichtslos und faul, ungebildet, einfältig, bestenfalls noch zu dumm, um ihre Verführer zu erkennen. Feilitzsch selbst fasste diese Ansicht in seinem Gutachten an den Prinzregenten zusammen, indem er behauptete, die Bauernbunds-

*Dr. Albert Gäch als Leiter eines Kochkurses in Schwarzach. Der sozial engagierte Arzt wollte die ländliche Ernährungsweise nach gesundheitlichen Kriterien reformieren. Heute noch wird in Schwarzach nach seinen Rezepten gekocht. In der ersten Reihe, die vierte Frau von links, Wielands Tochter Amalie.*

führer hätten sich „der Bewegung nur deshalb angeschlossen, beziehungsweise ins Leben gerufen, um in der Öffentlichkeit eine Rolle zu spielen und um sich mit Aussicht auf Erfolg als Kandidaten bei den Wahlen zu den öffentlichen Körperschaften einzuführen; andere sind Persönlichkeiten von zweifelhafter Vergangenheit oder verdächtigem Charakter, die die Bauernbundsbewegung benützen, um ihre finanziellen Interessen zu fördern. Fast alle aber führen seit einiger Zeit in den öffentlichen Versammlungen eine hochgradig leidenschaftliche und aufreizende Sprache, beleidigen und beschimpfen nicht nur einzelne Personen, sondern auch ganze Stände und Berufsklassen und scheuen sich nicht, durch Behauptung unwahrer oder entstellter Tatsachen Unzufriedenheit und Missvergnügen in weite Kreise der landwirtschaftlichen Bevölkerung zu tragen. Manchmal erregt das Auftreten dieser Agitatoren den Verdacht, als sei der Geisteszustand des einen oder anderen derselben kein vollständig normaler."

Gerade diese Zusammenfassung zeigt, dass derartige Gutachten nicht informieren wollten, sondern diffamieren. Sie dienten der

Selbstvergewisserung der Bürokratie als moralisch und sozial über den Bauern stehende Gruppe. Die Bürokratie konnte hinter der bäuerlichen Protestbewegung der 1890er-Jahre kein aufrichtiges Bemühen zur Verbesserung der wirtschaftlichen Situation der Landwirtschaft erkennen. Unzufriedenheit war ihrer Auffassung nach immer in Maßlosigkeit begründet, mangelnde Bildung der Grund für die Unfähigkeit, das fürsorgliche Wohlwollen der staatlichen Verwaltung erkennen zu können.

Nichtsdestotrotz hatte Wieland in Gäch nicht nur einen kongenialen politischen Weggefährten gefunden. Die beiden verband auch eine aufrichtige Freundschaft, die gewiss in der Ähnlichkeit ihres streitbaren Charakters lag. Am 11. Dezember 1894 schrieb Gäch an Wieland über die Angriffe des Zentrumspolitikers Georg Heim (1865–1938): „Wenn Heim gegen mich spricht, so redet er auch gegen dich." Und er fügte hinzu: „Ich werde thun, was du thust. Ich bin bisher getreu an deiner Seite gestanden und werde es auch in Zukunft thun." Anzeichen für ein ernsthaftes Zerwürfnis zwischen beiden gibt es nicht.

Für Wieland übernahm Gäch die Rolle des literarischen und politischen Beraters. Die Erklärungen, die Wieland im Niederbayerischen Anzeiger und in der Neuen freien Volkszeitung veröffentlichte, sind von einer derartigen stilistischen und inhaltlichen Qualität, dass er sie kaum ohne intellektuelle Unterstützung durch Gäch verfasst haben konnte – was sich vor allem an den häufig verwendeten lateinischen Zitaten zeigt. Auf der Generalversammlung des Bundes der niederbayerischen Landwirte in Straubing bezeichnete Wieland am 29. Dezember 1894 „meinen Freund Dr. Gäch als große politische Nothwendigkeit", da er „für uns vorzüglich in der Presse thätig ist; und wenn wir diese nicht haben, sind wir verloren von A bis Z"[117].

Während Wieland die literarische Unterstützung von Gäch benötigte, benutzte dieser den Hierlbacher Gutsbesitzer als Sprachrohr. Denn aufgrund eines Sprachfehlers, von dem man sich in Schwarzach heute noch erzählt, war Gäch als Redner deutlich gehemmt. Außerdem dürfte ihm bewusst gewesen sein, dass der Landwirt Wieland bei seinen Berufskollegen doch besser ankam als er, der promovierte Mediziner. Zwischen dem Landarzt und dem Großbauern entwickelte sich eine Symbiose, die die beiden unzertrennlich erscheinen ließ. Die Augsburger Abendzeitung kündigte am 23. Dezember 1895 eine von Wieland als Hauptredner bestrittene Bauernbundsversammlung in Großeisenbach bei Freising an und fügte hinzu: „Man vermuthet, daß, weil Castor erscheint, auch sein Freund Pollux, der Doktor aus Schwarzach, kommt." Gemeinsam mit Gäch bemächtigte sich Wieland der Führung im Bund der niederbayerischen Landwirte. Es wurde von der „Wieland-Gäch'schen Richtung" gesprochen, wenn der radikal agitierende Flügel der Bauernbundsbewegung gemeint war[118]. Gäch wurde dabei als der bestimmende von beiden gesehen. So vermutete der gemäßigte, auf pragmatische Zusammenarbeit mit dem Zentrum bedachte Rottaler Bauernbündler Mathias Zeitler Gächs Einfluss hinter Wielands radikalem Antiklerikalismus, weshalb er diesem schrieb, „daß es ewig Schade ist, daß Sie sich von D. Gäch gar so viel beeinflussen lassen"[119]. Gestützt auf den Straubinger Bezirksamtmann äußerte auch der Innenminister die Ansicht, Wieland hätte sich „ohne die Beeinflussung Gaech's zu den Ausschreitungen, welche ihn auf die Anklagebank führten, kaum hinreißen lassen"[120]. Und am 20. September 1901 schilderte die Donau-Zeitung, „wie Wieland unter dem Einflusse seines bösen Geistes Dr. Gäch die gemässigte Richtung im Bauernbunde bekämpft hat, mit derselben Schärfe wie das verhaßte Centrum".

*Gäch liebte es, seine Mitmenschen zu provozieren. Nach der Tradition der Schwarzacher Wirtsfamilie Venus trank er aus diesem totenkopfförmigen Bierkrug, wenn er im Gasthof neue Post einkehrte.*

*„... wer zu der Bauernversammlung geht,*
*den holt der Teufel ...“*

# Der Kampf gegen den politischen Einfluss der Geistlichkeit

Nach den Erfahrungen, die er mit dem Gergweiser Expositus gemacht hatte, befand sich Wieland in einer Stimmung ständiger Gereiztheit gegenüber dem Klerus. Trotzdem hielt er sich in seinen ersten Versammlungsreden mit direkten Angriffen zurück. Mit seiner Landshuter Rede vom 14. Mai 1893 hatte er dann den Punkt erreicht, wo er seine relative Mäßigung gegenüber dem Klerus aufgab und seine Zentrumsfeindlichkeit in offenen Antiklerikalismus umschlug. Er wies „die verläumderischen Ausfälle des Klerus, als sei durch den Bauernbund die Religion gefährdet, entschieden zurück. Kein Stand hält die Religion mehr in Ehren als der Bauernstand. Es habe noch niemals ein anderer Stand die Religion bei jeder drohenden Gelegenheit besser vertheidiget, für dieselbe gestritten und geblutet, als der Bauernstand."[121] Damit reagierte Wieland darauf, dass der überwiegend der Zentrumspartei anhängende Klerus mittlerweile begonnen hatte, die Bauernbundsbewegung der Unkirchlichkeit zu zeihen und ihr auf diesem Wege potentielle Wähler abspenstig zu machen. Da die Zentrumspartei bisher die einzige zuverlässige Vertreterin kirchenpolitischer Interessen war, musste deren Schwächung durch die Bauernbundsbewegung für die Geistlichkeit als nicht hinnehmbare Beeinträchtigung ihres Einflusses erscheinen. Im Vorfeld einer Bauernbundsversammlung in Frontenhausen wurde Wieland von einem Bundesgenossen auf die Kanzelagitation des Ortspfarrers aufmerksam gemacht: „Den bei uns macht der Geistliche auf der Kanzel für seine Sache Reklame und da trau ich mir zu wetten, daß an den 2 kommenden Sontagen bei Predigten von der Kanzel geschrieen wird, wer zu der Bauernversammlung geht, den holt der Teufel, und wer derselben beiwohnt, läuft Gefahr von der Hölle sofort verschlungen zu werden."[122]

Wieland und seine Bundesgenossen wussten um die Wirkung politischer Agitation, wenn sie von der Kanzel stammte und mit der Gefahr für das jenseitige Heil untermauert wurde. Von einem Bundesgenossen wurde er deshalb aufgefordert, sich in dem niederbayerischen Marktflecken Frontenhausen von dem bundesfreundlichen Priester Georg Ratzinger begleiten zu lassen, „den wenn die Bauern einmal einen Geistlichen auf der Bühne sehen, dann laufen die meisten mit. Und Sie sind aber auch dann eines glänzenden Sieges sicher, daß verspreche ich Ihnen bestimmt, sollte aber H. Dr. Ratzinger nicht kommen, dann werden selbe Ihnen das Feld hier sauer machen. Den die Geistlichen werden die Bauern sammeln und mit Ihnen den Saal ausfüllen und Ihnen zu Tode schreien. Aber vor einem Geistlichen fürchten sich selbe doch."[123]

Statt sich aber mit Priestern gegen die Angriffe der Zentrumsgeistlichkeit zu verbünden, ging Wieland den entgegengesetzten Weg. Er reagierte, indem er vom Klerus politische Enthaltsamkeit forderte. Denn er warf der Geistlichkeit am 28. Februar 1894 in Geiselhöring vor, die Religion für die eigenen finanziellen Interessen missbraucht zu haben, als Kleriker für die Aufrechterhaltung der bäuerlichen Grundlasten aus der Feudalzeit eingetreten waren: „Wie heute namentlich das Centrum an dem Fortbestande dieser Mißstände schuld ist, so war es auch vor dem Jahre 1848. Damals war es der Klerus, welcher sagte: Die Religion ist in Gefahr. Aber heute wie damals handelt es sich in diesen Dingen nur um den Kostenpunkt. Wenn wir dies behaupten, so haben wir trotzdem unseren Glauben." Deshalb plädierte er für eine strikte Trennung zwischen Religion und Politik: „Um das politische Feld haben wir uns einen großen Zaun gezogen zu denken, der die weltlichen Dinge, die nur Sache der Steuerzahler sind, von den kirchlichen Dingen trennt; dieser Zaun wird vom Centrum gern überstiegen. Diese Übergriffe dürfen wir nicht dulden, in allen Angelegenheiten vielmehr, in welchen nur das Zahlen in frage steht, stimmen wir ausschließlich nach unserem Wohle. Wir reden in kirchlichen Dingen auch nicht ein."[124] Wieland wollte den Bauernbund als rein wirtschaftspolitische Interessenvertretung verstanden wissen und hing der Fiktion an, dass diese ohne weltanschauliche Implikationen umgesetzt werden könne. Trotzig hatte er dem Klerus in Landshut entgegen gerufen: „Das Motiv der Vereinigung liege im Geldbeutel."[125]

Geprägt durch den Kulturkampf, musste der Geistlichkeit die von Wieland propagierte Trennung von Politik und Religion als Provokation erscheinen. Dabei wurde er in dem Maße, in dem er sich neben Gäch zum antiklerikalen Hauptagitator der niederbayerischen Bauernbundsbewegung entwickelte, zur Zielscheibe der klerikalen Gegenagitation. Bereits seit dem Ende des Jahres 1893 zog sich ein enges Netz an Vereinen des politischen Katholizismus um Wielands Hierlbacher Wohnsitz – der Niederbayerische Bauernverein mit seinem Sitz in Frontenhausen, die Katholischen Männervereine von Schwarzach, Pfelling und Hilgartsberg, der Katholische Volksverein für Wallkofen und Umgebung sowie der Verein katholischer Landwirte in Aiterhofen[126]. Der Passauer Bischof weigerte sich, in Simbach am Inn Firmung zu halten, da Wieland an dem dafür vorgesehenen Tag als Hauptredner auf einer Bauernbundsversammlung auftreten sollte. Am 5. Juni 1895 wurde er deshalb von dem Landtagsabgeordneten Adalbert Braun gebeten, die Bauernbundsversammlung zu verschieben, „weil wie du weist, das dich der Bischoff von Passau nicht leiden kann". Der Bürgermeister des Vilstaldorfes Mariakirchen schrieb deshalb am 25. Juni 1895 an Wieland: „[...] denn bei den Versammlungen der letzten Reichstagswahl hat es volle Entrüstung unter uns hervorgerufen, daß von Seite unserer Geistlichkeit über den Bauernbund so losgezogen wurde, selbst über Ihre eigene Person selbst, was jeden gut denkenden Bürger noch wehe im Herzen thut."

Der Zentrumspolitiker und Dietfurter Stadtpfarrer Anton Kohl (1851–1913) nannte Wieland und Gäch „gefährliche Hetzer", die „fast durchweg den christlichen Boden verlassen haben"[127]. Im Landtag behauptete er deshalb, „der Herr Abgeordnete Wieland und seine Helfershelfer laden sich eine Verantwortung auf die Seele, an der sie schwer zu tragen haben werden"[128]. Der Regensburger Bischof ließ im Frühjahr 1898 einen Hirtenbrief gegen Wieland von den Kanzeln verlesen[129]. Als ein Pfarrer aus der Nähe von Pilsting predigte, „wenn jemand dem Bauernbund anhängt, so soll er sich, falls er auf's Sterbebett kommt, nur von Wieland und Gäch versehen lassen", fragte sich Wieland: „Wo bleibt da der Staatsanwalt? Ist das nicht ein Mißbrauch der Kanzel, ein Mißbrauch eines öffentlichen Amtes. Das Amt des Priesters ist ein ehrwürdiges und soferne er dies dazu mißbraucht, müssen wir ihn als politischen Hetzkaplan ansehen." Und mit nachdenklicher, den frommen Mann verratender Miene fügte er hinzu: „Meine Herrn. Wenn das Religion ist, habe ich keine. Meine Religion ist etwas Göttliches, was mir kein Geistlicher geben und keiner nehmen kann. Ich bedauere, unsere heilige Religion hereinziehen zu müssen. Würden aber jene Herrn nicht zurückschrecken vor dem Mißbrauch ihres Amtes, so würde auch ich nicht gezwungen sein, darüber zu sprechen."[130]

Derartige Aussagen Wielands zeigen ganz deutlich, dass aus Wielands Antiklerikalismus nicht Hass gegen den Klerus spricht, wie die Bürokratie in ihrer Verständnislosigkeit gegenüber den Motiven der Bauernbundsbewegung immer wieder behauptete[131], sondern vielmehr der Ärger und die Enttäuschung eines durchaus frommen Mannes, der seine politischen Motive missverstanden glaubte. Von Haus aus ein impulsiver Charakter, reagierte Wieland jedoch mit äußerster Schärfe und Verachtung, wenn er der Überzeugung war, dass ihm Unrecht getan wurde, und sei es auch von einem Geistlichen. Als in einem klerikalen Blatt – übrigens nicht zu Unrecht – die doch recht harmlose Behauptung aufgestellt wurde, er habe dazu aufgerufen, nur noch mit bauernbundsfreundlichen Händlern zu verkehren, reagierte Wieland mit einer Schärfe, die in keinem rational begründbaren Verhältnis mehr zum Anlass stand: „Was würde denn mit solchen verlogenen Geistlichen in den ersten Jahrhunderten des Christenthums geschehen sein? Ohne Zweifel würde Ihnen der ehrwürdige Priesterrock ausgezogen und derselbe um ihr böses, verlogenes, verläumderisches Maul geschlagen worden sein, mit dem Bemerken, daß sie nicht würdig seien, solche ehrwürdige Kleidung zu tragen. Kann man da nicht wirklich sagen, schweiget doch einmal für immer in Bezug auf den Bauernbund, wenn ihr der Wahrheit die Ehre nicht geben wollt, Ihr Schlangengezücht."[132]

Dabei war die Ablehnung der agrarischen Protestbewegung durch die Geistlichkeit zu Beginn keinesfalls allgemein. Vor allem im niederen Klerus herrschte große Unzufriedenheit mit der Zentrumspartei. Viele Dorfpfarrer waren mit dem regierungsfreundlichen Kurs der führenden Zentrumspolitiker nicht einverstanden, weil ihnen weder die kirchenpolitischen Zugeständnisse der Regierungen noch die Erfüllung sozial- und wirtschaftspolitischer Forderungen weit genug gingen. In der aufkeimenden Bauernbewegung sahen sie ein geeignetes Mittel zur Korrektur des regierungsfreundlichen Zentrumskurses. So war es der Pfarrer des Gäubodendorfes Altenbuch, der Hien ein Agrarprogramm aufsetzte, als dieser die

Straubinger Versammlung vom 18. März 1893 vorbereitete[133]. Bachmaiers Pfarrkirchener Reichstagskandidatur wurde von zahlreichen Geistlichen aus seinem Wahlkreis unterstützt[134]. Stellvertretender Vorsitzender des fränkischen Bauernbundes war anfangs ein katholischer Priester, bis er auf Weisung des Würzburger Ordinariates zurücktreten musste[135].

Auf einer Wahlversammlung in Pfaffenberg erfuhren Wieland und Gäch noch im Mai 1893 tatkräftige Unterstützung durch den Klerus, als sie Sigl als den Reichstagskandidaten des Bundes der niederbayerischen Landwirte vorstellten: „Geradezu stürmischer Beifall aber" – so der Bericht des Bezirksamtmanns – „folgte der Schlußrede des ehemaligen Pfarrers und Commorantpriesters Kießlinger [Moritz Kießling, geb. 1815] von Allkofen, welcher die Candidatur Dr. Sigls empfahl und Dr. Sigl als eifrigen und wahren Katholiken bezeichnete, dessen Blatt er seit seinem Bestehen lese."[136] Schließlich wurden die Geistlichen aber die Geister, die sie riefen, nicht mehr los. Die gegenseitigen Angriffe verhärteten sich und führten dazu, dass sich die Fronten rasch klärten. Der scharfe Antiklerikalismus Wielands und Gächs sorgte dafür, „daß es bald seltener wurde, Leute von der ‚schwarzen Couleur' in bündlerischen Versammlungen auftreten zu sehen", wie der linksliberale Schriftsteller Riblinger zufrieden berichtete[137].

*„... eine Pfaffenlumperei,*
*wie sie nur der Pfaffe Ratzinger*
*fertig bringen kann."*

# Ein klerikaler Putschversuch gegen Wieland

Der einzige Geistliche, der sein politisches Glück dauerhaft in der Bauernbundsbewegung suchte, war Georg Ratzinger. Dieser war zwischen 1875 und 1877 im Bayerischen Landtag gesessen und war 1877/1878 Reichstagsabgeordneter für die Bayerische Patriotenpartei gewesen. Aufgrund einer angeblichen Affäre mit einer Tölzer Kellnerin, die nicht zufällig zu Wahlkampfzeiten von der liberalen Presse verbreitet worden war, erschien er jedoch politisch nicht mehr tragbar. Gemeinsam mit seinem Mentor Ludwig Graf Arco-Zinneberg (1840–1882) hatte er dann seit 1882 die Errichtung von Bauernvereinen vorbereitet, um die Bayerische Patriotenpartei, die Vorläuferin des Zentrums, auf einen sozialethischen, radikalkatholischen und reichsfeindlichen Kurs zu zwingen. Zu diesem Zweck hatte er ein antikapitalistisches Agrarprogramm mit dem Titel „Die Erhaltung des Bauernstandes" erarbeitet. Nach dem Tod seines adeligen Mentors zog er sich jedoch aus der Öffentlichkeit zurück, um sein sozialethisches Hauptwerk „Die Volkswirthschaft in ihren sittlichen Grundlagen" zu überarbeiten[138].

Während Ratzinger aufgrund seiner politischen Vergangenheit im Zentrum unmöglich war, sah er in der aufkommenden Bauernbewegung eine Gelegenheit für ein politisches Comeback. Für die Passauer Donau-Zeitung verfasste er zwei Tage nach der Gründung des Bundes der niederbayerischen Landwirte eine Artikelserie, in der er sein sozialethisches und antikapitalistisches Agrarprogramm in Erinnerung rief[139]. Ratzinger wollte die Bauernbewegung in eine Katholische Volkspartei mit umfassendem sozialethischen Anspruch integrieren. Nach dem Vorbild der Bauernvereine im Rheinland und in Westfalen sollte diese in kirchenpolitischen Fragen mit dem Zentrum

*Der Priester und Sozialethiker Dr. Georg Ratzinger in der Münchner Zeitung vom 5./6. Dezember 1899. Er war Wielands schärfster innerbündlerischer Kritiker.*

einig gehen, in wirtschafts- und reichspolitischen Angelegenheiten jedoch unabhängig handeln können. Deshalb war er „tief unglücklich über die Haltung der Centrumspresse und eines Theils des Clerus, welcher eine immer tiefere Kluft zwischen sich und der Bauernbewegung schafft"[140]. Seine Pläne waren bereits so weit gediehen, dass er ein Treffen zwischen der Führung des Bundes der niederbayerischen Landwirte und Konrad Graf Preysing, Ratzingers Wunschkandidaten für den Vorsitz der Katholischen Volkspartei, organisierte. Sein Vorschlag stieß jedoch bei den Bundesführern auf keine Gegenliebe[141]. Er hatte nicht berücksichtigt, dass Preysing, der bisher den Wahlkreis Straubing im Reichstag vertrat, einer der meistgehassten Zentrumsführer war, seitdem er auf Drängen des Prinzregenten der Vermehrung der Militärausgaben im Reichstag zugestimmt hatte[142].

Ratzingers Vorstoß wirkt deshalb besonders naiv, da er nicht nur den politisch-emanzipatorischen, sondern auch den agrarisch-wirtschaftsegoistischen Charakter des Bundes der niederbayerischen Landwirte ignorierte. Dieser schlug sich in dem am 27. Juni 1893 vorgestellten und auf einem Entwurf Gächs basierenden Programm nieder. Es zielte im ersten Teil darauf ab, die finanzpolitische Grundlage des bayerischen Staates den gesellschaftlichen und wirtschaftlichen Veränderungen anzupassen, die die Industrialisierung bewirkt hatte. Während die Landwirtschaft zunehmend an volkswirtschaftlicher Bedeutung verlor und die handelspolitischen Konsequenzen daraus zu tragen hatte, gründete die finanzielle Leistungsfähigkeit des Staates und vor allem der Kommunen immer noch zu einem großen Teil auf den direkten Steuern der Landwirte, Hausbesitzer und Gewerbetreibenden. Deshalb verlangte das Programm, das bayerische Ertragssteuersystem durch eine progressive Einkommensteuer zu ersetzen, um das von der Industrialisierung in erster Linie profitierende mobile Kapital steuerlich stärker zu belasten. Dem gleichen Ziel diente die Forderung nach Übernahme der kommunalen Distriktstraßen und der Volksschulen durch den Staat. Denn während die Volksschulen der gesamten Dorfbevölkerung zugute kamen und die Distriktstraßen vom überregionalen Wirtschaftsverkehr benutzt wurden, wurden zu ihrer Finanzierung nur die von den Landwirten, Hausbesitzern und Gewerbetreibenden aufzubringenden kommunalen Umlagen herangezogen. Im Anschluss daran forderte das Programm in seinem zweiten Schwerpunkt, die Landwirtschaft vor der befürchteten Ausbeutung durch das übermächtige mobile Kapital aktiv zu schützen. Deshalb wurden sowohl die Verstaatlichung des Hypothekarkreditwesens als auch der Mobiliar- und Viehversicherungen gefordert sowie Regelungen für die Beschränkung des Zwischenhandels angemahnt[143].

Derartige antikapitalistische Forderungen verleiteten zu der Ansicht, das Programm verweigerte sich einer Anpassung an die Erfordernisse der kapitalistischen Industriegesellschaft und sei „im Grunde rückwärtsgewandt, im Sinne einer Wiederherstellung der landwirtschaftlichen Vormachtstellung in der Wirtschaft"[144]. Diese Interpretation scheint dadurch gestützt zu werden, dass Wieland die kritisierte Sozialpolitik der Reichsregierung als „moderne Gesetzgebung" ablehnte[145]. Andererseits wandte er sich aber gegen die kirchlichen Naturalreichnisse mit dem Argument, dass sie nicht mehr „in die Gegenwart herein passen"[146]. Diese widersprüchlichen Aussagen machen deutlich, dass es an den Intentionen des Bauernbundsprogramms vorbeigeht, es einfach als rückwärtsgewandt zu bezeichnen. Tatsächlich fordert das Programm ja gleich zu Beginn, das Steuersystem an die gesunkene volkswirtschaftliche Bedeutung der Landwirtschaft anzupassen – und nicht umgekehrt. Tatsächlich nahm sich das Programm in keinem seiner Forderungen vergangene Zustände zum Ziel und zum Vorbild. Vielmehr verhielt es sich systemkonform zu dem sich entfaltenden Sozial- und Interventionsstaat. In dessen Rahmen sollten die aggressiv wirtschaftsegoistischen Forderungen des Bauernbundsprogramms umgesetzt werden.

Eine der wesentlichen Intentionen des Programms bestand also darin, den fürsorglichen Regelungseifer der staatlichen Bürokratie von den strukturpolitischen Maßnahmen, mit denen diese so gerne in die Betriebsautonomie der Landwirte eingriff, auf den Schutz der Landwirtschaft vor dem übermächtig erscheinenden Einfluss des Großkapitals umzulenken. Eben erst durch die Bauernbefreiung in die ökonomische Unabhängigkeit entlassen, sollte die Landwirtschaft nicht schon wieder in ihrer wirtschaftlichen Freiheit beschränkt werden. Das Großkapital sollte reglementiert werden, nicht die Landwirte. Die Beschneidung der vollen Verfügbarkeit über die Produktionsmittel durch strukturpolitische Maßnahmen widersprach schließlich auch den kapitalistischen Interessen der Landwirte selbst. Infolgedessen zeigt das Programm insgesamt einen Charakter, der auf die Bedürfnisse der marktorientierten Großbauern Niederbayerns bzw. speziell Wielands zugeschnittenen war. Es ist deshalb davon auszugehen, dass sich Gäch intensiv mit Wieland besprach, als er das Programm entwarf.

Der wirtschaftsegoistische Zug dieses Landtagswahlprogramms lässt sich am deutlichsten erkennen, wenn es mit Ratzingers sozialethischer, nun tatsächlich an vorkapitalistischen Zuständen orientierter Programmatik verglichen wird. Ratzinger wollte die Landwirtschaft einem umfassenden antikapitalistischen Sonderrecht unterwerfen, das an den Feldgrenzen und Hoftoren der Bauern nicht halt machte und in dem Sinne rückwärtsgewandt war, als es sich die vergangene feudale Verfassung der Landwirtschaft ganz bewusst zum Vorbild nahm. Obwohl Ratzinger der Bauernbundsfraktion angehörte, erteilte er dem Bauernbundsprogramm am 7. November 1893 in seiner ersten agrarpolitischen Landtagsrede eine deutliche Absage: „Wir, meine Herren, stellen nicht das Wohlergehen des Bauernstandes in erste Linie. In erster Linie steht bei uns das Interesse der Gesamtheit, und damit stellen wir die Bauernbewegung auf die Grundlage der Sittlichkeit." Ausdrücklich beklagte er das „sogenannte Agrariertum, welches auch den Egoismus in den Vordergrund geschoben hat". Stattdessen postulierte Ratzinger „ein ideelles Gesamteigentum der Nation auf den Grund und Boden, und dieses ideelle Gesamteigentum besteht darin, daß jedes Individuum einer Nation Anspruch hat auf das tägliche Brot, welches Grund und Boden hervorbringen soll". Deshalb haben die Grundbesitzer „vor Gott und ihren Mitmenschen eine sittliche Aufgabe zu erfüllen; sie haben die Pflicht, das tägliche Brot für alle erringen zu helfen, und indem sie dieser ihrer Pflicht nachkommen, begründen sie zugleich ihre eigene Existenz". Darum forderte er: „Grund und Boden darf nicht als Privateigentum nach eigener Willkür aufgefasst werden." Die Befreiung der Bauern von grundherrschaftlichen und kommunalen Bindungen seit der Französischen Revolution betrachtete er dementsprechend als volkswirtschaftliches Unglück. Er wollte die Landwirte deshalb in so genannte „Wirtschaftsgemeinden" nach mittelalterlichem Vorbild integrieren und die Verfügbarkeit der Produktionsmittel beschränken. Die „Wirtschaftsgemeinden" sollten Bebauungspläne aufstellen, die Betriebsführung der Bauern überwachen, den gemeinsamen Absatz der landwirtschaftlichen Produkte organisieren, Spekulationskäufe durch Güterhändler verhindern und das landwirtschaftliche Kreditwesen regeln. Auf diese Art und Weise wollte er die Landwirtschaft vor Verschuldung bewahren, ohne eine Verteuerung der Nahrungsmittel durch Schutzzölle in Kauf nehmen zu müssen. Sein Fazit lautete somit: „Und gerade von diesem Gesichtspunkte aus sage ich, daß die Lösung der Agrarfrage, die Lösung der Frage von Grund und Boden, zugleich die Lösung der sozialen Frage ist."[147]

Ratzinger stand also nicht nur mit seinem parteipolitischen Konzept einer umfassenden Katholischen Volkspartei, sondern auch mit seinem sozialethischen Agrarprogramm im unvereinbaren Gegensatz zu Wielands wirtschaftsegoistischen Forderungen. Ein Konflikt zwischen beiden zeichnete sich erstmals ab, als der junge Züricher Privatdozent und Nationalökonom Dr. Gustav Ruhland (1860–1914) auf einer Bauernbundsversammlung in Plattling[148] am 22. Oktober 1893 die 800 Anwesenden im Namen des erkrankten Ratzinger aufforderte, „unter der Führung Ratzinger's an die größte Aufgabe der Gegenwart, an die Lösung der Agrarfrage heranzutreten". Entsprechend Ratzingers agrarpolitischem Programm plädierte Ruhland für die Durchsetzung der christlichen Nächstenliebe im Wirtschaftsleben, lehnte die Erhöhung der Zölle ab und machte stattdessen Vorschläge zur Begrenzung der Grundstücksverkehrsfreiheit. Dann, so Ruhland, werde die Bauernbundsbewegung „ein wirthschaftlich geordneter Flügel im Centrum" werden.

Ruhlands Ausführungen riefen den massiven Protest Wielands hervor. Eben erst vom verhassten Zentrum emanzipiert, wollte er sich diesem nicht bereits wieder unterwerfen. Deshalb betonte er, der „Bauernbund bilde keinen Flügel des Centrums, derselbe könne sich nicht herbeilassen, irgend einer anderen Partei beizutreten; der Bund müsse seine eigene Wirtschaftspolitik treiben; nur das heutige Parteiwesen habe die schädlichen Gesetze gebracht" – womit er in erster Linie die Senkung der Schutzzölle und die Einführung der Sozialgesetzgebung im Auge hatte. Der ehemalige Güterhändler wollte das freie Verfügungsrecht über die landwirtschaftlichen Produktionsmittel keinesfalls aufgeben: „Christliche Nächstenliebe ist ja sehr schön! Wenn wir aber an unserem Eigenthumsrecht nicht festhalten, sind wir verloren." Im Eigentumsrecht sah er „ein Grundrecht und an diesem Grundrecht wollen wir mit aller Zähigkeit festhalten". Von einem „Abtreten des Grundeigentums an eine Kooperation" wollte Wieland überhaupt nichts wissen, denn „der Bauer wolle selbst Herr bleiben und über sein Eigentum verfügen können; er hätte das gleiche Recht hiezu wie der Kapitalist; die vorgeschlagenen Reformen laufen nur darauf hinaus, daß der Bauer der Arbeiter des Kapitalisten werde".

Trotz dieser Absage weigerte sich Ratzinger, der sich zu diesem Zeitpunkt bereits zum führenden Parlamentarier des Bundes entwickelt hatte[149], das Programm des Bundes im Landtag vorzubringen. Der Großantrag, den er am 1. Dezember 1893 im Landtag einbrachte, enthielt keine der zentralen Forderungen aus dem bündlerischen Landtagswahlprogramm. An der Person Ratzingers entzündete sich nun der bis zum Ende der Bauernbundsbewegung im Jahr 1933 schwelende Streit zwischen einer radikalen sowie einer gemäßigten Richtung, die zu Lebzeiten Wielands im Rottal – der Heimat der meisten Landtagsabgeordneten des Bundes – ihren geografischen Schwerpunkt hatte. Diese Richtung lehnte den agrarischen Radikalismus Wielands zugunsten einer umfassenderen Mittelstandsorientierung ab und unterstützte deshalb Ratzinger. Unterstützung fand dieser darüber hinaus bei Sigl, der sich in den 1870er-Jahren selbst mit dem Gedanken getragen hatte, eine zentrumsfeindliche Katholische Volkspartei zu errichten[150].

Der nun anhebende Richtungsstreit im Bauernbund wurde mit außerordentlicher Schärfe geführt, so dass er laut Alois Hundhammers Urteil „in der deutschen Parteigeschichte wohl schwerlich ein Beispiel finden dürfte"[151]. Während Ratzinger die Bundesfraktion dominierte, war Wieland der maßgebliche außerparlamentarische Führer der Bauernbundsbewegung. Dabei besaß Wieland in der am 10. April 1893 in der Gründungsversammlung des Bundes der niederbayerischen Landwirte angenommenen Satzung ein Mittel, mit dem er Ratzinger disziplinieren zu können glaubte. Denn sie forderte in Paragraph 3 Absatz 2, dass die Landtagsabgeordneten „jederzeit und in allen Fragen im Einverständnisse mit dem Bundesausschusse und Bundesvorstande handeln wollen". Für Wieland war dieses – verfassungswidrige – imperative Mandat die konsequente Folge aus der bisherigen Politik der Zentrumspartei, die seiner Meinung nach die Interessen ihrer hauptsächlichen Wählerschaft nicht vertreten hatte. Darauf aufbauend bestand er am 28. Februar 1894 in Geiselhöring darauf, „daß der Bauernbund seine Abgeordneten instruirt u. ihnen vorschreibt, was sie zu tun haben", weshalb er forderte: „Verlangen wir Rechenschaft von unseren Abgeordneten, denn diese haben die Interessen ihrer Wähler zu vertreten, nicht die eigenen Privatinteressen. Abgeordneten, die dieser Pflicht nicht genügen, haben wir unser volles Mißtrauensvotum zu erteilen und ihnen zu sagen, daß sie ihr Mandat zurückgeben sollen, wenn sie nicht zum Wohle des Volkes abstimmen wollen."[152]

## Hilfe aus dem Oberland

Misstrauisch gegen alles Parlamentarische, das seiner Lebensumwelt so fern lag, ging Wieland ganz selbstverständlich davon aus, dass die Bundesvorstandschaft dem Willen des Wählers näher war als die Parlamentsfraktion. Er richtete deshalb ein Rundschreiben an sämtliche Landtagsabgeordneten des Bundes, um ihnen den § 3,2 in Erinnerung zu rufen[153]. Daraufhin erklärte Ratzinger am 1. Mai in Sigls Bayerischem Vaterland, dass er sich Wieland nicht unterwerfen werde. Obwohl er die Gelegenheit nutzte, um seinen Austritt aus dem Bund bekannt zu geben, kündigte er gleichzeitig eine Versammlung zur Revision der Satzungen und zur Neuwahl der Vorstandschaft an. Ratzinger bereitete also einen Putsch gegen Wieland und die Bundesvorstandschaft vor.

Am 27. April 1894 brachte die Pfarrkirchener Bundes-Zeitung die Meldung, dass sich sämtliche Landtagsabgeordnete des Bundes hinter Ratzinger gestellt hätten. Für Wieland entstand eine gefährliche Situation. Seine Reaktion ließ deshalb an Deutlichkeit nichts zu wünschen übrig. Im Niederbayerischen Anzeiger erklärte er am 19. Mai, „einen ehrlichen Bauernvertreter, der keine selbstsüchtigen Nebenabsichten hat, wird dieser Paragraph nie geniren, er kann höchstens solche geniren, welche den Bund als Mittel zu ihrem Zwecke gebrauchen, dafür ausschlachten und gelegentlich mit dem Bauernbunde einmal durchgehen wollen". Er bezeichnete den fraglichen Paragraphen deshalb als „Säule und Grundveste des Bundes", an ihm „wird noch mancher eitle Streber zerschellen, denn gerade gegen das Streberthum ist er gerichtet". Damit meinte er in erster Linie Ratzinger, dem er die Frage stellte: „Wohin wäre man mit Ratzinger gekommen, der gegen die Hauptprogrammpunkte gesprochen, der immer mehr Verwirrung angerichtet, so daß man mit Recht von Programmlosigkeit gesprochen?"

Unterstützung bekam Wieland aus Oberbayern. Im oberbayerischen Gebirgsland hatten sich aus Unzufriedenheit mit dem Zentrum bereits seit Ende 1892 so genannte Markgenossenschaften gebildet. Unter dem Eindruck der Gründung des Bundes der niederbayerischen Landwirte in Straubing kam es am 28. Mai 1893 zur Errichtung des Oberländer Waldbauernbundes in Traunstein. Die Initiative dazu hatte der Münchner Gymnasiallehrer Dr. Leonhard Kleitner (1851–1915) ergriffen. Kleitner war ein ehemaliger Landtagsabgeordneter der Bayerischen Patriotenpartei, mit der er aber gebrochen hatte. Er besaß großes Ansehen bei den Bauern in der Traunsteiner Umgebung, weil er sie bei Forstrechtsstreitigkeiten vor Gericht unterstützte. Da sich die streu-, holz- und weideberechtigten Bauern durch das geltende Forstrecht gegenüber dem Staatsforst und adeligen Waldbesitzern benachteiligt fühlten, verschrieb sich der Waldbauernbund vor allem der Revision des Forstgesetzes von 1852. Um die Bauernbundsbewegung aus den Gebirgstälern hinauszutragen und in ganz Oberbayern zu verbreiten, errichtete Kleitner am 26. Dezember 1893 in Traunstein in Gegenwart von tausend interessierten Bauern und unter tatkräftiger rhetorischer Mithilfe von Wieland und Gäch den Oberbayerischen Bund der Landwirte und Gewerbetreibenden, dessen Satzung und Programm an das niederbayerische Vorbild angelehnt waren[154].

Dabei ist es bemerkenswert, dass sich in Oberbayern eine mit Niederbayern übereinstimmende personelle Konstellation entwickelte. Wie Wieland entfaltete sich der dreißigjährige Hutzenauerbauer Georg Eisenberger, der einen Hof im Umfang von 45 Tagwerk in der Nähe von Ruhpolding bewirtschaftete, von der Position des stellvertretenden Bundesvorsitzenden heraus zur maßgebenden Führungsperson in Oberbayern – während Kleitner als intellektueller Mentor Eisenbergers wie Gäch es vorzog, die Politik aus dem Hintergrund zu beeinflussen und ohne Amt blieb.

Als der Oberbayer Kleitner dem Niederbayern Wieland in einem Schreiben vom 1. Juni 1894 seine Unterstützung gegen Ratzinger anbot, war das Verhältnis der beiden zueinander nicht mehr ungetrübt. Kleitner wusste um das Misstrauen, das Wieland gegen alles Nichtlandwirtschaftliche, Städtische und Akademische und damit auch gegen ihn hegte. Es war deshalb klug von ihm, dieses Misstrauen auf eine Intrige Ratzingers zurückzuführen: „Denn ich wette meinen Kopf, daß dieselbe Persönlichkeit auch bei Ihnen gegen mich gehetzt hat. Herr Dr. Ratzinger hat es von Anfang an planmäßig darauf angelegt! Mißtrauen zwischen den Führern der Bauernbewegung und zwischen den Bauern selbst zu säen.“ Dies tue Ratzinger, um „aus dem Bauernbunde einen linken Flügel des Centrums zu machen“ und „dasselbe zu eigenem Nutz und Frommen nach den bewährten Grundsätzen jener Firma weiter zu führen“, woran er die Warnung anfügte: „Niederbayern geht dann verloren an den linken Centrumsflügel, d. h. an die katholisch-bayrische Volkspartei feudal-klerikalen Geistes.“ Deshalb versuchte er Wieland zu überzeugen, dass ein Bündnis mit ihm die einzige Chance darstelle, um Ratzinger Herr zu werden, zumal er beobachtet hatte, dass „der schlaue Vogelsteller“ Ratzinger jeden Bundesabgeordneten „mit andersgeknüpften Maschen gefangen hält“.

Für ein Bündnis mit Wieland war Kleitner sogar dazu bereit, sich den niederbayerischen Satzungen mit ihrem imperativen Mandat zu unterwerfen. Offenbar wollte er sich mit Wielands Hilfe einen gefährlichen Konkurrenten um die Führung in der jungen Bauernbundsbewegung vom Halse schaffen, während er Wieland für einen einfältigen Bauern hielt und keine Bedenken hatte, den Hierlbacher anschließend mühelos beiseite drängen zu können. Kleitners Prioritäten waren deshalb klar, als er am 4. Juni abermals nach Hierlbach schrieb: „Für unsere Sache halte ich es nur vorteilhaft, wenn S[igl]. und R[atzinger]. beseitigt und ohne jede Aussicht auf Rückkehr abgeschüttelt werden." Um sich Wieland als Bündnispartner noch deutlicher anzudienen, versorgte er ihn diesmal mit kompromittierenden Details aus Ratzingers und Sigls Privatleben. Nachdem er über Sigls sexuelle Eskapaden berichtet hatte, erinnerte er Wieland voller Vergnügen an die so genannte „Tölzer Affaire", an der Ratzingers politische Karriere Ende der 1870er-Jahre gescheitert war, denn: „Ein Wort der Erinnerung an seinen Austritt aus Landtag und Reichstag infolge der Tölzer Affaire mit der Kellnerin beim Kolberbräu und an die für ihn schmachvolle Verhandlung in Weilheim würde seinen Hochmut gewaltig dämpfen."

Sigl hatte offenbar von den Hetzereien Kleitners Wind bekommen. Er richtete deshalb am 21. Juni im Bayerischen Vaterland ein Versöhnungsangebot an die Straubinger. Er bezeichnete Gäch und Wieland öffentlich als „ehrliche Leute, mit denen sich reden läßt, mit denen eine Verständigung möglich ist". Dagegen stilisierte er Kleitner zur „Seele aller Intriguen gegen Dr. Ratzinger, aller Stänkereien im Bauernbund, aller Wirrnisse und Hetzereien in gewissen Blättern; er ist der böse Dämon des Bauernbundes, der stets alles durcheinander bringt und alles mit Mißtrauen und Haß zu vergiften weiß". Wieland und Gäch wiesen aber das Versöhnungsangebot am 5. Juli im Niederbayerischen Anzeiger zurück. Während Kleitner als „ehrlicher Haudegen" bezeichnet wurde, warfen sie Ratzinger und Sigl vor, ihre Landtagsmandate nur aus Eigennutz angestrebt zu haben. Der Unterstützung aus Oberbayern gewiss, ging Wieland in die Offensive gegen das Publikationsorgan der gemäßigten Rottaler, die von Mathias Zeitler redigierte Pfarrkirchener Bundes-Zeitung. Am 25. Juni 1894 erklärte er im Niederbayerischen Anzeiger: „Einen noch größeren Blödsinn als die ‚Bundeszeitung' in Pfarrkirchen hat doch noch kein noch so verlogenes und schlechtes Centrumsblatt geschrieben, indem mir dieselbe Eifersucht zum Vorwurfe macht, bezüglich des Vorgehens gegen Dr. Ratzinger." Deshalb „hört aber bei mir, gegenüber einem Blatte, das ich bisher für befreundet hielt, die Gemüthlichkeit auf", weshalb er Zeitler mit dem Ausschluss aus dem Bund drohte. Da Zeitler nicht zu Kreuze kroch, folgte der angedrohte Ausschluss prompt am 1. Juli per Bekanntmachung im Niederbayerischen Anzeiger. Sollte aber Zeitler für sein Organ weiterhin die Bezeichnung „Bundeszeitung niederbayr. Landwirthe und Gewerbetreibenden" beibehalten, „so müßte dasselbe schon im vorhinein als eines der gehässigsten Schwindelblätter Niederbayerns bezeichnet werden", wie Wieland schimpfte.

Während sich Wieland eine Pressefehde mit Zeitler lieferte und sich mit den Oberbayern um Kleitner verbündete, trieb Ratzinger seine Putschpläne weiter voran. Als Termin für die Putschversammlung setzte er den 8. Juli fest, als Ort das im Rottaler Gebiet gelegene Klosterdorf Fürstenzell bei Passau. Die Vorbereitungen hielt er derart geheim, dass er nicht einmal seine Landtagskollegen einweihte. Das war eine kluge Entscheidung. Denn anders als es die Bundes-Zeitung behauptet hatte, konnte sich Ratzinger ihrer Unterstützung keineswegs sicher sein. Tatsächlich wurde Wieland von Bachmaier über alles informiert, was dieser über die geplante Versammlung in Erfahrung bringen konnte. Er appellierte an Wieland, unbedingt persönlich in Fürstenzell zu erscheinen, und beruhigte ihn, „Sorgenfrei darüber zu denken, das der § 3 Abs. 2 zur Besprechung komt, daran denke ich nicht, und im falle, dan werde ich Sorgen, das der § 3 Abs. 2 gewiß stehen bleibt"[155]. Siegesgewiss sorgte Wieland zwei Tage vor der anberaumten Fürstenzeller Versammlung mit einer persönlichen Erklärung im Niederbayerischen Anzeiger nochmals für klare Fronten: „Wenn Hr. Dr. Sigl und Dr. Ratzinger glauben, wir haben den niederbayerischen B.B. in Straubing blos deswegen gegründet, um uns diesen beiden Herren Doktoren später höchsteigenhändig unter Curatel zu stellen, da sind sie auf dem Holzwege, denn der Bauernbund tritt nie und niemals unter Curatel, welch' schöne Namen die Herren Vormünder auch nur immer haben wollen. Franz Wieland."

## Die Fürstenzeller Radauversammlung

Der 8. Juli 1894 war ein außergewöhnlich schwüler Tag[156]. Die grauen Gewitterwolken am Horizont galten als Unheilboten für die erwarteten scharfen Auseinandersetzungen. Nachdem bekannt geworden war, dass Wieland persönlich in Fürstenzell erscheinen werde, ließ der Winingerwirt in seinem Garten Tische und Bänke aufstellen, weil er in seinem Wirtshaus nicht genügend Platz für die zu erwartenden Massen zu haben glaubte. Schließlich erschienen 700 Interessierte und Schaulustige. Unmittelbar vor Versammlungsbeginn ließ Wieland ein Flugblatt verteilen, das im Namen der Bundesvorstandschaft zum Widerstand gegen Ratzinger und Sigl aufrief: „Zum Schutze für unsern Bund und unsere Statuten einstehend, welche von zwei Herren Doktoren aus München, Namens Dr. Ratzinger und Dr. Sigl, bedroht sind, weil diesen beiden Herren dieselben im Wege stehen, um mit dem Bunde ihr beliebiges Spiel treiben zu können, sieht unterzeichnete Vorstandschaft sich veranlaßt, sämmtliche Landwirthe und Gewerbetreibende Niederbayerns, namentlich in der Umgebung von Fürstenzell, aufzufordern, in schwerer Stunde der Entscheidung fest und treu auf Seite des Bundes zu stehen."

Wieland war noch nicht in Fürstenzell eingetroffen, als der aufkommende Wind das Flugblatt auf die Rednertribüne wehte. Dort saß neben dem ernst und gefasst blickenden, aber immer etwas blass wirkenden Ratzinger der stutzerhafte Sigl mit seinem gezwirbelten Schnurrbart und dem modisch gekämmten Haar. Daneben saßen die drei Rottaler Bundesabgeordneten, der behäbige Kaufmann Sinzinger aus Pfarrkirchen, dem man seinen Wohlstand trotz seiner 35 Jahre bereits an einer erheblichen Leibesfülle ansah, der nervöse Gutsbesitzer Bachmaier aus Mitterhaarbach, der sich zwischen Ratzinger und Wieland nicht entscheiden konnte, und schließlich noch der etwas einfältige Joseph Wimmer, der die Versammlung einberufen hatte. Wieland selbst erschien erst kurz vor Versammlungsbeginn. Der Zeitpunkt war dramaturgisch günstig gewählt, die Spannung hatte dadurch ihren Siedepunkt erreicht.

Mit festen Schritten und gefolgt von den neugierigen Blicken der Anwesenden stapfte der Hierlbacher Gutsbesitzer nun auf die Vorstandstribüne, um als Sprecher der Bundesvorstandschaft die Versammlungsleitung zu übernehmen. Ohne ein Wort zu sagen und mit finsterer Miene schob er die dort sitzenden Abgeordneten beiseite, um sich zwischen sie hineinzudrücken. Ratzinger sprang sofort auf, um sich gegen Wielands Usurpationsversuch zu wehren. Es folgte ein heftiges Wortgefecht zwischen dem stattlichen Wieland mit den großen Händen und dem schmächtigen Ratzinger. Wieland sprach ihm das Recht ab, nach seinem Austritt aus dem Bund über die Landtagstätigkeit der Bundesfraktion zu sprechen. In seinem Flugblatt hatte es Wieland „mehr als eine große Frechheit" bezeichnet, „einem Bunde, dem derselbe längst den Rücken gekehrt, Bericht erstatten zu wollen, annehmend, daß die Landwirthe und Gewerbetreibenden dumm genug seien, seinen schmeichelnden Worten als versteckter Gegner des Bundes Glauben zu schenken". Aber Ratzinger ließ sich durch das Gebrüll Wielands nicht einschüchtern. Schließlich griffen die daneben stehenden drei Rottaler Bundesabgeordneten beschwichtigend ein. Auf Wimmers Vorschlag hin übernahm der Eggertshamer Landwirt Jakob Stadelberger die Versammlungsleitung. Er war ein Anhänger Ratzingers und erteilte diesem das Wort für seinen Rechenschaftsbericht. Die erste Runde war an Ratzinger gegangen. Wieland hatte aber vorausgesehen, dass er in Fürstenzell nicht willkommen war, und hatte deshalb seine Anhänger gleichmäßig unter den Anwesenden verteilt. So brauchte er nur ein Handzeichen zu geben, um sie zum Radau zu veranlassen und Ratzinger am Reden zu hindern. Immer wieder unterbrochen und angewidert von dem Spektakel, gab Ratzinger schließlich auf und erklärte, sich aus dem Bund vollständig zurückziehen zu wollen, nachdem er Wieland noch entgegengeworfen hatte: „Er habe stets nach oben die ungeschminkte Wahrheit gesagt und werde dies auch nach Unten thun. Er fürchte Niemand, auch Herrn Wieland nicht. (Bravo und Widerspruch!)"

Aufgrund des daraufhin entstehenden Tumults konnte es die Versammlungsleitung nicht verhindern, dass Wieland das Rednerpult okkupierte und Stadelberger einfach beiseite schob. Wieland nutzte die Gelegenheit, um die Bundessatzungen „mit sichtlicher Leidenschaft" zu verteidigen, wie der Berichterstatter der Münchner Neuesten Nachrichten bemerkte. Bevor er seine Ausführungen unter dem „Bravo" seiner Anhänger enden ließ, spielte er seinen wertvollsten Trumpf aus und las „ein eben eingelaufenes Begrüßungstelegramm der Oberbayerischen Bauernbundsversammlung in Weilheim" vor, das zur Stunde unter Mitwirkung seines dort weilenden Freundes Gäch verfasst worden war. Die zweite Runde war an Wieland gegangen. Daraufhin erklomm Sigl das Rednerpult, um für Ratzinger Stimmung zu machen. Dabei machte er allein Wielands Herrschsucht für die Führungskämpfe verantwortlich: „Der erste Bundesvorstand Herr Hien sei eine Null. Herr Wieland der alleinige Vorstand in der That. Er allein habe Zeitler, den Redakteur der ‚Bundeszeitung', ausgeschlossen. Viele hätten das Infalliblitätsdogma nicht anerkannt und eine Sekte gebildet, Wieland's Ukase aber müßten ohne Gnade anerkannt werden." Wieland, so Sigl, „möge ihn doch ausschließen. Er brauche bei seiner 25jährigen Thätigkeit keine solche Pression und keinen § 3. Es werde sich nirgends ein selbstständiger gelehrter Herr finden, der sich dieser Diktatur

Wieland's unterwerfe." Dies war für Wieland genug, um seine Anhänger durch ein Handzeichen wieder zum Tumult aufzufordern. Der Berichterstatter der Münchner Neuesten Nachrichten bemerkte an dieser Stelle „fürchterlichen, minutenlangen Tumult, ohrenbetäubendes Pfeifen, Heulen, Zischen". Sigl aber reagierte mit demonstrativer Gelassenheit. Er und seine Fraktionskollegen „verträten die Interessen des Bauernstandes, nicht den Willen Wieland's".

Erneut erhob sich starker Tumult. Die Augen des Berichterstatters der Münchner Neuesten Nachrichten fixierten sich nun geradezu auf Wieland. Er bemerkt: „Wieland ist in höchster Aufregung und bezwingt sich nur mehr mit Mühe." Unterbrochen von Blitz, Donner und Platzregen fuhr Sigl fort, Wieland zu provozieren: „Einen Schurken hindere der § 3 nicht, ein ehrlicher Mann brauche ihn nicht, Dr. Ratzinger sei zum Austritt moralisch gezwungen worden zum Dank für seine Pflichterfüllung. (Tumult. Rufe: ‚Lüge'.)" Dadurch hatte der Münchner Journalist den Großbauern aus dem Gäuboden derart provoziert, dass dieser „rollenden Auges und blaß vor verhaltender Leidenschaft" versuchte, Sigl mit aller Gewalt das Wort zu entziehen. Daraufhin musste es sich Wieland gefallen lassen, von dem zur polizeilichen Überwachung der Versammlung abgeordneten jungen Passauer Bezirksamtsassessor darauf hingewiesen zu werden, dass das Recht zum Wortentzug nur der Versammlungsleitung zustehe. Wieland war gedemütigt und Sigl reagierte mit sichtlicher Zufriedenheit, was darauf hindeutet, dass er Wieland bewusst provozierte, um ihn in das offene Messer des Polizeikommissars rennen lassen.

Während die Anhänger Wielands nun einen „infernalischen Spektakel" inszenierten, ließ sich Sigl von der Versammlung sein Rederecht bestätigen. Wielands Anhänger waren zwar die lauteren, nicht jedoch die mehreren. Die dritte Runde war an Sigl gegangen. Sigl konnte nun immerhin seine Ausführungen zu Ende bringen, bevor Eisenberger als Abgesandter der Oberbayern das Wort ergriff, um Wieland zu verteidigen: „Es sei besser, Einige gingen, als daß der ganze Bund zerfiele. Ihr Vertrauen zu Dr. Ratzinger sei gesunken, als dieser sich am § 3 gestoßen habe, das sei nicht die richtige Liebe zum Volke." Deshalb behauptete er: „Wenn nicht andere Leute in's Parlament kämen, werde es bei den Bauern nicht besser." Die vierte Runde ging somit wieder an Wieland. Daraufhin stand Ratzinger auf, um zu erklären, er „bedauert die Partei, welche ihre Abgeordneten im Zaume haben müsse. Zwischen sich und seinen Wählern dulde er keinen Keileintrieb, er halte es mit seinen Wählern und nicht mit dem Bund und dessen Ausschuß." Er habe sich „weder dem Zentrum noch den Liberalen noch den Sozialdemokraten gebeugt, am allerwenigsten werde er dies thun einigen Herren von Straubing gegenüber". Damit war sich Ratzinger selbst gerecht geworden, aber das Blatt konnte er dadurch nicht zu seinen Gunsten wenden. Obwohl in der Versammlung die Anhänger Ratzingers quantitativ und qualitativ überwogen und sie für Ratzinger insgesamt nicht ungünstig verlief, hatte er die „Radauversammlung in Fürstenzell" selbst durch seine vorschnelle Rückzugserklärung an Wieland ausgeliefert.

## Der schmutzigste Pressekrieg der bayerischen Geschichte

Wieland und Gäch gingen nun daran, ihren auf schwachen Füßen stehenden Fürstenzeller Sieg durch eine wüste Pressekampagne gegen Sigl und Ratzinger abzusichern. Am 14. Juli behauptete der Niederbayerische Anzeiger: „Wenn Ratzinger an die Spitze einer Bauernbewegung tritt, dann ist dieselbe verloren, verrathen und verkauft." Denn nur der „krasseste Egoismus" könne „einen Menschen noch verleiten, nach solcher Vergangenheit überhaupt noch eine Rolle spielen zu wollen, und ein trauriger Muth gehört dazu, daß ein solcher Mann nach 17 Jahren die Landtagsstube wieder zu betreten sich getraut". Die Abgeordneten des Bundes seien „noch viel zu jung und vertrauensselig, bis sie einmal die Kniffe und Ränke eines Ratzinger und Sigl erkennen". Sie hielten nur deshalb an Ratzinger fest, „weil sie nicht fähig sind, wie die Erfahrung gezeigt hat, nur eine Forderung des Programms richtig zu vertreten. Aber es ist uns viel lieber, gar nicht vertreten zu sein als von einem Ratzinger." An seine Leser appellierte der Niederbayerische Anzeiger deshalb: „Wir vertrauen auf Wieland und lassen nie von ihm; der allein meint's gut mit den Bauern und nur wenige Männer mögen in diesem Jahrhundert gelebt haben, die es so ehrlich meinen mit den Bauern wie Wieland, die so unerschrocken kämpfen wie Wieland, die einen so eisernen Charakter haben wie Wieland!"

In Sigl hatten Wieland und Gäch freilich einen ebenbürtigen Gegner gefunden, der ihnen an Derbheit kaum nachstand, sie jedoch in der Schärfe des Witzes deutlich übertraf. Am selben 14. Juli hatte sich Sigl in seinem Bayerischen Vaterland bereits mit Wieland auseinandergesetzt. „Um ächter Wieland'scher Bauernbündler zu werden, muß Jemand ein gesellschaftlicher Rüppel sein", begann Sigl seine Ausführungen. Der „Bundes-Dictator" Wieland, „dem offenbar der Größenwahn in die Krone gestiegen ist", „rächt sich jetzt für seine traurige Niederlage in Fürstenzell durch heftiges Schimpfen und Toben". Spöttisches „Mitleid mit dem traurigen Geisteszustand des Herrn Wieland" heuchelnd, rief er Gäch auf, „seinen tollgewordenen Freund zu kuriren, damit er wieder ordentlich bei Zeug ist, wenn demnächst von den Wieländern der Bundschuh aufgepflanzt wird". Am 20. Juli stilisierte er Ratzinger in seinem Blatt zum Messias der bayerischen Bauern: „Als Dr. Ratzinger in den Landtag kam und sich energisch um den Bauernbund und seine Forderungen annahm, da jubelte man ihm von allen Seiten zu; in Fürstenzell aber hieß es: An's Kreuz mit ihm! Er hat den Wieland gelästert!" „Pilatus Gäch" habe das Weilheimer Telegramm initiiert, „um auch seinerseits zur Verwirrung in Fürstenzell möglichst mitzuhelfen". Die „verächtlichste Rolle", diejenige des linken Schächers habe ein „zaundürrer, halbbesoffener, socialdemokratischer lutherischer Bauer von unweit Ortenburg" gespielt, ein „böser Geist in Menschengestalt, das höllisch grinsende Gesicht mit einem schlecht gepflegten Barte umrahmt, spielte den Oberhetzer, den Annas [jüdischer Hohepriester, der Jesus nach dem Bericht des Johannesevangeliums vor seiner Verurteilung verhörte]". Ein „daneben stehender grünbemooster Spießgeselle war sein fleißiger Mithelfer", womit er Eisenberger meinte.

An das Niveau von Sigls hintersinnigem, in die Form biblischer Vergleiche gekleidetem Humor reichte Wieland nicht heran. Er reagierte etwas plump, als er Sigl daraufhin am 29. Juli im Rahmen einer persönlichen Erklärung im Niederbayerischen Anzeiger als den „ehrlosesten Schuft, den ich je in meinem Leben kennen gelernt habe", beschimpfte. Sigl erkannte, dass der Hierlbacher Großbauer an seine literarischen Grenzen gestoßen war, und legte deshalb am 23. August in seinem Blatt demonstrative Gelassenheit an den Tag. Obwohl er von dem „fanatischen Bundesderwisch von Hirlbach" aus dem Bund der niederbayerischen Landwirte ausgeschlossen worden war, wollte er sich nicht zurückziehen und erklärte, abwarten zu wollen, „bis das gegenwärtige Regime verbohrter und fanatischer Rechthaberei und selbstgefälliger Eitelkeit, das den Bauernbund zu Grunde richten muß, abgewirthschaftet hat oder im Herbste [auf der nächsten Generalversammlung] gestürzt ist – und zwar nicht unseretwegen, sondern des Bundes wegen, den wir nicht völlig impotenter Narrheit ausgeliefert wissen wollen". Diese Beschimpfungen Sigls wurden am 29. August im Niederbayerischen Anzeiger wiederum als „die fuseligen Geister eines Weinseligen am Vormittage nach einer im Rathauskeller in Freimaurergesellschaft und unter Börsianern durchkneipten Nacht" bezeichnet.

Daraufhin beschäftigte sich Sigl am 12. September abermals mit den „spaltenlangen Schimpf- und Schmähartikeln" Wielands. Mittlerweile hatte sich seiner aber ein zunehmendes Unbehagen über dessen nicht nachlassende plumpe Brutalität bemächtigt. Da Wieland auch durch spitzen Witz offenbar dauerhaft nicht beizukommen war, ließ sich Sigl dazu hinreißen, sich hinter dem elitären Selbstbewusstsein des Akademikers zu verschanzen: „Wir kennen übrigens den eigentlichen Zweck dieser Lümmeleien des Wieland, nämlich: Jeden, der an Lebensart gewöhnt ist, abzuschrecken, dem Bauernbund beizutreten, der sich einen solchen – ‚Führer' gefallen läßt, um so das ‚Regime Wieland' vor jeder Concurrenz zu sichern." Damit tat er sich keinen Gefallen. Dieser Ausfall schoss wie Wasser auf die intellektuellenfeindlichen Mühlen Wielands. Auf Sigls sexuelle Eskapaden anspielend, meinte er am 14. Oktober im Niederbayerischen Anzeiger: „Für solche Jungens, resp. Maulhelden, wären ein paar Maulschellen gar nicht übel angebracht! Auch habe ich soviel Hirn im Kopfe, daß es für mich als Landmann ausreicht, und Berliner Schmuck erobern zu wollen wie Sie, auf solchen rothköpfigen Knobel gehe ich nicht aus." Durch die Lektüre des Bayerischen Vaterlandes aber „überfüllt der Leser seinen Magen derart mit fader Sauce, daß er vor Neigung zum Erbrechen nicht mehr weiter lesen kann" und „dasselbe in einen Ort schmeißt, wo es gewiß Niemand mehr sieht und wo der gleiche fade Geschmack herrscht, in den Abort".

Dieses Bild aufgreifend, beklagte Sigl im Bayerischen Vaterland am 17. Oktober den „vollen Düngerwagen von Schmähungen und Beschimpfungen der bekannten Wieland'schen Sorte", der im „Amtsblatt des Pascha von Hierlbach" abgeladen werde. Und am 30. Oktober bezeichnete er den Niederbayerischen Anzeiger als „den journalistischen – Nachttopf des kommandirenden Bundes-Ober-Rüppels von Hierlbach".

Selbst angewidert von dem Fäkalsprachenniveau, das die Auseinandersetzung mit Wieland mittlerweile erreicht hatte, versuchte Sigl am 17. November 1894 einen Schlussstrich unter die Pressefehde zu ziehen, indem er im Bayerischen Vaterland erklärte, „er läßt den Wieland schimpfen, wie er ein Kalb schreien läßt". Diese Erklärung stellte nichts anderes als das Eingeständnis der eigenen Niederlage dar, was auch der Sichtweise der Zeitgenossen entsprach. Riblinger urteilte deshalb: „Mit echt niederbayerischer Derbheit wurde auf beiden Seiten gefochten und dennoch errang sich in Bezug auf Kraftausdrücke Herr Wieland den Sieg, denn es trat das fast Unmögliche ein, daß dem nicht zuletzt wegen seiner urwüchsigen Ausdrucksweise weit bekannten ‚Vaterlands'-Redakteur Dr. Sigl die Wieland'sche Polemik zu grob wurde."[157] Sigls nachlassendes Engagement ist jedoch nicht zuletzt darauf zurückzuführen, dass er im Kampf gegen Wieland mittlerweile alleine stand, seitdem sich Ratzinger nach der Fürstenzeller Versammlung tatsächlich aus der Bauernbundsbewegung zurückgezogen hatte. Ratzinger hatte mittlerweile eingesehen, dass sich diese nicht zum Kern einer Katholischen Volkspartei gestalten ließ. Seine führende parlamentarische Rolle in der Bauernbundsfraktion der Kammer der Abgeordneten gab er aus Mangel an Alternativen jedoch nicht auf. Denn in der Landtagsfraktion gab es nach Ansicht Sigls „nur eine einzige Persönlichkeit, welche in die Debatte einzugreifen vermochte, Dr. Ratzinger. Die übrigen Bauernbunds-Abgeordneten waren Bauern ohne parlamentarische Befähigung."[158] Die gemäßigt liberale Augsburger Abendzeitung pflichtete ihm am 6. Juli 1894 bei: „Der anfängliche Führer der Gruppe, Dr. Ratzinger, wurde abgedankt, die übrigen Herren sind, mit allenfallsiger Ausnahme des Herrn Sinzinger, parlamentarische Nullen."

Dabei hatte die Augsburger Abendzeitung am 30. Dezember 1893 noch deutlich negativer über die parlamentarische Bedeutung Ratzingers geurteilt. Ratzingers sozialethisch motivierte Anträge, „welche in den letzten Tagen verhandelt wurden, betrafen theils Dinge, die ohnehin schon zur Berathung standen, theils Utopien und Anachronismen, die nicht ernst genommen werden können". Insgesamt sprach aus dem Artikel die Enttäuschung, die im politischen Liberalismus Bayerns wegen der Entwicklung in der Bauernbundsbewegung herrschte. Anstatt sich zu einem starken weltanschaulichen Partner im Kampf gegen das Zentrum gestalten zu lassen, zeigte sich die wirtschaftsegoistische Richtung in ihrer nackten agrarischen Brutalität. Deshalb urteilte die Augsburger Abendzeitung: „Es fehlt der ganzen Bewegung an einheitlichen Grundsätzen." Diese Entwicklung ist vor allem auf Wieland und seine Anhänger zurückzuführen, die sich gegen jegliche Versuche wehrten, die Bauernbundsbewegung von den herrschenden weltanschaulichen Richtungen vereinnahmen zu lassen. Die Politik des Bauernbundes blieb bestimmt von dem in den parlamentarischen Bereich übertragenen betriebsbezogenen Denken der Bauernbundsführer. Es ist deshalb vor allem Wieland zuzuschreiben, dass die Bauernbundsbewegung eine „Dutzenderscheinung einer bäuerlichen Interessenvertretung mit nur utilitaristischen Wirtschaftszielen" blieb, wie der katholische Historiker Alois Hundhammer nicht besonders wohlwollend meinte[159].

Wielands Verhältnis zu Ratzinger blieb auch nach dessen Rückzug gespannt. Er misstraute Ratzinger zutiefst. Dazu mag beigetragen haben, dass dieser sein Domizil in Oberigling bei Landsberg am Lech aufgeschlagen hatte[160] – dort aber wirkte seit dem 18. Juli 1895 Wielands alter Kontrahent, der ehemalige Gergweiser Expositus Andreas Schneider, als Pfarrer. Damit saßen die beiden Kleriker, die Wieland am meisten hasste, am selben Ort. Wieland vermutete immer wieder Ratzinger als Anstifter, wenn sich innerhalb der Bauernbundsbewegung Widerstand gegen seine Führung regte. Als Sigl im Sommer 1897 das Gerücht streute, dass die Gründung einer Katholischen Volkspartei unter Führung Preysings unmittelbar bevorstehe[161], schrieb Wieland erbost an Eisenberger: „Wenn man die politische Sache einmal so schön in der Hand hat, so daß sich unsere Gegner fast gar nicht mehr zu helfen wissen mit uns Bauern, so möchte einem denkenden Bauern doch das Herz bluten, wenn er sieht, auf welche schmachvolle Weise die ganze Bauernbewegung wieder in die Hände des Klerus, der Beamten und des Adels unter dem Vorwande einer ‚bayerischen Volkspartei' hinübergespielt werden sollte. Das ganze Manöver von Sigl und jedenfalls auch heimlich von Dr. Ratzinger, nämlich die beabsichtigte Bildung einer bayerischen Volkspartei, halte ich glattweg für eine Pfaffenlumperei, wie sie nur der Pfaffe Ratzinger fertig bringen kann." In den beiden sah er deshalb nur „politische Gauner, um sie nicht schlecht zu heißen, die den ganzen Bund nur für sich haben wollen, um ihn an den Klerus verkaufen zu können"[162].

*„Der Adel fängt das Fett auf,
was Landwirtschaft u. Gewerbe
sich mühsam erworben hat."*

## Wider die Vorrechte der Aristokratie

Ein hauptsächlicher Streitpunkt zwischen Ratzinger und Wieland betraf die gesellschaftliche Stellung des Adels. Ratzinger wollte zeitlebens an der Notwendigkeit einer führenden politischen Rolle der Aristokratie festhalten. In seiner 1897 erschienenen agrarpolitischen Programmschrift „Bauern, einigt euch! Ein Mahnruf" sprach er von der „leitenden Aristokratie [...], deren unabhängige soziale Stellung kein Staat und keine Gesellschaft jemals entbehren konnte"[163]. Im Gegensatz dazu behauptete Wieland in einem Schreiben an Eisenberger, dass „ich in erster Linie ein Feind des Adels bin"[164]. Bereits in den ersten Wochen nach der Gründung des Bundes der niederbayerischen Landwirte forderte er deshalb die Abschaffung der Reichsrätekammer [die erste, aus adeligen Abgeordneten bestehende Kammer des bayerischen Landtags] als des prominentesten Symbols des politischen Einflusses der bayerischen Aristokratie[165]. Dies war eine Forderung, die sonst nur von Sozialdemokraten und radikalen Demokraten vertreten wurde.

Wielands adelsfeindliche Forderungen besaßen zwar verfassungspolitischen Charakter, sind aber dennoch von seiner betriebsbezogenen, auf die Lösung wirtschaftspolitischer Probleme konzentrierten Denkweise abgeleitet. Die Regierungsmitglieder, die Wieland für die wirtschaftlichen Probleme der Landwirtschaft verantwortlich machte, besaßen stets den Adelstitel. Da ihm ein anderes Denken als ein interessengeleitetes nicht vorstellbar war, ging er davon aus, dass diese Regierungen in der Handels- und Sozialpolitik die speziellen Interessen des Adels vertraten und dafür die Depression der Landwirtschaft in Kauf nahmen. Tatsächlich sollte ja die Sozialpolitik des Deutschen Reiches die politischen Forderungen der Arbeiterschaft dämpfen und dadurch zur Absicherung der gesellschaftlichen Stellung des Adels beitragen, was Wieland sehr wohl bewusst war, wie er am 28. Februar 1894 im Plasikeller in Geiselhöring deutlich machte: „Das Gesetz über Invaliditäts- u. Altersversicherung habe seinen Zweck, die Verminderung der Zahl der Sozialdemokraten, gründlich verfehlt, vielmehr das gerade Gegenteil bewirkt, indem es dem kleinen Arbeitgeber mit Zahlungen allzu sehr an den Hals gehe." Während die Landwirtschaft nach Ansicht Wielands durch die Sozialpolitik des Deutschen Reiches über Gebühr für die Interessen des Adels eingespannt wurde, litt sie zudem unter den steuerlichen Privilegien der bayerischen Standesherren, also der in der Reichsrätekammer vertretenen Mitglieder der ehemaligen reichsständischen Häuser. Diese waren von den Gemeindeumlagen befreit, was zu einer stärkeren Belastung der restlichen Grundbesitzer führte. Entsprechend vernichtend fiel Wielands Urteil über derartige Begünstigungen aus: „Die Privilegien der Standesherrn gehörten ins vorige Jahrhundert u. seien im Jahre 1848 leider nur teilweise gefallen. Ihre Entstehung komme aus der Zeit der Raubritter, der Unterjochung des Bauernstandes." Die Adeligen bezeichnete er deshalb als „die Drohnen im Bienenstocke der Landwirthschaft u. des Gewerbes. Der Adel fängt das Fett auf, was Landwirtschaft u. Gewerbe sich mühsam erworben hat." Deshalb zählte er adelige Vorrechte zu den drei Punkten, „die ihn von seinem Standpunkte aus besonders ärgerten: die Wapperlgesetzauslagen [Kosten für die Alters- und Invaliditätsversicherung], die Handelspolitik u. die Privilegien der Standesherrn"[166].

Im Rahmen seines Kampfes gegen die Privilegien des Adels galt seine Aufmerksamkeit vor allem der Forderung nach Aufhebung der bei den Landwirten äußerst unbeliebten Bodenzinse, „ohne deren Beseitigung nie Zufriedenheit eintreten wird", wie er am 5. Januar 1896 in Zorneding verlauten ließ[167]. Diese Forderung war es, die Wieland vor allem populär machte. Der Straubinger Bezirksamtmann behauptete über Wieland: „Bei den Bauern des Bezirkes Straubing steht er in bedeutendem Ansehen in Folge seiner Versprechungen über die Abschaffung der Bodenzinse und anderer nach seiner Meinung ungerechtfertigter Lasten."[168] Er sah in ihnen vor allem eine „doppelte und ungerechte Steuer", die zu den staatlichen Steuern noch hinzutrat[169]. Diese Ansicht war berechtigt. Die Bodenzinse stellten einen Überrest aus der Feudalzeit dar. Zum großen Teil gingen sie auf Abgaben zurück, die die Bauern als Untereigentümer an ihre adeligen oder kirchlichen

Obereigentümer überwiegend in Naturalien entrichtet hatten, wofür diese als Gegenleistung gewisse öffentliche Aufgaben in den Bereichen Schulwesen, Rechtsprechung, Armenwesen und öffentliche Sicherheit erbracht hatten. Nachdem aber der Staat diese Aufgaben übernommen hatte, erschienen die Grundlasten nicht mehr zeitgemäß, zumal sie auch der herrschenden liberalen Wirtschaftsdoktrin um die Mitte des 19. Jahrhunderts widersprachen. Deshalb wurden sie durch ein Gesetz vom 4. Juni 1848 mit einem fixen Geldwert versehen und in ablösbare Bodenzinse umgewandelt. Ein Ablösungszwang wurde nicht festgelegt. Damit waren die Bauern zwar volle Eigentümer ihres Grundes geworden, waren jedoch weiterhin finanziell belastet[170].

Die Grundentlastung war also 1848 nicht vollendet worden. Weiterhin profitierte der Adel von landwirtschaftlichen Abgaben. Da diese somit als Symbol für die ehemalige Unfreiheit der Landwirte in die Gegenwart hineinragten, verdichtete sich in Wielands Kampf gegen die Bodenzinse seine Auflehnung gegen die politische Bevormundung der Landwirtschaft durch Adel und Geistlichkeit. Denn auch der Klerus profitierte von den Bodenzinsen. Deshalb wurde die Forderung nach sofortiger Abschaffung der Bodenzinse für Wieland zum zentralen Programmpunkt der Bauernbundsbewegung. Und deshalb ist es richtig, Wielands Forderung nach Abschaffung der Bodenzinse in erster Linie im Rahmen seiner Bestrebungen nach politischer Emanzipation zu sehen, zumal die finanzielle Belastung der bayerischen Landwirtschaft durch die Bodenzinse durchaus tragbar war[171].

Wieland sah das Problem der Bodenzinse auch tatsächlich aus dieser politischen Perspektive. Unter Berufung auf ihn behauptete der aus Altheim bei Landshut stammende Guts- und Brauereibesitzer Franz Xaver Münsterer (1832–1902) im Laufe einer Rede in Pfettrach, dass die bayerische Bodenzinsregelung „ganz vereinzelnt dasteht, den es gibt ja in der ganzen Welt keinen Bodenzins mehr u. sogar in Bayern blos mehr in 7 Kreisen, in den 8. Kreis in der Rheinpfalz hat mann den Bodenzins beseitigt, bei uns in alten Bayern hat man selben bestehen lassen; müssen wir uns Ökonomen u. Bauern nicht gekränkt fühlen, daß mann zur Zeit der Steuereintheilung einseitig vor gegangen ist; wäre es nicht an der zeit, daß der Staatt Bayern seine besten Staattsbürger, nämlich die Ökonomen, Bauern u. Söldner, den Rheinpfälzern gleichstellen u. uns auch frei machen würde“[172]. Trotzdem wäre Wieland wohl kaum in der Lage gewesen, das Problem der Bodenzinse in dieser emanzipatorischen Dimension zu erkennen, ohne von ihnen selbst belastet zu sein. Denn er leitete seine programmatischen Forderungen stets von ganz konkreten Erfahrungen ab. Tatsächlich war Wielands Hierlbacher Anwesen mit einem Bodenzins belastet, den selbst der Straubinger Bezirksamtmann für außerordentlich hoch hielt. Jährlich hatte er 724 Mark an Bodenzinsen zu leisten[173]. Dafür hätte er im Jahr 1896 entweder 78 Zentner Weizen oder zwei Kühe verkaufen müssen[174].

Wielands Strategie gegenüber den Bodenzinsen bestand darin, ihre sofortige Abschaffung zu verlangen. Wer sich ihm dabei innerhalb der Bauernbundsbewegung entgegenstellte, wurde von ihm rhetorisch vernichtet – zumal es an erste Stelle wieder Ratzinger war. Ratzinger wollte die Forderungen der Landwirtschaft mit der finanziellen Belastbarkeit des bayerischen Staates und den gesetzlich fundierten Ansprüchen der ehemaligen Grundherren in Einklang bringen. Deshalb plädierte er dafür, die fakultative Ablösung der Bodenzinse durch eine Ablösungspflicht zu ersetzen und die Bodenzinse dadurch dauerhaft zu beseitigen. Die Mittel dazu sollten die Bodenzinspflichtigen nach Umsetzung seiner antikapitalistischen Agrarreform problemlos aufbringen können[175]. Wieland hielt Ratzingers Vorschlag für Zukunftsmusik. Er wollte die Mittel zur sofortigen Ablösung der Bodenzinse aus dem Staatshaushalt, beispielsweise durch eine Herabsetzung des Zinses für Staatsanleihen bekommen, was von Ratzinger wiederum abgelehnt wurde. Deshalb wurde er von Wieland in Zorneding am 5. Januar 1896 als „großer Freund der Bodenzinse“ bezeichnet. Als Motivation für Ratzingers Widerstand gegenüber seinem Vorschlag vermutete er kirchliche Interessen: „Natürlich, weil die Stiftungen geschädigt würden, wie Dr. Ratzinger in der Kammer sagte. Das ist der Standpunkt der Geldherren, vielleicht ist er auch Besitzer solcher Papiere. Aber gerade die Herabsetzung des Zinsfußes ist absolut nothwendig zur Beseitigung der Bodenzinse. Würde nur der Zins der Grundrentenschuld allein herabgesetzt, würde das schon 13 Millionen ausmachen, und die könnte man verwenden zur Beseitigung der Bodenzinse: Aber natürlich, da würden ja die Stiftungen geschädigt. Wenn das ganze Volk zu Grunde geht, liegt nichts daran, wenn nur die Stiftungen aufblühen und die Messen um 3 Pf. theurer werden.“ Ratzinger, so Wieland, habe sich deshalb „als Vertreter der Dekane des Königreichs bewährt und nicht als Vertreter des Volkes". Deshalb forderte Wieland, es sei „unsere Pflicht, Politik zu treiben und ein Feigling ist, wer dieß heutzutage nicht thut. Darum schließen Sie sich fest dem Bayerischen Bauernbund an, dann wird derselbe einmal der Leichenstein für die Bodenzinse werden."[176]

Der bayerische Staat war aber nicht bereit, die von Wieland geforderten Mittel zur Beseitigung der Bodenzinse aufzubringen, wie Münsterer in Pfettrach beklagte: „Seit neuer Zeit erfährt mann, daß die bayerische Staatts Regierung nicht gewillt sei, nach den Vorschlage des H. Wiehland die Bodenzinse vom Staatt aus zu beseitigen; es wird angegeben, daß die Beseitigung der Bodenzinse, bis man 1900 schreibe, eine große Lücke in die Staatts kasse machen würde; es ist damit so viel gesagt, daß der Bayerische Staatt für die Bauern kein Geld hat; uns wird angerathen, daß wir uns selbst helfen sollen." Er folgerte daraus: „Wenn wir von dem Bodenzins frei sein wollen, so sollen wir denselben Ablösen, allso der Staatt Bayern hat das Geld nicht zum Ablösen, aber der bedrängte Bauer soll es haben, daß sieht nahezu spöttisch aus; nun, daß hätten wir früher schon gewust, daß wir den Bodenzins ablösen könnten, wir haben aber die Bodenzinse früher nicht ablösen können u. jetzt erst recht nicht, weil eben die Ablösungssummen zu hoch sind." Nachdem er auf die Belastung der Landwirtschaft durch die gesunkenen Getreide- und Viehpreise aufmerksam gemacht hatte, warnte er: „[...] wenn daß die Hilfe ist für den kranken Bauernstand, daß er ablösen soll, dann ist sein Untergang besigelt; der Staatt bekommt dann Sozialdemograten in fülle u. der Jud bekommt das Bayerlandl u. es wird wie in Österreich Ungarn." Deshalb forderte er in Übereinstimmung mit Wieland: „Allso Männer, wenn nächstens eine Wahl kommt, die Augen u. vorzüglich den Kopf mitnehmen. Der Bauer muß bei gegenwärtiger Zeit politisch denken u. reden lernen, so wie es auch andere Stände machen, sonst ist es gefehlt mit ihm, den wir sehen es ja klar, daß uns alles verläßt."

*„Wir wollen sie nicht,*
*wir brauchen sie nicht ...“*

# Widerstand gegen den bürokratischen Obrigkeitsstaat

Die Forderung nach Abschaffung der Bodenzinse konnte sich nicht zuletzt deshalb zum zentralen Programmpunkt der Bauernbundsbewegung entwickeln, weil sich in ihr die ganze Auflehnung gegen die politische Bevormundung der Landwirtschaft – nicht nur durch Adel und Geistlichkeit, sondern auch durch die Bürokratie – verdichten ließ. Wieland empfand es als Provokation, dass der Staat kein Geld für die Aufhebung der Bodenzinse bereitstellen wollte, während die Landwirtschaft durch ihre Steuergelder für die Gehälter und Pensionen staatlicher Beamter aufkommen sollte. In Berching erklärte er deshalb einer begeisterten Zuhörerschaft am 11. Januar 1896: „Für alles ist heute bei den Herrn Finanzministern Geld zu haben, nur nicht für den Mittelstand; gibt's eine neue Pensionierung, gleichviel ob Civil oder Militär – da wird pensionirt, gilt's eine Aufbesserung: Alles zu, nur so fort, da hat man Geld wie Heu (donnerndes, kolossales Bravo!) und da müßten andere Stände dumm sein, wenn sie nicht immer mehr und mehr verlangten."[177]

Als er im Landtag mit einem Antrag auf Grundsteuer- und Bodenzinsnachlass gescheitert war, gab er am 7. Mai 1898 die düstere Prophezeiung ab: „Ja, warum hat man zu allen möglichen anderen Dingen Mittel? Da gibt es Mittel genug. Man weiß zwar, daß die Neuzeit es bringen wird, daß man in Zukunft überhaupt nichts braucht als Mittel zu Kasernen, Zuchthäusern, Armenhäusern u. dgl., Aufbesserung von Gehältern und Pensionen – (Glocke des Präsidenten) [...]."[178] Wieland hatte das expansionistische Prinzip des bürokratischen Sozial- und Interventionsstaates erkannt und es gefiel ihm nicht, wie er am 13. Juni 1897 im Gäubodendorf Großenpinning darlegte: „Die Beamten, welche sich als Freunde der Landwirthe aufspielen, seien ja doch nur Regierungsagenten; er warnte die Bauern, sich von solchen Freunden ‚nichts in den Mund streichen zu lassen', um so mehr als ja die Versicherungsgesetze nur geschafft wurden, um die Zahl der Beamten und Bediensteten zu vermehren, für deren Bezahlung dann wieder die Bauern aufzukommen haben."[179]

Wielands Argumentation macht deutlich, dass ihm die Idee des abstrakten, dem Gemeinwohl dienenden Staates völlig fremd war. Er betrachtete seine Steuergelder als Investition, die sich zu rentieren hatte. Auf der Straubinger Generalversammlung des Bundes der niederbayerischen Landwirte erklärte er deshalb am 29. Dezember 1894: „Es ist unsere Regierung; aber wir sind nicht ihre Schäflein, nein die Steuerzahler bilden den Staat."[180] Während sich die Beamtenschaft im Obrigkeitsstaat als eigenständiger politischer Faktor betrachtete, der sich der Bevölkerung fürsorglich und in wissenschaftlicher Hinsicht auf der Höhe der Zeit zuwandte, ohne diese an der Entscheidungsfindung zu beteiligen, verlangte Wieland die Unterwerfung der Bürokratie unter den Willen der Steuerzahler. In der Beamtenschaft wollte er keinen eigenständigen politischen Faktor erblickten. Während die Bürokratie mit ihren Gesetzen und Verordnungen in die Betriebsautonomie der Landwirte eingreifen wollte, lehnte Wieland dies ab. Wenn sich die staatliche Landwirtschaftsverwaltung deshalb des Landwirtschaftlichen Vereins bediente, um sich mit gelehrten produktionstechnischen und betriebswirtschaftlichen Ratschlägen an die Bauern zu wenden, sah Wieland darin „nichts Anderes als eine Bevormundung der Landwirthschaft". Den Beamten an der Spitze des Landwirtschaftlichen Vereins donnerte er im Landtag entgegen: „Wir wollen sie nicht, wir brauchen sie nicht, in dieser Beziehung sind sie uns höchst überflüssig. Wir wollen uns selber vertreten und aus der Vormundschaft hinaus kommen, […]."[181]

## Im niederbayerischen Landrat

Wieland entsprach mit seiner Beamtenfeindlichkeit einer weitverbreiteten Stimmung in der bayerischen Landwirtschaft, in der die Beamten als Schmarotzer gesehen wurden, die von den hart erarbeiteten Geldern der Bauern lebten. Die Aufbesserung der Beamtengehälter während einer extremen Futternot war sogar einer der Auslöser für die Entstehung der Bauernbundsbewegung gewesen[182]. Wieland erachtete es deshalb geradezu als seine Mission, den Staatshaushalt vor unnötigen Ausgaben der staatlichen Bürokratie zu bewahren. Dies tat er zunächst vor allem als Mitglied des niederbayerischen Landrates, seitdem er im Jahr 1894 in dieses Gremium gewählt worden war[183]. Der Landrat setzte sich zusammen aus Vertretern der innerhalb Niederbayerns liegenden Distriktsgemeinden und kreisunmittelbaren Städte, aus Vertretern desjenigen Grundbesitzes, der ein bestimmtes Mindestmaß an Grundsteuer entrichtete, und drei Vertretern der selbstständigen Pfarrgeistlichkeit. Der Landrat hatte den Etat der Kreisgemeinde zu prüfen, die zur Deckung der Ausgaben erforderlichen Kreisumlagen festzustellen, die Rechnungen der Kreisgemeinde und die Verwaltung der Einrichtungen des Kreises zu überprüfen. Er durfte sich eigenständig „über den Zustand des Regierungsbezirkes und über die etwa wahrgenommenen Gebrechen der Verwaltung" äußern und „hierauf bezügliche Anträge zur Abhilfe und Verbesserung" stellen, wenn er sich regelmäßig im Herbst zu einer öffentlichen Tagung traf[184].

Bereits in der ersten Sitzung, der Wieland als Landratsmitglied beiwohnte, beantragte er am 15. November 1894 „unter Hinweis auf die derzeitige landwirthschaftliche Nothlage und aus Sparsamkeitsrücksichten" die Ablehnung eines Zuschusses für die „Naturalverpflegestationen zur Bekämpfung des Vagantentums". Obwohl der Vertreter des Regierungspräsidenten für den Zuschuss plädierte, wurde dieser nach einer längeren Debatte mit Mehrheit abgelehnt. Anschließend führte Wieland den Widerstand gegen die von der Kreisregierung gewünschte Erhöhung des Zuschusses für die Distriktstierärzte an und konnte sich ebenfalls durchsetzen. Am nächsten Tag wollte er den Zuschuss für die Steinhauerfachschule in Metten und den Zuschuss für das niederbayerische Kreisgewerbekomitee streichen, womit er jedoch nicht durchdrang. Am 20. November bat er, die Anhebung der Gehaltsbezüge der Kreisbeamten auf das Niveau der Landesbeamten „mit Rücksicht auf die derzeitige Nothlage der Landwirthschaft" abzulehnen, konnte sich aber wieder nicht durchsetzen[185].

Wenn sich Wieland auch nicht immer behaupten konnte und auch nicht immer auf die Unterstützung seiner Parteifreunde zählen durfte, so war es ihm doch gelungen, den Landrat zu politisieren. Er versuchte seine Anhänger um sich zu scharen und den

Landrat in fest umrissene Fraktionen aufzuspalten, was dem ständischen Charakter des Landrates völlig widersprach. Da ihm dies gelang, war er mit seiner ersten Landratsession zufrieden. Auf der Straubinger Generalversammlung des Bundes der niederbayerischen Landwirte berichtete er am 29. Dezember 1894 über seine ersten Erfahrungen im Landrat: „In ersterer Richtung habe es ihn gefreut, daß die Landwirthe, wo es galt, Zahlungen zu vermindern, der Regierung scharf entgegentreten und ihr ein energisches: Bis hieher und nicht weiter! zuriefen." Am Anfang habe er zwar „einigen Kampf gehabt, da er bei seinen Kollegen zu viel verhetzt gewesen sei", schließlich sei es ihm aber gelungen, „daß die ländlichen Vertreter mit ein paar Ausnahmen ganz auf seiner Seite seien". Zu den „schlimmen Eindrücken" zählte er es aber, dass sich die Anhänger des Zentrums im Landrat genauso wie die Liberalen als „Bewilligungsmaschinen für die Regierung" aufführten. Er fragte deshalb in den Saal hinein: „Könne man da sagen: das sind Volksvertreter?" und erhielt als Antwort aus der Versammlung die gewünschte Reaktion. Seine Zuhörer plärrten ihm „Volkszertreter!" entgegen. Nachdem er seine Zuhörer derart in Rage versetzt hatte, war es ihm ein Leichtes, die Versammelten zu einem Misstrauensvotum gegen die Regierung von Niederbayern zu bringen, weil diese „nur Wohlwollen für den Adel, das Großkapital und die Parteien habe, nicht aber für die Landwirthschaft"[186].

Wieland verfolgte seine Politik der finanzpolitischen Obstruktion auch im nächsten Landrat, der vom 11. bis 23. November 1895 tagte[187]. Die von ihm bewirkte Politisierung des Landrates führte dazu, dass die Abstimmungsergebnisse in den Protokollen ab dieser Sitzungsperiode erstmals genau wiedergegeben wurden, während dies angesichts der bisher herrschenden weitgehenden Einstimmigkeit unnötig gewesen war. Gleich zu Beginn der Tagung löste Wieland einen heftigen Konflikt aus, indem er sich in der Debatte um die neue Geschäftsordnung als erster Redner gegen diese stellte. Vor allem kritisierte er die geplante Errichtung eines dritten Landratsausschusses, „weil dadurch die Ablehnungsmajorität im Landrathe abgeschwächt werden wolle". Seine Stellungnahme ist bezeichnend für seine obstruktiven Absichten, begründet war sie jedoch nicht. Dementsprechend ging das Plenum auch mit Mehrheit über die Einwände hinweg und nahm die neue Geschäftsordnung an, weil die zunehmenden Aufgaben, die der wachsende reglementierende Eifer der Bürokratie auf wirtschafts- und sozialpolitischem Gebiet für den Landrat mit sich brachte, mit zwei Ausschüssen nicht mehr zu bewältigen waren.

Im weiteren Verlauf der Tagung beschäftigte sich Wieland erfolglos damit, geringe Zuschüsse für eine Töpferschule, das Germanische Nationalmuseum in Nürnberg und den Naturhistorischen Verein Passau zu verhindern. Erfolg hatte er diesmal allerdings mit seinen Anträgen, den Zuschuss für die Naturalverpflegestationen, die Kreisweberschule in Passau und die Steinhauerfachschule in Metten zu streichen. Kurz vor Ende der Tagung erreichte Wielands taktisches Verhalten im Landrat jedoch eine neue Dimension. Hatte sein Verhalten bisher dazu geführt, dass sich die innere Struktur des niederbayerischen Landrates politisierte, versuchte er nun, den Landrat nach außen hin vor den programmatischen Karren der Bauernbundsbewegung zu spannen. Wieland beantragte, dass sich der Landrat seiner Forderung nach Stundung der Grundsteuern und Bodenzinse anschließen und den Antrag der Staatsregierung zur Würdigung vorlegen solle. Er begründete dies damit, „daß es doch nicht mehr als recht und billig sei, daß der Bauer erst dann von seinem Grunde Steuern und Bodenzinse bezahle, wenn er aus diesem Grund und Boden Einnahmen erzielt habe, also erst nach der Ernte". Er führte aus, „daß ja auch der Kapitalist die Kapital-Steuer erst nach dem Zinsen-Anfalle bezahle und daß auch die Einkommensteuer erst dann erhoben werden könne, wenn der Steuerzahler ein Einkommen habe". Es war ein großer Erfolg für Wieland, dass das Plenum dem Antrag einstimmig beitrat. Geschickt hatte er die Ablehnung, die den Bodenzinsen draußen in den Dörfern entgegengebracht wurde, ausgenutzt, um den Landrat in Zugzwang zu bringen.

Im nächsten Landrat von 1896 setzte Wieland dann zunächst wieder seine gewohnte Etatpolitik fort. Am 12. November forderte er, einen Zuschuss für die Kreisackerbauschule abzulehnen. Er bezeichnete „die ganze Anlage der Kreisackerbauschule in Schönbrunn als eine vollständig verfehlte, da der Boden aus Kies und Sand bestehe und keinen Ertrag liefern könne. Die Schüler könnten infolge der dünnen Erdschicht das Ackern nicht erlernen und es werde an der Schule viel zu wenig Aufzucht von Rindvieh getrieben." In Anbetracht „der schlimmen Zeitverhältnisse" war er auch gegen eine Gehaltsaufbesserung des Lehrpersonals. Wieland unterlag jedoch. Kurz vor Ende der Tagung wollte er dann seinen Erfolg vom vergangenen Jahr wiederholen und stellte einen abermaligen Antrag auf Stundung der Bodenzinse. Er forderte, „daß in Anbetracht der unleugbaren Nothlage der Landwirthschaft Seitens der k. Staatsregierung etwas geschehen müsse". Diesmal erhob sich allerdings Widerstand. Der Priester Heinrich Ludwig Krick wollte sich nicht ohne weiteres von Wieland instrumentalisieren lassen und erklärte, „daß er für den Antrag selbst wohl stimmen würde, wenn in der Begründung desselben nicht so viele Übertreibungen enthalten wären". Schließlich wurde Wielands Antrag aber gegen eine Stimme – wohl diejenige Kricks – angenommen[188].

Wielands Tätigkeit als Landrat wurde unterbrochen, als er im Herbst 1897 in den Landtag gewählt wurde. Denn das Landratsgesetz verbot die gleichzeitige Mitgliedschaft im Landrat und im Landtag. Nichts ist bezeichnender für Wielands politisierendes und polarisierendes Auftreten, dass sich die Verhandlungen des niederbayerischen Landrates nach seinem Ausscheiden wieder beruhigten. Die meisten Etatposten wurden wieder einstimmig und ohne Debatte angenommen. Die von Wieland regelmäßig beanstandeten Zuschüsse für kulturelle Einrichtungen fanden anstandslose Genehmigung. Ebenso gingen die verschiedenen Zuschüsse für das Schulwesen nun wieder weitgehend ohne Probleme durch. Es überrascht nicht, dass Wieland die bündlerische Mäßigung im Landrat nach seinem Ausscheiden nicht gefiel. Dem Landrat Georg Stanglmayer, Wirt und Bürgermeister von Pfettrach bei Landshut, warf er nun vor, dass er „nur ein halber, ein politisch unfähiger Mann sei, der stets mit den Pfarrern u. Beamten geht". Dieser wies ihn aber in seiner Antwort vom 20. April 1898 darauf hin, dass „nicht so radikal u. manchmal unüberlegt, wie du es thun zu öfteren bewiesen, sondern wohl erwägend u. etwas gemäßigter ich ebenso mitthue". Dabei erinnerte er Wieland daran, dass er meist mit ihm gestimmt habe – und zwar „aus Überzeigung, ohne mich von irgend einem anderen Herrn beeinflussen zu lassen, wenn ich aber je einmal gegenseitiger Ansicht war, so geschah dieß nur nach vorhergegangener gründlichen Erwägung, denn du wirst denn doch nicht behaupten wollen, daß alles von dir ausgegangene Unfehlbar ist?" Wenn Wieland aber glaube, „du würdest uns Schreken einjagen, wenn du mit Veröffentlichung in der Preße drohst, so hätte ich dazu nur ein stilles Lächeln, denn die Chansen meinerseits würden nur noch vergrößert, deine aber jedenfalls empfindlich Einbuße leiden".

Ohne Mitglied des Landrates zu sein, hatte Wieland tatsächlich keine Möglichkeit, sich durch direkte Einwirkung gegen den zunehmenden Pragmatismus der bündlerischen Landräte mit seiner obstruktiven Linie durchzusetzen. Umso heftiger waren seine Angriffe, die er nun auf den Regierungspräsidenten Ludwig Freiherr Fuchs von Bimbach und Dornheim richtete. Dieser nahm sich Wielands Angriffe derart zu Herzen, dass er psychisch Schaden zu erleiden drohte. An das Innenministerium schrieb er am 23. November 1898: „[...] wenn auch die einstimmige Anerkennung des Landrathes, welcher unter 26 Mitgliedern 14 Bauernbündler zählt, mir für die schmählichen Angriffe der Herrn Wieland et Cons. einige Satisfaction gewährt hat, so habe ich doch durch diese so viel Ärger in mich hineinwürgen müssen, daß ich mich nach ein paar Tagen anderer Luft förmlich sehne."[189]

*„Wieland hat gesprochen: causa est finita."*

## Der Sieg der radikalen Bauernbundsrichtung in Niederbayern

Der Brief Stanglmayers zeigt sehr deutlich, dass der Widerstand gegen Wielands radikale Agitation und seinen rabiaten Führungsstil im niederbayerischen Kernland der Bauernbundsbewegung auch nach dem Austritt Ratzingers und dem von Wieland verfügten Ausschluss Sigls nicht verstummt war. Es war deshalb der Wunsch Vater des Gedankens, als der Niederbayerische Anzeiger am 29. August 1894 behauptet hatte, der Bund der niederbayerischen Landwirte stehe nach „Abstoßung zweifelhafter mit einem gewissen Odium belasteter Elemente rein und gesund da; denn Dr. Sigl ist und bleibt ausgeschlossen. Für jeden ächten Bauernbündler gilt das unverbrüchliche Axiom: Wieland hat gesprochen: causa est finita." Der Widerstand gegen Wieland konzentrierte sich nun ganz auf die renitenten Rottaler um den Pfarrkirchener Redakteur Zeitler. Diesen nannte Wieland den „naseweisen Oberkrakehler von Pfarrkirchen", der „in hohem Grade spinne"[190]. Zeitler revanchierte sich, indem er Wieland am 30. Oktober 1894 in seiner Bundes-Zeitung als „Narr von einem Menschen" und „Kameel in Folio" bezeichnete, „das auf die Dummheit der Leser des ‚Niederbayerischen Anzeigers' resp. auf die Bauern seines Anhanges sündigt". Wieland, so Zeitler, „scheint die Freude, hinter dem Pflug herzugehen, überhaupt verloren und sich ans Herumzigeunern derart gewöhnt zu haben, daß er nun als Volksverhetzer selbst dort sich aufdrängt, wo man am liebsten seine Fersen sieht, und die übrige Zeit zum Schreiben von Artikeln für sein Leibblatt zu verwenden, deren Feinheit längst bekannt ist. Also weil es als Blutsauger und Häuslleute-Macher nichts mehr zu thun gibt, nährt sich der Hofmetzger mit Gift und Galle. Guten Appetit!"

Wieland gelang es nicht zuletzt aufgrund der Agitation Zeitlers kaum mehr, sich im Rottal durchzusetzen. Personalentscheidungen der Bundesvorstandschaft, die das Rottal betrafen, wurden von Zeitler einfach ignoriert[191]. In Schönau bei Eggenfelden wandte sich Zeitler am 11. November 1894 „gegen die Straubinger Bauernführer Wieland und Gäch, welche in ihrem schroffen Auftreten den Bundesinteressen nur schädlich wirken müßten". Deshalb bekämpfte er insbesondere „die von denselben in das Bundesprogramm eingeschleppten Forderungen ‚Trennung von Kirche und Staat' und ‚Aufhebung der Bodenzinse', welchen Forderungen von religiös und rechtlich Gesinnten, also auch vom Bauernbunde, nicht beigepflichtet werden könne". Als einer der Anwesenden Zeitler entgegentrat und „ex abrupto" ein Hoch auf Wieland auszubringen versuchte, stieß er nur auf wenig Gegenliebe[192]. Dies zeigt, wie sehr Wielands Anhang im Rottal schon zusammengeschmolzen war. Dabei schadeten die andauernden Pressefehden nicht nur seinem Ansehen, sondern der gesamten Bauernbundsbewegung. Von seinem oberbayerischen Bundesgenossen Max Erhardt (1859–1899), Gutsbesitzer und Posthalter von Hagenheim bei Rain am Lech[193], musste sich Wieland sagen lassen, „es wäre überhaupt im Interesse des Ansehens d. B. B., wenn sich die wirklich überzeugten Bauernbündler nicht gleich weg. jed. Meinungsverschiedenheit in den Zeitungen abraufen u. so die gewiß gerechte Sache der B.B. nur zu oft lächerlich machten"[194]. Der Fränkische Kurier urteilte am 17. Februar 1895, Wieland habe es gemeinsam mit Kleitner „in kurzer Zeit fertig gebracht, daß der Bauernbund zum allgemeinen Gespötte wurde. Eine turbulente Agitation ohne Sinn, Ziel und Zweck, aus rein persönlicher Großthuerei entsprungen, hat auch bei den Bauern selbst tiefen Ekel erzeugt." Selbst Gäch trug deutliche Anzeichen der Resignation. Am 11. Dezember 1894 erklärte er in einem Schreiben an Wieland: „Ich sehne mich selbst wirklich nach Ruhe; die Hetze wird mir zu bunt."

Wieland reagierte, indem er in die Offensive ging und sich der Abgeordneten Adalbert Braun und Joseph Wimmer zu versichern versuchte. Dass Bachmaier auf seiner Seite stand, wusste er bereits, dass er Sinzinger und Kurz gegen sich hatte, ebenfalls. Am 17. September 1894 erklärte sich Braun in einem Schreiben an Wieland eindeutig für diesen: „Herr Wieland, ihr dürft mir gewiß glauben, ich gebe dir und der ganzen Vorstandschaft des Bauernbundes mein Ehren- und Manneswort, das ich nie dem Bauernbunde untreu werde, sondern denselben kräftig unterstützen und vertheidigen werde, jederzeit soviell nur in meinen Kräften liegt." Die Satzungsbestimmung, die die Abgeordneten der Bundesvorstandschaft unterwarf, wollte er bedingungslos anerkennen, „denn du siehst ja, das mir auch meine Wähler die Bedingung stellten, das ich auch mit Ihnen Fühlung habe, wozu nur dieser Paragraf ganz recht ist und aufrecht erhalten werden muß". Dabei teilte er ihm mit, dass er mit Ratzinger und Sigl gebrochen habe, denn „da bin ich jetzt ein großer Gegner derselben, ich will mit diesen beiden feinen schlauen Herrn nichts mehr zu thun haben. Ich kenn ihre Schleichwege, wo sie hinwollen, den diese Herren bringen es auf kein grünes Zweig." Braun fühlte sich von Ratzinger hintergangen, als dieser die parlamentarische Unerfahrenheit seiner Fraktionskollegen ausnutzte, um sie in bewusster Vereinzelung zu halten und dadurch besser beeinflussen zu können: „Was die Stellung meiner Coleggen betrifft, weis ich gar nicht, wie ich dran bin, den mir hat kein einziger einen Brief geschrieben als nur Sinzinger wegen Ratzinger; ich weis nicht, ob sie noch dem Bauernbunde angehören oder nicht. Ich glaube, diese Herren laufen mit dem Ratzinger, weil nur dieser der echte alleingebildete ist und sonst keiner nichts versteht als nur er alleine, aber das bezweifle ich sehr."

So sehr Wieland mit dieser Stellungnahme zufrieden sein konnte, so unbefriedigend fiel die Antwort von Joseph Wimmer aus, der Wieland seine Ansicht in einem Brief vom 7. Oktober 1894 darlegte. Gleich zu Beginn seines Schreibens bekannte er sich zu Ratzingers parteipolitischer Konzeption, wenn er behauptete: „1.) Bin ich als Bauernbündler gewählt u. bleibe fest auf diesen Pr[o]kram stehen; ich bin lang satt an den beiden grossen Barteien, die den Bauern u. Gewerbestant mit ihrer Gesetzgebung so schwer Geschädigt haben; freulich bin ich zum Landtage mit dem Centrum in Compromiss gewählt, aber nur mit der Bedingung, wenn ess sich um den Glauben handelt, das ich mit dem Centrum Stimme, aber wenn ess sich um den Geldbeutel handelt, dan nicht u. dies habe ich auch gethan u. werde ess auch fernerhin thun, obwohl ess sich noch wenig um den Glauben in der Kammer handelte, nur nicht um den Geldbeutel." Immerhin sprach er sich eindeutig für das imperative Mandat aus. Er erklärte, „daß der vüll besprochene § 3. Abs. 2 meiner Person nicht im Wege stehe; für die Herrn Drn. fünde ich denselben erst recht für gut; einen einfachen carakterfesten Bauern wie ich, der sich so jederzeit mit seinnen Wählern benimt, wird dieser § nicht Schinieren, der wird sich so wie so niemals als ein Stimmvieh heranziehen lassen".

Trotzdem sparte er nicht mit Kritik an Wieland. Vor allem störte es ihn, dass die Landtagsabgeordneten in Wielands Organ ständig angegriffen wurden, wodurch notwendige Energie für den Aufbau der Bauernbundsorganisation vertan werde: „Mus man von ihnen und von Aussen u. in allen Blättern immer Anhören, das wihr nichts ausgerichtet haben; leider wir sind sogar froh, das wihr von den anderen Barteien nicht Gefressen worden sind; was sollen 7 u. jetzt, weil Ratzinger ausgetreten, gar blos 6 Ausrichten; auch 20 nichts, den ess handelt sich schlüßlich um die Abstimmung und darum müssen wihr auch fernerhin trachten, das aus den Bauernbund eine ausschlaggebende Bartei herauswachse, das ist der eigentliche Zweck u. zu diesen Zweck gehört eine guthe Agetation; die aber so vüllfältig gegenseitig, ja oftmals ganz Überspande Zeitungsschimpfereu verdierbt oft mehr, als es Erreicht." Außerdem äußerte er entsprechend der von den Rottaler Bündlern befürworteten pragmatischen Taktik Zweifel an der Zweckmäßigkeit der antiklerikalen und antibürokratischen Ausfälle Wielands, „wie zum Beispüll in Fürstenzell: hinwek mit die Schwarzen, wir brauchen keinen christlichen; haben vülle wieder Anstos genommen, so was sollen sich doch bei Bauernversammlungen die Leute denken". Er selbst sei jedoch „kein Aschkricher der Geistlichen u. Beamten, aber auch kein Fresser derselben; ich sage nur sovüll: wen der Mensch wirklich lungensichtig ist, so helfen ihm 20 Drn. [Doktoren] nicht; so geht ess auch beim Bauern- und Gewerbestandt; alle Drn. in der Kammer helfen uns nichts, diese bekümmern sich um sich selbst u. nicht um uns; wihr müssen uns selbst helfen".

## Die Straubinger Generalversammlung

Im Vorfeld der anstehenden ersten Generalversammlung des Bundes der niederbayerischen Landwirte musste Wieland also mit dem Widerstand der Rottaler rechnen. Um sich wenigstens den Heimvorteil zu sichern, sollte die Generalversammlung nach dem Willen der von Wieland dominierten Bundesvorstandschaft am 29. Dezember im Saal des Weidemann'schen Gasthauses in Straubing stattfinden[195]. Angesichts der damaligen Verkehrsverhältnisse war abzusehen, dass

Wielands Straubinger Gefolgschaft die Versammlung beherrschen würde. Und so kam es auch. Wieland wusste sich von einem schützenden Anhang umgeben, als er sich, angestachelt von den Angriffen auf seine Person und aufgepeitscht von zustimmenden Zwischenrufen, in dem von Bierdunst und Rauschwaden gefüllten Saal zu einer selbst bei ihm noch nicht vorgekommenen Radikalität steigerte. Er ergriff die Gelegenheit, um mit allen seinen Gegnern in- und außerhalb des Bundes abzurechnen. Dabei begann er nach dem Bericht der Augsburger Abendzeitung mit seinen innerparteilichen Gegnern. Es existiere, so Wieland, „eine sehr gefährliche, die sog. gemäßigte Richtung, die mehr ins Lager des Zentrums und der Regierung schlägt. Gebe man derselben nach, dann dürfe man darauf gefasst sein, daß Niederbayern wie zuvor mit dem Zentrum oder den Liberalen laufe." Laut drohende Pfuirufe und geballte Fäuste richteten sich gegen die anwesenden Rottaler Delegierten, als er behauptete, dass sich die Rottaler vor allem gegen ihn und Gäch stellten. Wieland blickte zufrieden in den Saal. Die Versammlung lag ihm zu Füßen, die Rottaler regten sich nicht. Nun war der Augenblick gekommen, um sich als unschuldiges Opfer geltungssüchtiger Angriffe zu stilisieren. Es sei „vollkommen ungerecht, sie beide hinauszudrücken, da sie gewiß nicht gegen, sondern alles für den Bund gethan hätten". Dass „man mitunter scharf auftreten müsse, weil man scharf verfolgt werde, sei unbedingt nothwendig, und wenn man diesen Herren, die uns mit Krieg überziehen, nicht die nackte Wahrheit ins Gesicht sagt, ob sie ihnen gefällt oder nicht, so können wir sie nicht zum Schweigen bringen".

Der lebhafte Beifall, der nun aufbrandete, verschaffte Wieland eine Pause, um sich für die nun folgenden Angriffe gegen die bisherige politische Vertretung der Landwirtschaft zu sammeln. Nachdem der Beifall abgeebbt war, erklärte er: „Die Stellung des Bundes zu Adel, Geistlichkeit und Beamtenthum ist bekannt; zu unserer Vertretung brauchen wir sie nicht, wohl aber sonst." Kaum hatte er es gesagt, war ihm eine Unstimmigkeit in seinen Ausführungen aufgefallen. Wem, so schoss ihm durch den Kopf, nützte der Adel? Umgehend korrigierte er sich selbst und brüllte seinen Zuhörern entgegen: „Vom Adel rede ich nicht: denn er ist das überflüssigste Ding, die Schmarotzerpflanze der Gegenwart." Ein gellendes „stürmisches Bravo" brandete durch den Saal und durchdrang Wieland selbst. Er war mit seinen Zuhörern zu einer ekstatisch erregten Masse verschmolzen. Er war zufrieden mit sich selbst und griff den Faden seiner unterbrochenen Argumentation in nicht gedämpfter Lautstärke wieder auf: „Zu unserer politischen Vertretung also brauchen wir die beiden anderen Stände nicht, wir müssen selbst Politik treiben, sonst gehen wir zu Grunde. Die Geistlichen brauchen wir in der Kirche und die Beamten zur Verwaltung unserer Regierung."

Damit hatte er seine Zuhörer genügend gegen Adel, Geistliche und Beamte aufgehetzt, um auf die Bodenzinsproblematik einzugehen. Er fragte die Anwesenden, warum der Bodenzins nicht aufgehoben werde, und gab ihnen nach einer kleinen quälenden Pause die Antwort, die jeder bereits kannte, aber die auch jeder von Wieland selbst hören wollte: „Es geschieht aber deswegen nicht, weil er unverdient in die Taschen des Adels und Klerus fließt. Wenn diese den Bodenzins zahlen müßten, würden die Geistlichen auf die Kanzel steigen und sagen: Bauern, jetzt ist die Religion in Gefahr. Das ist der große Schwindel der Gegenwart und der Vergangenheit." Deshalb nannte er die Dorfpfarrer die „Nachfolger der Betrüger von 1848".

Im Saal wurde es still. Die Bauern hörten gespannt zu, denn nun ging es ums Zahlen, um ihren Geldbeutel. Wieland konnte sich der Zustimmung der Mehrheit der Anwesenden sicher sein, als er der „gemäßigten Richtung in Niederbayern" vorwarf, dass sie „schon theilweise unter dem Rock des Herrn Pfarrers steckt", da sie in der Bodenzinsfrage seiner radikalen Taktik nicht folgen wollte. Ausdrücklich rief er sie dazu auf, den Bund zu verlassen: „Wer vor diesen Worten zurückschreckt, soll sich beim Bauernbund nicht betheiligen. Die Wahrheit wird gesagt, so lange ich rede (Beifall); und wenn ich die Wahrheit nicht sagen darf, dann schweige ich sofort." Mit ernster Miene, bedeutungsschwangerem Blick und besonderer Betonung jeder einzelnen Silbe appellierte er an seine Zuhörer: „[...] nur radikale Mittel können helfen, da wir am Rande des Verderbens sind." Für Wieland erschien nun der Augenblick gekommen, um seinen innerparteilichen Gegnern den Todesstoß zu versetzen und sich von der aufgepeitschten Masse die plebiszitäre Legitimation für seine radikale und obstruktive Taktik zu beschaffen. Er wollte nun über die Frage abstimmen lassen, „ob in der bisherigen Weise der Agitation fortgefahren werden soll, ob den Geistlichen und Beamten wie dem Adel die Wahrheit gesagt werden soll". Der demonstrative Beifall, der der Abstimmung vorausging, ließ keinen Zweifel über das Abstimmungsergebnis aufkommen. Mit überwältigender Mehrheit wurde Wielands Antrag angenommen und „demselben ein lebhaft aufgenommenes Hoch ausgebracht".

Gäch rieb sich die Hände. Seine Bemühungen, Wielands rhetorisches Talent zu fördern, hatten sich gelohnt. Er war der richtige Mann, um die Massen in Ekstase zu versetzen. Angesichts des Vertrauensvotums für Wieland drückte Gäch seine Freude darüber aus, „daß in Zukunft blos die radikale Richtung vorherrschen soll". Aber Gäch wusste nur zu gut, dass Wielands radikaler Agrarismus angesichts der zurückgehenden Bedeutung der Landwirtschaft ohne Bundesgenossen keinen Bestand haben werde. Weil er aber im Unterschied zu Ratzinger nicht auf die Integration der Bauernbundsbewegung in eine volksparteiliche Organisation abzielte, war er seit einiger Zeit auf der Suche nach taktischen Allianzen, auf die er die Delegierten nun vorbereiten wollte. Um agrarpolitische Ziele zu erreichen, so Gäch, „dürfen wir auch den Bund der Landwirthe nicht ganz von der Seite weisen, obwohl wir den preußischen Konservativen in politischer Beziehung nie zustimmen werden". Deshalb appellierte er an seine Zuhörer: „Wir können nicht genug links gehen, nach rechts werden wir so immer gedrängt." Seine Präferenzen galten also dem linksliberalen Lager: „Heute, wo die Reaktion so mächtig ihr Haupt erhebe, sei es nothwendig, daß die demokratischen gutgesinnten Elemente der Mittelstände zusammengehen und arbeiten nach oben und auch wo anders hin."

## Annäherung an die Franken, Brüskierung der Oberbayern

Damit hatte Gäch die ganze selbstzerstörerische Zerrissenheit der niederbayerischen Bauernbundsbewegung deutlich gemacht. Während sie sich agrarpolitisch nach rechts orientierte, hoffte sie aufgrund des zahlenmäßigen Gewichtes der landwirtschaftlichen Bevölkerung, ihre agrarkonservativen Forderungen in einer liberaldemokratischen Verfassungsordnung besser durchsetzen zu können als in dem gegenwärtigen bürokratisch-aristokratischen Obrigkeitsstaat. Da die niederbayerische Bauernbundsbewegung deshalb in agrarpolitischer Hinsicht ihr Heil bei den konservativen Franken suchte, fühlte sie sich in verfassungspolitischer Hinsicht zu den demokratisch-egalitären Oberbayern hingezogen. Die ganze, so kompliziert und widersprüchlich erscheinende Geschichte der wechselnden innerbündlerischen Koalitionen ist deshalb letztlich auf den Versuch der Radikalen in Niederbayern zurückzuführen, beide Pole ohne Kompromisse miteinander zu verbinden.

Sigl hatte hilflos zusehen müssen, wie Wieland die Straubinger Versammlung zum Triumph der radikalen Richtung gestaltete. Hämisch sprach er im Bayerischen Vaterland am 8. Januar 1895 von der „‚Generalversammlung' der Wieländer, d. h. der ca. 200 Wildlinge des niederbayerischen Bauernbundes, welche das blinde und willenlose Janitscharen Gefolge des Pascha von Hierlbach bilden". Wieland wurde von Sigl als „Präses der Lümmelchristibruderschaft", „Quadratlackl von Hierlbach", „Hetzapostel und Todtengräber des Bauernbundes" beschimpft. Wer in dem Artikel einen Bericht über die Straubinger Generalversammlung erwartete, wurde indes enttäuscht. Nach dem Urteil des Zentrumsjournalisten Armin Kausen bildete dieser Artikel deshalb den Höhepunkt in dem „Schimpf-Duett" zwischen Sigl und Wieland[196]. Großes Entsetzen herrschte auch im königlich-bayerischen Staatsministerium des Innern, als die Zeitungsberichte über die Straubinger Versammlung auf den Schreibtischen der zuständigen Referenten landeten. Eine derartig radikale Sprache war sonst nur von den Sozialdemokraten zu hören. Dabei war im Innenministerium aufgefallen, dass „insbesondere der Redner Wieland eine höchst aufreizende Sprache geführt" hatte. Umgehend wurde der Regierungspräsident von Niederbayern veranlasst, die Zeitungsberichte und den Überwachungsbericht des Straubinger Magistratsbeamten zu überprüfen, „um mit einiger Sicherheit beurtheilen zu können, ob die Einleitung eines Strafverfahrens veranlaßt erscheint"[197]. Der Staatsanwalt leitete daraufhin ein Strafverfahren gegen Wieland ein, da er der Ansicht war, dass dieser in Straubing „es sich zur Aufgabe gemacht hat, namentlich Adel und Geistlichkeit in der heftigsten derbsten und gehässigsten Weise nicht blos anzugreifen, sondern zu beschimpfen". Gegenüber diesem Vorwurf folgte Wieland dem Ratschlag seines Rechtsanwalts und behauptete, ganz genau benennbare politische Gegner wegen eines konkreten und nachweisbaren Verhaltens angegriffen zu haben, was als „Wahrung berechtigter Interessen" ausgelegt werden konnte und straffrei war. Diese Argumentation wollte der Staatsanwalt nicht gelten lassen, da Wieland „dem ganzen Stande der Geistlichkeit wiederholt den Vorwurf des Betrugs, der Betrügerei, des Schwindels und der Niederträchtigkeit entgegengeschleudert" habe. Der Staatsanwalt ging davon aus, dass Wieland als „politischer Agitator und als Landrat die Tragweite seiner Worte sehr wohl zu beurteilen vermag", zumal er „eine ganz gewandte Feder führt". Wenn er „lediglich seine politischen Gegner hätte treffen wollen, so hätte er das sagen sollen". Das Landgericht Straubing folgte indes der Argumentation von Wielands Rechtsanwalt und sprach ihn am 6. Mai 1895 frei[198]. Den bündlerischen Landtagsabgeordneten Adalbert Braun freute dieses Urteil vor allem im Hinblick auf die dadurch beeinträchtigte Zentrumsagitation: „Jetzt können diese Mamelukenköpfe wieder aufs neue Skandal und Verleumdungen gegen dich und den Bauernbund hervorruffen, wenn sie Schneid haben dazu, aber ich glaube, es thut ihnen nicht mehr recht wohl, dieser Kuhhandelpartei."[199]

Nachdem sich Ratzinger und Sigl nicht zuletzt aufgrund von Wielands rabiatem Vorgehen von der Bauernbundsbewegung distanziert hatten, die Rottaler sich von Wieland mit aller ihm zur Verfügung stehenden Brutalität in die Schranken einer missgünstigen Lauerstellung verwiesen sahen und sein radikales Vorgehen in Straubing überdies auch noch gerichtlich legitimiert erscheinen musste, wurde ihm in Niederbayern zunächst kein ernsthafter Widerstand mehr entgegengebracht – umso mehr jedoch von Seiten der oberbayerischen Bündler um Kleitner und Eisenberger. Angesichts der zwischen Wieland und Sigl nach der Fürstenzeller Radauversammlung anhebenden Pressefehde musste es für Kleitner noch so aussehen, als sei es ihm gelungen, Ratzinger und Sigl mit Hilfe Wielands aus dem Bund zu drängen und sich so lästiger Konkurrenten um die Bundesführung zu entledigen. Um sich Wieland als hilfreichen Bundesgenossen zu erhalten, hatte er ihm wenige Tage nach Fürstenzell am 14. Juli 1894 einen Brief geschrieben, in dem er ihm einigen Honig ums Maul schmierte, als er ihn für seine „energische Haltung" in Fürstenzell lobte. Dadurch habe er sich als Mann von „festem Charakter und unerschütterlichen Mute" erwiesen und „in den Augen eines jeden vorurteilslos Denkenden nur Achtung verschafft". Wenn Kleitner allerdings glaubte, in Wieland einen Bundesgenossen von unbedarftem, leicht beeinflussbarem Charakter gefunden zu haben, dann musste er sich noch an diesem 14. Juli eines Besseren belehren lassen. Denn er konnte an diesem Tag den vollen Wortlaut desjenigen Briefes im Bayerischen Vaterland abgedruckt sehen, den er Wieland am 1. Juni geschrieben hatte, um ihn mit diffamierenden Informationen über Ratzinger zu versorgen. Um keinen Zweifel über den Informanten zu lassen, wurde der Abdruck des Schreibens mit der Bemerkung versehen: „Für die vollständige Richtigkeit der Abschrift garantirt Franz Wieland." Ein Vergleich des Abdrucks mit dem Original im schriftlichen Nachlass Wielands zeigt eine völlige Übereinstimmung. Es besteht somit kein Zweifel, dass Wieland es war, der Sigl diesen Brief zutrug, obwohl sich seine Pressefehde mit ihm gerade auf ihrem Höhepunkt befand. Sehenden Auges war Kleitner in die wohlbereitete Falle Wielands und Gächs getappt.

Das Ziel Wielands und Gächs bestand von Anfang an darin, sich Kleitners nach der Fürstenzeller Versammlung zu entledigen. Darauf deutet hin, dass Gäch noch am Abend des Fürstenzeller Tages im Münchner Ratskeller erklärt hatte, „die Herrn Doktoren werfen wir alle aus dem Bund hinaus, den Ratzinger u. Sigl haben wir schon hinausgeschmissen, den Dr. Kleitner werden wir bald hinauswerfen", so Eisenberger am 1. Januar 1895 vorwurfsvoll an Wieland. Eisenberger war enttäuscht und erinnerte seinen „werthen niederbayerischen Freund" daran, dass „wir in Fürstenzell treu miteinander gegen Dr. Sigl und Dr. Ratzinger gekämpft" haben. Wielands Verhalten gegenüber Kleitner missfiel Eisenberger besonders deshalb, weil er gleichzeitig bemerkt hatte, dass dem fränkischen Großgrundbesitzer und Agrarpolitiker Karl Ernst Freiherr von Thüngen-Roßbach (1839–1927) im Niederbayerischen Anzeiger entgegen Wielands sonstiger Adelsfeindlichkeit auffallend viel Sympathie entgegengebracht wurde. Deshalb warnte er Wieland davor, sich auf Kosten der Freundschaft mit ihm und seinen oberbayerischen Bundesgenossen dem fränkischen Adeligen anzubiedern: „Kein Wunder wäre es, wenn man euch als Freunde des preußischen Junkerbundes betrachtet, waß ich noch nicht glauben kann. Weil nämlich der Frh. von Thüngen in euren Augen im N[iederbayerischen]. Anzeiger manchmal über den Schellnkönig gelobt wurde; was ist der Herr v. Thüngen? ich schaue ihn als einen Führer an, der die Bauern wieder in das Netz der Leibeigenschaft und Knechtschaft bringen möchte, den die Geschichte lehrt uns, daß die Adeligen von jeher unsere Bedrüker waren, und jetzt soll ein solcher Mann an der Spitze einer Bauernbewegung stehen. Gott behüte uns von diesen Thüngen."[200]

Kleitner war davon überzeugt, dass die Interessen der bayerischen Klein- und Mittelbauern mit dem im Bund der Landwirte tonangebenden preußischen Großagrariertum unvereinbar waren. Deshalb vermutete er, dass er von Wieland und Gäch geopfert worden sei, um die bayerische Bauernbundsbewegung gemeinsam mit Thüngen dem norddeutschen Bund der Landwirte anzuschließen[201]. Tatsächlich stand Gäch mit Thüngen und dem Würzburger Journalisten Anton Memminger (1846–1923) bereits seit Herbst 1894 im Kontakt, worüber er die Delegierten auf der Straubinger Generalversammlung ja in verklausulierter Form informiert hatte. Die Initiative zu den Gesprächen war von Thüngen und Memminger ausgegangen, die dem Fränkischen Bauernbund vorstanden und die agrarischen Kräfte Bayerns zu einer schlagkräftigen Organisation bündeln wollten[202]. Bisher hatte es kaum Berührungspunkte zwischen dem Bund der niederbayerischen Landwirte und dem Fränkischen Bauernbund gegeben, seitdem dieser – wenige Tage nach der Straubinger Gründungsversammlung – am 23. April 1893 in Würzburg auf Initiative Thüngens errichtet worden war. Dies lag daran, dass der Fränkische Bauernbund unter der Führung der Antisemiten Thüngen und Memminger eine umfassende und entschieden konservative Gestalt aufwies und in seiner antikapitalistischen Stoßrichtung weit über die von Wieland und Gäch gezogenen Grenzen hinausging. Ein Hindernis für eine engere Fühlungnahme hatte bisher auch darin bestanden, dass Thüngen und Memminger im engen Kontakt mit dem Berliner Bund der Landwirte standen[203]. In Niederbayern aber war die anfängliche Anlehnung an den Bund der Landwirte schon bald einem starken Misstrauen gewichen. Die Neue freie Volkszeitung hatte die bayerischen Bauern am 14. April 1893 gewarnt, „sich nicht von den norddeutschen Junkern und Großgrundbesitzern über den Löffel barbieren zu lassen. Die Interessen dieser sind nicht immer gleich mit denen der bayerischen Bauern, welche Mittel- und Kleinbauern sind."

Strittig waren vor allem die Staffeltarife und der Identitätsnachweis für Getreide, beides Maßnahmen, die zu einer Angleichung des niedrigeren norddeutschen an das höhere süddeutsche Getreidepreisniveau führen sollten. Die Staffeltarife der Eisenbahnen waren von Caprivi als Zugeständnis an die von den Zollsenkungen getroffenen norddeutschen Großgrundbesitzer eingeführt worden. Sie sanken mit zunehmender Entfernung und erlaubten es deshalb, norddeutschen Getreideüberschuss auf süddeutschen Märkten unterzubringen. Der Identitätsnachweis für Getreide stellte eine Regelung für den Transithandel dar. Der Zoll für eingeführtes Getreide wurde nur dann erstattet, wenn es mit dem ausgeführten Getreide identisch war. Nach der Aufhebung des Identitätsnachweises wäre die Zollerstattung für eingeführtes Getreide nur mehr an die Ausfuhr einer entsprechenden, nicht mehr identischen Menge gebunden gewesen. Dies hätte den Export aus den norddeutschen Getreideüberschussgebieten gefördert, genauso aber den Import in die süddeutschen Getreidemangelgebiete. Denn die für den Getreidehandel interessante Einfuhr in die süddeutschen Märkte wäre unter der Bedingung zollfrei gewesen, dass eine entsprechende Menge aus den überfüllten norddeutschen Märkten exportiert worden wäre. Eine derartige Stabilisierung des norddeutschen Getreidepreises hätte also, so die Befürchtung in Bayern, Druck auf die süddeutschen Getreidemärkte nach sich gezogen[204].

Als Wieland dies bewusst geworden war, wollte er von einer Fühlungnahme mit dem Bund der Landwirte nichts mehr wissen und erklärte am 14. Mai 1893 in Landshut: „Die Bauernbewegung sei keine norddeutsche Anzettelung, sondern aus der Initiative des schwer geschädigten Bauernstandes selbst hervorgegangen."[205] Damit reagierte Wieland nicht zuletzt auf die Agitation des Zentrums, das die satzungsgemäße Bindung des Straubinger Bundes der niederbayerischen Landwirte an den Berliner Bund der Landwirte nun genüsslich unter den Bauern verbreitete. Die klerikale Passauer Donau-Zeitung hatte beispielsweise am 22. April 1893 an ihre Leser appelliert: „Laßt euch von den liberalen Straubinger Bauern nicht einfangen für einen Bund, der euch nichts helfen und der nur von den preußischen Großgrundbesitzern geleitet und regiert wird." Seither sprachen die Bündler nicht mehr so oft vom „Bund der niederbayerischen Landwirte", sondern lieber vom „Niederbayerischen Bauernbund" und strichen die enge Bindung mit dem Bund der Landwirte am 22. Oktober 1893 auf der Plattlinger Versammlung aus ihrer Satzung. Und deshalb bezeichnete der Niederbayerische Anzeiger den „norddeutschen Bund der Großgrundbesitzer" noch am 17. November 1894 „als eine ganz gewöhnliche, reaktionäre Junkersippe, welche die Bauern nur mit den landwirthschaftlichen Interessen köderte" – bevor Gäch auf der Straubinger Generalversammlung bereits wenige Wochen später von diesem Standpunkt abwich.

## Der Antrag Kanitz

Diejenige agrarpolitische Maßnahme, die die Niederbayern von den Oberbayern trennte und mit den Franken und Preußen verband, bestand in der von dem ostpreußischen Großgrundbesitzer Hans Wilhelm Alexander Graf von Kanitz (1841–1913) im Reichstag beantragten Verstaatlichung der Getreideeinfuhr. Dadurch sollte die Handelspolitik der Reichsregierung umgangen und diese zu einem marktordnerischen Eingriff in den Getreidehandel gezwungen, das Produzentenrisiko also gleichsam sozialisiert werden. In Übereinstimmung mit Thüngen sah Wieland in dem Antrag im Rahmen seiner strikt wirtschaftsegoistischen Denkweise ein geeignetes Mittel, um dem niederbayerischen Getreidebau aufzuhelfen. Wie er im Vilstalflecken Eichendorf am 12. Mai 1895 erläuterte, betrachtete er den so genannten Antrag Kanitz als eine Möglichkeit, „zu richtigen Getreidepreisen zu kommen". Schaden würde der Antrag nur „der Herrschaft des Großkapitals", denn „das Erwerben von Millionen auf Kosten der Steuerzahler wäre abgeschnitten", weil der Antrag verhindere, „daß Millionäre im Auslande Getreide aufkaufen und dann im Inlande um Millionen verkaufen". Wenn der Antrag „unglücklicher Weise" von einem preußischen Adeligen stamme, „so unterschiebe man dem Bauernbunde eine Verdrehung, wenn mann ihn deßhalb für Freund der norddeutschen Junker hält. Wer der Retter aus der Not ist, sei gleichgiltig, auch wenn es ein Junker gewesen."[206]

Eisenberger aber lehnte den Antrag Kanitz letztlich deshalb ab, weil er ebenso betriebsbezogen dachte wie Wieland. Als Rinderzüchter und Waldbauer sah er darin keinen Nutzen für sich. Kleitner lehnte ihn dagegen ab, da er in dem radikalen Agrarismus des Antrages eine Gefahr für sein mittelstandsorientiertes Parteikonzept erblickte, wie er am 2. Dezember 1894 in Murnau zu erkennen gab: „Der Oberbayerische Bund der Landwirte und Gewerbetreibenden erkennt als einziges Rettungsmittel für den Bauern- und Gewerbestand, für den Mittel- und Kleinbesitz die Einigung aller zugehörigen Elemente zum Kampf um Wiederherstellung der teils verlorenen, teils bedrohten Rechte des Mittelstandes." Er kritisierte deshalb die niederbayerischen Bauernbündler, die als „Anhängsel der deutsch-konservativen Junkerpartei" mit „den Junkern und den Sozialisten gemeinsam dem Mittelstande verderbliche

Verstaatlichungsvorschläge vertreten"[207]. Dementsprechend fassten die oberbayerischen Bauernbündler am 3. Februar 1895 in Althegnenberg eine Resolution gegen den Antrag Kanitz: „Die oberbayerischen Bauern und Bürger lassen sich auch von falschen Freunden darüber nicht täuschen, daß die im Norden ersonnenen Getreide-Monopolpläne, mögen sie nach dem Antrage des Grafen Kanitz die Getreide-Einfuhr oder nach dem Programme des Baron Thüngen das allgemeine Getreide-Monopol bezwecken, die gesammte wirthschaftliche Existenz der bäuerlichen und bürgerlichen Volksklassen den privilegirten Ständen des Polizeistaates auf Gnade und Ungnade ausliefern würden."[208]

Dabei konnte sich Kleitner keineswegs der Unterstützung der gesamten oberbayerischen Bauernbündler sicher sein. Die Bauernbündler in den Getreideanbauregionen im Norden Oberbayerns trennten sich nun von Kleitner und schlossen sich Wieland an. Anton Sixt, der Sprecher der Allershauser Bauernbündler, urteilte am 22. Januar 1895 in einem Schreiben an Wieland über das Programm Kleitners: „Zu unserem Bedauern jedoch entspricht dieses Programm uns nicht, weil die Hauptsache darin fehlt, nämlich die Anstrebung des Antrages Graf Kanitz. Es ist nach unserem Dafürhalten der einzige Weg, daß das Auslandsgetreide monopolisirt wird, um den gesammten Bauernstand wieder lebensfähig zu machen." Kleitner „mag sich vielleicht bei der Gebirgsbevölkerung als Gegner des Kanitz'schen Antrages populär machen, weil selbe kein Getreide zu verkaufen haben, aber auf dem Flachlande, bei der Getreide produzirenden Bevölkerung, findet er keinen Anhang, weil er gerade das verwirft, was noch unsere Rettung sein könnte. Darum wollen wir von solchen ‚Führern' nichts wissen."

## Gegenseitiges Misstrauen allerorten

Es wäre nun falsch zu glauben, dass in Würzburg eitle Freude über die neuen niederbayerischen Bundesgenossen herrschte. Der in Straubing geborene Memminger war seit seiner Wandlung vom Sozialdemokraten zum Anhänger Bismarcks einer der engsten Mitarbeiter Thüngens und hatte einiges Unbehagen an der radikalen antiklerikalen und adelsfeindlichen Agitation Wielands und Gächs. In Franken, zumal in den protestantischen Gebieten, stand die Gegnerschaft gegen das Zentrum nicht derart im Mittelpunkt des Interesses wie beim Niederbayerischen Bauernbund. Vielmehr erblickte Memminger im Zentrum einen wertvollen agrarpolitischen Bundesgenossen. Am 3. Januar 1895 riet er Wieland deshalb, „die kirchlichen Fragen & Personen bei der Agitation & in der Presse nicht gar so feindselig zu behandeln. Sie schaden damit der ganzen Sache." Vor allem aber lehnte er Wielands und Gächs „Diversion nach der demokratischen Seite" als „Fehlgriff" ab: „Diese Demokraten waren bei den Wahlen die ärgsten Gegner der Schutzzölle u. s. w. und verprellen & verfluchen die ganze agrarische Sache." In einem weiteren Schreiben vom 29. Januar riet er Wieland, das „Schimpfen über Ratzinger und Sigl" einzustellen: „Denn sie wären, wenn sie uns unterstützen würden, doch werthvolle Kräfte." Darüber hinaus wollte er Wieland dazu überreden, die Redaktion des Niederbayerischen Anzeigers umzubesetzen: „Ohne die Presse können Sie heutzutage nicht vorwärts kommen und Ihrem ‚Niederb. Anzeiger' fehlt vor allem ein *gebildeter*, tüchtiger, gewandter, in den wirthschaftlichen Fragen wohl bewanderter Redakteur." Sollte sich Wieland seinen Anregungen fügen, wollte er sich als Gegenleistung dessen Forderung nach sofortiger Abschaffung der Bodenzinse aneignen. Ferner sicherte er ihm die Unterstützung durch Thüngen zu: „Freiherr von Thüngen sympathisiert mit Ihnen. Er sagt immer: ‚Wieland ist ein gerader Mann, der gefällt mir.' Er selber ist nämlich ebenso, nur ist er in der Wahl der Ausdrücke maßvoller."

Derartige Briefe waren dazu angetan, Wielands Misstrauen gegenüber Memminger kräftig zu nähren. Ausgerechnet mit denjenigen Männern sollte er sich aussöhnen, die ihn seit einem Jahr mit Spott und Hohn überzogen. Wieland wollte nun nichts mehr wissen von der zwischen Gäch und Memminger verabredeten landesweiten Einigung. Darauf deutet hin, dass er die Vorarbeiten zur geplanten Einigungsversammlung verzögerte, woraufhin ihm Memminger damit drohte, ohne ihn vorzugehen[209]. Derart in Zugzwang gebracht, musste Wieland Memminger wohl oder übel nachgeben, um nicht überspielt zu werden. Um sich gegen ein Erscheinen Ratzingers oder Sigls abzusichern, wollte er aber die Abgeordneten des Bundes von der Versammlung ausschließen, wovon ihm Memminger jedoch in einem Schreiben vom 13. Februar 1895 abriet: „Die Abgeordneten können wir nicht wohl fernhalten, das würde sich ungeschickt ausnehmen vor der Öffentlichkeit. Die Hauptsache ist, dass dieselben sehen, wie gescheidtere Leute als sie denken & sprechen." Zumindest aber wollte Wieland die Versammlung nur geladenen Delegierten öffnen, um wenigstens Kleitner auszuschließen. Auch dies versuchte ihm Memminger unbedingt auszureden: „Die Versammlung in Regensburg geheim abzuhalten, hat keinen Sinn. Wir brauchen uns nicht fürchten. Kleitner soll nur kommen, wir stellen gleich im Programm den Antrag Kanitz voran und dividiren ihn dann hinaus."

Ganz im Gegensatz zu Wielands zögerlicher und misstrauischer Haltung reagierte Ratzinger hoffnungsvoll auf die geplante Gründung eines bayernweiten Bauernbundes. Selbstbewusst ließ er verlauten, dass er seine künftige Mitarbeit von der Zusammensetzung der Vorstandschaft abhängig mache[210]. Offenbar war es die Beteiligung Memmingers und Thüngens, die ihn nach halbjähriger Abstinenz wieder Anteil am Geschick der Bauernbundsbewegung nehmen ließ. Immerhin bezeichnete sich Memminger als Freund Ratzingers[211]. Darüber hinaus bestanden zwischen Ratzingers antikapitalistisch-sozialethischem Agrarprogramm und Thüngens agrarisch-konservativer Agrarpolitik vielfältige Berührungspunkte. Hoffnungsvoll musste ihn deshalb stimmen, dass Sigl diese neuen personalpolitischen Konstellationen ebenfalls als günstig betrachtete und seine ablehnende Haltung gegenüber Thüngen revidierte. Hatte er dessen Agrarprogramm noch im Frühjahr des vergangenen Jahres als „Übertragung des alten Raubritterthums in die moderne Gesetzgebung" bezeichnet[212], so sah er in Thüngen nun die geeignete Integrationsfigur zur Einigung der bayerischen Bauernbünde[213]. Da die Vorbereitungen zur Errichtung einer landesweiten Bauernbundsorganisation für Wieland nicht besonders günstig verliefen, vermutete die Zentrumspresse bereits, dass sich Sigl und Thüngen auf Kosten Wielands mit Gäch geeinigt hatten – immerhin war es Gäch, der die Verhandlungen mit dem Fränkischen Bauernbund von niederbayerischer Seite aus führte. Die Berliner Germania meldete am 8. Februar 1895: „Nach einer Notiz in oberpfälzischen Blättern sollen zwischen Gäch und Wieland tiefgehende Differenzen bestehen. Sollte der ‚Oberrüpel von Hierlbach' das Opferlamm sein?"

Wieland fühlte sich in seinem Misstrauen gegenüber Memminger bestärkt. Er und Gäch drohten tatsächlich von einem Bündnis zwischen den agrarisch-konservativen Franken und den Radikalkatholiken Sigl und Ratzinger überrollt zu werden. Im Niederbayerischen Anzeiger ließen sie am 23. Februar 1895 erbost erklären: „Dr. Gäch und die Altbayern, besonders aber die Niederbayern, erkennen Wieland als eine politische Notwendigkeit an. Ein Bauernbund ohne Wieland in hervorragender Rolle würde ein Unsinn sein; denn der Bauer macht den Bauernbund." Wieland nutzte die Gelegenheit, um gegenüber Memminger klarzustellen, dass der Niederbayerische Bauernbund entsprechend Gächs Ankündigung auf der Straubinger Generalversammlung nur dazu bereit war, eine taktische Allianz zur Unterstützung des Antrages Kanitz mit den Franken einzugehen: „Man kann weder den konservativ angesäuselten Bauernbündlern in Mittel- und Oberfranken zumuthen, daß sie plötzlich demokratisch werden, noch den demokratisch angesäuselten Bauernbündlern Altbayerns, daß plötzlich der konservative Geist des Bundes der Landwirthe in sie fahre." Deshalb plädierte Wieland für eine föderalistische Organisation und forderte, dass sich „die einzelnen Provinzialverbände in politischer Richtung (von den oben genannten Hauptpunkten abgesehen) selbst regieren und Homerule einführen müssen". An die Adresse aller Gegner Wielands gerichtet, behauptete der Niederbayerische Anzeiger schließlich drohend, „so weiß man in Niederbayern überall, daß der niederbayerische Bauernbund mit Wieland steht und fällt. Entweder ein Bauernbund mit Wieland oder gar kein Bauernbund."

Wieland war bereit, Obstruktion zu üben. Memminger sah sich deshalb gezwungen, Wielands Bedenken nachzugeben, wollte er die Errichtung einer landesweiten Bauernbundsorganisation nicht gefährden. Als die Bundesblätter am 18. Februar zur „Schaffung einer großen, selbständigen Bauernpartei" nach Regensburg einluden, taten sie dies nach dem Wunsche Wielands mit dem Hinweis: „Zur geschlossenen Delegirten-Versammlung haben, um ziellose Weiterungen zu vermeiden, nur die Vorstandsmitglieder, Vertrauensmänner oder Bevollmächtigten jener Bauernbünde und Vereinigungen Zutritt, welche dem Antrag Kanitz zustimmen. Die Delegirten haben, soweit sie den Unterzeichneten nicht aus der Bauernbewegung als zuverlässige Genossen bekannt sind, durch eine schriftliche Vollmacht ihrer Vereinigungen beim Zusammentritt der Versammlung sich auszuweisen." Unterschrieben war der Aufruf von den drei niederbayerischen Bauernbundsführern Gäch, Hien und Wieland. Von den Franken unterzeichneten der Metzger Leonhard Hilpert (1852–1934) aus Windsheim, der deutschkonservative Landtagsabgeordnete und Brauereibesitzer Friedrich Lutz (1852–1918) aus Heidenheim, der Mühlen- und Sägewerksbesitzer Martin Schunk (1853–1933) von Waltershausen im Grabfeld, der nationalliberale Landwirt Adam Singer aus Neuherberg bei Uffenheim und schließlich Thüngen selbst[214].

Eisenberger war maßlos von Wieland enttäuscht, wie er in einem Schreiben vom 25. Februar deutlich machte: „Warum wird den bei der Gründung des Bayerischen Bauernbundes gleichsam schon ein Zwang angewendet; darf den bei einer solchen Deligirtenversammlung kein Meinungs Austausch vorkommen; könnte nicht vieleicht auf solche Weise eher eine Verständigung zu Stande kommen, als daß man kurz sagt, die Oberbayerischen Bauernbundsführer dürfen nicht zur Versammlung, weil sie nicht für den Antrag Kanitz sind." Er warnte Wieland: „Wenn der Staat einmal die Getreideeinfuhr in den Händen hat, so wird er bald den ganzen Getreite Handel in die Hände bekommen und wenn das Getreide Verstaatlicht ist, dann wird bald Grund u. Boden verstaatlicht sein, was ist es dann mit uns Bauern?" Er wollte es einfach nicht begreifen, „wie man jetzt in einer so Freiheitsunsicheren Zeit das Monopol als Götzenbild aufstellen kann". Die oberbayerischen Bauernführer wollten sich aber nicht geschlagen geben. Am 28. Februar erklärte Kleitner in der Augsburger Abendzeitung, dass er gemeinsam mit Eisenberger und dem Traunsteiner Mehlhändler Augustin Jehl in Regensburg erscheinen werde.

## Gründung des Bayerischen Bauernbundes

Am Tag von Regensburg, dem 2. März 1895, saßen Kleitner und Eisenberger tatsächlich im Saal[215]. Als Memminger die Versammlung eröffnete und darauf hinwies, dass nur Befürworter des Antrages Kanitz Zutritt hätten, wurden sie jedoch gezwungen, unter dem demütigenden Beifall der anwesenden 68 Delegierten den Saal zu verlassen. Dann wurde die Türklinke abgeschraubt. Daraufhin wies Thüngen in seinem einleitenden Referat „auf die schwere Lage der Landwirthschaft hin und führte aus, daß dieselbe nicht gehoben wird, wenn nicht der Staat hilft". Anschließend wurden die Statuten des zu gründenden Bayerischen Bauernbundes beraten, wobei vor allem der aus den niederbayerischen Satzungen übernommene

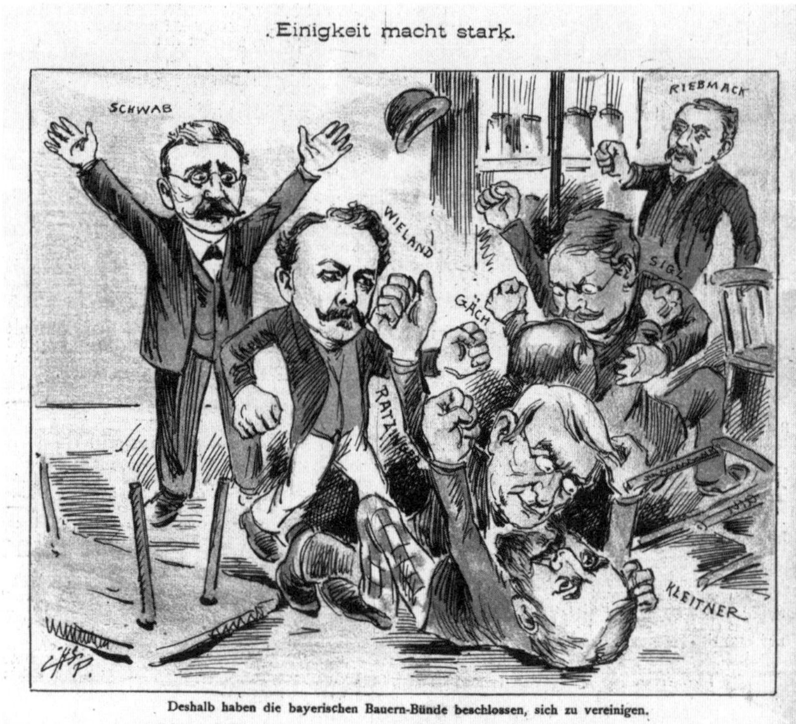


*Karikatur auf die Gründung des Bayerischen Bauernbundes in Regensburg am 2. März 1895, in: Die Geissel vom 9. März 1895.*

Paragraph 3 Absatz 2 den Widerstand Sigls, des Rottalers Zeitler und des Franken Lutz hervorrief. Da sich jedoch eine Mehrheit für diesen Paragraphen abzeichnete, gaben sie ihren Widerstand auf. Im Anschluss daran sah die Tagesordnung die Beratung des Programms vor, das sich im Unterschied zu den Satzungen mehr am fränkischen Vorbild orientierte. Das neue Programm enthielt den vollen antikapitalistischen Kanon Thüngens einschließlich der von Wieland beargwöhnten Einschränkungen für den landwirtschaftlichen Grundstücksverkehr. Als Gegenleistung unterwarfen sich die Franken Wielands radikaler Haltung in der Bodenzinsfrage und akzeptierten die Forderung nach einer „Reform der Branntweinsteuer zur Erleichterung der kleineren und mittleren Brennereien" und „besseren Ausfuhrbedingungen für deutschen Spiritus", was den Interessen des Brennereibesitzers Wieland entgegenkam.

Nachdem das Programm angenommen worden war, schritt die Versammlung zur Wahl der Vorstandschaft. Wie zwischen den Niederbayern und den Franken abgesprochen, wurde Thüngen einstimmig zum Vorsitzenden gewählt. Anschließend wurde für jeden der sieben rechtsrheinischen Kreise Bayerns ein Beisitzer gewählt: Wieland für Niederbayern, der Gutsbesitzer Johann Riebenack aus Weilheim für Oberbayern und der Bäckermeister Karl Schäfer aus Pondorf bei Beilngries für die Oberpfalz – beide waren sie Anhänger Wielands. Der nationalliberale Landtagsabgeordnete und Bierbrauer Johann Friedel (1856–1902) aus Oberkonnersreuth (Bezirksamt Bayreuth) wurde für Oberfranken gewählt, Singer für Mittelfranken, Schunk für Unterfranken und der Landwirt August Seitz aus Meitingen für Schwaben.

Es war nicht zu übersehen, dass die bayerische Bauernbundsbewegung mit der Regensburger Versammlung dem preußisch-konservativen Bund der Landwirte sehr nahe rückte. Programmatisch bestanden zwischen diesem und dem neuen Bayerischen Bauernbund keine Differenzen mehr, und Lutz sowie Friedel waren selbst Mitglieder beim Bund der Landwirte[216]. Thüngen versuchte deshalb seinen Gegnern in der tags darauf stattfindenden öffentlichen Versammlung den Wind aus den Segeln zu nehmen und den Bayerischen Bauernbund als selbstständige Organisation darzustellen, die genuin bayerischen Interessen verpflichtet sei: „Die Konservativen wären eigentlich die Partei, welche uns am nächsten stehe; allein sie haben auch ihre Fehler, sie sind zu militärfromm, sie bewilligen gar zu gern alles, was das Militär verlangt, und dann sind sie auch nach oben, nämlich der Regierung und ihrem Kaiser und König gegenüber, zu wenig selbstständig und unabhängig. Er meine damit ausschließlich die preußischen Konservativen, denn die bayerischen huldigen einer viel freieren Richtung." Dabei übersah er geflissentlich, dass der Neubauernbündler Lutz im Reichstag für die Militärvorlage gestimmt hatte. Lutz seinerseits versuchte von sich abzulenken, indem er daran erinnerte, dass sich Kleitner für die Öffnung der Grenzen für österreichische Vieheinfuhr ausgesprochen habe, und deshalb bedauerte, „daß ein Mann von der wirklich untergeordneten Bedeutung Dr. Kleitners so viel Schaden unserer bayerischen Landwirthschaft zugefügt hat". Sigl wollte von seiner bisherigen ablehnenden Haltung gegenüber einem protestantischen Großagrarier an der Spitze der Bauernbewegung nichts mehr wissen

**Vorstandschaft des bayerischen Bauernbundes:**

1. **Johann Friedel** (Oberkonnersreuth.) — 2. **C. Frhr. v. Thüngen** (Roßbach.) — 3. **Adam Singerl**(Neuherberg.) — 4. **Martin Schunk** (Waltershausen b. S.) — 5. **August Seitz** (Meitingen.) — 6. **Franz Wieland** (Hierlbach.) — 7. **Joh. M. Riebenack** (Weilheim.) — 8. **Karl Schäfer** (Pondorf.)

Gratis-Beilage zu Nro. 50 der „Neuen freien Volkszeitung" in München.

*Die Vorstandschaft des Bayerischen Bauernbundes, in: Neue freie Volkszeitung vom 5. März 1896.*

und rief vor allem Wieland dazu auf, die bisherigen Streitereien zu vergessen. Es war aber bezeichnend für den scheelen Blick, mit dem Wieland die Ergebnisse der Regensburger Versammlung betrachtete, dass er in seinem Redebeitrag auf den Appell Sigls mit keinem Wort einging[217].

Wenn sich die Bauernbundsbewegung in Bayern in Regensburg auch zur ersten landesweiten Organisation verdichtet hatte, so war nicht zu übersehen, dass diese von Anbeginn an mit schweren organisatorischen und programmatischen Hypotheken belastet war. Die politischen, sozialen und wirtschaftlichen Differenzen der nun unter dem Dach des Bayerischen Bauernbundes vereinten disparaten Gruppierungen ließen sich kaum auf einen Nenner bringen. Der Bayerische Bauernbund umfasste den Kleinbauern aus dem Bayerischen Wald ebenso wie den reichen Großbauern aus dem Gäuboden oder den protestantischen adeligen Großgrundbesitzer aus Franken. Wie brüchig die Organisation des Bayerischen Bauernbundes war, zeigte sich daran, dass sich die Redner in der öffentlichen Versammlung am 3. März übereinstimmend an Kleitner als gemeinsamem Feindbild weideten. Darüber hinaus war nicht abzusehen, wie lange sich Sigl diesmal an die Satzung halten werde, und Wieland selbst hatte sich im Vorfeld der Regensburger Einigung nur bedingt zur Neugründung bekannt. Eine Verständigung mit Kleitner und Eisenberger aber erschien wegen der Demütigung, die ihnen in Regensburg widerfuhr, in weite Ferne gerückt. Entsprechend beleidigt reagierte Kleitner. Im Traunsteiner Wochenblatt ließ er verlauten: „Die Welt will bemogelt sein, also bemogle man sie! So dachte sich Baron Thüngen mit seinen preußischen Komplicen, als er den bayerischen Bierdimpfeln seine Märchen erzählte; denn die Kerle sind so strohdumm und glauben alles; denn Judasse waren genügend da. 68 Mann, wie Baron Thüngen sie brauchte, kamen zusammen; denn nur dem Reitpeitschenjunker Unterwürfige durften im Tempel bleiben."[218] Und Jehl schrieb am 4. März pathetisch an Wieland: „Ganz wider mein Erwarten geschah das Unglaubliche! Diesen Thüngen konntet Ihr Euch als Häuptling erkören! Ich begreife dich u. Gäch nicht! Männer aus dem Volke, mit dem Volke verwachsen, ihr konntet euch einem Adeligen von der gefährlichsten Sorte unterwerfen! Mit Blindheit ward ihr geschlagen! Euer fanatischer Haß gegen Kleitner, mit dem ihr keine Verständigung erzielen wolltet, hat euch einen gefährlichen Streich gespielt." Und er fuhr fort: „Bravo habt ihr gerufen, als Kleitner u.

Eisenberger den Saal verließen, Wehe werdet ihr aber noch über euer Judasstück schreien. Ich erinnere an die Worte ‚den Barrabas (Thüngen) gebts uns frei, diesen an's Kreuz!'"

Kleitner, Jehl und Eisenberger zögerten nicht lange und gründeten am 30. März in München mit dem Bayerischen Bauern- und Bürgerbund eine Gegenorganisation mit landesweitem Anspruch. Dabei warnte der Hutzenauerbauer als neuer Vorsitzender „vor dem Thüngen'schen Bund, auf den das umgekehrte Sprichwort passe: ‚Liebe dich selbst wie das Eisen und schmiede deinen Nächsten, so lange er warm ist.'"[219] Wie Kleitner am 24. Juni 1895 in Hofolding bei München erklärte, liege der Unterschied zwischen dem „Regensburger Pickelhaubenbund" und dem Bayerischen Bauern- und Bürgerbund darin, „daß letzterer auf rein bayerischem Standpunkt stehe, ersterer dagegen mit dem preußischen Junkerbund zusammengehe. Sei doch Thüngen ein persönlicher Freund Bismarck's und habe mit Lutz von Heidenheim von jeher in Bayern preußische Politik getrieben."[220]

*„Was sie anfassen, machen sie doch ungeschickt."*

## Die vernachlässigte Organisation der Bauernbundsbewegung

Wenige Wochen nach seiner Gründung hatte der Bayerische Bauernbund bereits seine erste Bewährungsprobe zu bestehen. Am 27. März 1895 war im Passauer Reichstagswahlkreis Nachwahl angesetzt, weil die Hauptwahl für ungültig erklärt worden war. Nun zeigte es sich, dass Wielands Bemühungen, die eigenen betrieblichen Erfahrungen zum Maßstab für die wirtschaftspolitische Programmatik des Bauernbundes zu nehmen, in eine Sackgasse geraten waren. Die Hörndlbauern des Passauer Wahlkreises waren von der gleichen betriebsbezogenen und wirtschaftsegoistischen Denkweise geprägt wie Wieland. Deshalb hatten sie überhaupt kein Interesse am Antrag Kanitz, und da ihr Viehhandel über die Grenze nach Österreich florierte, lehnten sie auch Lutzens Forderung nach einer Grenzsperre für österreichisches Vieh ab. Entsprechend fiel das Ergebnis aus. Der Passauer Domvikar Dr. Franz Seraph Pichler (1852–1927), der sich als Zentrumskandidat ausdrücklich gegen den Antrag Kanitz ausgesprochen hatte, bekam 8817 Stimmen und siegte damit deutlich über den Bauernbundskandidaten, für den nur 2043 Stimmen abgegeben wurden. Gegenüber der Hauptwahl des Jahres 1893 konnte Pichler um 2105 Stimmen zulegen, während der Bauernbund 4667 Stimmen verlor[221].

Die Niederlage wurde Wieland persönlich angelastet. Dabei wurden die programmatischen Probleme ignoriert und ihm organisatorische Nachlässigkeit zur Last gelegt. Eine Zuschrift aus dem Bayerischen Wald, die die Augsburger Abendzeitung am 2. April veröffentlichte, warf Wieland vor, Vorschläge zur Durchführung des Wahlkampfes aus dem Bezirk Wolfstein unbeantwortet gelassen zu haben. Im Bayerischen Wald habe es deshalb überhaupt keine Agitation für den Bayerischen Bauernbund gegeben. Der Niederbayerische Anzeiger musste sich am 3. April die mangelhafte Organisation als Ursache der Niederlage selbst eingestehen. Freilich wurde die Verantwortung dafür auf die Wahlkämpfer vor Ort geschoben: „Indem Dr. Gäch und Wieland sich in letzter Stunde auf die Wahlagitation begaben und thaten, was die Sektionen schon früher hätten thun sollen, erfüllten sie damit nur eine Ehrenpflicht, ohne im mindesten von dem Erfolge ihrer Agitation überzeugt zu sein." Die Münchner Neuesten Nachrichten urteilten am 13. April 1895 zutreffend, dass Wielands Passivität im Wahlkampf „bezeichnend für die im Bauernbund eingerissene Apathie und Unordnung" sei, und führten damit die organisatorischen Mängel auf die programmatischen Probleme zurück. Denn obwohl es in Regensburg gelungen sei, „den niederbayerischen und den fränkischen Bauernbund zu vereinigen und sie äußerlich dem norddeutschen Bund der Landwirthe zuzuführen, ist man mit dieser Schwenkung auch in niederbayerischen und fränkischen Bauernkreisen keineswegs zufrieden".

Trotzdem bestanden die organisatorischen Mängel in der niederbayerischen Bauernbundsbewegung auch unabhängig von den programmatischen Problemen. Wieland verfügte über keine Geschäftsstelle. Weil die Zentrale des Niederbayerischen Bauernbundes dort zu suchen war, wo sich Wieland gerade aufhielt, befand sie sich tagsüber im Regensburger Hof – Wielands Straubinger Stammlokal[222]. Wie es sich für einen reichen Gäubodenbauern gehörte, war er tagsüber nicht auf seinem Hof, sondern eben in einem Straubinger Wirtshaus anzutreffen. Dort wurde die Politik des Niederbayerischen Bauernbundes gemacht. Hinter einem dicken Eichenholztisch sitzend, diskutierte Wieland dort mit Gäch sein taktisches Vorgehen, entwarf seine Erklärungen und führte die Geschäfte des Niederbayerischen Bauernbundes, vielfach unterbrochen vom Geschepper der Maßkrüge und Teller sowie dem Geschrei der Gäste. Da Wieland auf einen hauptamtlichen Mitarbeiterstab verzichtete, verwaltete er sowohl die Mitgliederlisten als auch die spärlich eingehenden Mitgliedsbeiträge persönlich[223]. Plakate und Flugschriften ließ er auf eigene Kosten drucken und von seinen Arbeitern verteilen[224]. Er verfügte zwar als Großbauer über die nötigen personellen, finanziellen und zeitlichen Ressourcen, um sich dem Aufbau der Bauernbundsbewegung zu widmen, eine kontinuierlich arbeitende Hauptgeschäftsstelle konnte er aber nicht ersetzen. Wenn auch nicht sehr oft, so litt Wielands Tätigkeit für die Bauernbundsbewegung doch bisweilen, wenn er auf seinem Hof unabkömmlich

*Der „Regensburger Hof" in Straubing um 1900. Dieses Wirtshaus war Wielands Stammlokal in Straubing, wo er tagsüber anzutreffen war. Es wurde dadurch zur Zentrale des Bayerischen Bauernbundes, solange Wieland dessen Präsident war.*

war, so etwa, wenn er im Frühjahr 1896 nicht zu einer Bauernbundsversammlung nach Rosenheim fahren konnte, weil er die für das Kartoffellegen auf seinen Äckern notwendigen 20 Arbeiter selbst beaufsichtigen musste[225].

Dabei wirkte es sich auch nachteilig aus, dass Wieland seine Mitarbeiter nicht nach ihrer Qualifikation auswählte, sondern nach ihrer Stellung im ländlichen Sozialgefüge Niederbayerns. Als Wielands Sekretär fungierte zeitweise der ehemalige Bräu und nunmehrige Privatier Sigmund Hiendlmayer aus Straubing[226]. Die Verbindungen, die Wieland nach außerhalb Niederbayerns knüpfte, bewegten sich ebenfalls bevorzugt innerhalb der sozialen Schicht der Großbauern und Agrarunternehmer. So war etwa sein Verbindungsmann in die Oberpfalz der Großbauer Martin Vilsmaier aus der Einöde Rempelkofen bei Mintraching, sein Verbindungsmann nach Oberbayern der Gutsbesitzer Riebenack vom Hofgut Waitzacker bei Weilheim, in der Landshuter Gegend konnte er sich auf den Altheimer Agrarunternehmer (Brauerei-, Brennerei- und Molkereibesitzer) Münsterer stützen. Für untergeordnete Dienste bediente sich Wieland Taglöhner, die er durch die Zuwendung von Geld und Informationen leicht in Abhängigkeit halten konnte – beispielsweise den Kleinstbauern Johann Leitner (geb. 1869) von Sattlern (Bezirksamt Eggenfelden). Mit Wielands finanzieller Unterstützung habe sich dieser „gewissermassen zum berufsmäßigen Agitator aufgeschwungen", so der Bezirksamtmann von Eggenfelden: „Seine Informationen erholt er sich theils schriftlich von Straubing, theils auch persönlich, welch' Letzteres ziemlich häufig der Fall sein dürfte, da er sehr viel auswärts sein soll." Wieland erreichte dadurch, „daß sich derselbe ganz und gar im Gäch'schen und Wieland'schen Fahrwasser befindet, welchen beiden er blind anhängt und ohne Weiteres einfach nachbetet bezw. nachschreit. Er vertritt das bekannte Bauernbundsprogramm in der Art von Gäch und Wieland, von welchen er seine Vorträge höchstwahrscheinlich schriftlich aufgesetzt erhält."[227]

Wielands Verhältnis zu Leitner zeigt besonders deutlich, dass es falsch wäre, die mangelhafte Organisationsstruktur des Niederbayerischen Bauernbundes allein auf Wielands Unverständnis gegenüber der Nützlichkeit eines effizient und präzise arbeitenden bürokratischen Apparates zurückzuführen. Der Verzicht auf einen solchen hatte den Vorteil, dass Wieland die Kontrolle über die Geschäftsführung einschließlich der spärlich fließenden Mitgliedsbeiträge in seinen Händen behalten konnte. Geschäftsführende Büros mit akademisch gebildeten, kontinuierlich tätigen und durch Dienstverträge finanziell dauerhaft abgesicherten hauptamtlichen Mitarbeitern stellten für den Führungsanspruch ehrenamtlicher Bauernbundsführer nach dem Zuschnitt Wielands eben eine gefährliche Konkurrenz dar. Dieses Problem zeigte sich schon an den Redakteuren der Bundeszeitungen. Diese waren nicht nur von der Bundesvorstandschaft finanziell weitgehend unabhängig und deshalb auch kaum zu disziplinieren, sie besaßen auch einen hauptamtlichen Mitarbeiterstab, den sie in den innerbündlerischen Führungskämpfen rücksichtslos gegen Wieland einzusetzen in der Lage waren. Die Redaktionsstuben der Bundeszeitungen konnten sich deshalb zu Zentren des Widerstandes gegen Wieland entwickeln, wie es bei der Pfarrkirchener Bundes-Zeitung oder Memmingers Neuer Bayerischer Landeszeitung der Fall war. Sehr schnell hatte sich deshalb Wielands misstrauischer Programmsatz „Keine Adeligen, keine Beamten, keine Geistlichen, keine Doktoren und Professoren, sondern nur Bauern" unter seiner

Federführung zu einer organisationspolitischen Ideologie entwickelt, welche die Unterstützung der Bauernbundsagitation durch hauptamtlich angestellte Mitarbeiter ablehnte.

Wieland beschränkte sich deshalb freiwillig auf die überwältigende Wirkung seiner charismatischen Person. Dies führte aber dazu, dass der Niederbayerische Bauernbund nur dort stark war, wo Wieland selbst präsent war, wie die Münchner Neuesten Nachrichten erkannten: „Wieland that niemals das Mindeste, um eine Organisation in's Leben zu rufen. Er wollte nur Agitation treiben und lebte in dem kindischen Wahne, durch sein Erscheinen in einem Bezirke und durch einige wüste Versammlungen einen Wahlkreis ‚erobert' zu haben."[228] Sein Medium war der gefühlsstarke Hexenkessel der Massenversammlungen, in denen der charismatische Führer seine Getreuen um sich scharte und seine Zuhörer mit emotionalen Appellen an ihre Ängste und bewusste Übertreibungen in einen erregten Zustand versetzte, um sich nachträgliche Zustimmung für seine Politik zu verschaffen und über seine Gegner gnadenlos urteilen zu können. Die Organisation des Niederbayerischen Bauernbundes existierte nur in den Versammlungen und durch die Versammlungsberichte in den Zeitungen, locker verbunden durch persönliche Erklärungen Wielands, die meist ebenfalls auf Ereignisse während der Versammlungen Bezug nahmen.

Da Zeitungen am Ende des 19. Jahrhunderts das einzige Massenmedium darstellten und auch bis in die kleinsten Dörfer verbreitet wurden[229], beruhte Wielands Erfolg zu einem großen Teil darauf, dass er mit dem Niederbayerischen Anzeiger von Eigentümer und Chefredakteur Heinrich Held ein Organ besaß, das loyal auf seiner Seite stand. Dabei gründete diese Loyalität darauf, dass es sich finanziell auszahlte, Wieland zu unterstützen. Bevor der Niederbayerische Anzeiger an die Seite der Bauernbundsbewegung trat, war er vom Innenministerium als „gemäßigt liberales" Blatt geführt worden, das aufgrund dieser Ausrichtung im politischen Milieu Straubings nur auf 560 Abonnenten gekommen war. Erst die Zusammenarbeit mit Wieland ließ die Zahl in die Höhe schnellen. Sie bewegte sich seither zwischen 2100 und 2200[230]. Zahlreiche Beleidigungsklagen, darunter eine wegen Majestätsbeleidigung, steigerten die Attraktivität des Niederbayerischen Anzeigers und wiesen ihn als Organ aus, das Wielands Brutalität kongenial journalistisch umzusetzen in der Lage war – wenn es sich etwa ausließ über die „Knallprotzengesellschaft des Centrums mit ihren hängenden Fresswänsten und bausbackigen Blasengelgesichtern einerseits, ihren in harte starre Linien verzogenen Gesichtern andererseits“[231]. Weniger brutal und beleidigend, aber dennoch Wieland treu ergeben war die in München erscheinende Neue freie Volkszeitung, die sich unter dem Eigentümer Julius Marchner und dem Redakteur Alois Schwab (geb. 1847) betont volksnah gab. Mit einer Auflage von 15 000 stellte sie das bedeutendste Bundesorgan dar[232].

Am deutlichsten lässt sich Wielands antibürokratischer und charismatischer Führungsstil erkennen, wenn man ihn mit der Organisationsstruktur des Bundes der Landwirte vergleicht. Auch dieser setzte auf erregte Massenversammlungen, in denen durch bewusste Übertreibungen, den Appell an die Ängste der Zuhörer und die Stilisierung vor allem des Judentums zum gemeinsamen Feind ein Zusammengehörigkeitsgefühl hergestellt wurde, das es den tonangebenden adeligen Großgrundbesitzern ermöglichte, die Masse der bäuerlichen Mitglieder an sich zu binden. Im Unterschied zum Niederbayerischen Bauernbund gab es im Bund der Landwirte jedoch einen bürokratischen Apparat, der die emotionale Bindung der derart aufgewühlten Massen verstetigte. Die von besoldeten Berufsfunktionären ohne landwirtschaftliche Erfahrung geführten Geschäftsstellen waren in der Lage, den Mitgliedern von der Rechtsberatung über die Bereitstellung pflanzenbaulicher und tierzüchterischer Informationen bis hin zur Vermittlung billiger Produktionsmittel zahlreiche Vorteile zu bieten. Aufgrund der effektiven Wahlhilfe, die diese bürokratische Maschinerie zur Verfügung stellen konnte, gelang es dem Bund der Landwirte, die ihm nahe stehenden Abgeordneten und damit letztlich die noch weitgehend als Honoratiorenpartei strukturierte Deutsch-Konservative Partei in Abhängigkeit zu halten. Der Bund der Landwirte vermochte es deshalb, eine straffe Disziplin über seine Abgeordneten herzustellen und diese auf sein Programm zu verpflichten, was Wieland nie gelang[233].

## Georg Heim: Der Anti-Wieland des Zentrums

Wenn sich der Bayerische Bauernbund auf der Regensburger Versammlung auch dem Bund der Landwirte anzunähern schien, dann entsprachen dessen Organisationsstruktur in Bayern trotzdem eher die Christlichen Bauernvereine. Diese waren als Reaktion des Zentrums auf die Bauernbundsbewegung entstanden, um die Landwirtschaft nicht dem politischen Konkurrenten zu überlassen. Gegenüber dem Bayerischen Bauernbund besaßen die Bauernvereine zwei entscheidende organisationspolitische Vorteile. Erstens wurden sie vom Klerus rhetorisch und organisatorisch unterstützt. Damit besaßen die Christlichen Bauernvereine in fast jedem katholischen Dorf einen mit hoher Autorität ausgestatteten Stützpunkt. Zweitens verfügten sie über einen umfangreichen bürokratischen Apparat. Die akademisch gebildeten Funktionäre waren in der Lage, die Mitglieder durch Rechtsberatung und produktionstechnische Informationen an sich zu binden. So besaß der im Jahr 1898 errichtete Landesverband 40 000 Mitglieder. Vor allem dem als „Bauerndoktor" bekannt gewordenen Georg Heim gelang es in unermüdlicher Tätigkeit, ein enges Netz von Bauernvereinsgenossenschaften zu gründen, die den Mitgliedern geldwerte Vorteile zu verschaffen in der Lage waren. Damit besaß Heim eine schlagkräftige und finanzstarke Organisa-

*Dr. Georg Heim. Er war Wielands gefährlichster Gegner, die maßgebliche Gestalt der zentrumsnahen Christlichen Bauernvereine.*

tion, die es ihm letztlich ermöglichte, die Zentrumspartei immer mehr in die Abhängigkeit der Bauernvereine zu bringen[234].

Jenseits der organisatorischen Unterschiede zwischen den von Heim geprägten Christlichen Bauernvereinen und den von Wieland dominierten Bauernbundsgruppen war Heims Agitation von derjenigen Wielands kaum zu unterscheiden. Auf der berühmt-berüchtigten Weidener Radauversammlung suchte Heim am 24. April 1898 die direkte Konfrontation mit Wieland. Der liberale Weidener Anzeiger sprach zwei Tage später im Zusammenhang mit dem von Heim inszenierten Tumult von einem „Gegröhle, daß man wirklich zweifeln konnte, ob man sich unter zivilisirten Menschen befinde oder unter eine Horde Indianer gerathen sei". Nach Ansicht der Neuen Weidener Zeitung vom 29. April 1898 benahm sich Heim „frecher als ein betrunkener, unmündiger Schweinehirt und schreit mit etlichen seiner Allerdümmsten einen politischen Gegner nieder". Heim wollte Wieland mit dessen eigenen Radaumethoden schlagen. Und tatsächlich schien Wieland in Heim seinen Meister gefunden zu haben. Dass Heims Vorhaben letztlich misslang, war nicht Wielands Autorität, sondern dem Eingreifen des zur Überwachung abgeordneten Bezirksamtsassessors geschuldet, denn wäre „Dr. Heim noch zum Worte gekommen, so dürften nach der Stimmung der Versammlung und bei der großen Zahl der Anwesenden ernstliche Ordnungsstörungen zu befürchten gewesen sein", so der Bezirksamtsassessor in seinem Bericht[235].

Wegen derartiger Auftritte Heims wollte es der sozialdemokratische Landtagsabgeordnete Franz Joseph Ehrhart (1853–1908) „bezweifeln, wenn man von demagogischen Gründen u. s. w. spricht, ob sich der Herr Abgeordnete Wieland mit Herrn Dr. Heim messen kann"[236]. Beiden eignete ein charismatisches, populistisches und brutales Auftreten. Wenn auch der Unterschied zwischen Wieland und Heim darin lag, dass Wielands Rhetorik seiner bäuerlichen Art entsprach und Heim sich bewusst darum bemühte, waren auch Heims Reden voll derber Witze und grober Übertreibungen, verzichteten sie nicht darauf, Feindbilder rücksichtslos anzuprangern. Auch er ließ kaum eine Gelegenheit aus, um die Regierung anzugreifen. Öffentlich prangerte auch er seine Parteifreunde an, wenn sie für sein Empfinden zu umsichtig taktierten. Bei den führenden Politikern des konservativ-monarchischen Zentrumsflügels um den priesterlichen Lyzealdirektor Dr. Balthasar Daller (1835–1911) aus Freising, den Eichstätter Gymnasialdirektor Dr. Georg Orterer (1849–1916) und den Passauer Domvikar Pichler war er deshalb nicht sonderlich gelitten[237].

Dabei gab es auch zahlreiche programmatische Berührungspunkte zwischen Wieland und Heim. In der radikalen Einstellung zur Frage der Bodenzinse bestanden zwischen ihnen kaum Unterschiede[238]. Was Heim jedoch von Wieland vor allem unterschied, war seine Einsicht in die Notwendigkeit, die Wirkung seiner charismatischen Persönlichkeit zu verstetigen, was ihm vor allem durch die Errichtung eines bürokratischen Verbandsapparates gelang. Heim reagierte auf die ausufernde Gesetzgebung, die der reglementierende Sozial- und Interventionsstaat auch auf landwirtschaftlichem Gebiet produzierte, indem er sich anpasste, der staatlichen Landwirtschaftsverwaltung einen eigenen bürokratischen Apparat entgegensetzte und den Christlichen Bauernverein zu einem effizient arbeitenden Funktionärsverband gestaltete. Während Heim das landwirtschaftliche Organisationswesen Bayerns durch die Anpassung an das bürokratische Organisationsprinzip der Industriegesellschaft revolutionierte, rebellierte Wieland dagegen, weshalb die Bauernbundsbewegung unter seiner Führung immer in den engen Wirkungsgrenzen eines Honoratiorenverbandes befangen blieb. Da ihm deshalb im agrarpolitischen Tagesgeschäft nur die Wirkung seiner Persönlichkeit zur Verfügung stand, radikalisierte sich sein Agitationsstil zu einem brutalen Populismus, der umso rücksichtsloser werden musste, je stärker sich das Fehlen eines bürokratischen Apparates bei der Mitgliederbindung auswirkte.

Die organisatorischen Mängel der Bauernbundsbewegung waren unter Wielands Führung also letztlich darauf zurückzuführen, dass er stets die Emanzipation der Bauern vor jeglicher Bevormundung predigte. Er war geradezu besessen von „dem Verlangen, daß wir jede Bevormundung aus anderen Ständen ablehnen und unsere Interessen selber vertreten wollen"[239]. Das bürokratische Interessenvertretungskonzept Heims lehnte er deshalb ab. In Geiselhöring nannte er die Christlichen Bauernvereine am 28. Januar 1894 „Knebelvereine", denn „der Bauer soll nicht denken, sondern nur schweigen u. ruhig zahlen"[240].

Mit dieser Beurteilung hatte Wieland nicht Unrecht. Heim gab offen zu, dass er von der politischen Beschränktheit der Bauern überzeugt war. In seinem „Politischen ABC-Büchlein" schrieb er

1898 gegen Wielands radikalagrarische Einstellung: „Wenn die Abgeordneten in Berlin und München Waizen bauen oder Erdäpfel legen müßten, dann sagte ich auch: ‚Wählt nur Bauern.' Im Reichstag und Landtag aber müssen sie Gesetze machen für Landwirthschaft, für Handel und Gewerbe, über Eisenbahnen, Schul- und Kirchenangelegenheiten und dazu kann man Bauern allein nicht brauchen. Was wollte denn ein Bauer mit dem neuen bürgerlichen Gesetzbuch und seinen 2385 Paragraphen machen? Anträge stellen, die Hand und Fuß haben, Vorschläge machen, bei denen etwas Richtiges herauskommt, ist überhaupt eine verzwickte und schwierige Arbeit."[241] Heim wollte die Energie, welche die Wut auf die Zentrumspartei bei den Bauern entfesselt hatte, produktiv machen und auf das Gebiet wirtschaftlicher Betätigung umlenken, während er die parteipolitische Agitation Wielands für destruktiv hielt. Wieland musste sich deshalb im Landtag am 15. Dezember 1897 von Heim vorhalten lassen, die Bauern mit seiner unerfüllbaren Forderung nach sofortiger Abschaffung der Bodenzinse in unverantwortlicher Weise aufzuhetzen: „Es ist allerdings nicht so angenehm, den Bauern zu sagen, einerseits: Jawohl, der Staat hat gegen euch Pflichten, aber ihr habt auch Pflichten gegen euch selbst, was leider nur zu oft vergessen wird. Mit jeder agitatorischen Rede, die nur vom Staate verlangt, wird der Bauer immer weiter dem Bewußtsein entfremdet, was er selbst zu thun hat." Zu diesem Bewusstsein wollte Heim die Bauern mit Hilfe seiner Bauernvereinslagerhäuser erziehen, während er Wieland an den Kopf warf: „Sie sind aber nicht im Stande, durch Ihre Macht, von der Sie so rühmend sprechen, auch nur einem Wucherer das Handwerk zu legen, (sehr richtig! rechts) [...]."[242]

Die Förderung genossenschaftlicher Selbsthilfeeinrichtungen war ein integraler Bestandteil von Heims Interessenvertretungskonzept, weltanschaulich fundiert in der katholischen Sozialethik. Dies macht verständlich, dass Wieland gegenüber der nun von Seiten des Zentrums verstärkt einsetzenden Genossenschaftspropaganda misstrauisch wurde. Bestätigt wurde sein Argwohn noch dadurch, dass die Errichtung von landwirtschaftlichen Waren- und Kreditgenossenschaften auch von der staatlichen Bürokratie im Rahmen ihrer strukturpolitisch orientierten Agrarpolitik gefördert wurde[243]. Insgesamt wertete Wieland die Genossenschaftspropaganda deshalb als Versuch der priesterlichen, bürokratischen und aristokratischen Eliten, die Bauern von dem allein für richtig gehaltenen Weg der selbstständigen politischen Betätigung abzubringen. In Geiselhöring behauptete er deshalb am 28. Februar 1894: „Durch Raiffeisen-Vereine will man uns einschläfern. Ob sie das bewirken, was man ihnen zuschreibt, mag dahin gestellt sein."[244]

Während die Bauernvereinsgenossenschaften immer erfolgreicher mit einem komplexen Angebot an billigen Produktionsmitteln und günstigen Absatzbedingungen lockten, blieb das Betätigungsfeld des Bayerischen Bauernbundes vornehmlich darauf beschränkt, Forderungen an den Staat zu stellen. Franz Xaver Münsterer brachte dies in Pfettrach in aller Schlichtheit auf den Punkt, als er erklärte, was „H. Wiehland vom Staatt um erhöhung der Getreidepreise verlangt, wäre meines dafürhaltens der Hauptpunkt". Diese Erklärung nahm er zum Ausgangspunkt für den nun folgenden Angriff auf die Genossenschaftsbewegung: „M.H., mit so kleinlichen mitteln, die uns gebothen werden, nämlich Lagerhäuser, Reibeissenverein, Viehversicherung, Wanderlehrer ppp. ist den Bauern nicht mehr zu helfen; mit solchen kleinlichen mitteln wird bloß der Todeskampf des Bauernstandes etwas verlängert u. das Landvolk von einen noch rechtzeitigen, gemeinsammen einträchtigen vorgehen abgehalten." Der Staat gebe für die Genossenschaften „viel Geld aus u. geholfen ist dabei gar nichts. Die Reibeisenvereine sind für solche Ökonomen noch zu empfehlen, die noch Cretit haben, aber für solche, wo der Cretit mangelt, sind die Reibeisenvereine null." Der Landwirtschaft wäre am besten zu helfen, „wenn dem Bauern für seine Erzeugnisse, für seine Arbeit, daß gegeben wird, was ihm vor Gott u. Rechtswegen gebührt; wenn daß nicht geschieht, graben sich die Regierungen selbst die Grube, mit der deutschen Landwirthschaft geht das deutsche Land u. Volk zu grunde"[245].

Wieland konnte der segensreichen Tätigkeit der Bauernvereinslagerhäuser nichts Vergleichbares entgegensetzen und musste deshalb zusehen, wie die Bauern scharenweise zum Zentrum zurückkehrten. Nachdem der Bayerische Bauernbund nach der Regensburger Versammlung seinen höchsten Mitgliederstand von 15 000 erreicht hatte, gingen die Mitgliederzahlen wieder zurück[246]. Erstmals spürte Wieland diese Entwicklung am eigenen Leib, als er anlässlich einer Landtagsersatzwahl Bauernbundskandidat im Wahlkreis Landau an der Isar war und trotz einer unermüdlichen Agitation am 15. Juli 1895 gegen den Zentrumsmann unterlag. Der

Landshuter Staatsanwalt und ehemalige Dingolfinger Amtsrichter Max Söldner (1858–1908), Gründer des Niederbayerischen Christlichen Bauernvereins, siegte mit 69 zu 80 Stimmen über Wieland[247]. Dessen Reaktion zeigt sein betriebsbezogenes, an konkreten Erfahrungen verhaftetes Wesen in aller Drastik und lässt Heims organisatorischen Weitblick umso deutlicher hervortreten.

Da Wieland vor allem die Bürger der Landstädte für seine Wahlniederlage verantwortlich machte, wollte er sich an ihnen rächen, indem er einen genossenschaftlichen Konsumverein errichtete. Anlässlich der Gründungsversammlung am 14. September 1895 im Saal des Straubinger Bierbrauers Josef Weidemann gab er seine Motive unumwunden zu. Er habe „keinerlei Rücksicht auf irgendwelche Geschäftsleute – höchstens auf die Krämer am Lande – zu nehmen", vor allem „nachdem gerade die Gewerbetreibenden ungarisches, österreichisches Kunstmehl einkaufen, ausländische Gerste beziehen – warum soll der produzirende Stand, die Bauern, dann noch irgend eine Rücksicht nehmen müssen? Beim Bauern heißt's nur mehr zahlen, dann 's Maul halten und dann wiederzahlen!" Erst „wenn der Bauer nichts mehr braucht, werden auch sie zum Kreuze kriechen. Straubing und alle Städte Niederbayerns waren ja bei den letzten Wahlen so ziemlich gegen den Bauernbund, aber wenn Festlichkeiten sind und es kommt kein ‚dummer Bauer' herein, dann wird gejammert!"[248]

Das Scheitern des Vorhabens war vorauszusehen. Im Unterschied zu den Christlichen Bauernvereinen lag Wielands Beginnen kein umfassendes, weltanschaulich fundiertes und organisatorisch ausgereiftes Konzept zugrunde. Er hatte ein konkretes Problem – die Unbotmäßigkeit der Landstädte – zu lösen und tat dies auf seine bekannte rabiate Art. Eine Vorhaben, das an ein derart konkretes Einzelproblem gebunden war, konnte sich nicht zu einem landesweiten Unternehmen entwickeln – zumal ein bürokratischer Apparat nicht vorgesehen war. Die zentrumsfeindliche liberale Frankfurter Zeitung hatte bisher einige Hoffnung auf die Bauernbundsbewegung gesetzt und reagierte dementsprechend enttäuscht. Deutlich hatte sie die Mängel der Neugründung erkannt und urteilte über den Straubinger Konsumverein: „Was sie anfassen, machen sie doch ungeschickt. Der Gewaltige des niederbayerischen Bauernbundes, Wieland von Hierlbach, fordert die Bauern zur Gründung eines Konsumvereins auf. Das wäre ein

Stück Selbsthilfe. Haben die Bauern das Zeug dazu, einen Konsumverein zu etabliren und zu führen, nur zu!" Der Ausgang der Landauer Wahl sei nicht den Bürgern der Landstädte, sondern „ihrer absoluten Unfähigkeit ganz allein zuzuschreiben. Sich selbst sollen sie boykottieren, nicht die Städter. Glauben denn die Hierlbacher, der Bauer könne ohne Bürger existiren? Sie brauchen beide einander. Und weil die Hierlbacher nichts Besseres wissen, machen sie wieder einmal eine Dummheit, die wieder mit einer Blamage und mit einer neuen Schwächung des Bauernbundes enden wird. Das Centrum kann sich wirklich in's Fäustchen lachen."[249]

*„... es könnte ja einmal soweit kommen, wie die Antisemitten wünschen ...“*

# Erfolglose Annäherungsversuche der Judenfeinde

Die Passauer Wahl hatte ebenso wie die Landauer Wahl in aller Deutlichkeit die mangelhafte Organisationsstruktur des Niederbayerischen Bauernbundes aufgezeigt. Sie hatte aber auch deutlich gemacht, wie nachteilig sich das Fehlen einer außerlandwirtschaftlichen integrierenden Verbandsideologie auswirken konnte. Die Bauernbundsbewegung schwebte in der steten Gefahr, entlang der nicht immer zu vereinbarenden Interessen der Hörndl- und der Körndlbauern, der Häusler und Großbauern zu zerbrechen. Sigl schrieb deshalb am 25. November 1895 im Bayerischen Vaterland: „Der Bauernbund stellt jetzt nichts anderes mehr dar als ein wüstes Chaos von prinzipiell richtigem Konservatismus und – in gewisser niederbayerischer Richtung wenigstens – blödsinnigem, bornirt-demokratischem Radikalismus, in das durch die ‚Interessenkämpfe‘ nur von ‚Fall zu Fall‘ mit Mühe und Noth einige Ordnung gebracht wird. Ohne idealen Gedanken geht's eben doch nicht; und der fehlt dem Bauernbund in gewisser Gestaltung ganz entschieden.“ Im Gegensatz dazu verfügten sowohl der Bund der Landwirte als auch die Christlichen Bauernvereine über eine außerlandwirtschaftliche Verbandsideologie, mit der sich die betriebswirtschaftlich bedingten Differenzen der Mitglieder überdecken ließ. Die Christlichen Bauernvereine bedienten sich dabei vor allem antiliberaler und antikapitalistischer katholisch-sozialethischer Argumentationsmuster, der nicht weniger antiliberale Bund der Landwirte verfügte über ein Arsenal an nationalistischen und christlich-protestantischen Phrasen. Vor allem aber benutzte er einen rassistischen und sozialdarwinistischen Antisemitismus, um die Juden zum verbindenden Feindbild zu formen.

Deshalb vermuteten die organisierten bayerischen Antisemiten in Wieland ebenfalls einen judenfeindlichen Bundesgenossen.

Als Scharnier zu ihm diente ihnen die unter dem Einfluss des Gutsbesitzers Riebenack vom Hofgut Waitzacker bei Weilheim stehende Bauernbundsenklave am westlichen Rande Altbayerns. Diese stand treu an der Seite Wielands, seitdem die dortige Bauernbundsgruppe am 22. Mai 1893 mit rhetorischer Unterstützung aus Niederbayern gegründet worden war. Damals hatten jedoch auch die judenfeindlichen Ausführungen des bayerischen Antisemitenführers Ludwig Wengg (gest. 1921) großen Anklang gefunden, woraufhin der Landwirt Max Erhardt in Anlehnung an Wieland formulierte: „[...] keinen Adeligen, Beamten und Geistlichen mehr, aber auch keinen Juden und Sozi [...]."[250] Seither propagierten die Weilheimer Bauernbündler antisemitisches Gedankengut. Am 12. Dezember 1894 wurde Wieland von Riebenack darauf aufmerksam gemacht: „Wir haben keine Partei, die sich so vortheilhaft dem Bauernbunde anschmigen könnte wie die Antisemitten, eine kleine Partei abgeben, was zuviel z. Z. ist gegen die Juden; ich sage z. Z., es könnte ja einmal soweit kommen, wie die Antisemitten wünschen; das könnte aber nur erreicht werden, ihr Wunsch, wenn selbe sich dem Bauernbunde anschließen, dann wäre Ihre Partei, d. h. ihr wirken, größer; ich will damit absolut nicht sagen, daß der Bauern u. Bürger Bund Antisemitisch werden soll, sondern das Gegentheil; selbe haben gute Führer u. Redner & tretten für den Bürger scharf ein, wer ihr Auftretten beobachtet." Wengg habe bei einer Bauernbundsversammlung in Weilheim gesprochen „& ganz im Sinne der Landwirthe u. Bürger sich angeschlossen, blos mir zu viel Schärfe gegen die Juden; mir zwar ists nicht gleich gegen Juden zu scharf, denn dieser Race & ihrem Gelde & Einfluß verdanken wir auch die Handelsverträge". Allerdings musste er eine Feststellung machen, die seither für alle antisemitischen Annäherungsversuche an die Bauernbundsbewegung galt, nämlich dass Wenggs Antisemitismus nicht uneingeschränkten Anklang fand: „H. Weng trat unseren Wünschen voll bei, nur möchte er auch die Verpflichtung einschalten gegen die Juden, mit welcher er nicht durchgedrungen ist."

Zur gleichen Zeit versuchte der konservative Memminger, Wieland vom Antisemitismus zu überzeugen. Dabei ging er geschickt vor, indem er den von Wieland bekämpften Kleitner als Judenfreund darzustellen versuchte, womit er ihn gleichzeitig von der Notwendigkeit einer scharfen Abgrenzung gegenüber dem demokratischen Linksliberalismus überzeugen wollte. Am 13. Februar 1895 schrieb er an Wieland, niemand hasse Thüngen „mehr als unsere verjudete Demokratie. Die württembergische Demokratie wird und ist anders und besser. Die bayrische ist das hintere Viertel vom Löb Sonnemann von der Frankfurter Zeitung. Kleitner ist der Zutreiber derselben, der auch die gehässigen Artikel des Münchener Korrespondenten eingibt." Bereits am 3. Januar hatte Memminger Wieland auf diesen Brief vorbereitet, indem er ihn über die Landwirtschaftsfeindlichkeit der seiner Meinung nach unter jüdischem Einfluss stehenden demokratischen Bewegung aufzuklären versuchte: „Diese Demokraten waren bei den Wahlen die ärgsten Gegner der Schutzzölle u. s. w. und verprellen & verfluchen die ganze agrarische Sache."

Memmingers Treibereien waren nicht folgenlos. Im Niederbayerischen Anzeiger wurde der Bayerische Bauern- und Bürgerbund am 14. April 1895 als „judendemokratischer Kleitnerbund" bezeichnet. Auch der mit Memminger in engerem Kontakt stehende Gäch ließ sich möglicherweise von dem Würzburger Journalisten beeinflussen. Kleitner hatte jedenfalls am 1. Juni 1894 an Wieland geschrieben, er „könne die darwinistisch angehauchte Agrarphilosophie Ihres Mitstreiters weder teilen noch als ein passendes Agitationsmittel für eine Bauernbewegung in Bayern ansehen". Tatsächlich sind einige – wenn auch vergleichsweise zurückhaltende und unentschlossene – judenfeindliche Aussagen Gächs überliefert[251].

Auch Wieland konnte sich der eindringlichen Wirkung der allgegenwärtigen antisemitischen Stereotype nicht entziehen. So kritisierte er am 26. Dezember 1895 in Großeisenbach, dass „die Bauern den Börsen- und katholischen Juden 4, 4½ und 5 % zahlen müssen", während er die Errichtung einer staatlichen Hypothekenbank forderte[252]. Diese Äußerung, die in Wielands Reden ganz vereinzelt dasteht, zeigt aber trotz ihres vordergründigen judenfeindlichen Gewandes doch sehr deutlich, dass der Antisemitismus für ihn keine Überzeugungskraft besaß. Nicht die Juden als Rasse oder Religionsgemeinschaft waren seiner Ansicht nach für die wirtschaftlichen Probleme der Landwirtschaft verantwortlich, sondern das Großkapital und dessen Unterstützer – unabhängig von der Religionszugehörigkeit, aber unter besonderer Beobachtung der katholischen Geistlichkeit.

Bei Wieland fielen die antisemitischen Annäherungsversuche also offenbar auf mageren Boden. Vordergründig lässt sich dies mit den bauernbündlerischen Führungskämpfen erklären. Die prominentesten Judenfeinde im Umfeld des Bauernbundes – Sigl, Memminger, Ratzinger – gehörten sämtlich zu Wielands innerparteilichen Gegnern. Eine Annäherung an die Antisemiten verbot sich für ihn deshalb von selbst. Der Antisemitismus musste für Wieland außerdem in verdächtiger Nähe zur Zentrumspartei stehen. Denn Zentrumspolitiker bedienten sich im politischen Kampf gerne judenfeindlicher Phrasen[253]. In diesem Rahmen wurde auch Wieland aufgrund seiner früheren Tätigkeit als Güterhändler Komplizenschaft mit jüdischen Geldleiern vorgeworfen. So kritisierte Pichler auf einer Bauernversammlung in Pfarrkirchen am 7. Mai 1893 „die leidenschaftliche Verhetzung, wie sie namentlich von Wieland betrieben wird, der sein väterliches Anwesen zertrümmert und manche Käufer den Juden ausgeliefert habe“[254]. Dabei mochte der organisierte Antisemitismus für Wieland umso weniger attraktiv erscheinen, als der Hierlbacher Großbauer stets für eine reine Bauernpartei plädierte, während die parteiorganisatorischen Vorstellungen der Antisemiten eine Einbeziehung der Landwirtschaft in eine umfassende Mittelstandspartei vorsahen[255]. Wieland sah in der Judenfeindschaft darüber hinaus wohl auch ein religionspolitisches Problem, das ihn nichts anging, da er doch immer für die Trennung von Politik und Religion plädierte.

Der eigentliche Grund für seine auffallende Enthaltsamkeit gegenüber dem Antisemitismus ist jedoch in seiner Persönlichkeitsstruktur zu suchen. Wieland benötigte stets eine konkrete Erfahrung, um politische Forderungen zu entwickeln. Seinen Antiklerikalismus, sein Misstrauen gegenüber der Bürokratie und seine Adelsfeindschaft leitete er vom Verhalten einzelner Geistlicher, Beamter und Adeliger ab. Da Wieland kein Antisemit wurde, fehlten ihm offenbar derartige negative Erfahrungen. Dies bedeutet dann aber, dass ihm die jüdischen Güterhändler, mit denen er nachweislich verkehrte[256], stets als aufrichtige Geschäftspartner gegenübertraten. Die Juden für die wirtschaftlichen Probleme der Landwirtschaft verantwortlich zu machen war aufgrund von Wielands am Konkreten verhafteten Denkstruktur nicht möglich – und weltanschauliche bzw. akademische Argumentationsmuster überzeugten ihn nicht bzw. ließen ihn misstrauisch werden. Die politische Judenfeindschaft blieb innerhalb der Bauernbundsbewegung weitgehend ein Phänomen der Gebildeten.

Trotzdem hoffte Wengg angesichts von Wielands antikapitalistischen Forderungen, in diesem einen antisemitischen Bundesgenossen gefunden zu haben, zumal der Hierlbacher Gutsbesitzer ja seit der Regensburger Versammlung mit den bekannten Antisemiten Thüngen und Memminger zusammenarbeitete. Wengg bemühte sich deshalb so intensiv um Wieland, dass im Dezember 1896 Gerüchte entstanden, Wieland wolle den Bayerischen Bauernbund mit Wenggs Anhang zu einer mittelständischen Bayerischen Volkspartei zusammenschließen, was ihm der etwas eifersüchtig wirkende Bauernbundsantisemit Memminger mit dem Hinweis auf die organisatorische Schwäche von Wengg auszureden versuchte[257]. Grundlage dieses Gerüchts war wohl die Tatsache, dass sich Wielands oberbayerischer Bundesgenosse Riebenack an einem Empfang für den antisemitischen Wiener Bürgermeister Dr. Karl Lueger (1844–1910) beteiligt hatte[258].

Offenbar blieben Wenggs Bemühungen um Wieland aber unbeantwortet. Denn etwas ungeduldig bat er Wieland am 28. Juli 1897 um Auskunft darüber, ob die antisemitische Bewegung nun mit der Unterstützung des Bayerischen Bauernbundes rechnen könne oder nicht. Schließlich musste Wengg einsehen, dass Wieland nicht bereit war, den Bayerischen Bauernbund in die antisemitische Bewegung zu integrieren. Enttäuscht schrieb er deshalb am 3. April 1898 in seinem Deutschen Volksblatt: „Positiv unehrlich ist die fragwürdige Politik der Herren Bundesführer dem Antisemitismus gegenüber, mit dem sie wie gewisse Auch-Antisemiten lediglich krebsen gehen, während sie unter der Decke Juden und Judenfreunden die Hände drücken." Wengg beklagte vor allem Wielands agrarischen Wirtschaftsegoismus, der ihn die hehren antikapitalistischen Ziele der Antisemiten nicht erkennen lasse: „Statt zu sammeln und die Bildung einer die schaffenden Stände in ihrer Gesammtheit umschließende Volkspartei anzustreben, hat das Wieland'sche: Nur Bauern! die Bewegung in ein Fahrwasser gebracht, welches nothwendig früher oder später, an Stelle eines Ausgleiches der Interessen von Stadt und Land, eine Verschärfung der künstlich erzeugten und genährten Gegensätze herbeiführen muß."

Da Wengg im Zentrum einen potentiellen antisemitischen Bundesgenossen erblickte, störte ihn besonders Wielands Zentrumsfeindlichkeit, während es ihm verdächtig erschien, dass Wieland den unter dem Verdacht des Philosemitismus stehenden

Linksliberalismus offenbar schonte. Er beklagte sich deshalb darüber, „daß sich der Bauernbund in einem wilden fanatischen Haß gegen das Centrum so verrannt hat, daß er blind und taub für alles Übrige geworden ist und dem schlimmsten Feinde des schaffenden Volkes, insbesondere des Bauernstandes – dem Judenliberalismus und der Judendemokratie, zu neuem Aufschwunge verhilft und ihm Thüren und Thore öffnet, und das in einem Moment, wo ehrliche und wohlmeinende Liberale selbst diesen verjudeten Parteien den Rücken zu wenden begannen." Insgesamt demonstrierte Wengg mit diesem Text, dass er von den politischen Motiven Wielands keine Ahnung hatte. Dass Wieland kein Interesse an der antisemitischen Bewegung hatte, hatte er mittlerweile jedoch kapiert. Er wollte daher zuwarten, „bis die gegenwärtigen Führer des Bundes abgehaust haben, allzu lange wird es damit wohl schwerlich dauern". Wengg wandte sich vom Bauernbund ab und setzte seine Hoffnungen auf den dezidiert antisemitischen Bund der Landwirte, dem er sich anschloss und zu dessen Geschäftsstellenleiter in Bayern er sogar avancierte[259].

*„Uns kann es gleich sein, wer an der Spitze steht, Thüngen oder Peter oder Pauli.“*

## Die Wahl zum Präsidenten des Bayerischen Bauernbundes

Nach der Wahlniederlage in Passau reute es Wieland bereits, dass er sich von dem Hutzenauerbauern abgewandt und dem Aristokraten Thüngen mit seinem undurchsichtigen Adlatus Memminger angeschlossen hatte. Memminger und Thüngen hatten sich als schwierige Bundesgenossen erwiesen. Der scheue Thüngen war zur Agitation kaum zu gebrauchen, worüber sich sogar Memminger beklagte. An Wieland schrieb dieser, er sei in Franken „sozusagen allein, denn Thüngen besucht keine Versammlungen“[260]. Dementsprechend musste Wieland auch im Passauer Wahlkampf auf Thüngen verzichten[261]. Und Memminger schien sich unaufhaltbar dem Zentrum anzunähern. Er hatte anlässlich der Reichstagsersatzwahl am 27. Mai 1895 in Aschaffenburg auf die Aufstellung eines Bauernbundskandidaten verzichtet und zunächst zur Wahlenthaltung, dann zur Wahl des Zentrumskandidaten aufgerufen[262]. Die Münchner Neuesten Nachrichten sprachen von der „vollständigen Abdankung des Bauernbundes“[263], und Wieland tobte vor Wut. Memminger versuchte sich am 1. Juni 1895 gegen die Anschuldigungen und Vorwürfe Wielands zu verteidigen. Es gebe im Wahlkreis Aschaffenburg viele Fabriken und deshalb auch viele Sozialdemokraten, so Memminger. Die Bürger der Landstädte seien dagegen „blassrothe Demokraten oder Liberale, soweit sie nicht dem Zentrum angehören“. Im Spessart selbst sei die Bevölkerung „von Haus aus ungemein bigott und kirchlich ergeben“. Der Bauernbund hätte deshalb im Wahlkreis überhaupt keine Aussichten gehabt. Nur um die Wahl eines Demokraten und damit „die Tyrannei des Protzenthums und des Judenthums“ zu verhindern, habe er zur Wahl eines Zentrumskandidaten aufgerufen. Denn die Demokraten seien „die Männer der Goldwährung, die Gegner des Antrages Kanitz, die Todtfeinde der Schutzzollpolitik, die Apostel des Freihandels“.

Wieland und Gäch ließen sich von dieser Argumentation nicht überzeugen. Sie reagierten, indem sie sich von den konservativen Franken abwandten und sich wieder den in Regensburg ausgestoßenen Oberbayern um Kleitner und Eisenberger annäherten. Bemerkenswert milde und versöhnlich ließen die beiden radikalagrarischen Niederbayern den Bericht über die Gründung des Bayerischen Bauern- und Bürgerbundes, der Kleitner'schen Gegengründung zum Thüngen'schen Bayerischen Bauernbund, ausfallen: „Wir erhielten den Eindruck, daß, wenn diesen Herren, denen die Niederbayern doch viel Dank schulden, ebenfalls entsprechende Concessionen gemacht würden, wie den früheren Dissidenten, die doch viel schärfer gegen die Niederbayern aufgetreten waren, eine Einigung nicht zu den Unmöglichkeiten gehören würde. In beiden Bayern sieht man eben ein, daß eine gegenseitige Befehdung nur dem Centrum nützen könnte. Den Waldbauern könnte man ganz gut den ‚Antrag Kanitz' erlassen, da sie ja kein Interesse daran haben. Und es ist ein frischer Wind im Bunde nöthig, da überraschender und höchst sonderbarer Weise plötzlich von einer Seite, von der wir gerade das nicht vermuthet hätten, Wahlenthaltung und politische Erschlaffung und Entnervung gepredigt wird!"[264] Dabei waren es die Oberbayern, die Wieland den Weg für eine gemeinsame Zukunft gewiesen hatten. Jehl hatte ihm bereits zwei Tage nach der Regensburger Versammlung in einem Schreiben vom 4. März ein konkretes Angebot gemacht: „Ganz & vollständig mit vollster, *ehrlicher* Überzeugung wären wir trotz Allem auf eurer Seite, wenn du *erster Vorstand* wärst, allein mit Thüngen gehen wir lebendigen Leibes nicht."

Die Oberbayern verstanden die Signale aus Niederbayern sehr wohl und gingen in die Offensive. In Hofolding griff Eisenberger am 24. Juni 1895 Thüngen unter größtmöglicher Schonung Wielands an: „Wir wollen nicht unter der Fahne eines protestantischen Freiherrn von Thüngen stehen, wir wollen nicht die Hand küssen, die uns geschlagen. Wenn Thüngen jetzt sage, er sei ein Bauer, so sei dies, wie wenn sich ein sprechender Papagei für einen Menschen halte."[265] Bald nachdem die oberbayerischen Bündler ihren Sturmlauf gegen die von den Niederbayern nachlässig verteidigte Bauernbundsfestung begonnen hatten, hatte die Verteidigungsbereitschaft der konservativ-protestantischen bzw. nationalliberal orientierten mittel- und oberfränkischen Neubauernbündler um den Rathsberger Gutsbesitzer Friedrich Beckh (1843–1927), um Lutz und Friedel bereits deutlich nachgelassen[266]. Die so hoffnungsvoll begonnene Bauernbundsbewegung schien im Frühsommer 1895 nach den Wahlniederlagen in Passau und Landau an der Isar sowie der Blamage in Aschaffenburg schon wieder an ihrem Ende angekommen zu sein. Der Fränkische Kurier urteilte: „Der ‚Bayerische Bauernbund' erfreut sich jetzt in Freiherrn v. Thüngen eines der unpopulärsten Führer, das Regensburger Programm bietet Angriffspunkte in Hülle und Fülle, die Vorstandschaft genießt wenig Achtung und noch weniger Sympathie."[267]

## Die Freie wirtschaftliche Vereinigung

Verlassen von seinen mittel- und oberfränkischen Bundesgenossen war Thüngen den Angriffen der Oberbayern umso schutzloser ausgeliefert, als ihm die Niederbayern nicht mehr als zuverlässige Bundesgenossen erscheinen konnten. In dieser Situation verteidigte er sich, indem er in die Offensive ging und zu einer Führerkonferenz nach München einlud, die am 2. Oktober 1895 stattfinden sollte. Neben den Mitgliedern der Bundesvorstandschaft und dem Reichstagsabgeordneten Sigl nahmen sämtliche agrarische Landtagsabgeordnete daran teil. Nur das Zentrum und die Anhänger Kleitners blieben ausgeschlossen. Ratzinger war eingeladen, erschien jedoch nicht. Thüngens Ziel bestand darin, die demokratisierenden Anhänger Wielands an den Rand zu drängen und die auseinanderstrebenden agrarischen Kräfte Bayerns zu einer Föderation konservativen Charakters zusammenzuschließen und als Landtagsfraktion zu institutionalisieren. Dabei war es die erklärte Absicht Thüngens, Ratzinger wieder stärker an die Bauernbundsbewegung zu binden.

Wohlweislich war die Presse ausgeschlossen, weshalb von den Verhandlungen kaum etwas an die Öffentlichkeit drang. Thüngen erreichte sein Ziel. Es gelang die Einigung auf der Grundlage des Programms des Bayerischen Bauernbundes. Künftig bildeten die sieben niederbayerischen Bauernbundsabgeordneten einschließlich Ratzingers gemeinsam mit vier protestantisch-konservativen agrarischen Parlamentariern – dem Woppenthaler Wirt Johann Bär (1855–1936), dem Alfershäuser Landwirt Tobias Nißler (1853–1907) sowie Beckh und Lutz – die so genannte Freie wirtschaftliche Vereinigung. Die neue Fraktion besaß deutlich konservativen Charakter, weshalb ihr das nationalliberale Bundesvorstandsmitglied Friedel fern blieb.

Den Vorsitz übernahm Wielands Rottaler Kontrahent Sinzinger. Konnte dies schon als Demütigung Wielands gewertet werden, war es damit jedoch noch nicht genug. Ausdrücklich kritisierte die Führerkonferenz die vor allem von Wieland ausgehende antiklerikale Agitation und ebenso ausdrücklich distanzierte sie sich von dem auf Initiative Wielands gegründeten Straubinger Konsumverein[268].

Thüngen und Memminger war es tatsächlich gelungen, Wieland auszuspielen. Memminger war seinem Ziel, Ratzinger wieder in die Bauernbundsbewegung zurückzuholen und diese in eine weltanschaulich motivierte konservativ-antikapitalistische Richtung zu drängen, ein gutes Stück nähergekommen. An seine Adresse gerichtet, erklärten Wieland und Gäch deshalb am 1. November 1895 im Niederbayerischen Anzeiger, „so werden wir auch in Zukunft die beabsichtigte Vermehrung des Vorstandes durch Redakteure und Abgeordnete, welche keine Bauernbündler sind, hintanzuhalten wissen, denn für so dumm darf man die Bauern nicht halten, daß sie, kaum mündig geworden, schon wieder um neue Vormünder sich umschauen". Brieflich verlangte Wieland von Memminger, Ratzinger in seinem Blatt nicht mehr als Bauernbundsmitglied zu bezeichnen, woraufhin ihm dieser am 2. November gelassen antwortete: „Die Weltgeschichte geht ihren Gang auch ohne uns und gegen uns und ebenso geht die Bauernbewegung ihren Gang, ob in der Landeszeitung steht, dass der Dr. Ratzinger für den Bauernbund oder als Bauernbündler gesprochen hat." Dabei ließ er keinen Zweifel, dass er an Ratzinger festhalten werde, denn er sei „zu einer Zeit mein Freund geworden, da alles auf mich eingehauen hat. Und wäre er das nicht, dann würde ich ihn als hochgebildeten Schriftsteller & Redner schätzen. Unser ganzes Volk sagt: Der Mann spricht uns aus dem Herzen. Einen solchen Mann soll ich über Bord werfen und nicht vielmehr für uns reclamiren?" Der Würzburger Journalist gab Wieland deshalb den Rat, ihm einfach zu vertrauen: „Seien Sie also ganz beruhigt, ich weiss als Redacteur, was ich thue. Und es wäre nur gut für unsere Sache, wenn das auch der Niederb. Anzeiger wüsste, der alles aufnimmt & annimmt, was da kommt." Schließlich wies er Wieland mit dem erhobenen Zeigefinger und gegen Gäch gerichtet darauf hin: „Durch Ihren Brief bin ich belehrt, dass Sie Niemanden in Ihrer Umgebung haben, der einmal eine andere Meinung, als Sie haben, in überzeugender Wiese mit Ihnen diskutirt."

Soviel Menschenkenntnis musste Memminger haben, dass er wissen konnte, dass sein herablassender Brief nicht dazu angetan war, beruhigend auf Wieland zu wirken, sondern das Gegenteil zur Folge haben werde. Tatsächlich ging der Niederbayerische Anzeiger wenige Tage nach diesem Schreiben in die Offensive gegen die Landtagsabgeordneten der Freien wirtschaftlichen Vereinigung. In den Ausgaben vom 10. und 13. November wurde ihnen vorgeworfen, die Beseitigung der Bodenzinse unter dem Einfluss Ratzingers, dieses „bösen Geistes" und „Feindes des Bauernbundes", nicht mit dem notwendigen Nachdruck zu betreiben. Am 10. Dezember war dann Memminger das Ziel heftiger Angriffe des Niederbayerischen Anzeigers: „Selbst im Bauernbunde giebt es noch Leute, welche sehnsüchtig zu den Fleischtöpfen Ägyptens und zu den Gaukeleien der ägyptischen Priester im Centrum und bei den Liberalen zurückschauen und murren gegen Moses-Wieland, der sie durch die Wüste des Bauernbundes zum Sinai ehrlicher Politik geführt hat, wo es nur Wachteln und Manna in Gestalt von strenger, ernster politischer Arbeit gibt, und welche sich von Aaron-Memminger ein goldenes Kalb machen lassen wollen, um um dasselbe zu tanzen." In dem Maße, wie sich der Streit zwischen Wieland und Ratzinger erneut in die Öffentlichkeit drängte, kam auch der in Regenburg nur notdürftig überdeckte Graben zwischen Wieland und Sigl wieder in aller Deutlichkeit zum Vorschein. Dieser hatte die Annäherung zwischen den Oberbayern und den Straubingern bereits seit einiger Zeit mit Unbehagen beobachtet[269] und schimpfte nun wieder ganz offen gegen Wieland und Gäch: „Wenn weiter geschrieben wird: ‚Die freiheitliche Bewegung, wie sie von Niederbayern (sie meinen von Hierlbach) ausging, muß um jeden Preis erhalten werden', so ist unsererseits dazu zu bemerken, daß diese ‚freiheitliche Bewegung' die Anarchie bezw. die Diktatur zweier Leute wäre, deren weitere Fortsetzung zur Auflösung des Bauernbundes in Niederbayern führen wird und führen muß."[270]

## Die Zornedinger Versammlung

Nach einem halben Jahr relativer Ruhe hatten sich die bündlerischen Fronten auf ihre Ausgangsposition zurückgeschoben. Die alte Pressefehde war wieder aufgenommen worden und ein „neuer Aktus der Prügelkomödie"[271] hatte begonnen. In der Presse wurde bereits die Frage diskutiert, ob der in Regensburg gegründete Bayerische Bauernbund angesichts der innerparteilichen Differenzen überhaupt noch existiere. Zukunftsaussichten wurden ihm keine mehr eingeräumt[272]. Wieland war nun endgültig zur Überzeugung gekommen, dass er sich mit den Oberbayern gegen die Franken und die Rottaler verständigen musste, wollte er eine politische Zukunft haben. Er plante deshalb, persönlich eine Versammlung am 5. Januar 1896 in Zorneding bei Ebersberg abzuhalten, genau an der Grenze zwischen dem Gebiet seiner Anhänger in den nördlichen Getreideanbauregionen Oberbayerns und dem geografischen Schwerpunkt des Bayerischen Bauern- und Bürgerbundes im Chiemgau[273].

Da das Scheitern des Antrages Kanitz im Reichstag bereits absehbar war, bestand in der Person Kleitners nur mehr ein einziges Hindernis auf dem Weg zur Verständigung mit den Oberbayern. Wielands Ziel bestand deshalb darin, Eisenberger in Zorneding von der Notwendigkeit zu überzeugen, Kleitner fallen zu lassen. Dies machte er deutlich, als er dessen mitteständischem Parteikonzept in seiner Rede eine klare Absage erteilte: „Was soll denn eigentlich das Wort ‚Bürger' bedeuten; sind die Bauern keine Bürger oder Staatsbürger zweiter Klasse? (Rufe: Adelige haben wir doch nicht!) Sind vielleicht die Bürger der Stadt München damit gemeint? Die haben doch ganz andere Interessen; auf die Bürger der Großstädte können wir uns niemals verlassen, wohl aber auf jene des Landes. Es ist traurig, daß man uns auf diese Weise entzweit hat."

Anschließend gab er ein mattes Vertrauensvotum für Thüngen ab, das in seiner derben Subtilität unschwer als Abkehr vom Bundespräsidenten interpretiert werden konnte. Er wies nämlich seine Zuhörer darauf hin, „daß ich auch die Kourage hätte, Thüngen zu widersprechen, wenn er gegen unser Programm handeln würde. Würde er sich einmal unterstehen, demselben etwas anzuhängen, so glauben Sie sicher, daß ich der erste wäre, der ihm widersprechen würde; weil er das aber nicht thut, so habe ich keinen Grund, mich von ihm loszusagen." Schließlich appellierte er an seine oberbayerischen Zuhörer, sich ihm anzuschließen: „Wenn Sie sich dem bayerischen Bauernbund anschließen, schließen Sie sich unserem Programm, nicht einem unterfränkischen Adeligen an. Uns kann es gleich sein, wer an der Spitze steht, Thüngen oder Peter oder Pauli."

Mit Spannung wurde die Stellungnahme Jehls erwartet, der als Emissär des Bayerischen Bauern- und Bürgerbundes in Zorneding erschienen war. Geschickt fing er den Ball auf, den ihm Wieland zugespielt hatte, indem er sich auf die Person Thüngens einschoss. Dabei erntete er stürmischen Beifall, als er forderte, Thüngen durch Wieland zu ersetzen: „Ich glaube, darum könnte man Thüngen, der faktisch noch gar nichts gethan hat, opfern. Unsere Programme sind ganz gleich, wir sind doch immer treu zusammengestanden wie Brüder, nur das Eine verlangen wir von Euch: ersucht Euren Thüngen, er möchte aus gewissen Rücksichten selbst zurücktreten. Auf die Franken ist kein großer Verlaß; die neigen schon wegen des Kulturkampfes nach Preußen; und Lutz von Heidenheim hat noch für jede Militärvorlage gestimmt."

## Thüngens Resignation

Wenn Wieland in Zorneding auf dieses Angebot selbst nicht einging, signalisierte er gleichwohl die Bereitschaft zur Annahme des Angebots, als er im Niederbayerischen Anzeiger verlauten ließ, dass „in der Versammlung sich keine besondere Zuneigung zu Baron Thüngen" gezeigt habe[274]. Ohne ein konkretes Ergebnis erbracht zu haben, war die Annäherung zwischen den Oberländern und den Straubingern auf der Zornedinger Versammlung ein gutes Stück vorangekommen, was Sigl wiederum in große Wut versetzte. Im Bayerischen Vaterland warf er am 9. Januar die rhetorische Frage auf, was Wieland, „der in Niederbayern überhaupt nur noch in seiner nächsten Umgebung einige Batzen gilt, darüber hinaus aber nichts mehr, überhaupt in Oberbayern zu suchen haben soll"? Wenn dieser sich aber „herausnimmt, einen so klaren kritischen Kopf wie Dr. Ratzinger, der in dem Fach, von dem Wieland auch nicht die Bohne versteht, eine Autorität ist, der Volkswirthschaft nämlich, korrigiren und verurtheilen zu wollen, so muß ja sozusagen eine Kuh darüber lachen". Für „Fanatismus und Unverstand mag er ja ein rechter ‚Prophet' sein, für praktisch denkende Männer, die mit den einmal gegebenen Verhältnissen rechnen, ist er mit seinen unverdauten und unverstandenen Phrasen und ‚Forderungen' ins Blaue hinein kein Prophet, sondern ein Hinderniß für eine vernünftige Entwicklung der Dinge auf vernünftiger Grundlage". Für Sigl ergab die Zornedinger Versammlung „mit unumstößlicher Sicherheit, daß in politischen Dingen auf die Bauern, die nichts lesen, kein Verlaß ist. Sie haben keinen richtigen Halt und laufen schließlich dem nach, der ihnen den dicksten Brei um's Maul schmiert. Was dem Bauern wirklich frommt, das sagen ihm ehrgeizige Streber und hirnlose Maulhelden und Phrasendrescher nicht, das müßte er durch eigenes Suchen und Nachdenken finden und dazu braucht er als Wegweiser und Führer ein gutes, ehrliches Blatt."

Wie gewohnt reagierte Wieland mit einer bitterbösen persönlichen Erklärung, die er am 18. Januar im Niederbayerischen Anzeiger veröffentlichte: „Darf ich wohl Herrn Dr. Grimassen Sigl um die Erlaubniß bitten, mich auf Ansuchen in den Kern von Oberbayern nach ‚Sauerlach' (Bahnstation zwischen München und Holzkirchen) von der Einöde Hierlbach weg zu begeben und dort das Programm des bayer. Bauernbundes zu vertheidigen? Darf ich es ferner wagen, meine nothleidenden Collegen auch auf die Satzungen des bayer. Bauernbundes, besonders aber auf § 3 Abs. 2 derselben aufmerksam zu machen? Ferner möchte ich mir noch unterthänigst erbitten, ob es gekränkter Leberwurst gefällig oder zulässig erscheint, wenn wir nothleidenden Bauern uns nicht ganz unter den Rock eines Pfarrers Dr. Ratzinger verkriechen, der dem Bauernbunde schon längst nicht mehr angehört und uns Bauern stolz entgegen ruft: ‚Mein Name ist mein Programm!'" An Sigl richtete er deshalb die Frage, „ob Seine Eitelkeit vielleicht wünscht, daß überhaupt nur Münchener Doktoren zu reden haben und die Bauern das Maul halten sollen, sofern sie sich nicht unter die despotische Herrschaft eines Pfarrers verkriechen wollen".

Endgültig das Niveau aufreizender und anstößiger Vulgarität hatte die Pressefehde erreicht, als Sigl den Münchner Korrespondenten des Niederbayerischen Anzeigers als „eine wegen Maul- und Klauenseuche tiefsinnig gewordene Kuh im Münchener Schlacht- und Viehhof" bezeichnete[275], woraufhin der Niederbayerische Anzeiger am 1. März 1896 antwortete: „Da Dr. Sigl noch fortwährend mit Rohheiten gegen die verehrte, ihm heilig sein sollende Person Wieland's fortfährt, in dessen Hand er durch Annahme des § 3,2 das Gelöbniß des Gehorsams abgelegt hat, und der über ihn als einen niederbayerischen Reichstagsabgeordneten die Aufsicht zu führen hat, so fügen wir den Titulaturen Dr. Sigl's als: ‚des Reiches Sigelbewahrer, Erzblechschmied, Erzschelm und Erzzechmeister' sowie ‚Ritter des Verdienstordens des Prinzen Carneval' noch bei: ‚journalistischer Obergigerl!'"

Thüngens aristokratischer Charakter war sich zu schade, sich auf dieses obszöne und frivole Streitniveau hinabzubegeben. Er hatte ohnehin Abscheu vor der brodelnden und vor Leben strotzenden Stimmung bäuerlicher Massenaufläufe, denn er war ein Mann der Studierstube, kein agrarischer Frontkämpfer. Den Wink aus Zorneding hatte er in seinem unterfränkischen Schloss sehr deutlich vernommen, zumal er immer klarer sah, dass seine Autorität nicht ausreichte, um der Bauernbundsbewegung die Prägung seines antikapitalistisch-konservativen Programms aufzudrücken. In sämtlichen Bundesorganen veröffentlichte er deshalb eine Erklärung, in der er seinen Rücktritt auf der nächsten Generalversammlung ankündigte und aus seiner Abneigung gegenüber der antiklerikalen, adels- und beamtenfeindlichen Agitation Wielands keinen Hehl machte. Dabei legte er noch ein Kuckucksei in das Nest, das die Oberbayern Wieland bereitet hatten. Er postulierte nämlich Lutz zu seinem Nachfolger.[276] Lutz war durchaus bereit, den Vorsitz zu übernehmen. Er musste jedoch mit der Abneigung rechnen, die in Ober- und Niederbayern gegen in herrschte, seitdem er im Reichstag den Militärvorlagen zugestimmt hatte.

Die Menschenkenntnis des schlauen Lutz war jedoch so gut, dass er wusste, wie er Wieland für sich einnehmen konnte. Als dessen radikale antiklerikale Agitation im Landtag von Pichler kritisiert wurde, ergriff Lutz die Gelegenheit, um Wieland im Plenum der Abgeordnetenkammer am 23. Januar 1896 zu verteidigen und ihm damit zu schmeicheln: „Ich kenne Wieland, dessen Agitation man mit so schwarzen Farben zu malen liebt, ich kenne ihn als einen ehrenhaften niederbayerischen Bauern, der sehr viel weiß und sehr viel gelernt hat und was er weiß, auch in richtiger Weise zu sagen versteht, und, meine Herren, ich wünsche der Centrumspartei, daß, wenn es wieder zur Erneuerung der Handelsverträge kommt, eine Reihe solcher charakterfester Wielands in ihren Reihen stehe, dann wird sie der Erneuerung der unseligen Handelsverträge ihre Zustimmung nicht mehr ertheilen. Ich bin stolz darauf, daß ein so tüchtiger, braver niederbayerischer Bauer wie Wieland sich zuweilen auf mich beruft."[277]

Adalbert Braun, einer der wenigen Bundesabgeordneten, auf die sich Wieland jederzeit verlassen konnte, war begeistert. Er beeilte sich, Lutzens Verteidigungsrede seinem Freund schon am Tag darauf bekannt zu machen: „Die Centrums-Kratzbürste Pichler von Passau hat vorgestern ohne allen Anlaß auf dich und Gäch heftige Angriffe gemacht wegen der Führung des bayerischen Bauernbundes und deren Agitationen bei Versamlungen." Dies habe Lutz „ganz aus dem Häuschen" gebracht, weshalb „Lutz dich ausgezeichnet vertheidigt hat vor dem ganzen Lande, den Herr Lutz hat das Centrum fürchterlich Angegriffen, so das das ganze Centrum außer Rand und Band kam; der Kratzbürste Pichler hat Herr Lutz den Pelz ordentlich gewaschen und auch dem scheinheiligen Centrum". Daraufhin „wurde das ganze Centrum ganz wild und aufgebracht. Wir Abgeordnete des Bauernbundes ärgerten uns heftig über so gemeine Angriefe, welche der Centrums-Knierps Pichler und sowohl auch die Centrums-Redner und auch die Liberallen über dich und Gäch gemacht haben. Wir mußten zum größten Ärger doch über Ihre grenzen und bedenkenlose Dumheit lachen. Das Centrum und die Kratzbürste Pichler wurden von Herrn Kollegen Lutz so zugedekt, das es eine wahre Freude war." Voll Freude urteilte Braun abschließend über Lutz: „Jetzt haben wir einen richtigen Wortführer und Ennergischen Redner in der Fraktion der Bauernbündler. Herr Wieland, du wirst alles in den Zeitungen lesen und ich glaube, das du Herrn Lutz einen Dankbrief schreiben wirst."

Lutzens Schmeichelstrategie schien tatsächlich aufzugehen. Im Niederbayerischen Anzeiger wurde der fränkische Gutsbesitzer seither viel gelobt, seine Landtagsreden im Wortlaut auf die Titelseite gesetzt und sein Eintreten für die Militärausgaben verschwiegen[278]. Wieland hatte nichts dagegen, umschmeichelt zu werden. Der Grund, warum er sich Lutz annäherte, dürfte aber wohl eher darin gelegen sein, dass die Oberbayern keine Anstalten trafen, sich von Kleitner und seinem mittelstandsorientierten Parteikonzept zu distanzieren, weshalb ein Bündnis mit den Oberbayern für Wieland wieder in weite Ferne gerückt erschien. Stattdessen konnte sich der Niederbayerische Anzeiger nun eine Annäherung an den Bund der Landwirte, dessen Mitglied Lutz ja war, vorstellen: „Ein reactionäres Verhalten der bayerischen Regierung gegenüber dem Bayerischen Bauernbunde könnte im Stande sein, diesen in die Hände des Bundes der Landwirthe zu treiben, da der Bayerische Bauernbund gegen seine eigene Regierung beim Reichstage und dem Bund der Landwirthe Schutz suchen müßte. [...] Ein verfolgter Bayerischer Bauernbund wird sich zeitweise an den Protektor der Agrarier, den Fürsten Bismarck und die preußischen Agrarier anlehnen müssen, um Oberwasser zu bekommen, bis die Zeit der Verfolgung durch die bayerische Regierung wieder vorbei ist."[279] Ausdrücklich fragte sich der Niederbayerische Anzeiger am 1. März 1896, „warum sollen sich in gemeinsamen Angelegenheiten nicht alle deutschen Landwirthe vereinigen?"

Die dem Niederbayerischen Anzeiger so attraktiv erscheinende reichsweite Vereinigung der deutschen Landwirte wäre mit einem Bayerischen Bauernbund unter Lutz wohl möglich gewesen, musste jedoch die im Bayerischen Bauern- und Bürgerbund Kleitners besonders kultivierte Angst vor preußischer Übervorteilung nähren. Der bündlerische Landtagsabgeordnete Bachmaier indes wollte das zarte Pflänzchen der Aussöhnung mit den Oberbayern nicht ganz zum Verdorren bringen und versuchte Wieland deshalb am 16. März zu überreden, mit Rücksicht darauf den Bundesvorsitz selbst zu übernehmen: „Würdest Du die Vorstandschaft annehmen, so würde ich es für das Erfolgreichste haben; den ich habe schon von vielen diese Meinung gehört; der Hr. Wieland gibt Sich sehr viele Mühe und ist ein Bauer u. kann dadurch am besten Urtheilen. Ich habe auch alle Achtung für Lutz, aber ob man in Bauernbündlerischen Kreisen nicht wieder anders Urtheilt, besonders in Oberbayern, als wohle der Bund verjunkert werden; und die Militärfröhmigkeit nicht manche abstost von Bundeseifer; kurz und gut, ich häte, und auch meine Collegen, große Intreßen an der Sache."

Dass Bachmaiers Vorstoß mit den Oberbayern abgestimmt war, zeigte sich, als Wieland wenige Wochen später von Eisenberger und Jehl bestürmt wurde, den Bundesvorsitz zu übernehmen. Aber Wieland winkte ab. Am 15. Mai 1896 schrieb er an die beiden: „Ich weiß ferner eure Gesinnung, die dahinausläuft, daß Ihr vielleicht viel eher zur Einigung bereit wäret, wenn ich die Vorstandschaft des bayrischen Bauernbundes übernehmen würde. Ich kann Ihnen aber offen sagen, daß ich das nicht will und deshalb lieber ausweiche, da ich diese Stelle für mich zu beschwerlich halte und auch nicht die geringste Ursache hätte, gegen Fr. v. Thüngen zu kämpfen, denn derselbe ist mit unserer Agitation völlig einverstanden, was immer ein Beweis seiner guten Gesinnung für die Sache der Bauern ist." Während er Thüngen als Garanten für die Beibehaltung der radikalagrarischen Richtung darstellte, wollte er sich „als Landwirth doch niemals einem Münchner Bürger und Groskapitalisten, wie Dr. Kleitner es ist, in die Arme werfen, wenn er noch dazu meint, es soll alles genau gehen, wie er es wünscht, das Programm und die Satzungen müssen sich ändern, wie er es will, die Person, die er nicht will, muß entfernt werden von der Leitung, selbst wenn sie das Programm anerkennt, während er selber das Programm beinahe Punkt für Punkt bestreitet, welches uns Allen angenehm war". Schließlich sprach sich Wieland ausdrücklich für eine Annäherung an den Bund der Landwirte aus, „da man meines Erachtens das Gute nehmen muß, wo man es findet, während deshalb noch Niemand daran denkt, sich dem Bund der Landwirthe anzuschließen"[280].

Eisenberger stand deshalb auf verlorenem Posten, als er am 17. Mai auf der Generalversammlung des Kleitnerbundes in Rosenheim für die Einigung mit den Niederbayern eintrat. Kleitner war zufrieden; er wusste, dass sein Kopf den Preis für die Einigung mit den Niederbayern darstellte. Indem er die Ängste der Delegierten vor preußischer Übervorteilung schürte, gelang es Kleitner ohne Mühe, sie von der Notwendigkeit zu überzeugen, die Selbstständigkeit des Bayerischen Bauern- und Bürgerbundes zu wahren. Dabei veranlasste er die Delegierten, vom Thüngenbund die Übernahme des eigenen demokratisch-egalitären politischen Programms als Voraussetzung für Einigungsverhandlungen zu fordern[281]. Indem Kleitner sein Mittelstandsparteikonzept mit diesem politischen Programm verband und gegen Wielands emanzipatorischen Agrarismus verteidigte, drängte er diesen noch nachdrücklicher in die Arme der konservativ-agrarischen Franken um Memminger und Thüngen.

Die Führungsfrage im Bayerischen Bauernbund stagnierte. Es herrschte Ratlosigkeit über das weitere Vorgehen. Auf der Generalversammlung, die am 14. Juni 1896 in Freising stattfand, erklärte sich Thüngen mit einiger Leidenschaftslosigkeit bereit, den Vorsitz auf allseitiges Drängen hin bis zur nächsten Generalversammlung wieder zu übernehmen. Dabei besaßen weder die konservativen Franken noch die demokratisierenden Anhänger Wielands ein Übergewicht, so dass sich die beiden miteinander konkurrierenden Gruppen des Thüngenbundes darauf einigten, das Programm des Bayerischen Bauernbundes nicht um politische Punkte zu erweitern[282].

Memminger war zufrieden. Die Gefahr eines demokratischen Bauernbundsprogramms war zumindest kurzfristig gebannt, und Thüngen stand weiterhin an der Spitze. Trotzdem sah er sich veranlasst, Gäch und Wieland zu disziplinieren, weshalb er am 15. Juni drohte, in Straubing eine Filiale seiner Neuen Bayerischen Landeszeitung zu errichten, wenn „der Niederb. Anzeiger nicht anders wird & von jedem Zentrumskuku und Judendemokraten Artikel aufnimmt". Als Memminger darüber hinaus auch noch begann, in Niederbayern – und zwar im Gebiet der gemäßigten Gegner Wielands im Rottal – Versammlungen abzuhalten[283], musste Wieland die Ansicht gewinnen, dass der Würzburger Journalist den finalen Stoß gegen ihn vorbereitete. An Bachmaier richtete er deshalb ein saugrobes Schreiben, in dem er ihm wegen Memmingers Rottaler Versammlungen Vorwürfe machte und das Bachmaier wegen seiner aufreizenden Sprache lieber geheim halten wollte: „[...] ich sage dir ganz ofen, ich will deinen Brief niemanden sehen lassen von den achtbaren Bauern in Rotthal, die auch dir gewiß freundlich gesindt sind; den Sie würden mir wieder zur Antwort geben: Hat uns der Wieland für kleine Kinder oder für eine Windfahne? Das wir uns alle Tage anders belehren lassen? Du sprüchst auch die Befürchtung aus, sein Sohn könnte nach Niederbayern kommen; wir würden es Alle freudig begrüßen, wen Er nach Passau kommen würde als Redakteur u. ein Blatt gründen u. wir ein Bauernbundsblatt von Passau aus häten, damit die Donauzeitung mehr unterdrükt würde; kurz u. gut, ich habe nicht die geringste Befürchtung, das Memminger von unsren Program im geringsten abweicht; u. man muß doch immer wieder jeden Agitator schätzen, weil wir ohnedieß nücht viel haben. Und Herr Memminger sprücht gut u. schneidig u. ich sage ohne das ich auf Memminger viel mehr halte als auf einen Dr. Kleitner, der schon so oft Farbe gewechselt hat u. nur der Herscher über Alle sein möchte; aber ich schimpfe auch nicht öfentlich darüber, den man muß die Uneinigkeit vermeiden, wo man nur immer kann. Das wir auf uns selbst angewiesen sind, das unterzeichne ich foll und ganz. Also, halte mir nicht für un gut, ich habe auch meine freie Meinung niedergeschriebn u. bist von uns Rotthaler gewiß nicht zurück gesetzt, sondern im Gegentheil; u. ich hofe, Memminger wird ganz nach deinem Sinne sprächen u. Gott weiß, wan Er wieder in das Rotthal komt, in seine Heimath."[284]

## Der Befreiungsschlag von Moosham

Memmingers Auftreten machte Wieland derart misstrauisch, dass er sich nun endgültig den Oberbayern annähern wollte. Um die schwebende Vorstandsfrage, die durch die Forderungen der Oberbayern auch eine eminent programmatische Frage geworden war, einer Lösung im Sinne der Straubinger Richtung zuzuführen, bereiteten Gäch und Wieland im Sommer einen Befreiungsschlag nach links vor. Diesen sollte die berüchtigte Mooshamer Versammlung am 30. August bringen[285]. Es war sehr heiß an diesem Tag. Bereits eine Stunde vor Beginn war der Saal mit Interessierten und Schaulustigen vollgepfropft. Auch auf den Straßen und im Hof des Stangl'schen Gasthauses war kein Platz mehr zu finden. Das Dorf befand sich mitten im Regensburger Gäu. Es herrschten dort landwirtschaftliche Verhältnisse wie im Gäuboden um Straubing. Es gab dort viele marktorientierte Getreidebauern, die sich bereits in der Vergangenheit für Wielands Parolen empfänglich gezeigt hatten. Wieland konnte deshalb zahlreiche Anhänger und wenige Gegner erwarten.

Punkt drei Uhr nachmittags eröffnete der Großbauer Vilsmaier von der nahen Einöde Rempelkofen die Versammlung. Als erster Redner war Memminger auf die Tagesordnung gesetzt worden, anschließend gleich Wieland. Die Reihenfolge war klug gewählt. Wenn es Wieland im Anschluss an Memminger gelingen sollte, die Versammelten gegen Memminger aufzuhetzen, dann blieb diesem nichts übrig als die Demütigung hinzunehmen. Klugerweise bemühte sich Memminger deshalb, in seinem Referat keinen von Wieland abweichenden Standpunkt zu vertreten. Wieland freilich bekümmerte dies wenig. Er wollte mit Memminger abrechnen und riss dessen Aussagen deshalb aus dem Zusammenhang. Solchermaßen machte er gleich zu Beginn seiner Rede deutlich, dass er Memminger im Moment als seinen Hauptgegner betrachtete. Wenn, so Wieland, „der Herr Vorredner sagte, das Centrum habe die Landwirthschaft nur aus Dummheit in eine so schlimme Lage gebracht, so muß ich das Gegentheil konstatiren: Das Centrum, die schlechteste, volksfeindlichste Partei, war sich wohl bewußt, was es that, als es die Handelsverträge guthieß, denn die Interessen der Landwirthschaft kamen beim Centrum erst in letzter Linie." Anschließend versuchte er seine Zuhörer in bewährter Manier hinter sich zu sammeln, indem er seine radikalen Forderungen in der Bodenzinsfrage zum Besten gab. Unruhe machte sich in der Versammlung bemerkbar, als er von einem Müller aus der Nähe von Moosham berichtete, der für eine Wiese im Umfang von 70 Dezimalen über einhundert Mark Bodenzins zu zahlen hatte. Er fragte sich: „Ist das nicht ungerecht im höchsten Grade? Wie soll der Mann aus dieser

Wiese nur den Bodenzins erlösen, von einer Rente gar nicht zu sprechen. Ich appellire an den Gerechtigkeitssinn des Herrn Ministers, möge er diesen Fall einmal untersuchen. Ich für meinen Theil hätte die Wiese schon längst hergeschenkt, wenn ich könnte, d. h. wenn sie Jemand möchte."

Jetzt hatte Wieland die Versammlung auf seiner Seite. Wieland hörte nicht auf zu fragen, und seine Fragen hämmerten wie die Zylinder einer Dampfdreschmaschine auf die harten Schädel der oberpfälzischen Bauern. Sie verstanden ihn, die Welt aber nicht mehr. Warum, so fragte Wieland, seien die Bodenzinse nicht in den Hypothekenbüchern eingetragen, und hatte auch gleich die Antwort parat: „[...] vielleicht weil die gesetzgebende Körperschaft die Bodenzinse selbst als eine Ungerechtigkeit erachtet und sie deßhalb nicht eingetragen hat." „Ist es keine Ungerechtigkeit", – so Wieland weiter – „wenn in der Pfalz, die doch auch zu Bayern gehört, oder in einzelnen Gegenden keine Bodenzinse bezahlt werden dürfen und in den anderen 7 Kreisen müssen sie und dazu noch in solcher Höhe bezahlt werden?" Und mit ernster Miene fügte er an, die Bodenzinse seien „zum großen Teil durch Betrug der Geistlichkeit in ihrem Interesse entstanden". Damit hatte er den zur Überwachung der Versammlung abgeordneten Regensburger Bezirksamtsassessor endlich zum Einschreiten provoziert. Er wartete geradezu ungeduldig darauf. Denn als ihn dieser auf den beleidigenden Charakter seiner Ausführungen hinwies, nutzte er die Gelegenheit, um den jungen Bezirksamtsassessor voll herablassender Überlegenheit zu behandeln und vor aller Augen zu demütigen. Denn er, Wieland, „sei berechtigt, diesen Ausdruck zu gebrauchen, er sei wegen desselben bereits einmal angeklagt gewesen und freigesprochen worden. Das k. Landgericht Straubing sei aber wohl in der Lage, Urtheil zu sprechen, eher als er, Redner, oder ein xbeliebiger Verwaltungsbeamter, sogar eher als der Herr Commissär."

Dieser Wieland traute sich etwas, dachten sich die respektvoll lauschenden Zuschauer. Damit hatte das von Wieland inszenierte antiklerikale und beamtenfeindliche Spektakel seinen Siedepunkt erreicht, bevor er die Versammelten dazu aufrief, sich dem Bayerischen Bauernbund treu anzuschließen, wobei er vor den zentrumsnahen Christlichen Bauernvereinen warnte: „Sind wir denn keine Christen, sind wir Mohamedaner, Heiden u. dgl.? Keine Spur. Lassen wir uns nicht täuschen, es ist nur das Centrum in anderem schönen

Gewande, dazu bestimmt, die Dummen zu fangen. Alles ist Lug und Trug. Lassen Sie sich von keinem Geistlichen bethören, der da sagt: Die Religion ist in Gefahr. Man muß unterscheiden zwischen Centrum und Religion. Ersteres wird vielfach mit letzterer verwechselt und doch sind beides grundverschiedene Dinge." Damit war Wieland am Ende seiner Ausführungen angelangt. Stürmischer und lang anhaltender Beifall begleitete ihn, als er die Rednertribüne verließ.

Etwas erschöpft von den Anstrengungen seines eigenen Gebrülls übergab er das Wort an seinen Freund Gäch. Virtuos nutzte dieser die aufgeheizte Stimmung, um die Aufmerksamkeit der Versammlung vollends von Thüngen abzulenken und auf Wieland hinzuwenden. Zunächst knüpfte er an Wielands antiklerikale und antibürokratische Ausfälle an. Er behauptete, dass die Pfarrgeistlichkeit in betrügerischer Absicht zu niedrige Angaben über die Höhe der eingenommenen Stolgebühren und der Einnahmen aus den Pfarrökonomien machte, um in den Genuss staatlicher Aufbesserungsmittel zu kommen. Deshalb forderte er, die Geistlichen vom Vertrauen der Gläubigen abhängig zu machen und sie durch das Volk wählen zu lassen. Der gleichen Demokratisierung wollte er auch die staatliche Verwaltung unterwerfen, als er die Volkswahl der Beamten forderte. Um seine radikaldemokratischen Ausfälle zu rechtfertigen, rechnete er schließlich mit Memmingers Mäßigungsappellen ab: „Der erste Herr Vorredner ist gewöhnt, ruhig aufzutreten, das mag in Franken angehen. Wir in Niederbayern haben von jeher eine radikale Richtung verfolgt und standen damit anfänglich isolirt. Aber wir sind durchgedrungen und werden diese Richtung beibehalten; wenn wir auf den Landtag warten wollten, müßten wir lange warten, da auch unsere Abgeordneten viel zu zahm geworden sind." Der Erfolg in der Straubinger Gegend gebe der radikalen Richtung recht: „Die meisten Abgeordneten unserer Gegner trauen sich nicht mehr unter das Volk. Ein Abgeordneter, der ein gutes Gewissen hat, kann jederzeit unter das und vor das Volk treten. In Niederbayern trauen sie sich keine Versammlung mehr zu halten, wenn wir zu Hause sind. (Heiterkeit.) Darum treten wir frei und offen auf und fordern unsere Gegner jederzeit heraus und waschen ihnen dann ordentlich die Köpfe. (Lebhafter Beifall.)" Er forderte deshalb Männer an der Spitze der Bauernbundsbewegung, „die feste Charaktere und erprobte Männer sind und nach oben nicht schweifwedeln". Gäch musste nichts mehr erklären: „Sie haben vorhin einen solchen charakterfesten und energischen Mann gesehen und ich hoffe, daß er nach dem Abtreten Thüngens sein Nachfolger wird und daß er das Zutrauen der Bauern hat. Ein Bauer muß an die Spitze des Bauernbundes treten." Jubel brandete durch den Stangl'schen Saal, frenetische Hochrufe wurden auf Wieland ausgebracht.

## Sozialdemokratie und Linksliberalismus

Die Zentrumspresse war einerseits entsetzt über die kirchenpolitischen Forderungen Gächs, andererseits kamen sie ihr durchaus gelegen, um die Kirchenfeindlichkeit Gächs und Wielands glaubhaft zu machen und für die eigene Agitation zu instrumentalisieren[286]. Auch innerhalb des Bayerischen Bauernbundes erhob sich Kritik. Der gemäßigte, mit Wielands und Gächs Antiklerikalismus ohnehin überforderte Zeitler verstand nicht, „daß zu den alten Dumheiten die schon seit Gründung des Bundes gemacht worden sind, sich wieder neue gesellt haben", wie er am 10. September an Wieland schrieb. Er war davon überzeugt, „daß die undurchführbaren Wünsche D. Gächs dem Bund nur Schaden bringen, demselben aber niemals nützen kann". Ihm schien es nun, als ob zu Wieland „nur Leute kommen würden, die Sie förmlich verheimlichen, niemals aber solche die Ihnen reinen Wein einschenken. In Niederbayern wie in Oberbayern, Franken, Schwaben u. der Pfalz wird H. Memminger gefallen haben, nur H. Dr. Gäch war er zu wenig Pfaffenfresser. Diese Ansicht teilt mit ihm aber nur ein solcher minimaler Bruchteil, daß selbe gar nicht in Betracht kommen würden, wenn es heute hierüber zur Abstimmung käme."

In Würzburg rüstete sich indes Memminger zum Gegenangriff. In seiner Neuen Bayerischen Landeszeitung ließ er am 17. September erklären, dass die im Ruf des Konservatismus stehenden Franken „von einer Führung Wielands unter dem Einflusse Gäch's nichts wissen wollen".

In Moosham hatten Wieland und Gäch endgültig den lange erwarteten „Coulissenwechsel auf der lustigen Bühne des Bauernbundes"[287] vollzogen. In aller Öffentlichkeit hatten sie nun endgültig den Weg zu der im Bayerischen Bauern- und Bürgerbund um Kleitner und Eisenberger vorherrschenden demokratisch-egalitären Richtung eingeschlagen. Dies musste nun auch denjenigen auffallen, die am linken Rand des politischen Spektrums standen. Bereits am Tag nach Moosham schrieb ein Straubinger Sozialdemokrat an Wieland, dass Georg von Vollmar (1850–1922), der Landesvorsitzende der bayerischen SPD, in Straubing „über agrarische Verhältniße referiren würde, was Ihnen ja nur angenehm sein könnte", und wartete zugleich mit einem konkreten Angebot auf: „Können wir Ihnen einmal dienen, so sind wir gerne dazu bereit."[288] Die bayerische SPD beobachtete die Straubinger Bauernbündler seit einiger Zeit. Anlässlich der Regensburger Versammlung war die sozialdemokratische Münchener Post zu dem Schluss gekommen, dass der Bayerische Bauernbund eine „organisirte bäuerliche Klassenbewegung" darstelle, die sich Thüngens schließlich entledigen und sich der Arbeiterbewegung anschließen werde. Denn „Wieland und Gäch, die nicht von ihrer Klasse losgelöst sind, sondern schließlich doch nur die vernünftigen Bestrebungen einer bäuerlichen Demokratie zu verwirklichen versuchen, können nie bewusste Diener der Reaktion werden"[289].

Gemeinsamkeiten zwischen der Straubinger Bundesrichtung und der SPD gab es zahlreiche, so etwa die Forderung nach Abschaffung der Reichsrätekammer, nach Verstaatlichung der Volksschule oder nach dem Ausbau der Vereins-, Versammlungs- und Pressefreiheit. Als diese mit Hilfe der Umsturzvorlage von der Reichsregierung über das bestehende Vereins- und Versammlungsrecht hinaus eingeschränkt werden sollte, hatte sich eine erste konkrete Zusammenarbeit zwischen der SPD und der Bauernbundsbewegung ergeben. Denn nicht nur die Sozialdemokratie musste die Umsturzvorlage als Angriff betrachten, sondern auch die Bauernbundsbewegung, deren Versammlungen ebenfalls einer restriktiven Überwachung unterworfen waren. Deshalb erklärte Wieland am 12. Mai 1895 in Eichendorf: „Die deutsche hohe Regierung läßt alles ruhig geschehen, das Volk soll nichts sagen, es soll nur zahlen. Wenn man nicht frei auftreten dürfe, wenn die Umsturzvorlage Gesetz werde, dann müsse man schweigen und nur den gemeinen Unterthanenverstand walten lassen, bis das Feuer der Revolution über den Köpfen des neuen Kurses [Bezeichnung für die Regierungszeit des Reichskanzlers Caprivi, die zu diesem Zeitpunkt eigentlich bereits zu Ende war] zusammenschlägt (Beifall)." Er drohte daher: „Wir wollen der Staatsregierung nahe legen, daß die Noth nicht nur beten, sondern auch fluchen lehrt."[290]

Wieland wusste um die Angst der Herrschenden vor den Sozialdemokraten und instrumentalisierte diese Angst ganz bewusst zur Durchsetzung agrarpolitischer Ziele, indem er vor der Proletarisierung der Bauern warnte. In Zorneding behauptete er am 5. Januar 1896: „Ja, wenn wir ehrlichen, treuen Staatsbürger, die wir heute noch sind, von Haus und Hof getrieben werden, kann es sein, daß einer der schlimmste Sozialdemokrat oder gar Anarchist wird. Ich will damit keine Drohung aussprechen gegenüber der Regierung, aber ich getraue mir zu behaupten, daß, wenn es so weiter geht, wenn nicht rasch Hilfe erfolgt, ich Recht behalten werde."[291] Derartige Äußerungen mussten Wasser auf die bürokratischen Mühlen sein. Denn der Innenminister musste die Ansicht gewinnen, dass die Bauernbundsbewegung dem Umsturz bewusst oder unbewusst zuarbeitete bzw. in Kauf nahm, wenn sie die Unzufriedenheit der Landwirte schürte[292].

Darüber, dass Wieland mit der Sozialdemokratie kein dauerhaftes politisches Bündnis eingehen wollte, durfte jedoch kein Zweifel bestehen. Die Unterschiede in der Handelspolitik und in der Einstellung zum Privateigentum an den Produktionsmitteln, auf das Wieland so vehement pochte, waren unüberwindlich. Außerdem musste er sich bewusst sein, dass ihm ein zu enges Zusammengehen mit der Sozialdemokratie in der öffentlichen landwirtschaftlichen Meinung nur schaden konnte, zumal das Zentrum nicht müde wurde, sich über die Eigentums- und Kirchenfeindlichkeit der SPD zu verbreiten[293]. Einem dauerhaften Bündnis standen jedoch auch von Seiten der SPD große Vorbehalte entgegen. Im Unterschied zu Vollmar plädierte der sozialdemokratische Journalist Max Schippel (1859–1928) auf dem Breslauer Parteitag der SPD: „Seien wir doch froh, daß diese Leute ihre eigenen Wege gehen und unsere Wege nicht kreuzen. Wir hoffen, ihre Erben zu sein, wenn sie die kleinbesitzende Landbevölkerung erst in Gährung gebracht haben, aber wir wollen sie heute nicht unter uns haben."[294]

So blieb die Zusammenarbeit zwischen Bauernbundsbewegung und Sozialdemokratie an Einzelfragen gebunden. Eine engere Kooperation schien sich nach der Mooshamer Versammlung indes mit dem Linksliberalismus zu ergeben. Zwei Wochen nach der Mooshamer Versammlung scharte der Journalist Johann Riblinger, ein ehemaliges Mitglied der linksliberalen Deutschen Volkspartei, am 13. September Vertreter der Wieland'schen Richtung des Bayerischen Bauernbundes und Emissäre des Bayerischen Bauern- und Bürgerbundes aus dem Chiemgau um sich. Aus Oberbayern waren Eisenberger, Jehl und Kleitner erschienen, von niederbayerischer Seite Wieland, Gäch, Schwab und Riebenack. Die Franken blieben ausgeschlossen. Der Zweck der Veranstaltung bestand darin, die Möglichkeit einer Einigung zwischen der Straubinger Richtung des Thüngenbundes und dem Kleitnerbund zu sondieren. Glaubt man dem Bericht der Neuen freien Volkszeitung Schwabs, so einigten sich die Anwesenden auf die Übernahme der egalitär-demokratischen politischen Programmpunkte des Kleitnerbundes[295]. Am 19. September veröffentlichte Schwab den politischen Teil des vereinbarten Programms in der Neuen freien Volkszeitung, um ihn den Anhängern des Thüngenbundes zur Diskussion zu stellen. Gefordert wurde die Abschaffung der Reichsrätekammer, die volle Öffentlichkeit der Beratungen von gesetzlichen Vertretungskörpern von der kommunalen Ebene bis zum Reichstag, die Verantwortlichkeit der Minister gegenüber dem Landtag, die Ausdehnung der Rechte des Reichstages auf die Entscheidung über Krieg und Frieden, die Gewährung von Abgeordnetendiäten, ein allgemeines, gleiches und geheimes Wahlrecht, die Vermeidung aller politischen Ausnahmegesetze, die volle Vereins-, Versammlungs- und Pressefreiheit sowie die Verstaatlichung des Schulwesens. Am 23. September veröffentlichte Schwab dann den wirtschaftlichen Teil des vereinbarten Programms. Als Zugeständnis an die Oberbayern wurde die Forderung nach der Verstaatlichung des Getreidehandels (Antrag Kanitz) fallen gelassen. Bezeichnenderweise fehlten auch die im Programm des Thüngenbundes enthaltenen und von Wieland stets bekämpften Beschränkungen der landwirtschaftlichen Grundstücksfreiheit. Der strikte antikapitalistische Charakter des Thüngen'schen Programms wurde dadurch wieder auf eine pragmatisch-wirtschaftsegoistische Richtung zurückgeführt.

Während das Programm in der Augsburger Abendzeitung als „Kauderwelsch von agrarisch-antisemitisch-demokratisch-sozialdemokratischen Forderungen" bezeichnet wurde[296], fürchtete Sigl, dass die Bauernbundsbewegung nun endgültig unter den Einfluss des Linksliberalismus geraten sei, den er zu allem Überfluss auch noch des Philosemitismus verdächtigte, wie er am 24. September im Bayerischen Vaterland deutlich machte: „Der Kleitner-Gäch-Wieland-Riblinger Judenvolksparteiliche Liebesbund hat nun auch den ‚volkswirthschaftlichen' Theil seines ‚Programms', einen Bandwurm von der beiläufigen Länge von 7 Kilometern, veröffentlicht. War der politische Theil schon ein konfuses Mixtumkompositum von allerhand Tollheiten, so ist der wirthschaftliche ein aus allen möglichen Parteiprogrammen entlehntes bezw. zusammengestohlenes Kunterbunt von Narrheiten und Unmöglichkeiten – ganz Dr. Confusius Loquax [Dr. Leonhard Kleitner]. Man nimmt, liest, lacht und legt's weg." Sigl startete nun einen wahren antisemitischen Kreuzzug gegen Wieland und Gäch. Am 30. September schrieb er über den Programmentwurf: „Die um Gäch und Wieland scheinen glücklich da angekommen zu sein, wo sie auch der gehässigste Centrumsmann nie vermuthet hätte: unter den Hebräern. In wie weit dieser verrückte Sprung der niederbayerischen ‚Führer' mit denen um Kleitner auch die Bauernschaft ins Lager des Löb Sonnemann mitzureißen geeignet ist, bleibt allerdings abzuwarten, d.h. es steht jetzt schon fest, daß jeder vernünftige Bauer sich bedanken wird, der ‚volksparteilichen' Judenschaft Zutreiberdienste zu leisten." Dem Programm selbst schrieb er umstürzlerischen Charakter zu: „Freilich, es ist nicht nur demokratisch, sondern sogar radikal, so radikal, daß nur noch das berühmte ‚écrasez l'infâme' (‚Vernichtet die Infame', die Kirche nämlich) fehlt, daß es revolutionär sei. Glaubt man denn, indem man Geistlichkeit, Beamtenthum und die ganze bestehende Ordnung bekämpft, die Landwirthschaft heben zu können? Und der wirthschaftliche Theil? Augenscheinlich kostete es schwere Mühe, jüdische, freihändlerische und agrarische Interessen unter einen Hut zu bringen. Aber mit Wieland und Gäch geht es schon." Deshalb lautete sein spöttisches Fazit: „Den Herren Gäch und Wieland steht die Jakobinermütze [Symbol der Französischen Revolution] vortrefflich zu Gesicht."

Schwab verteidigte sich gegen Sigls Angriffe, indem er am 25. September eine Erklärung veröffentlichte, in der er dem so genannten Münchner Programm eine antisemitische Motivation unterstellte. Damit hoffte er, Sigl befriedigt zu haben. Um die Autorität der Erklärung zu erhöhen, setzte er die Namen Wieland, Eisenberger, Riebenack, Schäfer und Jehl unter den Text. Gleichzeitig lud er in deren Namen für den 3. Oktober zu einer unverbindlichen Beratung über das Programm nach München ein[297]. Diese Erklärung stellte einen völligen Alleingang Schwabs dar. Er hatte Wielands Namen gegen dessen ausdrücklichen Willen darunter gesetzt und auch schon das Münchner Programm ohne dessen Ein-

*Karikatur auf die anhaltenden innerbündlerischen Streitigkeiten, in: Die Geissel vom 3. Oktober 1896.*

verständnis veröffentlicht[298]. Aber Schwab war eben ein Wichtigtuer. Der ehemalige Hilfslehrer aus dem niederbayerischen Mariakirchen hatte sich nicht gescheut, seinem Bericht über die Mooshamer Versammlung persönlich motivierte Angriffe gegen einen journalistischen Kollegen in ihrer vollen Belanglosigkeit voranzustellen[299]. In seinem Bericht über die Freisinger Generalversammlung genierte er sich nicht, seine programmatischen Ausführungen in aller Ausführlichkeit wiederzugeben, während er diejenigen der zweifellos wichtigeren Bauernbundsführer Thüngen, Wieland und Gäch nur kursorisch anführte[300]. Weil er die ehemals gemäßigt klerikale Neue freie Volkszeitung als Redakteur an die Seite der Bauernbundsbewegung geführt hatte[301], ging er ganz selbstverständlich davon aus, dass ihm im Bayerischen Bauernbund eine führende Rolle zustehe. Erstaunlich ist die Penetranz, mit der er Wieland in zahlreichen Briefen seine taktischen Vorstellungen aufdrängte, wobei er bisweilen im Befehlston schrieb. Dabei setzte er als ehemaliger Sozialdemokrat einiges Sendungsbewusstsein daran, den Bayerischen Bauernbund in linkes politisches Fahrwasser zu bringen und Wieland von der Notwendigkeit eines radikaldemokratischen politischen Programms zu überzeugen[302].

Mit der eigenmächtigen Publikation des Münchner Programms und der Erklärung vom 25. September war Schwab nun aber zu weit gegangen. Als der 3. Oktober gekommen war, fehlte Wieland mit seinem gesamten Anhang. Der kleinlaut auftretende Schwab musste die Straubinger Richtung alleine vertreten und die Kritik der Oberbayern am Fehlen Wielands einstecken. Kleitner versuchte zwar Sigl mit antisemitischen Lippenbekenntnissen zu beruhigen, musste sich aber doch dessen Häme gefallen lassen. Sigl urteilte hart über „S[eine]. Quatschmauligkeit den Dr. Confusius Loquax" und „seinen geliebten Sohn, den Eisenfresser von Ruhpolding". Denn es „erlitt die Komödie einen grimmigen Durchfall, alldieweil mehrere Hauptrollen unbesetzt blieben und die untergeordneten Kleitner'schen Galopins sich vergeblich abmühten, sich in die Rollen der Fehlenden einzuarbeiten". Sigl hoffte, Wieland und Gäch „mochte doch endlich einmal die Erkenntniß beigebracht worden sein, daß es für sie doch nicht räthlich sei, Arm in Arm mit der Kleitnerbauernschaar sich der ‚volksparteilichen' Judenschaft als Stallknechte zu verdingen"[303]. Während sich Sigl zufrieden über die Entwicklung zeigte, war Eisenberger von Wieland wieder einmal sehr enttäuscht. Am 4. Dezember schrieb er ihm, „es wurde von allen unseren Sektionsvorständen auf das lebhafteste bedauert, das von den niederbayerischen Führern keiner gekomen ist; besonders wären unsere Bauern auf dich gespannt gewesen; ich kann es heut noch nicht begreifen, warum Ihr nicht gekommen seit? – Wie schön wäre es gewesen, wenn du gekommen wärst, dann wären die meisten am Montag in die Landwirthschaftliche Versammlung gegangen, dann hätten wir den hohen Herrn im Landwirthschaftsrat [Spitzengremium des Landwirtschaftlichen Vereins] einen Strich durch ihre Rechnung gemacht, aber weil du am Samstag nicht gekommen bist, waren unsere Leute mürisch und sind die meisten nach Hause gereißt."

## Generalversammlung in Nürnberg

Warum Wieland in der Öffentlichkeit nicht mit dem von ihm mitgestalteten Münchner Programm in Verbindung gebracht werden wollte, wird erst verständlich, wenn man berücksichtigt, dass am 7. Oktober die Generalversammlung des Bayerischen Bauernbundes in Nürnberg stattfinden sollte. Wie aus einem Brief hervorgeht, den ihm Schwab am 24. September geschrieben hatte, hatte sein ursprünglicher Plan darin bestanden, in Nürnberg die Vereinigung des Thüngenbundes mit dem Kleitnerbund zu vollziehen und zu diesem Zweck alles zu vermeiden, was das spätestens in Moosham geweckte Misstrauen der Franken noch weiter hätte nähren können. Weil die von Schwab vorzeitig veröffentlichte programmatische Einigung mit den Oberbayern die Franken aber zwangsläufig vor den Kopf stoßen musste, scheiterte einstweilen Wielands Vorhaben, die Franken nach der Verständigung mit den Oberbayern innerhalb des Bayerischen Bauernbundes zu majorisieren. Von einer Einigung mit dem Kleitnerbund war im unmittelbaren zeitlichen Vorfeld der Nürnberger Generalversammlung nicht mehr die Rede.

Gefährdet war nun darüber hinaus aber auch noch die Wahl Wielands zum Nachfolger des amtsmüden Thüngen. Weil darin aber eine notwendige Voraussetzung für die nun zeitlich verschobene Einigung mit den Oberbayern bestand, war Wieland nach Schwabs eigenmächtiger Aktion gezwungen, das Münchner Programm am 7. Oktober in aller Ausdrücklichkeit zu verleugnen[304]. Erwartungsgemäß begann Thüngen sein Referat in Nürnberg gleich mit einer Absage an jeglichen Demokratismus: „Dem nothleidenden Landwirth liegt herzlich wenig daran, ob das Ein- oder Zweikammersystem herrsche, ihm sei die Hauptsache, daß er seine Produkte zu einem Preis verkaufe, daß sich der Anbau derselben lohnt. Einen Mangel an politischer Freiheit empfinde er auch gegenwärtig nicht, aber einen Mangel an lohnendem Absatz.“ Unter dem Beifall der Anwesenden kritisierte er das Münchner Programm Punkt für Punkt, weil es „von Großstadtluft durchweht und für die Landwirthe direkt gefährlich sei“.

Im direkten Anschluss an Thüngen versuchte Schwab das Münchner Programm zu rechtfertigen, wurde aber von Wieland erwartungsgemäß im Stich gelassen. Dieser erklärte, „daß er auch mit einem solchen langen Programm, wie es in München nach der Besprechung erschienen, nicht einverstanden ist“. Immerhin machte er keinen Hehl aus seiner Abneigung gegenüber der Reichsrätekammer, da sie „in einem konstitutionellen Staate nicht passe“.

Wieland musste umsichtig argumentieren. Der Weg, der von Moosham zu Riblinger geführt hatte, war seinen innerbündlerischen Kontrahenten sehr wohl bekannt. Von Sinzinger musste er sich vorhalten lassen: „Wenn solche Forderungen plötzlich auftauchen, wie sie Dr. Gäch in Moosham vorgebracht habe, so erschwere dieß die politische Thätigkeit sehr. Er bitte, in Zukunft doch auch daran zu denken, ob sich solche Forderungen parlamentarisch vertreten lassen." Daraufhin versuchte Gäch seine „Mooshamer Forderungen wie Wahl der Geistlichkeit und der Beamten durch das Volk" zu rechtfertigen – „findet aber damit keinen Anklang", so die Augsburger Abendzeitung. Der Landwirt Theodor Dirr (1857–1931) aus Anhofen bei Günzburg trat als Sprecher der den Franken nahe stehenden schwäbischen Bauernbündler auf und erklärte, dass auch sie „an solchen fast revolutionären Anschauungen, wie sie in Niederbayern zu Tage getreten sind, Anstoß nehmen".

Angesichts dieses Widerstandes mussten sich Wieland, Gäch und Schwab völlig unterwerfen. Einstimmig beschloss die Versammlung die Ablehnung des Münchner Programms. Derart in Vorleistung gegangen, musste es für die Anhänger Wielands eine Provokation darstellen, als Dirr anschließend erklärte, Wieland unter keinen Umständen als Präsidenten des Bayerischen Bauernbundes akzeptieren zu wollen. Gäch drohte daraufhin, den Bayerischen Bauernbund mit dem gesamten Anhang Wielands verlassen zu wollen. In dieser angespannten Situation erwies Sigl den Gegnern Wielands einen Bärendienst, indem er sich einen Adeligen als Nachfolger Thüngens wünschte und deshalb behauptete: „Es sei ganz falsch, daß ein Bauer unbedingt Präsident sein müsse und beweist dies durch die großen machtvollen rheinischen und westfälischen Bauernvereine, die durch Graf Loë und Graf Schorlemer-Alst geleitet wurden." Sigl konnte mit seinem Einwand niemanden überzeugen, weil er damit auf den wirtschaftsliberalen Agrarexperten Hans Veit Graf von Törring-Jettenbach (1862–1929) abzielte.

Tatsächlich gab es keine Alternative zu Wieland, da sich keiner seiner Gegner die Verantwortung für den auseinanderbrechenden Bayerischen Bauernbund aufbürden wollte. Thüngen sah sich infolgedessen gezwungen, für Wieland Partei zu ergreifen, wenn er sich seines Amtes entledigen wollte. Er wies deshalb darauf hin, dass Wieland derzeit der einzige mögliche Kandidat sei. Viele der Anwesenden konnte Thüngen damit freilich nicht überzeugen. Wielands radikale Agitation gegen Beamte und Klerus wurde vor allem in Franken als kontraproduktiv und abstoßend empfunden. Von den 50 anwesenden Delegierten gaben schließlich nur 28 einen Stimmzettel ab, wovon wiederum nur 21 auf Wieland lauteten. Wieland war damit zum Bundesvorsitzenden gewählt. Um ihn aber sogleich in die Schranken zu weisen, lieferte ihm Memminger am 9. Oktober eine geharnischte Wahlnachlese. Er wies Wieland in aller Deutlichkeit darauf hin, dass „in Franken außer Thüngen Niemand für Sie war. Die Leute fürchten den Einfluß des Dr. Gäch auf Sie, den sie ebenso scheuen wie den Dr. Kleitner." Er drohte ihm deshalb: „Jede Anbandelung mit dem letzteren wird den Abfall der Franken und Schwaben sofort nach sich ziehen."

So war es Memminger aufgrund des ungeschickten Verhaltens Schwabs geradezu in den Schoß gefallen, die Allianz zwischen den Anhängern Wielands und den Oberbayern zu verhindern, so die Gefahr einer Radikalisierung der Bauernbewegung im demokratischen Sinn einstweilen zu bannen und Wielands Position als Präsident des Bayerischen Bauernbundes zu schwächen. Wieland und Eisenberger vereinbarten daraufhin einen Waffenstillstand, wonach der Bayerische Bauernbund unter Wieland und der Bayerische Bauern- und Bürgerbund unter Eisenberger organisatorisch getrennt bleiben sollten, wobei sie sich die gegenseitige Unterstützung im Kampf gegen gemeinsame Gegner zusagten. Eisenberger fügte sich in sein politisches Schicksal und sah ein, „wenn wir jetzt auf Einigung hinarbeiten, dann vergeuten wir nur die Zeit"[305]. Und auch Wieland dachte resigniert, „ob es nicht besser ist, über die Vereinigung hinwegzugehen". „Also gut," – so Wieland weiter – „wenn jemand von Euch kommt, freut es mich und wenn Niemand kommt, sind und bleiben wir doch stets gute Freunde, die sich jederzeit kräftigst unterstützen." Gezeichnet: „Dein bester Freund: Franz Wieland."[306] Während zwischen den Ober- und den Niederbayern ein Zustand wohlwollender Neutralität herrschte, belauerten sich die Franken und die Niederbayern gegenseitig, um auf den besten Moment für das Zuschlagen zu warten. Dies verschaffte dem Bayerischen Bauernbund in dem halben Jahr nach der Nürnberger Generalversammlung eine vorher nicht gekannte Ruhe.

## Konspirative Verhandlungen in Hierlbach

Es war dann wieder Schwab, der die Bauernbundsbewegung durch seine ehrgeizigen Versuche, den Bayerischen Bauernbund mit dem Bayerischen Bauern- und Bürgerbund auf der Grundlage des Münchner Programms zu vereinigen, in Unruhe versetzte. Die Zentrumspresse nahm diese Bemühungen gerne zum Anlass, die bevorstehende Vereinigung des Bayerischen Bauernbundes mit der Sozialdemokratie zu verkünden[307]. Dadurch litt die bündlerische Agitation erheblich, worüber sich ein anonymer Anhänger Wielands gegenüber diesem am 15. April 1897 beklagte: „Leider ist die Lage für uns Bauernbündler im Kollbachthal seit einigen Tagen sehr bedenklich geworden, du weißt ja selbst, lieber Wieland, was für eine Hetze in der Centrums Presse herscht, als ob Wieland mit den Sozialdemokraten sich vereinigt hätte; man kann den Spot öffentlich aussprechen hören: Bauernbündler oder Sozialdemokrakt." Er rief Wieland deshalb auf, „das du die Bauern und auch die unzufriedenen Handwerker und Gewerbetreibenden aufklären und die Verdächtigung und Verläumdung, als ob der Bauernbund auch eine Umsturz-Partei, welche die weltliche und geistliche Autorität nicht achtet, welche keine Vaterlands-Liebe, keine Anhänglichkeit zum Bayerland nicht mehr hat, sondern welche alles gesetzliche über Bord werfen möchte, das du, liber Wieland, diese Verläumdungen Wort für Wort wieder legst".

Wieder einmal hatte es Schwab durch unüberlegtes Vorgehen geschafft, Wieland in Zugzwang zu bringen und damit dem gemeinsamen Ziel zu schaden. Denn angesichts dieser Zentrumsagitation war es von vornherein aussichtslos, als Schwab auf der Ingolstädter Generalversammlung des Bayerischen Bauernbundes am 25. April 1897 beantragte, die Einigung mit den Oberbayern auf der Grundlage des Münchner Programms in Nürnberg vorzubereiten. Gäch gelang es immerhin, die Situation für den linken Flügel des Bayerischen Bauernbundes mit einem Kompromissantrag zu retten, wonach Verhandlungen mit dem Kleitnerbund ohne programmatische Festlegungen vorbereitet werden sollten[308]. Wieland war mittlerweile zu der Einsicht gekommen, Schwab ausschalten zu müssen, wollte er zu einer Vereinigung mit den Oberbayern kommen. Brechen konnte er nicht mit ihm, denn er durfte sich nicht auch noch diesen Redakteur zum Feind machen. An Eisenberger schrieb er darum am 9. Mai, dass er sich mit ihm „ohne irgendwelchen Redakteur oder Doktor noch sonstigen Menschen bezüglich der Vereinigung" aussprechen wolle[309]. In aller Stille wollte er die Vereinigung der beiden Bünde alleine mit Eisenberger vorbereiten. Dabei wollte er sich nicht stören lassen von den Bundesredakteuren, die in seinen Augen nur von Ehrgeiz und Konkurrenzneid beseelt sein mussten.

Wie sehr diese tatsächlich um seine Gunst buhlten und ihren Kollegen zu schaden versuchten, zeigen die zahlreichen Briefe in Wielands Nachlass, in denen Schwab, Sigl, Memminger, die beiden Zeitler und der journalistisch ambitionierte Arzt Dr. Franz Lang, ein ehemaliger Mitarbeiter Sigls aus Solln[310], fast unablässig gegeneinander hetzten. Selbstkritisch hatte ihm Memminger am 8. August 1896 deshalb geschrieben: „Daß Sie die Redakteure nicht leiden mögen, wundert mich nicht."

Indem Wieland und Eisenberger ihre Verhandlungen vor den Bundesredakteuren verbargen, gelang es ihnen tatsächlich, unbemerkt von der Öffentlichkeit zu bleiben, als sie im September 1897 auf Wielands Hierlbacher Gut eine Übereinkunft aushandelten. Die Verhandlungen wurden nicht von einer vorzeitigen öffentlichen Zeitungsdiskussion ge- bzw. zerstört. Durch die strenge Klausur drang nichts nach außen, weshalb die Augsburger Abendzeitung noch am 20. September prophezeien konnte, dass der Bauernbundsbewegung aufgrund des „ewigen Gezänks im eigenen Hause" das baldige Ende drohe. Es musste deshalb wie ein Donnerschlag aus heiterem Himmel wirken, als Eisenberger am 25. September auf der Delegiertenversammlung des Kleitnerbundes in München bekannt gab, dass er sich mit Wieland auf der Grundlage des Münchner Programms geeinigt hatte. Die Delegierten billigten Eisenbergers Vorgehen einstimmig. Zur Vereinigung bedurfte es jetzt nur noch der Zustimmung des Wielandbundes. Dieser nahm die programmatische Einigung tags darauf auf einer ebenfalls in München abgehaltenen Delegiertenversammlung ohne Änderungen an. Tumultartig entwickelte sich die Versammlung allerdings, als Eisenberger darauf bestand, die vereinigten Bauernbünde unter dem oberbayerischen Namen Bayerischer Bauern- und Bürgerbund firmieren zu lassen, um dadurch Unterstützer auch außerhalb der Landwirtschaft im Bereich des gewerblichen Mittelstandes zu werben. Wieland lehnte ab, da dieser Name und das dahinter stehende Parteikonzept seinem radikalen Agrarismus widersprachen. Er fürchtete, „wenn man den Bund ‚Bauern- und Bürgerbund' taufen würde, die Bürger namentlich in größeren Städten sich der Bauern-Bewegung bemächtigen und für sich ausbeuten würden. Die Bauern müssen aber die Oberhand behalten und sich auf eigene Füße stellen." Auf Wähler außerhalb der Landwirtschaft legte Wieland keinen Wert: „Auf die Bürger in den Städten können wir uns nie verlassen. Überlassen wir ihnen unsere Bewegung, ist es mit den Bauern vorbei. Es ist traurig, wenn Dr. Kleitner wenigstens indirekt sagte, die Bauern sind zu dumm, ihre Sachen im Parlamente selbst zu vertreten. Die Bauern sind in der Lage, ihre Angelegenheit selbst zu vertreten. Der gleiche Fehler wurde jüngst von Dr. Kleitner gemacht, als von der Gründung einer Volkspartei die Rede war. Man wollte damit nichts anderes bezwecken, als fremde Elemente unter uns Bauern hineinzubringen. Auf diesen Leim gehen wir nicht.“ Wieland hatte damit deutlich gemacht, dass er Kleitner mitsamt seinem Parteikonzept immer noch ablehnte, nur ein Interesse an den landwirtschaftlichen Mitgliedern des Bayerischen Bauern- und Bürgerbundes hatte und durchaus bereit war, die Einigung an der Namensfrage scheitern zu lassen. Eisenberger gab schließlich nach. Der Weg für die Einigung war damit nach vielen Irrungen und Wirrungen endlich frei. Obwohl nur einige Delegierte des Kleitnerbundes anwesend waren, wurde Wieland per Akklamation zum Bundespräsidenten gewählt und Eisenberger nach dem freiwilligen Rücktritt Schunks zu seinem Stellvertreter[311].

Wieland hatte sich auf der ganzen Linie durchgesetzt. Er stand nun an der Spitze der erstmals geeinten bayerischen Bauernbünde. Im wirtschaftlichen Teil des Einigungsprogramms musste er nur auf den Antrag Kanitz verzichten, der momentan ohnehin nicht aktuell war, nachdem ihn der Reichstag abgelehnt hatte. Und der demokratisch-egalitäre politische Teil entsprach sowieso seinen Vorstellungen. Einen Widerspruch zwischen seiner Forderung nach programmatischer Beschränkung auf wirtschaftspolitische Angelegenheiten und der Aufnahme demokratischer verfassungspolitischer Postulate sah er nicht. Tatsächlich entsprang Wielands Wunsch nach umfassenderer Beteiligung an der politischen Willensbildung der Tatsache, dass die landwirtschaftlichen Interessen zunehmend gegen den Staat und seine bürokratischen und adeligen Eliten durchgesetzt werden mussten. Er hatte seine emanzipatorischen Forderungen gegen den politischen Einfluss von Adel, Geistlichkeit und Beamtenschaft stets auch ohne Druck seitens der oberbayerischen Bauernbundsbewegung um Kleitner erhoben. Die Übernahme der demokratisch-egalitären Programmpunkte aus dem oberbayerischen Programm ist deshalb weit mehr Wielands tiefer Überzeugung geschuldet als dem bloßen Wunsch nach organisatorischer Vereinigung mit dem Kleitnerbund[312].

*„Die beiden Präsidenten des ‚Bayerischen Bauernbund'",*
*in: Neue freie Volkszeitung vom 4./5. Oktober 1897.*

Für Eisenberger war der Kompromiss schmerzhafter. Er war nicht nur in der Namensfrage unterlegen, sondern er musste auch Kleitner fallen lassen und sich damit seines engsten und wichtigsten Weggefährten entledigen. Kleitner versuchte sich noch Wieland anzubiedern, indem er ihm in der Bodenzinsfrage Unterstützung anbot[313]. Weil ihn dieser erwartungsgemäß aber nicht mit offenen Armen empfing, beschwerte er sich gegenüber Vilsmaier bald wieder über Wieland: „Ich habe zwar derartige autokratische Neigungen des Herrn Wieland und seines Beraters Dr. Gäch vorausgesehen; ich bin aber nicht gewillt, sie jetzt oder in Zukunft passieren zu lassen, solange ich Mitglied des Bundes bin."[314] Und genau das wollte er nicht mehr lange bleiben. Kleitner ging rasch dazu über, die Einigung zwischen Wieland und Eisenberger zu hintertreiben[315]. Ebenso bald begann wieder die Agitation der gemäßigten Rottaler Richtung gegen die Einigung. So beschwerte sich Eisenberger am 5. Oktober 1897 bei Wieland über „die hundsgemeinen Hetzartikel, die die Pfarrkirchener Bundeszeitung gegen den Bayrischen Bauernbund loslässt". Ruhig verhielten sich jedoch die Franken. Memminger wollte die weitere Entwicklung abwarten und schien die Einigung zwischen Wieland und Eisenberger – wohl oder übel – einstweilen gebilligt zu haben. Am 22. Oktober 1897 bot er Wieland seine Unterstützung an und lud ihn nach Franken ein.

In der Neuen freien Volkszeitung berichtete Schwab euphorisch über die Wahl Wielands und Eisenbergers an die „Spitze einer Volksbewegung, welche der Schrecken aller jener Parteien geworden ist, welche bisher nur für ihren und den Geldbeutel der Reichen gesorgt und die Interessen des bäuerlichen und gewerblichen Mittelstandes schmählich vergessen haben"[316]. Kritischer urteilte die liberale Fränkische Zeitung. Die Bauernbündler seien „nach wie vor ein kleines Häuflein ehrgeiziger, vorlauter, aber minderwertiger Agitatoren, die ohne fremde Unterstützung zur völligen Ohnmacht verdammt sind. Ihr politisches Programm, das in der Handapotheke der Bauerndoktoren zusammengebraut ist, ist von erfrischendem Radikalismus, der nach alten, liberalen Rezepten hergestellt, aber fast so verschwommen ist wie die wirtschaftliche Forderung auf Hebung der Preise der landwirtschaftlichen Produkte."[317]

*„... da solche Herrn ja doch nur kleine unfähige Kinder in der Landwirthschaft sind ...“*

## Die feindliche Übernahme des Landwirtschaftlichen Vereins

Für den Erfolg der Vereinigung der bayerischen Bauernbünde war es nicht unbedeutend, dass sich Wieland und Eisenberger im Kampf gegen den Landwirtschaftlichen Verein im Laufe des Jahres 1897 immer näher gekommen waren. Der Landwirtschaftliche Verein in Bayern war 1810 gegründet worden. Seine Aufgabe sah dieser nicht in agrarpolitischer Interessenvertretung, sondern in der Förderung der landwirtschaftlichen Produktion im Dienste des Gemeinwohls, weshalb er sich als unpolitischer Verein verstand. Obwohl der Landwirtschaftliche Verein beanspruchte, für die gesamte bayerische Landwirtschaft zu sprechen, waren es Beamte, die neben den Geistlichen in den Vorstandspositionen dominierten. Während die Mitgliedschaft einerseits nicht auf Agrarier beschränkt war, trat andererseits überhaupt nur etwa ein Fünftel der bayerischen Landwirte bei. Der Landwirtschaftliche Verein war von staatlichen Zuschüssen abhängig, seine Geschäftsführung wurde weitgehend in den staatlichen Amtsstuben erledigt, von der Staatsregierung wurden seine Experten zur Begutachtung in produktionstechnischen Fragen herangezogen, seine Vertreter saßen in den Aufsichtsräten und Beiräten staatlicher Einrichtungen und Kommissionen. Seine Organisationsstruktur war somit Ausdruck der bis zur Industrialisierung bestehenden Identität zwischen agrarischen und staatlichen Interessen[318].

Da die landwirtschaftlichen Interessen aufgrund der voranschreitenden Industrialisierung immer mehr gegen den Staat vertreten werden mussten, erschien der Landwirtschaftliche Verein nicht mehr dafür geeignet. Infolgedessen hatte Wieland auf einer Bauernbundsversammlung in Großeisenbach bei Freising am 26. Dezember 1895 gefordert: „Beamte, Geistliche, die von der Regierung abhängig sind, können kein freies Wort sprechen, wenn sie auch noch so sehr ein Herz für das Volk haben. Die Landwirthschaft braucht zu ihrer Vertretung freie sachverständige Männer und das können nur freie, unabhängige und selbst praktisch thätige Landwirthe sein."[319] Deshalb forderte er seine Berufskollegen zunächst auf, aus dem Landwirtschaftlichen Verein auszutreten[320]. Auch in der Zentrumspartei wurde der Landwirtschaftliche Verein kritisiert. Ihre Agrarpolitiker erblickten in diesem immer mehr eine ungebührlich privilegierte Konkurrenz um politischen Einfluss[321].

Aufgrund der parteiübergreifenden Ablehnung, die der Landwirtschaftliche Verein innerhalb der Bauernschaft zunehmend erfuhr, diskutierte dessen Generalkomitee am 15. und 16. Januar 1895 eine Satzungsänderung. Deren erklärtes Ziel sollte es sein, die Bauern zur verstärkten Mitarbeit zu bewegen und dadurch vor allem im Hinblick auf die Bauernbundsbewegung beruhigend auf sie zu wirken. Darum wurde auch Thüngens Vorschlag abgelehnt, den Landwirtschaftlichen Verein zu politisieren und zum Instrument partikularer agrarischer Interessenvertretung zu gestalten. Der oberbayerische Gutsbesitzer Carl Freiherr von Cetto-Reichertshausen (1841–1928) erwiderte ihm, „daß solche agitatorische Dinge nicht in das Statut aufgenommen werden, wie auch eine derartige agitatorische Thätigkeit nicht Aufgabe des Vereins sein könne. Dieß werde außerhalb des Vereins mehr als zur Genüge besorgt." Zustimmung fand dagegen Innenminister Feilitzsch. Er sah den Zweck des Landwirtschaftlichen Vereins nach wie vor darin, „den Landwirthen behilflich zu sein, billiger zu produciren, besser zu wirthschaften, bessere Einnahmen aus ihrem Betriebe zu erzielen, insbesondere durch genossenschaftlichen Verkauf"[322].

Wieland ging die Satzungsreform nicht weit genug. Ein Exemplar des Satzungsentwurfs, das sich in seinem Nachlass befindet, kommentierte er mit „taugt nichts", „weg damit", „nur bessere Preise schaffen resp. dahin wirken", wo es sich um den Einfluss der staatlichen Verwaltung handelte. Er reagierte auf die Satzungsreform, indem er seine Taktik gegenüber dem Landwirtschaftlichen Verein änderte und diesem nun selbst beitrat[323]. Welchem Zweck sein Beitritt dienen sollte, machte Gäch deutlich, als er am 14. September 1895 in Straubing vollmundig ankündigte, dass nun der Kampf gegen den Landwirtschaftlichen Verein beginne[324]. Die erste Gelegenheit dazu bot sich Wieland wenige Wochen später auf dessen

Generalversammlung in München. Da das Generalkomitee seine Beratungen über die Satzungsreform noch nicht abgeschlossen hatte, stand sie nicht auf der Tagesordnung. Wieland vermutete jedoch, dass die einfachen Mitglieder aus dem Entscheidungsfindungsprozess herausgehalten werden sollten. Dies brachte ihn derart in Rage, dass er mitten in die Diskussion über das Referat des Landesinspektors für Tierzucht hineinplatzte und die Änderung der Tagesordnung erzwingen wollte. Er hatte offenbar keine Ahnung von Geschäftsordnungen, und wenn er sie gehabt hätte, wären sie ihm egal gewesen. Jedenfalls gelang es dem Vorsitzenden Maximilian Graf von Soden-Fraunhofen (1844–1922), Wielands Vorstoß mit dem Hinweis auf die Geschäftsordnung abzuwehren. Er machte ihn darauf aufmerksam, dass in den Bezirks- und Kreiskomitees genügend Gelegenheit bestanden habe, die Satzungen zu diskutieren. Wenn er wolle, so dürfe er aber nun einen Redebeitrag über den Viehhandel leisten, woraufhin es Wieland beleidigt vorzog zu schweigen[325].

Schließlich trat aber ein, was Wieland befürchtet hatte. Am 25. Oktober 1895 wurden die neuen Satzungen des Landwirtschaftlichen Vereins aufgrund eines Beschlusses des Generalkomitees ohne vorherige Befragung der Generalversammlung völlig satzungsgemäß in Kraft gesetzt. Weil sich Wieland zu spät entschieden hatte, dem Landwirtschaftlichen Verein beizutreten, hatte er keine Möglichkeit mehr, seine Vorstellungen in den Bezirks- und Kreiskomitees des Landwirtschaftlichen Vereins einzubringen. Er reagierte am 18. Januar 1896 mit einer erbosten Erklärung im Niederbayerischen Anzeiger: „Für den Fall aber, daß überhaupt nur Doktoren, Professoren, Pfarrer und Beamte etc. etwas zu reden haben, so möchte ich mir doch noch die Frage erlauben, was es dann mit der Landwirthschaft sein soll, da solche Herrn ja doch nur kleine unfähige Kinder in der Landwirthschaft sind und davon nicht einmal das ABC verstehen, weil eben Landwirthschaft sehen, Landwirthschaft treiben oder gar von der Landwirthschaft leben ein Unterschied ist, von dem solche Herren sich gar keine Vorstellung machen können."

In Zorneding hatte er am 5. Januar behauptet, dass die neuen Satzungen vom Landwirtschaftlichen Verein bewusst „verheimlicht" wurden, „denn je bekannter dieselben geworden wären, desto verhasster wären sie geworden; denn sie entsprechen nur gewissen Herren, nicht aber den Landwirthen". Wieland befürchtete, dass „Beamte und Geistliche, die recht froh sein dürfen, wenn sie auf dem Feld Korn und Haber unterscheiden können", den Landwirtschaftlichen Verein auch künftig dominieren werden. Diese hätten aber bereits in der Vergangenheit versagt: „Was hätte der landw. Verein nicht alles thun können z. B. beim Wapperlgesetz, gegen die Verfälschung der landw. Produkte, so aber, wenn wir seine Thätigkeit für die Landwirthschaft seit 25 Jahren betrachten, müssen wir sagen: wir geben keinen Pfennig dafür, während wir doch jährlich unsere Beiträge zahlten. Es war nur ein Verein, welcher dazu diente, das Volk im guten Willen und unterthänig gegenüber der Regierung, fromme Schafe, zu erhalten." Lebhaften Beifall erntete er, als er seine Zuhörer fragte: „Nennen Sie mir einen anderen Verein, einen Schumacher- oder Schneiderverein, der einen Beamten oder Geistlichen an die Spitze stellt! Keiner ist so blöd wie die Bauern, dies zu thun." Er forderte deshalb seine Zuhörer dazu auf, dem Landwirtschaftlichen Verein fleißig beizutreten und die Führung darin zu übernehmen[326].

## Terror gegen die Bezirksamtmänner

Er selbst war mit Gäch mit gutem Beispiel vorangegangen. Gemeinsam hatten sie die feindliche Übernahme der Landwirtschaftlichen Bezirksausschüsse, die bisher unter dem Namen Bezirkskomitee bekannten Vorstandschaften der Bezirksvereine, von Straubing und Bogen vorbereitet. Als der Bogener Bezirksamtmann Jakob Schödtl, Vorsitzender des dortigen Landwirtschaftlichen Bezirkskomitees, am 15. Dezember 1895 die Generalversammlung des Landwirtschaftlichen Bezirksvereins eröffnen wollte[327], blickte er in eine Menge fremder Gesichter. Denn Wieland und Gäch waren mit zahlreichem Anhang finster dreinblickender Bauern erschienen. Da Neuwahlen durchzuführen waren, forderte Schödtl die Nichtmitglieder dazu auf, den Saal zu verlassen. Wie aus dem Bericht des Bezirksamtmannes bekannt ist, weigerte sich Gäch „unter lebhafter Zustimmung seines Anhangs" der Aufforderung Folge zu leisten, „da alle Landwirte ein Interesse an dem Ausfall dieser Wahl hätten".

Vor die Alternative gestellt, die Anwesenheit der Nichtmitglieder zu dulden oder sie mit Gewalt zu entfernen, entschied sich der Bezirksamtmann zur Nachgiebigkeit. Um eine ordnungsgemäße Wahl zu gewährleisten, forderte Schödtl aber, dass sich die Mitglieder ausweisen sollten. Aber auch diese Forderung „stieß auf so lebhaften Widerspruch, daß an der Nichtdurchführbarkeit dieser Maßnahme nicht zu zweifeln war". Der Bezirksamtmann wurde immer nervöser: „Um nun Skandal und die unausbleibliche Rauferei zu vermeiden, frug ich ganz ruhig die Versammlung, ob sie mit dem Bleiben der Nichtmitglieder und Nichtlegitimierten einverstanden sei, worauf der Gäch'sche Anhang laut seine Zustimmung gab, ein Protest der übrigen Mitglieder aber sich nicht erhob." Diese, so der Bezirksamtmann, „befürchteten nicht zu Unrecht, bei Äußerungen, die nicht mit den Gäch'schen Anschauungen übereinstimmten, daß es zu Thätlichkeiten kommen werde". Gäch aber hatte nun genug von den geschäftsordnungsmäßigen Einwänden des Bezirksamtmanns, drängte ihn beiseite und übernahm die Versammlungsleitung kurzerhand selbst. Auf seinen Antrag hin beschlossen die Anwesenden, per Akklamation zu wählen. Daraufhin forderte Wieland das Wort. Er führte aus, „daß es bedauerlich sei, daß andere Mitglieder als wirkliche Landwirte auch wahlberechtigt seien und forderte ausdrücklich dazu auf, ja keinen Beamten, insbesondere keinen Bezirksamtmann, in den Ausschuß zu wählen".

Von Wielands und Gächs Anhang eingeschüchtert, hüteten sich die Anhänger des Bezirksamtmanns trotz wiederholter Aufforderung Schödtls, Vorschläge für die Besetzung des Bezirksausschusses zu machen. Infolgedessen wurden auch nur Anhänger Wielands und Gächs gewählt. Die Schlussrede Gächs „klang in ein Hoch auf Wieland aus". Schließlich kam es aber doch noch zu Tätlichkeiten, als auf einen erklärten Gegner Gächs „mit harten Gegenständen geworfen wurde". Selbst hatte Schödtl diesen Vorfall nicht beobachten können, weil er es vorgezogen hatte, die Versammlung nach der Wahl aus Angst um seine körperliche Unversehrtheit so schnell wie möglich zu verlassen. Wenige Tage später wurde Gäch vom Bezirksausschuss einstimmig zu dessen Vorsitzenden gewählt, was nach dem Bericht der Augsburger Abendzeitung deutliche Änderungen in der Mitgliederstruktur des Landwirtschaftlichen Bezirksvereins von Bogen zur Folge hatte: „Die Geistlichen traten aus dem Vereine; die Bauern traten dafür zahlreich ein."[328]

Nach Ansicht des Bezirksamts Bogen glich der dortige Landwirtschaftliche Bezirksausschuss seither „unter Dr. Gäch's Leitung mehr einem radikal-bauernbündlerischen Agitationskomite als einer Vertretung der landwirtschaftlichen Interessen des Distriktes Bogen"[329]. Wie unerhört Wielands und Gächs Vorgehen gegen den Vertreter des Staates tatsächlich war, zeigte sich vor allem darin, dass die Bogener Versammlung zum Gegenstand von Legendenbildungen wurde. Ein Bauer aus der Nähe von Freising glaubte zu wissen, „daß bei der Versammlung in der Nähe von Bogen Sie Hr. Wieland mit Ihren Trabanten oder Schutztruppe, aus 30 bis 40 Bauernknechten u. dgl. bestehend, gekomen wären, Jeder einen tüchtigen Stock, Sie selber hätten einen Knittel oder Brügel gehabt, bei der Ankunft denselben geschwungen und gerufen, So! jetzt sind wir da, jetzt sollen Sie kommen"[330].

Wieland nutzte die Aura der Gewalt, die ihn seither noch dichter als bisher umgab, um den Bogener Triumph am 21. Dezember in Straubing nach dem gleichen Muster zu wiederholen. Als der erste Vorsitzende des Straubinger Bezirksausschusses, Bezirksamtmann Eugen Crusilla (1844–1927), die Nichtmitglieder zum Verlassen des Versammlungslokals, des Straubinger Dietlsaales, aufforderte, verlangte Wieland unter dem Beifall seines Anhangs, „daß alle Landwirthe anwesend bleiben dürfen, da der landwirthschaftliche Verein den Landwirthen gehöre". Crusilla war jedoch aus härterem Holz geschnitzt als sein Bogener Kollege. Er drohte die Versammlung zu schließen, wenn die Nichtmitglieder seiner Aufforderung nicht nachkämen. Als eine nicht genauer ausgeführte, aber sicher nicht schmeichelhafte Entgegnung Wielands „stürmischen Beifall" fand, erklärte Crusilla die Versammlung für geschlossen und verließ unter hämischen Bravo- und Hochrufen den Saal. Daraufhin übernahm Wieland selbst die Versammlungsleitung und führte die Wahl des Bezirksausschusses durch, der anschließend ihn zum Ersten und Hien zum zweiten Vorsitzenden erkor[331].

Die Vorgänge in Bogen und Straubing konnten schon wegen ihres rechtswidrigen Charakters nicht folgenlos bleiben. Am 27. Dezember suchte der niederbayerische Regierungspräsident Fuchs von Bimbach und Dornheim in einem Schreiben an den Innenminister persönlich nach Erklärungen für die Vorgänge in Straubing und Bogen und fand sie im Rahmen des herkömmlichen Überlegenheitsgefühls der Bürokratie in der moralischen Inferiorität der Landbewohner: „Die Bevölkerung hat als Erbstück aus früheren guten Tagen ein gut Theil Bauernstolz und eine gründliche Missachtung der staatlichen Autorität und ihrer Träger herübergenommen und ist durch die unausgesetzten Wühlereien der Bauernbundsführer derartig verhetzt, daß sie in jedem Beamten einen offenbaren Feind und in den Versprechungen des Dr. Gäch et Cons. ihr Evangelium sieht. Die Leute sind dabei in Bildung und Moral ganz auffallend zurück, es wäre doch sonst kaum denkbar, daß in einer im Allgemeinen noch gut situirten und angeblich streng gläubigen Bauernschaft Persönlichkeiten wie Wieland, der keineswegs eine Musterlandwirthschaft führen, sondern in beengten Verhältnissen stehen soll, und Dr. Gäch mit ganz unbedeutendem Grundbesitz, aber desto bedeutenderen Makeln auf seiner Ehre, die Führerrolle spielen und einen ganz bedeutenden Landstrich terrorisieren können." Wieland und Gäch aber „erschweren eben jede Thätigkeit auf landwirthschaftlichem Gebiete, weil sie gegen jede Selbsthülfe des Bauernstandes durch Genossenschaftsbildung etc., die sie nach dem Muster des Agrariers v. Thüngen als ‚kleine Mittel' verwerfen, gewissenlos agitieren". Umso mehr war der Regierungspräsident geneigt, die Wahlen von Bogen und Straubing wegen der Beteiligung von Nichtmitgliedern annullieren zu lassen[332]. Der ängstlich um seine Ruhe bedachte Bezirksamtmann von Bogen hielt dies nicht für eine gute Idee und teilte nach Landshut mit, dass sich Nichtmitglieder am Wahlakt selbst nicht beteiligt hätten[333]. Anders der Straubinger Bezirksamtmann, der voll und ganz hinter der Annullierung der Wahl stand. Während Gäch Vorsitzender des Bogener Bezirksvereins bleiben konnte, wurde Wielands Wahl vom Bayerischen Landwirtschaftsrat, dem neuen Spitzengremium des Landwirtschaftlichen Vereins, am 13. Januar 1896 annulliert[334].

## Wegen Beleidigung vor dem königlich-bayerischen Landgericht

Die Straubinger Wahl musste deshalb am 15. Februar 1896 wiederholt werden. Wieland wollte nicht klein bei geben und erschien diesmal nur mit Mitgliedern des Landwirtschaftlichen Vereins in seinem Anhang. Wieder fiel er durch „rohes Benehmen" auf, wie die klerikale Donau-Zeitung berichtete. Er warf dem Bezirksamtmann vor, Mitgliedsbeiträge veruntreut zu haben, schmiss ihm einige Obszönitäten (z. B.: „Heraus mit Ihrem Flederwisch") an den Kopf und riet ihm schließlich, besser wieder das „Hasenpanier" zu ergreifen. Crusilla ließ sich jedoch nicht einschüchtern und beklagte sich darüber, „daß durch das Auftreten Wielands, wie es scheine, eine Mauer zwischen dem Bezirksamtmann und den Amtsangehörigen aufgeführt werden solle, was dem Bezirke sicher nicht zum Wohle gereichen könne. Man mache es ihm schwer, wenn man in solch' roher Weise gegen ihn auftrete, den Wünschen solcher Leute mit offenen Armen entgegen zu kommen." Diese Aussage nahm Wieland zum Anlass, um gegen Crusilla wegen Amtsmissbrauchs Klage zu erheben. Daraufhin wurde er vom Bezirksamtmann aufgrund seines Verhaltens bei der ersten Straubinger Versammlung wegen Hausfriedensbruchs verklagt und aufgrund seines Bereicherungsvorwurfs und der vorgebrachten Obszönitäten bei der zweiten Straubinger Versammlung wegen Beamtenbeleidigung. Der gegen den Bezirksamtmann gerichtete Vorwurf des Amtsmissbrauchs wurde zurückgewiesen, die Wieland treffende Anzeige wegen Hausfriedensbruchs und Beamtenbeleidigung jedoch nicht.

Die Verhandlung wegen Beamtenbeleidigung fand in Straubing vor dem königlich-bayerischen Landgericht statt. Der Zuschauerraum war mit Anhängern Wielands übervoll besetzt. Da er sich im Recht glaubte, verzichtete er auf einen Verteidiger. Er gab zu, die ihm vorgeworfenen Aussagen getroffen zu haben, bestritt jedoch die beleidigende Absicht, was ihm keiner im Gerichtssaal glauben wollte. Die Aussagen der von ihm benannten Entlastungszeugen – darunter die bündlerisch gesinnten Großbauern Heinrich Schreyer aus Mitterharthausen und Johann Baptist Unger (1866–1935), Wielands Hierlbacher Nachbar – erwiesen sich als unbrauchbar. Die Schlinge um Wielands Hals zog sich noch enger, als sich der von ihm als Zeuge für den Bereicherungsvorwurf benannte Pieringer Ökonom Georg Schütz außer Stande sah, diesen zu bestätigen. Der Staatsanwalt empfand es deshalb umso abstoßender, dass „der Beamte" nach Wielands Auffassung „überhaupt ein Mensch ist, der es nicht verdient, daß man ihm Vertrauen entgegenbringt, weil man ihn als Schmarotzerpflanze betrachtet, die nur dazu auf der Welt ist, von dem Schweiße der ackerbautreibenden Bevölkerung sich zu nähren, ohne etwas Entsprechendes dafür zu leisten". Die von Wieland im Streit mit dem Bezirksamtmann gebrauchten Wendungen „könne wohl ein Lehrer zu einem Schulbuben, aber nicht ein einfacher Bauer zu dem ersten Beamten seines Bezirkes sagen, der

Achtung fordern könne und müsse". Er beantragte deshalb „wegen fortgesetzten Vergehens der Beleidigung" eine Gefängnisstrafe von zwei Monaten. Das Landgericht entschied sich für eine Geldstrafe von 200 Mark. „Langsam und in sichtlich gedrückter und enttäuschter Stimmung entfernten sich die Truppen des verurtheilten Wielands", so die Donau-Zeitung[335]. Immerhin wurde das Verfahren wegen Hausfriedensbruchs eingestellt[336].

An Crusilla hatte sich Wieland die Zähne ausgebissen. Crusilla war im Unterschied zu dem beschwichtigenden Schödtl dazu bereit, die gesetzlichen Möglichkeiten im Kampf gegen Wieland in ihrer ganzen Fülle auszuschöpfen. Obwohl er zugeben musste, „daß dieser Wieland seit meinem Hiersein mir schon viele bittere Stunden bereitet hat", berichtete er am 7. Mai 1897 stolz nach München, dass es Wieland bisher noch nicht gelungen sei, sein Ansehen im Bezirksamt zu zerstören. Dabei wurde Crusillas Verhalten gegenüber Wieland dadurch bestimmt, dass er ihn noch in unliebsamer Erinnerung hatte, seitdem er als Bezirksamtsassessor in Vilshofen gewirkt hatte. Seitdem wusste er, dass Wieland „von ungewöhnlicher Energie u. Entschlossenheit ist u. wenn es sich um Durchführung seiner Pläne handelt, vor bedenklichen Mitteln kaum zurückschrecken wird!"[337]

Wenn Wieland in Straubing auch gegenüber dem Bezirksamtmann unterlag, in der Bauernschaft fruchteten seine antibürokratischen Appelle. Bis 1895 waren an der Spitze fast sämtlicher Landwirtschaftlicher Bezirksvereine Niederbayerns die jeweiligen Bezirksamtmänner gestanden, nur in Mitterfels war es der Bezirkstierarzt, in Abensberg und Simbach am Inn jeweils ein Pfarrer[338]. Für die 1896 beginnende Wahlperiode sah das Bild schon anders aus. Erstmals standen zwei Brauereibesitzer (Mainburg, Mitterfels), zwei Handwerker (Osterhofen, Simbach am Inn) und ein Nebenerwerbslandwirt (Bogen) an der Spitze von Landwirtschaftlichen Bezirkvereinen. In den Bezirksausschüssen nicht nur Bogens und Straubings saßen nun vermehrt Bauernbündler. In Osterhofen etwa hatte Wielands alter Mentor, der Gergweiser Volksschullehrer Karl Richter, das Amt des Schriftführers übernommen[339]. In Straubing wurde nach der Annullierung der Wahl der bündlerisch gesinnte Leiblfinger Bräu Joseph Eßlinger (geb. 1859) an die Spitze des Bezirksvereins gewählt[340]. Am 22. Januar 1896 kündigte der Niederbayerische Anzeiger an, der noch unter dem Vorsitz eines Beamten

„ohne Ar, ohne Halm" stehende Deggendorfer Bezirksverein – der „alte, langweilige, bureaukratisch durchseuchte landw. Verein von anno dazumalen" – „wird bald frischeres Blut bekommen; er kommt in die Mitte zwischen Vilshofen, Osterhofen, Straubing und Bogen und da wird er mitthun bei der nächsten größeren gemeinsamen Versammlung, ob nun mit oder ohne 1. Vorstand – das bleibt sich gleich". Am 15. September fiel dann der Landwirtschaftliche Bezirksverein Landau an der Isar an den gemäßigten Bauernbündler Matthäus Mittermaier (1864–1939), Bräu und Gutsbesitzer in Haunersdorf[341]. Wieland selbst wurde wieder Mitglied im Straubinger Bezirksausschuss, der ihn auch in den Landwirtschaftlichen Kreisausschuss für Niederbayern schickte, wo er nun gemeinsam mit Gäch bündlerische Positionen vertrat[342]. Insgesamt sollen im Kreisausschuss von Niederbayern 16 Bauernbündler gesessen sein[343]. Weil die sonstigen Mitglieder durch die populären Forderungen der Bauernbündler entsprechend in Zugzwang gebracht werden konnten, war es Wieland und Gäch ein Leichtes, den Kreisausschuss für ihre Zwecke zu instrumentalisieren. Am 21. April und am 17. Juli 1896 schloss sich der Kreisausschuss mit Stimmenmehrheit Wielands Position in der Bodenzinsfrage an[344].

## Der gedemütigte Innenminister

Nachdem Wielands erster antibürokratischer Vorstoß in der Generalversammlung des Landwirtschaftlichen Vereins im Herbst 1895 kläglich gescheitert war, hatte er sich nun binnen eines Jahres auf dem Weg von unten nach oben eine Basis geschaffen, die er für ausreichend hielt, um den Vorstoß an der Spitze erfolgreich zu wiederholen. Im Unterschied zu damals bereitete er sich diesmal akribisch vor, wie er am 1. September 1896 in einem Ansuchen gegenüber dem Bayerischen Landwirtschaftsrat zu verstehen gab: „Um einem allenfallsigen unliebsamen Vorkommniß vorzubeugen wie in der vorjährigen Generalversammlung in München, wo man mir als *Landwirth* im landwirthschaftlichen Verein das Wort abschnitt, während *Nichtlandwirthe* unbeanstandet sprechen durften, ersuche ich freundlichst um Zusendung eines Exemplares der Geschäftsordnung deß Landwirthschaftsrathes." Denn die Notlage der Landwirtschaft könne „mit süßen Worten seitens der *Regierungslandwirthschaft* nicht gehoben werden". Er forderte deshalb eine „Satzungsänderung zugunsten der *wirklichen Landwirthe*, denen ja doch der landwirthschaftliche Verein vor *Gott* und der *Welt* gehört, aber leider entrissen worden ist". Einen entsprechenden Antrag kündigte er in dem Schreiben an und bat darum, die „Begründung deß Antrages auf Satzungsänderung und Vortrag über die Pflichten des landwirthschaftlichen Vereins in der gegenwärtigen Zeit der landwirthschaftlichen Nothlage" in die Tagesordnung aufzunehmen[345].

Wieland wollte den Landwirtschaftlichen Verein zur Aufgabe seiner wirtschaftspolitischen Enthaltsamkeit bewegen und ihn vor den Karren des Bauernbundes spannen. Am 5. Oktober 1896, zwei Tage vor Wielands Wahl zum Präsidenten des Bayerischen Bauernbundes, fand die Generalversammlung des Landwirtschaftlichen Vereins in München statt[346]. Anwesend waren auch Innenminister Feilitzsch und Ehrenpräsident Prinz Ludwig (1845–1921), der spätere König Ludwig III. Nach den Geschäftsberichten des Vorsitzenden Soden-Fraunhofen und des Generalsekretärs schlug der Ebersberger Gutsbesitzer Jakob Haan (1840–1902) vor, Wielands Antrag vom Schluss der Tagesordnung an deren Spitze zu setzen. Da viele bündlerisch gesinnte Mitglieder des Landwirtschaftlichen Vereins erschienen waren, wurde Haans Antrag mit Mehrheit angenommen. Damit war es Wieland gelungen, die Versammlungsregie den Händen Sodens zu entreißen. Nun gehörte die Generalversammlung ganz ihm. Nachdem er über die Ungerechtigkeit der Bodenzinse hergezogen und das Programm des Bayerischen Bauernbundes vorgestellt hatte, begann er der Staatsregierung vorzuwerfen, der Notlage der Landwirtschaft untätig zuzuschauen, während er dem Landwirtschaftlichen Verein agrarpolitische Unfähigkeit nachzuweisen versuchte.

Für den Innenminister entstand eine heikle Situation. Es konnte leicht der Eindruck entstehen, als sei die Staatsbürokratie nicht mehr Herr der Lage. Feilitzsch wollte deshalb selbst auf die Angriffe antworten und überging Soden. Er spielte die finanzielle Bedeutung der Bodenzinsfrage herunter, bezeichnete das Programm des Bayerischen Bauernbundes als utopisch und wies Wielands Angriffe auf die Staatsregierung zurück: „Nachdem der landwirthschaftliche Verein, die kgl. Staatsregierung und die gesetzgebenden Faktoren bekanntlich unausgesetzt bemüht seien, der Landwirthschaft zu helfen, sei es unbegreiflich, wie Referent diese Bestrebungen völlig ignorire oder dem Anscheine nach nicht kenne. Überall im Auslande werde gerade auf Bayern hingewiesen, als dem Lande, wo am meisten für die Landwirthschaft geschieht." Nach dieser Erwiderung verzichtete Wieland darauf, seine Behauptungen durch einen Antrag zu legitimieren. Es war ihm auch ohne einen solchen gelungen, die Vorstandschaft zu demütigen, ihr vor den Augen des königlichen Prinzen die Versammlungsregie zu entreißen und dadurch die Macht der Bauernbundsbewegung zu demonstrieren.

Erstmals hatte Feilitzsch die respektlose Wieland'sche Versammlungsagitation mit eigenen Augen und Ohren beobachten können – und sie gefiel ihm nicht. Ohne im mindesten Verständnis für die Motive der Bauernbundsbewegung zu zeigen, schrieb er am 27. Mai 1897 an Prinzregent Luitpold über Wieland: „Beamte und Geistliche haßt er ohne Grenzen und betrachtet jeden von ihnen von vorneherein als Feind der Bauern. Sein Streben geht daher dahin, Beamte und Geistliche im öffentlichen Leben zu verdrängen und Bauern seiner Richtung in alle öffentlichen Funktionen einzuführen."[347] Umso mehr beunruhigte es Feilitzsch, dass er eine Intensivierung der antibürokratischen Bauernbundsagitation beobachten konnte, wie er in einem Rundschreiben an die Regierungspräsidenten am 3. Mai deutlich gemacht hatte: „Seit einiger Zeit haben die aufreizenden Agitationen des bayerischen Bauern- und Bürgerbundes und des Niederbayerischen Bauernbundes in Ober- und Niederbayern an Intensivität wirklich zugenommen; die Sprache der Redner in den öffentlichen Versammlungen dieser beiden agrarischen Parteigruppen hat mitunter die Grenzen des gesetzlich Erlaubten nahe gestreift, wenn nicht überschritten." Es würden „nicht selten unwahre oder entstellte Thatsachen behauptet, welche geeignet sind, Staatseinrichtungen oder Anordnungen der Obrigkeit verächtlich zu machen"[348].

Wielands Bemühungen, die Beamten aus dem Landwirtschaftlichen Verein zu drängen, führten nun endgültig dazu, dass die königlich-bayerische Ministerialmaschinerie auf Hochtouren lief, um Maßnahmen zur Eindämmung der Bauernbundsbewegung auszuspucken. Die gesteigerte Hektik, die Wielands Auftreten gegenüber dem Landwirtschaftlichen Verein in den Amtsstuben verursachte, lässt sich deutlich daran erkennen, dass das Innenministerium von den Bezirksämtern verlangte, die Originalberichte über die Bauernbundsversammlungen direkt und nicht über den zeitraubenden Umweg über die Kreisregierungen zugestellt zu bekommen[349].

## Verstärkter bürokratischer Druck auf Wieland

Eine Lösung erschien im Innenministerium umso dringender, als der Wieland vorauseilende Ruf der Gewalttätigkeit in den untergeordneten Bezirksämtern zu einer wachsenden Verunsicherung über die zu ergreifenden Maßnahmen führte. So ließ sich der junge Bezirksamtsassessor von Neustadt an der Waldnaab aus Angst vor physischen Übergriffen von vier schwer bewaffneten Gendarmen begleiten, als er zur Überwachung einer von Wieland bestrittenen Versammlung nach Weiden abgeordnet wurde[350]. Um sich bei seinen Vorgesetzten nicht als unfähig zu erweisen, versuchte der Landauer Bezirksamtmann Franz Xaver Bader indes, den Einfluss Wielands zu verharmlosen. Nach einer Versammlung des Landwirtschaftlichen Bezirksvereins berichtete er an die Regierung von Niederbayern etwas widersprüchlich und ungeschickt, dass der „Beifallssturm ein sehr mäßiger" gewesen sei, als Wieland seine Rede beendet hatte. Damit wollte er offenbar verdecken, dass es ihm nicht gelungen war, zu verhindern, dass Wieland die Änderung der Tagesordnung durchdrückte und eine „Resolution Wieland-Gäch" gegen die Bodenzinse zur Annahme brachte, bevor alle Anwesenden in ein Hoch auf Wieland und Gäch einstimmten[351]. Eine Lösung für das Problem, das Wieland für die Bürokratie darstellte, lag aber offenbar auch nicht in Crusillas kompromisslosem Vorgehen. Der Regierungspräsident von Niederbayern kam nach der Affäre um die Wahl des Landwirtschaftlichen Bezirksausschusses von Straubing zu dem Schluss, dass Crusilla „den zur Zeit sehr schwierigen Verhältnissen des Amtes Straubing nicht vollständig gewachsen ist. Er macht den Eindruck eines etwas verschlossenen und verdrossenen Beamten; es fehlt ihm an dem rechten Berufseifer und an Liebe zu seinem Amtsbezirke. Dieß ist ihm bei den Verhältnissen im Amtsbezirke und auch nach dem Auftreten der Bauernbündler gegen ihn allerdings nicht allzu sehr zu verargen, steht aber doch seiner ersprießlichen Thätigkeit hindernd im Wege."[352]

Entsprechend der obrigkeitsstaatlichen Tradition der königlich-bayerischen Staatsbürokratie, war diese nicht bereit, das von Wieland geforderte willfährige Werkzeug der Landwirtschaft abzugeben. Deshalb reagierte sie auf die Herausforderungen des Bauernbundes mit einer Mischung aus obrigkeitlicher Fürsorge und Druck. Zu den fürsorglichen Maßnahmen zählten die Satzungsreform des Landwirtschaftlichen Vereins, eine amtliche Untersuchung über den Zustand der Landwirtschaft in Bayern und behördliche Unterstützung von genossenschaftlichen Selbsthilfeeinrichtungen[353]. Diese Maßnahmen sollten das Bild der bürokratischen Obrigkeit in der Öffentlichkeit prägen. Sie wollte als gütige und hilfsbereite Instanz erscheinen, die unangefochten und immer als Herr der Lage für das Gemeinwohl Sorge trug. Dieses Bild durfte durch ein allzu restriktives und nervöses Vorgehen gegen die Bauernbundsbewegung nicht beeinträchtigt werden. Daher die Kritik am kompromisslosen Vorgehen Crusillas; darum die Scheu der Reichsrätekammer, Wieland wegen einer Beleidigung vor Gericht zu bringen[354]; deshalb die milde Beurteilung, die Wieland vor Gericht stets widerfuhr. Feilitzsch wollte bestimmt, aber zurückhaltend gegen die Bauernbundsbewegung vorgehen, wie er in einer Anweisung an die Regierungspräsidenten deutlich machte. Er forderte diese auf, die Bauernbundsversammlungen „sorgfältigst überwachen zu lassen, bezüglich des Verlaufes jeder einzelnen Versammlung strenge zu prüfen, ob die Abgeordneten der Polizeibehörde ihren gesetzlichen Verpflichtungen nachgekommen sind, und eventuell in angemessener Weise Remedur eintreten zu lassen"[355].

Alle bürokratischen Aktivitäten, die die öffentliche Aufmerksamkeit zu erregen in der Lage waren, sollten sich also nur innerhalb des gesetzlichen Rahmens des geltenden Versammlungsrechts bewegen. Drohte die Aufmerksamkeit der Öffentlichkeit nicht, bewegte sich die Bürokratie jedoch auf dem schmalen Grat zwischen restriktiver Auslegung der gesetzlichen Bestimmungen und Rechtsbruch. So verlangte der Bezirksamtmann von Bogen von den Polizeistationen in seinem Gebiet in aller Diskretion, „alle Anregungen der Parteihäuptlinge Gäch, Wieland, Echinger, Bruckmaier p.p. sofort dem Bezirksamte zu melden". Weil der Schwarzacher Stationskommandant in dieser Hinsicht etwas nachlässig erschien, wurde ihm der Befehl vom Bezirksamtmann „wiederholt persönlich ausdrücklichst in Erinnerung gebracht und namentlich ihm angetragen, Strafanzeigen auf Anregung des Dr. Gäch, außer wenn der Station die einschlägigen Bestimmungen und Verhältnisse ganz klar sind, besonders bei Amtshandlungen der Pfarrer, Bürgermeister, Gemeindediener, nur nach vorgängiger Information bei der Cividienstbehörde zu erstatten"[356].

Während die Öffentlichkeit vom bürokratischen Druck auf die Bauernbundsbewegung nichts mitbekommen sollte, bekam Wieland den Druck der staatlichen Behörden durchaus zu verspüren. Unbemerkt von der Öffentlichkeit konnte Wieland schikaniert werden, indem von ihm verlangt wurde, dass er als Bundespräsident auch noch die Versammlungen in den kleinsten Dörfern selbst bei der Aufsichtsbehörde anmelden musste[357]. Während sich diese Maßnahme immerhin noch im Rahmen des Versammlungsrechts bewegte, war die Bürokratie aber auch dazu bereit, Gastwirte durch diskrete Drohungen davon abzuhalten, Bauernbundsversammlungen aufzunehmen. Am 8. Mai 1895 bekam Wieland einen Brief von dem erkenntlich niedergeschlagenen Eichendorfer Gastwirt Eduard Reichenwallner. Dieser teilte ihm mit, daß er „von Seite höherer Behörde sowie hiesiger Geistlicher und anderer Behörden viel Unangenehmes erfahren habe", seitdem bekannt geworden war, dass in seinem Wirtshaus eine Bauernbundsversammlung stattfinden sollte. Es sei ihm deshalb mit „Geschäftseinbuße und Schaden" gedroht worden, weshalb er Wieland absagte.

Das wollte sich Wieland nicht gefallen lassen. Am 15. Mai 1895 beschwerte er sich bei der Regierung von Niederbayern über den Landauer Bezirksamtmann Ludwig Heß. Da der völlig eingeschüchterte Reichenwallner Wieland im Stich ließ und behauptete, nicht bedroht worden zu sein, wurde die Beschwerde schließlich abgewiesen[358]. Pikant war dies jedoch vor allem deshalb, weil Heß überhaupt keinen Grund sah, die Vorwürfe zu leugnen. Er hatte es als seine Pflicht angesehen, die Bauernbundsversammlung in Eichendorf zu verhindern, da „bekannt ist, welchen Abgrund von Rohheit, Verwilderung und Verbitterung diese Versammlungen der Bauernführer Wieland und Gäch mit sich führen, ich deßhalb meine Amtsangehörigen vor dem Eindringen dieser moralischen Pest bewahren wollte, habe ich, soweit dieß ohne Bloßstellung meiner amtlichen Stellung geschehen konnte, von Abhaltung fraglicher Versammlung, welche voraussichtlich den Frieden und die Eintracht der Bevölkerung des Bezirks störe, abgerathen. Ich habe mich als ein um Wohl und Wehe seines Bezirks besorgter Verwaltungsbeamter zu diesem Abrathen nicht allein berechtigt, sondern sogar verpflichtet gehalten, da den in frage stehenden alle Grundpfeiler der bestehenden Ordnung unterwühlenden und zur vollständigen Verwilderung führenden Bauernversammlungen wohl zunächst nur auf diesem Wege entgegen gewirkt werden kann." Allein die Tatsache, dass sich Wieland überhaupt erfrecht hatte, sich über ihn zu beschweren, brachte den Staatsdiener in Rage: „Wenn der niederbayerische Bauernbund in seinen volksaufwiegelnden Führern Wieland und Gäch so unnahbar ist, daß ein Verwaltungsbeamter sich fürchten muß, irgend ein tadelndes Wort über dieselben zu seinen Amtsangehörigen in so eminent wichtigen Angelegenheiten, wie sie hier in Frage stehen, zu sagen, so dürfte seine Wirksamkeit überhaupt schon auf dem Nullpunkt angekommen sein."[359]

## Ein Desaster für die Beamten

Wieland aber reizte der Druck, den die Bürokratie speziell gegen ihn und Gäch aufbaute, nur zu noch größerem Widerstand. Er verfeinerte deshalb seine Taktik zur feindlichen Übernahme des Landwirtschaftlichen Vereins. In einem Brief an Eisenberger kündigte er diesem am 6. Juni 1897 an, am Tag vor der Generalversammlung des Landwirtschaftlichen Vereins am selben Ort eine Bauernbundsversammlung abzuhalten, und zwar „nur deßwegen, damit recht viele Bauern zur Generalversammlung kommen". Darüber hinaus hielt er es „für sehr nothwendig, daß wir kurze Zeit vorher in der Umgebung Münchens, wo also die Leute nicht soweit nach München haben, einige Bundesversammlungen entweder in Gemeinschaft oder auch einzeln halten, damit wir recht viele Bauern bereden können, bei der Generalversammlung des landw. Vereins in München zu erscheinen". Sollte ihnen, Wieland und Eisenberger, das Wort nicht erteilt werden, „so stellen wir, falls wir natürlich die große Majorität hinter uns haben, Antrag auf Abänderung der Tagesordnung, welcher dann auch angenommen werden muß. Ich nehme an, daß du ganz sicher mit meinem Plane einverstanden sein wirst, da wir auf diese Weise einen fürchterlichen Druck auf die Regierung ausüben können". Man müsse es „der Regierungslandwirthschaft mit Cylinder und Frack ebenso machen, dann werden sie zahm und mild werden müssen und werden es auch, wenn sie sehen, daß ihnen anderswie das Abhalten einer Versammlung überhaupt nicht mehr möglich ist"[360].

Ende August begann Wieland mit den angekündigten Versammlungen in der Umgebung Münchens. Mittlerweile hatten sich seine Befürchtungen erhärtet, dass ihm auf der Generalversammlung das

Wort durch einen Antrag entzogen werden sollte. Wie er an Eisenberger schrieb, hatte er deshalb den Plan, „den Stiel umzukehren und zu beantragen daß der 2. Redner mit seinem Kalkdüngungsvortrag auf die vierte Stelle gesetzt werde. Dann können wir Bauern ruhig abtreten und den großen Herren die Kalkdüngung überlassen."[361]

Wielands Strategie schien aufzugehen, als der Tag der Generalversammlung am 27. September 1897 gekommen war[362]. Das Wochenblatt des Landwirtschaftlichen Vereins bemerkte: „[...] besonders zahlreich waren die bäuerlichen Vereinsmitglieder erschienen, aber auch der Großgrundbesitz und andere Interessentenkreise waren gut vertreten." Weil der Präsident des Bayerischen Landwirtschaftsrates verhindert war, wurde die Versammlung von dessen Stellvertreter „Gutsbesitzer Professor Dr. Ritter von Ranke" eröffnet – allein dieser Name musste für Wieland schon eine Provokation darstellen. Nach dem Referat über „Auswahl und Anwendung von Kraftfuttermitteln zur Erzielung einer rationellen Mastung" setzte Wieland plangemäß zur Übernahme der Generalversammlung an. Unterstützt von seinem Anhang beantragte er erfolgreich die Änderung der Tagesordnung, um wieder einmal über „Die Nothlage der Landwirthschaft in Bayern und Bodenzinse" zu sprechen. Er warf dem Landwirtschaftlichen Verein Versagen vor, indem er bemerkte, „daß die Landwirthe nur durch ihre anhaltende Nothlage gezwungen seien, die Vertretung ihrer Interessen selbst in die Hand zu nehmen". Im Anschluss daran ergriff Gäch das Wort. Er erklärte sich „mit der bisherigen Behandlung der Bodenzinsfrage, wobei eine allmählige Ablösung des Bodenzinses in Aussicht genommen sei, durchaus nicht einverstanden" und behauptete, „daß andere Erwerbs- und Berufsstände Seitens der Staatsverwaltung und Gesetzgebung schon längst besser berücksichtigt worden sind als die Landwirthschaft". Cetto-Reichertshausen appellierte daraufhin an die Versammlung, „dem Landwirthschaftsrathe dasjenige Vertrauen zu schenken, auf welches derselbe wegen seiner bisherigen erfolgreichen Thätigkeit einen wohlbegründeten Anspruch besitze". Der Innenminister versuchte um Verständnis dafür zu werben, dass die Staatsregierung bei ihren agrarpolitischen Maßnahmen „durch die verfügbaren Mittel und durch die Rücksicht auf die anderen Stände" gebunden sei.

Ein geeignetes Mittel gegen den Ansturm der Bauernbundsprominenz stellten derartige hilflose Appelle nicht dar, zumal diese dem

Landwirtschaftlichen Verein in seltener Einmütigkeit entgegentrat. So sah die Versammlung sogar Kleitner auf der Seite Wielands. In Übereinstimmung mit diesem bezeichnete er die Bodenzinse als „Raub und Betrug", was ihm einen Ordnungsruf des Versammlungsvorsitzenden eintrug. Trotzdem erinnerte er den aus königlichem Hause stammenden Ehrenpräsidenten an die Französische Revolution, „wo 1789 in einer Nacht sämmtliche Feudallasten in Frankreich von den gesetzgebenden Faktoren abgeschafft wurden", und ermahnte ihn, „daß man die Zeichen unserer Zeit richtig verstehen möge, weil sonst eine große Gefahr für den Staat heraufbeschworen würde". Als sich auch noch Heim als Trittbrettfahrer erwies und die bündlerischen Forderungen zur Bodenzinsproblematik als Sprecher der Christlichen Bauernvereine unterstützte, war Wielands Triumph über die staatliche Bürokratie vollständig. Hilflos musste sie zusehen, wie er die Versammlungsregie übernahm. Aufgrund der vorangeschrittenen Zeit musste der geplante gelehrte Vortrag über die Vorzüge der Kalkdüngung dann schließlich entfallen.

Trotz dieses Triumphes gelang es Wieland nicht, den Landwirtschaftlichen Verein dauerhaft umzustrukturieren. Als er nach dieser Generalversammlung in den Landtag gewählt wurde, stellte er seine Bemühungen zur feindlichen Übernahme des Landwirtschaftlichen Vereins ein. Ohne Störungen durch aufgehetzte Bauernbündler liefen dessen Generalversammlungen seither wieder ruhig ab. Die Tagesordnungen konzentrierten sich wieder auf produktionstechnische und betriebswirtschaftliche Angelegenheiten. Wieland besaß keinen effektiv und kontinuierlich arbeitenden bürokratischen Apparat, der in der Lage gewesen wäre, sein Ringen mit dem Landwirtschaftlichen Verein eigenständig fortzusetzen. Sein Kampf bestand aus kaum koordinierten Einzelaktionen, deren Erfolg weitgehend von der Wirkung seiner persönlichen Anwesenheit abhängig war. Solchermaßen war der Umsturz einer fest gefügten Organisation, wie sie der Landwirtschaftliche Verein darstellte, nicht zu erreichen. Wieland machte nur die Mauern des Landwirtschaftlichen Vereins mürbe, damit sie von Heim nach dem Ersten Weltkrieg umso leichter eingerissen werden konnten. Aber immerhin erschien seine Forderung nach praktischen Landwirten an der Spitze des Landwirtschaftlichen Vereins in der Bauernschaft derart plausibel, dass am Vorabend des Ersten Weltkrieges bereits 19 Prozent der Vorsitzenden der Landwirtschaftlichen Bezirksausschüsse Landwirte waren[363].

*„Lieber preußisch werden,*
*als bayerisch verderben!"*

# Als skandalträchtiger Abgeordneter im Landtag

Im Herbst 1897 war im Landtagswahlkreis Landau an der Isar eine Nachwahl notwendig geworden, da der bisherige Mandatsinhaber, der Passauer Staatsanwalt Max Söldner von der Zentrumspartei, zum Richter am Landgericht Amberg befördert worden war. Söldner konnte jedoch erneut kandidieren. Während Wieland für den Bayerischen Bauernbund antrat, hatte Söldner seine Kandidatur nach anfänglicher Bereitschaft jedoch wieder zurückgezogen. Denn er hatte den Rückhalt der Zentrumsleitung verloren. Als einer der maßgebenden Persönlichkeiten der Bauernvereinsbewegung war er für eine taktische und programmatische Annäherung des Zentrums an die Bauernbundsbewegung eingetreten, was ihn zu einem der hauptsächlichen Kritiker der Parteileitung um Daller, Pichler und Orterer gemacht hatte. Die unter deren Einfluss stehende Zentrumspresse führte deshalb im Vorfeld des Landtagswahlkampfes eine wahre Pressekampagne gegen ihren Parteifreund[364]. Um einen innerparteilichen Kritiker mundtot zu machen, war das Führungstrio des Zentrums sogar bereit, einen Sieg Wielands in Kauf zu nehmen, wobei Daller hoffte, dass sich Wieland in der aufreibenden Landtagsarbeit verbrauchen werde, wie er am 9. Oktober 1897 in der Zentrumsfraktion deutlich machte: „Was die Sache selbst anlangt, so wird vielleicht der Nimbus des Wieland etwas verbleichen, wenn er in die Kammer der Abgeordneten kommt. Hier gibt es keinen Platz für Hetzreden, ein solcher Fixstern verträgt es nicht, daß man ihm in der Abgeordnetenkammer so energisch ins Gesicht schneidet."[365]

Wieland ließ in seinem Wahlaufruf keinen Zweifel daran, gegen wen seine Landtagstätigkeit gerichtet sein werde. Er versprach, „dem schmachvollen Treiben des Centrums durch wiederholt bevorstehende Aufbesserung der Geistlichkeit entgegen zu treten, indem gerade dieses bauernmöderische Centrum für die Abschaffung der

Bodenzinse keine Mittel zu haben oder zu finden sich den stets heuchlerischen Anstrich gibt“[366]. Wieland kündigte damit einen stürmischen Wahlkampf an, weshalb Pichler den Anhängern des Zentrums riet, „die Herren mögen schauen, daß sie nicht Prügel bekommen; es war das bei der letzten Wahl ein Spektakel, die Herren haben gewütet ohne Gesetz, es waren sogar Geistliche in der Gefahr, geprügelt zu werden“[367]. Söldner, der von Pichler überredet worden war, Wieland den Wahlkreis nicht kampflos zu überlassen und wenigstens der Form halber zu kandidieren, zog es deshalb vor, im Wahlkampf nicht persönlich aufzutreten, „da er nicht gesonnen ist, sich und seinen Stand den rohen Angriffen der Bündler auszusetzen“[368].

Am Wahltag, dem 21. Oktober, herrschte bei der Auszählung der Stimmen der 151 Wahlmänner lautlose Stille, so der Bericht der Augsburger Abendzeitung. Als der Wahlkommissar „die Zahl 75 für Wieland nannte, konnte man eine Nadel fallen hören, so ruhig war es geworden. Als dann wieder der Name ‚Wieland‘ aus dem Munde des Wahlkommissärs kam, ging ein unterdrücktes Bravo durch den Saal, das sich den an den Ausgängen postirten Bündlern mittheilte und sich in die unteren Räume fortpflanzte, wo Wieland inmitten seiner Knappen des Resultates harrte.“ Schließlich lautete das Ergebnis 84 Stimmen für Wieland, 67 für Söldner[369]. Wenn auch Wieland den Wahlkreis nicht aus eigener Kraft, sondern aufgrund der vom Zentrum selbst ausgegangenen Querelen gewonnen hatte, so war der Jubel trotzdem groß. Wieland aber mimte den schicksalsergebenen Helden und „nahm die Beglückwünschungen seiner Anhänger wie etwas Selbstverständliches entgegen“[370].

Wieland besaß eine ganz klare Vorstellung von der Arbeit eines Landtagsabgeordneten. Anlässlich seiner ersten Kandidatur im Wahlkreis Landau hatte er am 15. Juli 1895 erklärt: „Ich werde bei der hohen Regierung sagen, das muß gehen, auch wenn man mir sagt, das geht nicht. Wenn mir auch widersprochen wird, so trete ich doch frei auf. Alle Parteien sollen vom Landwirt und Gewerbetreibenden in den Winkel gesetzt werden, das Volk muß eine Majorität in den Landtag bringen.“[371] Die Augsburger Abendzeitung prophezeite deshalb am 23. Oktober 1897, als sie darüber berichtete, dass mit Wieland „ein Bündler von der radikalsten Richtung“, „ein Mann, der sich die Bekämpfung der Regierung als erste und wichtigste Aufgabe gesetzt hat“, in die Abgeordnetenkammer eingezogen sei: „Was dem neuesten Abgeordneten an Redegewandtheit und Schlagfertigkeit abgeht, das ersetzt er durch Derbheit und durch ungeschminktes Hervorbringen dessen, was er auf dem Herzen hat." Er sei „rücksichtslos gegen den Gegner u. kennt ebensowenig eine Schonung der ‚Freunde', wenn diese ihm Anlaß zur Unzufriedenheit gegeben haben". Darum habe „der ‚Tag von Landau' der Kammer keine im Sinne des gedeihlichen Fortgangs der Arbeiten schaffensfähige und schaffenswillige Kraft" zugeführt. Eher werde sich „wieder ein neuer Hemmschuh an den Landtagswagen anhängen". Trotz der Unkenrufe freute sich zumindest der Bauernbundsparlamentarier Adalbert Braun auf seinen neuen Kollegen. Am 14. Oktober hatte er ihm geschrieben: „Ich und meine Collegen wünschen von Herzen, das du mit großer Meiorität gewählt wirst in Landau, den das Centrum hat jetzt schon große Angst vor den bösen Wieland."[372]

Dass Wieland bereit war, seine programmatischen und taktischen Versprechen einzulösen, zeigte bereits sein erster Redebeitrag im Plenum der Kammer der Abgeordneten am 30. Oktober 1897. Anlässlich der Beratung des Militäretats forderte er das Kriegsministerium auf, die Militärpferde bei den bayerischen Bauern und nicht im Ausland zu kaufen. Wenn die Kammer der Abgeordneten seinem Begehren nicht folgen wolle, so drohte er, „muß und wird das Mißtrauen, das bereits ziemlich eingerissen ist, unter allen Umständen sehr bedenklich noch mehr steigen; es muß sich steigern und wird sich steigern, und wenn dieß hohe Haus sich nicht entschließt, in dieser Beziehung ein scharfes Wort einzulegen, dann wird das Mißtrauen auch vielleicht auf das hohe Haus sich ausdehnen, und zwar sehr bedenklich"[373].

Um seine derb-radikale Taktik durchzusetzen, musste Wieland aber zunächst die bündlerische Landtagsfraktion auf sich einschwören. Die Bauernbundsabgeordneten, die Wieland ohnehin nicht alle wohlgesonnen waren, hatten mittlerweile einiges an Parlamentserfahrung hinzugewonnen. Sie wussten um die Notwendigkeit von Kompromissen und wollten sich nicht auf Wielands obstruktive Strategie einlassen. Wieland musste sich deshalb von Friedrich Kurz belehren lassen: „Was deine Ansicht betrifft, daß unser Antrag zu wenig scharf ist u. die Bodenzinse etc. sämtlich sofort mit Stumpf u. Stiel ausgerodet werden sollen, wäre dieß auch unser sehnlichster Wunsch, jedoch ist dieß leichter gewünscht als ausgeführt." Kurz nutzte die Gelegenheit, um seinen Parteiführer darüber zu informieren, dass die Abgeordneten des Bundes in der Frage der Verstaatlichung der Mobiliarversicherung einem gemäßigten Antrag des Zentrums zustimmen werden, „damit wenigstens einmal der Anfang gemacht wäre“. Vor allem aber kritisierte er ihn wegen seines Streites mit Ratzinger. Er warf ihm vor, „daß du denselben zu streng beurtheilst“. Überhaupt hielt er Wielands Gerede von einem „Complott Sigl Ratzinger Sinzinger“ für eine „curiose Anschauung“. Er war deshalb zu dem Schluss gekommen, dass Wieland die Hauptschuld an den andauernden innerbündlerischen Streitigkeiten habe, was er ihm unverblümt mitteilte[374]. Damit hatte Kurz gleich zu Beginn von Wielands Landtagstätigkeit für klare Verhältnisse gesorgt. Die Bundesabgeordneten waren in ihrer Mehrheit weder bereit, sich Wieland zu unterwerfen, noch von Ratzinger abzulassen.

## Die erste Landtagsrede

Wielands erster eigener Antrag wurde am 10. November behandelt, als der Gesetzentwurf für eine staatlich subventionierte und genossenschaftlich organisierte Landwirtschaftsbank auf der Tagesordnung stand, womit die Staatsregierung der landwirtschaftlichen Kreditmisere abhelfen wollte. Über den Entwurf hinausgehend, wollte Wieland das Recht auf Pfandbriefausgabe im landwirtschaftlichen Kreditverkehr auf die Landwirtschaftsbank beschränken und sie dadurch vor der Konkurrenz der privaten Aktienhypothekenbanken schützen. Die Landwirtschaftsbank, so Wieland, „wird und muß unterliegen, wenn nicht radikal vorgegangen wird, und ich glaube, es ist doch ganz entschieden richtig, wenn einmal Radikalmittel für die Landwirthschaft verlangt werden und warum, meine Herren, soll man sie denn nicht verlangen? Warum soll man sich nicht einmal daran machen, die Dividenden der anderen Banken zu verringern?“ Entsprechend der bürokratischen Strategie, sich in der Öffentlichkeit nicht die Blöße zu geben, die von Wieland in den Amtsstuben hervorgerufene Hektik und Nervosität durchscheinen zu lassen, demonstrierte Finanzminister Emil von Riedel (1832–1906) Überlegenheit. Er reagierte auf Wielands Antrag mit betonter Gelassenheit und versuchte ihn der Lächerlichkeit preiszugeben. Riedel las den Antrag Wielands vor und kommentierte zunächst nur dessen Stilistik: „Nun, meine Herren, über die Redaktion wollen wir nicht streiten. – (Heiterkeit.)" Erst dann ging er auf dessen Inhalt ein. Er hielt Wielands Antrag für verfassungswidrig, erachtete den bisherigen Zuschuss der Staatsregierung für ausreichend und gab zu bedenken, dass auch Wielands Forderungen die Landwirtschaftsbank nicht in die Lage versetzen können, den Kreditbedarf der Landwirtschaft alleine zu decken. Deshalb sei der Antrag „auch vom praktischen Gesichtspunkt aus nichts werth". Vollends gedemütigt wurde Wieland aber dann von Orterer. Dieser stellte Wielands obstruktive Taktik bloß, indem er ihn darauf aufmerksam machte, dass sein Antrag eine Abschwächung der im Bauernbundsprogramm enthaltenen Forderung nach Verstaatlichung des Hypothekenwesens darstellte. Wieland musste sich von Orterer in ironischer Art und Weise dazu aufrufen lassen, das Bauernbundsprogramm doch in seiner vollen Radikalität zu vertreten: „Das ist allein richtig, dann haben wir diesen Grimskrams mit den Banken nicht mehr und machen volle Arbeit. Das würde sehr zweckmäßig sein und allein konsequent von dem Herrn Wieland und seinen Genossen."[375]

Anders als im Hexenkessel der Bauernbundsversammlung war Wieland im Landtag nicht von einer grölenden Menge wohlwollender Anhänger umgeben. Hier war er dem erfahrenen Parlamentarier Orterer hilflos ausgeliefert, was besonders deutlich wurde, als er diesem zwei Tage später unter dem Gelächter der Zentrumsabgeordneten und liberalen Parlamentarier etwas beleidigt antwortete: „Die Bank ist ihrer ganzen Grundanlage nach ja doch nichts Anderes als ein Ausdruck des Grundgedankens von der Übernahme der Hypotheken auf den Staat. (Rufe: So, so!) (Heiterkeit.) Ja, das ist der Grundgedanke! Allerdings wird es noch eine Zeit lang dauern, (Zurufe: sehr wahr!) (Heiterkeit) das werden Sie wohl einsehen. Kommen wird es aber doch."[376] Wielands Antrag wurde schließlich abgelehnt, und die Bauernbundsabgeordneten stimmten dem Gesetzentwurf zu[377]. Somit war die radikale Taktik des Bauernbundsführers bereits wenige Wochen nach seinem Einzug in den Landtag in eine Sackgasse geraten, zumal er sie durch seinen Antrag, der an den eigenen Maßstäben gemessen gemäßigt war, bloßgestellt hatte.

Sehr bald war also bereits offensichtlich geworden, dass es Wieland nicht nur an parlamentarischer Erfahrung, sondern auch an volkswirtschaftlichem Wissen mangelte, um in einer missgünstigen Umgebung in einer wirtschaftspolitischen Debatte bestehen zu können. Memminger schrieb ihm nach diesem ersten enttäuschenden parlamentarischen Erlebnis voller Mitleid: „Für die Kammerverhandlungen mangelt Ihnen offenbar ein Berather. Ihre Anträge zur Landesbank mußten ganz anders lauten, man sah daß Sie in's Bankwesen gar nicht eingeweiht sind."[378] Wieland war aber nicht so dumm, um nicht zu merken, dass er bewusst der Lächerlichkeit preisgegeben und dadurch gedemütigt werden sollte. Von Haus aus ein misstrauischer Charakter, machten sich bei ihm deshalb bereits bald deutliche Anzeichen von Verfolgungswahn bemerkbar. Gegenüber dem Landtagspräsidium beschwerte er sich, dass er als Unterzeichner eines Antrages auf vollständige Abschaffung der Bodenzinse nicht zu den Beratungen des Bodenzinsausschusses eingeladen worden war, obwohl er nach dem Wortlaut der Geschäftsordnung hätte eingeladen werden müssen. Der Landtagspräsident lehnte die Beschwerde jedoch ab, weil Wieland die Geschäftsordnung falsch ausgelegt hatte. Antragsteller waren lediglich berechtigt, an Ausschusssitzungen beratend teilzunehmen, ohne dass eine Einladungspflicht bestand. Dabei bemerkte der Landtagspräsident am 10. Dezember gegenüber dem Plenum, dass er sich gerade aus Rücksicht auf das bekannte Misstrauen Wielands in diesem Fall genau an den Wortlaut der Geschäftsordnung gehalten habe: „Mir ist nicht unbekannt, daß bei manchem der Herren da drüben, und nicht zum Wenigsten beim Herrn Abgeordneten Wieland, ein gewisses Mißtrauen gegen Alles besteht, was von anderer Seite an sie herantritt. Von diesem Standpunkte ausgehend, habe ich es vermieden, mich aus eigener Initiative persönlich mit dem Herrn Abgeordneten in's Benehmen zu setzen. Ich hätte sonst möglicherweise in der Presse, oder auch hier im Hause, den Gedanken aussprechen hören, man habe eine Falle zu stellen gesucht, man habe gewollt, daß Herr Wieland sein Licht unter den Scheffel des Ausschusses stelle, daß er sein Pulver hinter den vier Wänden des Ausschusses verknalle, um dann im Plenum leichteres Spiel zu haben."[379]

## Im Kampf wider die Bodenzinse

Wielands Beschwerde sollte aber nur den Auftakt zu dem parlamentarischen Generalangriff bilden, den er am 10. Dezember auf die Bodenzinse führte. Den Anlass dazu bildete die geplante Reform des Grundentlastungsgesetzes, die die Ablösungsmöglichkeit der Bodenzinse durch eine Ablösungspflicht ersetzten sollte und die jährliche Belastung der Bodenzinspflichtigen durch eine Verlängerung des bisherigen maximalen Ablösungszeitraumes um acht Jahre – bis 1942 – vermindern wollte. An die von Wieland beantragte sofortige und aus dem Staatshaushalt zu finanzierende Beseitigung der Bodenzinse war nicht gedacht. Wieland hatte aus seiner Niederlage bei der Debatte um die Landwirtschaftsbank gelernt und war diesmal besser vorbereitet. Er versuchte mit historischem Wissen zu glänzen und behauptete, „ein großer Theil der Bodenzinse stammt gerade aus jener Zeit, wo der Adel und die Prälaten Hand in Hand gingen und das Volk in schauerlicher Weise bedrängten". Auf die Gegenwart eingehend, fiel ihm auf, dass in Preußen keine Bodenzinse zu bezahlen waren. Er fragte sich deshalb: „Haben wir da keine Ursache, uns Preußen als Muster hinzustellen? Ich bin kein so großer Preußenfreund, wie Sie vielleicht glauben wollen; aber wenn man von einem Staat das Schlechte nimmt, muß man auch das Gute nehmen, nicht blos die Arbeit der Versicherungsgesetze und die Pickelhaube, sondern auch das Gute, die Entlastung von den Bodenzinsen."

Außerhalb Bayerns, so Wieland, existierten Bodenzinse ohnehin nur mehr in der Türkei, weshalb er folgerte: „Hier haben wir civilisirte Bayern den Vorzug, uns den ungebildeten und uncivilisirten Türken zur Seite stellen zu dürfen." Er fand es empörend für das Königreich Bayern, „daß wir das Recht beanspruchen können, uns in dieser Beziehung neben einen vollständig wilden und ungebildeten Stamm hinstellen zu können, nicht aber mehr den anderen gebildeten Stämmen und Nationen wie Frankreich, Deutschland, Österreich und den anderen sonstigen mit Ausnahme Bayerns." Im vorliegenden Gesetzentwurf sah er keine finanziellen Vorteile für die Landwirtschaft, „sondern er zieht uns noch aus unseren Taschen, was wir noch haben. Wir sollten nur zahlen, so lange wir können. Im Jahre 1942, oder wie man sagt, da haben wir schon längst keinen Genuß mehr von der Freiheit unserer Grundstücke. Da wird durch unser Gesetz für das Großkapital gesorgt, für nachkommende Millionäre, die uns nachfolgen, so daß diese einen lastenfreien Grund und Boden bekommen. Für die ist gesorgt, daß sie lastenfreien Boden haben; für diese sorgt dieses Gesetz, nicht aber für uns Bauern; wir sollen Noth leiden." Deshalb lehnte er den Gesetzentwurf ab, denn „ein vernünftig denkender Bauer dankt auch für das Gesetz nicht, ein politisches Schaf, das nicht zu denken fähig ist, das kann vielleicht noch für dieses Gesetz danken". Formaljuristisch mochten die Bodenzinse ja zu Recht bestehen, moralisch jedoch keinesfalls, so der Tenor von Wielands Rede. An die Staatsregierung gerichtet behauptete er deshalb, dass der Bauernschaft an einem Staat nichts gelegen sei, der die Bodenzinse nicht abschaffen wollte: „Kann es unter solchen Umständen noch Jemand wundern oder kann es die k. Staatsregierung noch wundern, wenn eines schönen Tages, wie bereits einmal angedeutet wurde, ein preußischer Statthalter in die bayerischen Provinzen einzieht und der bayerischen Staatsregierung den Laufzettel gibt."

Damit hatte Wieland das Fass der Kritik zum Überlaufen gebracht. Er wurde vom Kammerpräsidenten unterbrochen, zumal er sich „die ganze Zeit schon wiederholt an der zulässigen Grenze bewegt" habe. Wieland ließ sich aber nicht beirren und donnerte in das Plenum noch mit finsterem Blick: „Lieber preußisch werden, als bayerisch verderben!" Und er schleuderte einen Blitz hinterher, der geeignet war, die Bauernbundsbewegung endgültig im revolutionären Lager angekommen erscheinen zu lassen: „[...] treiben Sie die Landwirthschaft treibende Bevölkerung und die Gewerbetreibenden nicht mit aller Gewalt dazu, damit sie Vaterlandsfeinde werden oder überhaupt solche Gesinnungen in ihren Herzen aufgehen!" Der Beifall war verhalten, es gab ihn ohnehin nur von den Bauernbündlern[380].

Mit Ausnahme der Sozialdemokraten und Bauernbündler protestierten Abgeordnete sämtlicher Parteien gegen Wielands Ausführungen. Der Zentrumsparlamentarier Joseph Steininger (1858–1931), Gutsbesitzer und Müller von Holzolling, fand es interessant, „daß Herr Wieland selbst es für nothwendig gehalten hat, zu betheuern, er sei nicht revolutionär. Ich glaube, es ist gut, daß Herr Wieland seine Rede auch einmal hier im Hause gehalten hat, denn jetzt kann doch die Staatsregierung und der Landtag selbst entscheiden, ob diese Rede nach dieser Richtung hin wirklich ganz harmlos ist." Orterer äußerte die Ansicht, Wieland könne mit seiner Rede „in und außer dem Hause nur gerechtes Befremden und Bedenken und unsere schmerzliche Bewunderung hervorrufen". Er gab ihm den hämischen Rat, seine Rede in Saffian [leuchtend eingefärbtes Ziegenleder] – „aber hochroth müßte er sein!" – binden zu lassen. Wieland hatte es Riedel mit seinen unpatriotisch erscheinenden Ausfällen leicht gemacht, die Kammer der Abgeordneten hinter der Staatsbürokratie zu versammeln. Seine Rede, so Riedel, enthalte „eine Fülle von Irrthümern und unrichtigen Schlußfolgerungen und bedauerlichen Ausfällen gegen die beiden Kammern des Landtages, gegen die Regierung und gegen unser geliebtes bayerisches Vaterland". Er machte Wieland darauf aufmerksam, dass sein Antrag aufgrund der finanziellen Situation des Staatsärars undurchführbar und angesichts der tatsächlichen Belastung der Landwirtschaft mit den Bodenzinsen auch nicht notwendig sei. Er leugnete nicht, dass die Belastung in Einzelfällen hoch sein konnte, behauptete jedoch, dass die Bodenzinse in den meisten Fällen nur die Höhe des Tageslohns eines Arbeiters betragen würden. Durchschnittlich zahle jeder Bodenzinspflichtige 3,60 Mark im Jahr. Als Reaktion auf Wielands „Absagung gegen sein Vaterland" riet er ihm unter großem Gelächter, „doch einmal die Belastung der Landwirthe mit öffentlichen Abgaben in den benachbarten Staaten gründlich zu studiren. Es würde uns in seinem und unserem Interesse außerordentlich freuen, wenn er alsdann in ein solches gelobtes Land übersiedeln würde."

Nicht weniger spöttisch nahm Pichler Wielands historische Herleitungen aufs Korn: „Meine Herren! Man macht bei diesen Leuten die Geschichte so: Man nimmt irgend eine einzelne Erscheinung aus dem reichgestalteten gesellschaftlichen und wirthschaftlichen Leben des Mittelalters heraus, verallgemeinert dieselbe, macht ein Zerrbild daraus und dann sagt man: so war die Geschichte in damaliger Zeit. Ja, meine Herren, das kommt mir gerade so vor, als wenn einer in späteren Generationen die Rede des Herrn Wieland hernehmen wollte und dann sagen würde: So hat man am Ende des 19. Jahrhunderts im bayerischen Landtage gedacht, das waren die vaterländischen Gesinnungen, die damals im bayerischen Volke geherrscht haben."[381]

Willkommene Unterstützung fand Wieland nur bei den Bauernbündlern, unwillkommene bei den Sozialdemokraten und unerwartete bei Ratzinger. Bereits am 14. Oktober 1897 war Wieland von Braun darauf aufmerksam gemacht worden, dass Ratzinger in der Bodenzinsfrage auf seine Linie eingeschwenkt war. Braun musste zugeben, er hätte „das nicht erwartet von Ratzinger, das er so schön und eingreiffend zur Beseitigung Bodenzinse Reden würde". Gäch veranlasste Ratzingers Schwenk zu der hämischen Bemerkung: „[...] an der Besserung Dr. Ratzinger's sehe man, daß der Bund mit dem Ochsenfiesel [Schlagwaffe, gefertigt aus einem Stierglied] hinter den Abgeordneten stehen müsse."[382] Drei Tage nach dem von Wieland hervorgerufenen Skandal demonstrierte Ratzinger den Schulterschluss mit seinem bisherigen Gegner ganz öffentlich. Im Plenum der Abgeordnetenkammer behauptete er, dass Riedel „in den Entgegnungen gegen den Herrn Abgeordneten Wieland etwas sehr über das Maß dessen hinausgegangen ist, was man vom Ministertische aus gewohnt ist". Dabei versuchte er Wieland zu verteidigen, indem er um Verständnis für dessen Lage warb: „Es ist, glaube ich, vom Herrn Abgeordneten Wieland etwas misslich, etwas unüberlegt, darf ich wohl sagen, dieses Wort von ‚preußisch werden' hereingeworfen worden. Ich bedaure es, daß es geschehen ist. Meine Herren! Die Liebe zur Heimath ist dasjenige, was alle Parteien auszeichnen muß. Wir hängen mit ganzer Seele, mit allen Fasern unseres Herzens, am heimathlichen Boden und ich möchte auch nicht in der Form der Drohung so etwas aussprechen. Aber wenn der Herr Abgeordnete Wieland das gethan hat, so kann man einem gewöhnlichen Bauern das wohl verzeihen, wenn er für die Gefühle, die ihn bewegt haben, vielleicht nicht den entsprechenden Ausdruck gefunden hat." Er selbst achte Wieland „als einen Mann, der es mit dem bayerischen Bauernstand ehrlich meint. Wie weit sein Gesichtskreis ist, weiß ich nicht, ich kenne ihn nicht so nahe. Aber das Gefühl und den Eindruck hat er mir gemacht, daß er es mit den bayerischen Bauern ehrlich meint. Wenn er in seinem ehrlichen Wollen einmal über das Maß hinausgeht, so will ich ihm das nicht verargen. Betrachten Sie doch den Mann, er bekundet einen energischen Willen in seinem Antlitz, er hat einen willensstarken, fast fanatischen Zug im Gesichte und diese Energie vergreift sich manchmal in den Mitteln; aber deshalb haben wir kein Recht, auf den Mann einen Stein zu werfen, weil er vielleicht in den Mitteln oder in Worten irgendwie eine unrechte Wahl getroffen hat."

Trotz dieser unerwarteten Hilfestellung stimmte Ratzinger nur teilweise mit Wieland überein, wenn er forderte, dass die Beseitigung derjenigen Bodenzinse aus dem Staatshaushalt zu finanzieren sei, denen eine öffentlich-rechtliche Gegenleistung nicht mehr gegenüberstand. Weiterhin bestand Ratzinger jedoch darauf, dass diejenigen Bodenzinse, die aus einer Verpflichtung privatrechtlicher Natur hervorgingen, und solche Bodenzinse, denen im kirchlichen Bereich noch eine Gegenleistung in Form der Seelsorge, der

Armenpflege und des Volksschulwesens gegenüberstand, durch die Bodenzinspflichtigen selbst abgelöst werden sollten. Seinen teilweisen Sinneswandel begründete er drei Tage nach dem von Wieland hervorgerufenen Eklat ausdrücklich damit, dass seine Pläne, die Landwirtschaft durch die Errichtung eines antikapitalistischen agrarischen Sonderrechtes in die finanzielle Lage zu versetzen, die Bodenzinse abzulösen, gescheitert waren[383]. Gefördert wurde dieser Sinneswandel aber ganz konkret dadurch, dass Ratzinger für die anstehenden Reichstagswahlen des Jahres 1898 Unterstützung benötigte, die er vom Bayerischen Bauernbund zu bekommen hoffte[384].

Wielands skandalöse Rede prägte Inhalt und Stil der Plenardebatte zur Reform des Bodenzinsgesetzes. Das Bedürfnis, ihm zu entgegnen, war derart intensiv, dass sich erst am fünften Tag Ermüdungserscheinungen bemerkbar machten. Am sechsten Tag wurde dann über Wielands Antrag abgestimmt. Er wurde mit Mehrheit abgelehnt[385]. Seine Forderung war aufgrund der finanziellen Belastung, die er für die Staatskasse bedeutet hätte, tatsächlich undurchführbar[386], und die Mehrheit der Abgeordneten nahm auf den Staatssäckel Rücksicht. Am siebten Tag war die Schöpfung dann vollendet. Die namentliche Abstimmung über die Reform des Bodenzinsgesetzes sah Sigl und Ratzinger am 17. Dezember 1897 auf der Seite der Gegner, Wieland mit den übrigen Bauernbündlern entgegen seiner Schwüre unter den Befürwortern[387]. Immerhin brachte die Reform ja doch einige Erleichterungen für die Landwirtschaft, die Wieland auf das Konto seiner unablässigen und scharfen Agitation gegen die Bodenzinse schrieb, wodurch er seine Niederlage in einen Triumph zu verwandeln versuchte. In Landau an der Isar erklärte er am 16. Dezember 1898: „Wenn Gäch und ich in der Bodenzinsfrage gleich nachgegeben hätten, weil man uns Tollhäusler schimpfte und die Abschaffung für unmöglich erklärte, so gäbe es heute keinen Bodenzinsnachlaß."[388]

Wieland rief mit seiner Landtagsrede einige Aufregung hervor. Während der Christliche Bauernverein die Gelegenheit nutzen wollte, um Empörung unter den Bauern zu schüren und Mitglieder zu werben[389], schienen die Bauernbündler mit ihrem Wieland zufrieden gewesen zu sein. Am 22. Dezember 1897 schrieb ihm der Bürgermeister von Altrandsberg im Bayerischen Wald, dass „die hiesige Bevölkerung auf Ihnen das volle Vertrauen hat, weil mehrere die Volkszeitung haben und daher im Lantag ihre Anträge lesen". Er appellierte an ihn, „Erlamen Sie nicht in der Kamer, es werden noch Zeiten komen, das der Bauernbund eine größere Partei [wird] wie das Centrum und vieleicht bald, das walte Gott".

Ungeteilte Zustimmung fand Wieland überraschenderweise auch bei dem konservativen Memminger. Der eigentliche Grund für die Begeisterung des Bismarckverehrers lag freilich nicht in Wielands wirtschaftspolitischem Radikalismus, sondern darin, dass Wieland einem ausgeprägten bayerischen Partikularismus eine Absage erteilt hatte. Memminger wollte das vermeintliche preußenfreundliche Eisen schmieden, so lange es heiß war. Deshalb erklärte er Wieland am 14. Dezember nochmals in aller Genauigkeit die angeblichen Vorzüge, die das preußische Steuerrecht gegenüber dem bayerischen aufwies. Memminger ließ seine Ausführungen in einer Auflistung von historischen Ereignissen gipfeln, in denen die bayerischen Bauern von ihren Fürsten bedrückt bzw. im Stich gelassen wurden – von den Schlachten bei Sendling und Aidenbach im Jahr 1705 bis zum Aufstand der Tiroler Bauern gegen die bayerische Fremdherrschaft. Schließlich stachelte ihn der zufriedene Memminger an, sein Auftreten gegen die bayerische Regierung auf jeden Fall beizubehalten, weil „in diesem entscheidenden Augenblick die scharfe Kritik und der Angriff die beste Vertheidigung ist"[390].

## Gegen die Aufbesserung der Geistlichkeit

Diesen Rat konnte Wieland befolgen, als die Staatsregierung die Aufbesserung der Pfarrgeistlichkeit beabsichtigte, d. h. die Erhöhung des vom Staat zugesicherten klerikalen Mindesteinkommens. Ein Lehrer, der es vorzog, anonym zu bleiben, schrieb über die Klerusaufbesserung zynisch an Wieland: „Wie notwendig diese ist, davon kann uns das Darben u. Fasten u. in Folge dessen die gewohnte Magerkeit der Hochw. Herren überzeugen!!"[391] Damit rannte er bei Wieland offene Türen ein. Dessen Misstrauen gegen das ökonomische Gebaren der Pfarrgeistlichkeit war seit seiner Gergweiser Zeit unüberwindlich. Er stellte sich daher in einer Petition auf den Standpunkt, „daß diese Aufbesserung nicht nöthig sei und daß durch eine Revision der Pfarrfassionen [Einnahmebeschreibung] ein höheres Einkommen als das bis jetzt angegebene ermittelt werden könnte"[392]. Wieland vermutete also, dass die Pfarrgeistlichkeit ihre Einnahmen aus den Stolgebühren und den Pfarrökonomien bewusst niedrig ansetzte, um in den Genuss einer staatlichen Aufbesserung zu kommen. Folglich beantragte er, die Pfarrfassionen unter der Aufsicht der Gemeindebehörden zu revidieren und diesen auch die Einhebung der Stolgebühren zu übertragen[393].

Im Zentrum herrschte Klarheit darüber, dass Wielands Antrag in der Bevölkerung äußerst populär war. Deshalb trug sich Pichler in der Fraktionssitzung am 13. November 1897 mit dem Gedanken, die Aufbesserung fallen zu lassen: „Ich würde unseren Pfarrern ein besseres Einkommen gönnen, aber wir können unseren Klerus unter diesen Verhältnissen nicht dem öffentlichen Odium aussetzen, daß sie noch mehr angefeindet werden. Sie werden ja in der Petition des Wieland als größte Spitzbuben hingestellt." Dabei ärgerte es Pichler besonders, dass Kultusminister Robert von Landmann (1845–1926) die Behauptungen Wielands für derart bedenkenswert hielt, dass er die Kreisregierungen und Bistumsordinariate über die Notwendigkeit einer Revision der Pfarrfassionen befragte[394]. Wie Landmann am 7. Januar 1898 in der Abgeordnetenkammer bekannt gab, waren diese aber zu dem übereinstimmenden Ergebnis gekommen, dass die Pfründeeinkommen in den Pfarrfassionen im Gegensatz zu Wielands Behauptungen nicht zu niedrig, sondern eher leicht überhöht angesetzt waren. Eine Revision der Pfarrfassionen hätte – anders als von Wieland erwartet – also zu einer zusätzlichen Belastung des Staatshaushalts geführt. Da der Nutzen für die Geistlichkeit jedoch in keinem Verhältnis zu den Kosten der Überprüfung stand, wollte Landmann übereinstimmend mit der katholischen Kirche darauf verzichten[395]. Wenn sich Wieland mit seinem Antrag auch nicht durchsetzen konnte, dann gehörte er am 8. Januar doch zu den Siegern, als die Klerusaufbesserung mit den Stimmen der Sozialdemokraten, der Liberalen und der Bauernbündler gegen die Stimmen des Zentrums abgelehnt wurde. Dabei war es bemerkenswert, dass sich der Priester Ratzinger in diesem Fall an die Fraktionsdisziplin hielt[396].

## Für die Notwendigkeit des Güterhandels

Wieland konnte somit als parlamentarischer Sieger in die zweite Runde der Auseinandersetzungen um die Reform des Bodenzinsgesetzes gehen, als die Abgeordnetenkammer am 28. Januar über die Stellungnahme der Reichsrätekammer beriet. Diese war mit dem Gesetzentwurf in der von der Abgeordnetenkammer beschlossenen Form einverstanden, forderte jedoch die Aufnahme eines Artikels, der die Güterhändler dazu verpflichtete, bei Gutszertrümmerungen die Bodenzinse abzulösen. Wie der Dietfurter Stadtpfarrer Kohl als Berichterstatter zugab, bestand der Zweck dieser Bestimmung in erster Linie nicht darin, der Landwirtschaft durch eine Verminderung der Bodenzinslast zu helfen. Vielmehr sollte die steigernde Wirkung des Güterhandels auf die Grundstückspreise eingedämmt werden, so die Hoffnung Kohls. Der geforderte Zusatz treffe „ganz besonders die Güterschlächter der schlimmsten Sorte, jene nämlich, welche ohne Kapital kaufen, und das sind die Blutegel, die allergefährlichsten Menschen, und, meine Herren, diese Leute trifft nun dieser Art. 18a ganz besonders. (Rufe: Sehr richtig!)" Denn es sei dann „nicht mehr möglich, daß ein solcher Schwindler ein Gut kauft, weil er den kapitalisierten Bodenzins beim Rentamte hinterlegen muß; so viel Geld hat er nicht, also wird er es bleiben lassen". Durch diese Beschränkung des Güterhandels erhoffte sich Kohl, einen Beitrag zur Senkung der landwirtschaftlichen Produktionskosten leisten zu können. Denn er ging davon aus, dass die Preise landwirtschaftlicher Grundstücke allein durch die Tätigkeit der Güterhändler nach oben getrieben würden.

Da Wieland selbst als Güterhändler tätig gewesen war, fühlte er sich durch Kohls Bericht direkt angegriffen. Trotzdem reagierte er auf dessen Referat mit einer erstaunlich abgeklärten und differenzierten Stellungnahme. Er argumentierte mit nüchterner Logik und wies seinem priesterlichen Gegner einen Denkfehler nach, als er zu bedenken gab, dass der Güterhändler nicht die Schuld trage, wenn sich ein Bauer zum Verkauf entschließen müsse. Dafür machte er vielmehr die von den Gegnern des Güterhandels im Zentrum mitgetragene Sozial- und Handelspolitik der Reichsregierung verantwortlich, während er den Güterhandel als Dienstleistung für die geschädigte Landwirtschaft verstehen wollte. Deshalb sein Appell an das Plenum: „Da will man dem Güterhändler die Hose ausklopfen und den Esel, der darin steckt, den armen Teufel von Bauern schlägt man dabei. Gönnen Sie doch dem armen Bauern, gönnen Sie der armen Wittwe, welche verlassen da steht, gönnen Sie ihnen doch, daß sie das Bisschen von ihrem Vermögen, was von ihrer Landwirthschaft noch zu retten ist, retten dürfen und retten können. Mit der Annahme dieses Art. 18a ist diese Möglichkeit einfach abgeschnitten."

Waren Wielands Reden bisher weniger aufgrund ihrer inhaltlichen Qualitäten, sondern vor allem durch ihre Brutalität aufgefallen, so stellt diese Rede in der Schlichtheit ihrer Argumentation eine Ausnahme und gleichzeitig Wielands bedeutendste rhetorische Leistung dar. Er erwies sich auf dem Gebiet des Güterhandels als wahrer Experte, der auf der Grundlage einer sicheren Einsicht argumentierte und es in diesem Fall nicht nötig hatte, die Angst vor einer nicht vollständig erfassten volkswirtschaftlichen Entwicklung hinter derber Radikalität zu verstecken. Es kam daher zu einer Vertauschung der Rollen, als der nüchtern argumentierende Fachmann Wieland dem demagogisch schimpfenden Pfarrer Kohl entgegentrat. Weil dieser nicht in der Lage war, Fakten gegen Wielands Argumentation anzuführen, flüchtete er sich in den Ausweg, seine irrationalen Ängste vor der zunehmenden Kapitalisierung der Landwirtschaft in eine dichte antisemitische Phraseologie zu kleiden und Wieland als Judenfreund zu diffamieren. Voller Sarkasmus behauptete Kohl, es sei „sonderbar, daß der Herr Abgeordnete Wieland einen gar so starken Panegyrikus auf den Güterzertrümmerer gesungen hat, der dem armen Manne als Retter in der Noth erscheine", zumal sich unter den Namen der Güterhändler solche „von orientalischem Klang" befänden. Schließlich blieb er aber die Erklärung dafür nicht schuldig, als er Wieland vorwarf, dass er „sein väterliches Anwesen zertrümmert hat, die Parzellen auf Abschlagszahlung verkaufte und dann die Ratenzahlungen wieder an Juden veräußerte und so einen Theil der Gemeinde den Juden in die Arme getrieben hat". Obwohl die meisten der bäuerlichen Landtagsabgeordneten über die Parteigrenzen hinweg Wieland zustimmten, konnte er sich nicht durchsetzen. Der Güterzertrümmerungsartikel wurde nach dem Wunsch der Reichsrätekammer mit Mehrheit angenommen[397].

Die Beschränkung des Güterhandels galt bei den konservativen Gegnern liberaler Wirtschaftspolitik parteiübergreifend als probates Mittel zum Schutz der Landwirtschaft[398]. Während sich Wielands Argumentation weltanschaulicher Begründungszusammenhänge enthalten und er seine Zuflucht auch nicht darin gesucht hatte, die Schuld an den nicht zu verleugnenden Auswüchsen des Güterhandels seinen jüdischen Berufskollegen zuzuschieben, stützten sich seine Gegner auf weltanschaulich motivierte antikapitalistische und antisemitische Stereotype. Die auf Erfahrung basierenden Wünsche der Bauern wurden dabei in obrigkeitsstaatlicher Manier übergangen. Wieland aber hatte nun einen Grund mehr, seine ganze Wut – nicht auf die Juden – sondern auf die adelige Reichsrätekammer zu richten. Weil ihn weltanschaulich motivierte Argumentationen seiner Gegner nie überzeugen konnten, suchte er nach einem ökonomischen Grund für den Wunsch der Reichsrätekammer. Im Gäubodendorf Pönning behauptete er deshalb wenige Tage nach der Landtagsdebatte zum Güterhandelsparagraphen am 3. Februar 1898: „Der Art. 18a sei durch die Reichsrathskammer vorgeschlagen worden, damit die großen Herren, Millionäre und Grundbesitzer, welche ja doch noch die Besitznachfolger der Bauern werden, einen bodenzinsfreien Grund bekommen."[399]

## Das politische Bewusstsein Wielands

Mit dem gleichen Misstrauen argumentierte Wieland gegenüber der fürsorglichen Idee der Staatsregierung, der Landwirtschaft durch staatlich subventionierte Versicherungen gegen die Unbilden der Natur und das Risiko von Arbeitsunfällen unter die Arme zu greifen. Als am 10. Februar 1898 die Einführung einer Viehversicherung auf der Tagesordnung der Abgeordnetenkammer stand, behauptete er: „Was nützen denn alle Versicherungen, wenn die Landwirthe ihre Versicherungsprämien nicht mehr bezahlen können, wenn mit den Versicherungen auf der einen Seite Millionen angehäuft und hohe Dividenden vertheilt werden, insbesondere z. B. bei der Mobiliarfeuerversicherung, und anderseits der nothleidende Landwirth in der traurigen Lage ist, seine Prämien nicht mehr erschwingen zu können." Deshalb sei „dem Bauern mit der Versicherung nicht viel gedient; sehr wenig ist ihm damit gedient. Man thut eben immer nur das Halbe; z. B. ist es immerhin traurig, wenn man bedenkt, anderen Ständen hilft man mit einer Aufbesserung, dem Bauern hilft man mit der Versicherung. Gerade so gut hätte man auch anderen Ständen mit Versicherungen helfen können; man hätte z. B. ganz gut sagen können – anstatt der hohen Pensionen der Herren Beamten hätte man ja empfehlen können; lasst Euch in eine Lebensversicherung aufnehmen!" Dabei gab er der Staatsregierung zu bedenken, dass auch Betriebsversicherungen für die Landwirtschaft keine Hilfe darstellten, solange nicht eine Revision der Handels- und Sozialgesetzgebung für steigende Einkommen in der Landwirtschaft sorgten – wofür die bayerische Staatsregierung wiederum nicht unmittelbar zuständig war. Trotzdem appellierte er an diese, sie „möchte doch einmal den Wünschen des Volkes Rechnung tragen", wobei er selbstverständlich die Interessen der Landwirte meinte[400].

Wielands Kritik an der Versicherungsgesetzgebung überwand die geschlossenen Hoftore seiner betriebsbezogenen Denkweise nicht. Sie geriet ihm nicht zu einer umfassenden volkswirtschaftlichen Analyse. Dabei wandte er einige intellektuelle Energie auf, um die akademisch geformten und weltanschaulich bedingten politischen Konzepte seiner Parlamentskollegen auf das Niveau seiner persönlichen konkreten Erfahrungswelt herunterzubrechen. Dies zeigte sich besonders deutlich, als Ratzinger versuchte, die Landwirtschaft durch die Errichtung von so genannten Berufsgenossenschaften doch noch einem antikapitalistischen Sonderrecht zu unterwerfen. Die Landwirte sollten in solchen auf Zwangsangehörigkeit basierenden Organisationen in allen Lebensbereichen total integriert und zu christlicher Nächstenliebe erzogen werden, so Ratzinger am 8. März 1898 in der Abgeordnetenkammer: „Die Berufsgenossenschaft aber erfasst den ganzen Menschen, seine volle wirthschaftliche, soziale und sittliche Thätigkeit, und in dieser Zusammenfassung liegt auch eine Garantie jener christlichen Tugenden, welche allein über schwirige Perioden hinüberhelfen: Arbeitsamkeit, persönliche Opferwilligkeit, Sorge für die Familie, Hingabe für den Nächsten."

Obwohl Ratzingers sozialethisch motivierter Antrag auch auf die Eindämmung des Güterhandels abzielte, wurde er von Wieland befürwortet. Denn er erblickte in Ratzingers Projekt ein geeignetes Mittel, um alle nichtlandwirtschaftlichen Kräfte endgültig aus dem agrarpolitischen Entscheidungsfindungsprozess zu verdrängen: „Ja, da kommt man ganz gut weiter, wenn die Berufslandwirthe durch Erhebungen der Staatsregierung herausgesucht werden, die sollen zusammentreten und unter sich die Sache ausmachen, dann geht es sehr wohl." Im Unterschied zu dieser Zukunftsvision erschienen ihm die Beamten der Landwirtschaftsverwaltung – vor allem, wenn sie an der Spitze des Landwirtschaftlichen Vereins standen – als „Vormünder; denn wir stehen theilweise unter Kuratel. Wir wollen aber einmal frei sein und unsere Sache selbst in die Hand nehmen." Dabei rief er einige Heiterkeit hervor, als er mit ernster Miene darüber berichtete, welche „Schwierigkeiten es kostet, bis man einen Beamten nur aus der Bezirksvorstandschaft hinausbringt. (Heiterkeit.) Mir hat die Sache eine Strafe von 200 M eingetragen. Ich habe ihn hinausgebracht, wir waren Alle einig, aber leicht ging es nicht." Da der Innenminister auf die hohen Kosten für die Umsetzung von Ratzingers Antrag hinwies, die Zentrumspartei in Ratzingers Berufsgenossenschaften eine Konkurrenz für die eigenen Christlichen Bauernvereine erblickte und die Liberalen gegen jegliche Zwangsorganisation waren, standen nur die Sozialdemokraten auf der Seite des Bayerischen Bauernbundes. Ratzingers Antrag wurde deshalb mit Mehrheit abgelehnt[401].

Wielands Bemühen, alle politischen Probleme von der Warte seiner konkreten Erfahrungswelt aus zu betrachten und stets nach dem eigenen Nutzen zu fragen, war nicht besonders weitblickend, aber ehrlich. In der ideologisch aufgeheizten politischen Atmosphäre des Kaiserreiches wirkte seine Argumentationsweise freilich auch ziemlich ungewöhnlich. Dies hatte ihm anlässlich der Beratung über Ratzingers Berufsgenossenschaften einen Vorwurf des Speyerer Zentrumsparlamentariers Eugen Jäger (1842–1926) eingebracht. Wieland, so Jäger, „irrt, wenn er meint, die Frage habe keine sittliche Seite. Der Bauernbund hat ja gerade das gegen sich, daß er die hohe sittliche Bedeutung der Bauernfrage, wie der sozialen Frage überhaupt, ignorirt, als ob man den Menschen zu einem materiellen Organismus machen könnte, der keine Seele hat und keine Moral."[402] Für die Zentrumspresse war Wieland deshalb nur der „gscherte Bauernlackl, der direkt vom Mistauflegen in den Landtag gehe"[403]. Die liberale Frankfurter Zeitung schloss sich der Kritik des Zentrums an. Sie sprach von Wielands „Engherzigkeit, die sich früher in lauter persönlichen Gehässigkeiten manifestirte und jetzt als Mangel an großen und weiten Gedanken sich entpuppt. Wer früher glaubte, Wielands Rücksichtslosigkeit sei eine Folge des elementaren Kraftbewusstseins, hat sich geirrt, sie war nur der Ausfluß einer allerdings mit lebhaftem Temperament gepaarten Beschränktheit."[404]

Was ihm als intellektuelle Beschränktheit ausgelegt wurde, war aber tatsächlich Ausfluss seiner betriebsbezogenen Denkweise. Wie sehr seine Forderungen dadurch bestimmt waren, zeigte sich besonders deutlich, als er sich den bildungspolitischen Forderungen der Sozialdemokraten und Liberalen anschloss und die Übertragung der kirchlichen Aufsicht über die Volksschulen auf den Staat forderte.

Anders als seine liberalen und sozialdemokratischen Mitstreiter leitete Wieland seine bildungspolitischen Forderungen nicht von dem weltanschaulich definierten Ziel einer Trennung von Staat und Kirche ab. Wie er anlässlich der Beratung des Kultusetats am 18. April 1898 in der Abgeordnetenkammer deutlich machte, beabsichtigte er keineswegs die Verdrängung des Klerus aus der Volksschule: „Wenn man aber die Volksschulen verstaatlicht haben will, so sagt man, daß das eine Entchristlichung der Schule ist. Das ist keine Entchristlichung. Ich habe schon oft gesagt, wir wollen lieber eine Religionsstunde mehr als weniger; aber, meine Herren, wir wollen diesen Kostenpunkt auf die Allgemeinheit überwälzt wissen, nicht blos auf die Bauern und die Gemeinden allein, die oft in Noth und Elend durch solche Schulhausbauten gebracht werden." Wieland machte damit deutlich, dass seine bildungspolitische Forderung nach Verstaatlichung der Volksschule nicht primär in seiner antiklerikalen Stimmung gründete, sondern ökonomisch begründet war. Denn diese Forderung stellte ein Paket dar und beinhaltete auch die Übertragung der Unterhaltspflicht von den Kommunen auf den Staat, wodurch sich Wieland eine Entlastung der zu den Gemeindeumlagen herangezogenen Landwirte, Gewerbetreibenden und Hausbesitzer erhoffte. Von diesem steuerpolitisch motivierten Aspekt leitete er die kirchenpolitisch relevante Forderung nach Beseitigung der kirchlichen Aufsicht über das Volksschulwesen ab, denn: „Ich sage, wer bezahlt, der soll seinen Lehrer auch präsentiren oder auswählen können." Dabei erschien es ihm ganz sonderbar, dass die Aufsicht über das Volksschulwesen nicht Pädagogen übertragen war, denn „ein Lehrer versteht unbedingt mehr vom Schulwesen überhaupt als ein Geistlicher, der in dieser Sache nicht dasselbe gelernt hat, nicht dieselbe praktische Erfahrung hat wie der Lehrer. Das ist gerade dasselbe, als wenn ich als Landwirth einen anderen Menschen, der nicht vom Fach ist, zur Beaufsichtigung meiner Landwirtschaft nehmen würde."[405]

Damit hatte Wieland deutlich gemacht, wie sehr seine Argumentationsweise auch auf einem von der Agrarpolitik denkbar weit entfernten Gebiet wie der Bildungspolitik von einer landwirtschaftlichen Praxis abhängig war, in der die Kongruenz von Ursache und Wirkung, Leistung und Gegenleistung, Rechten und Pflichten die dominierende Erfahrung war. Denn diese Kongruenz war gestört, wenn die umlagepflichtigen Dorfbewohner für eine Einrichtung aufkommen mussten, die auch den Kindern unbegüterter und deshalb nicht steuerpflichtiger Einwohner diente; sie war gestört, wenn die Kommunen für die Unkosten der Volksschulen aufkommen mussten, obwohl sie von den staatlichen und kirchlichen Behörden von der Schulaufsicht fern gehalten wurden; und sie war gestört, wenn Lehrer von fachfremden Priestern beaufsichtigt wurden.

Da Wieland im Gegensatz zu den meisten seiner politischen Gegner außerhalb der Bauernbundsbewegung keine wissenschaftliche Ausbildung genossen hatte, orientierte er seine Argumentationsweise an seiner landwirtschaftlichen Erfahrung und suchte stets nach derartigen Kongruenzverletzungen, wenn er ein politisches Problem rhetorisch in den Griff bekommen musste. So argumentierte er auch auf dieser Basis, wenn er gegen den Einfluss der Priester in der Zentrumspartei und gegen denjenigen der Beamten beim Landwirtschaftlichen Verein agitierte; so argumentierte er wiederum, als er anlässlich der ersten Beratung eines Gesetzentwurfes über die Ablösung der Steuer-, Umlagen und Zollfreiheit der Standesherren am 12. Mai 1899 behauptete: „Wenn man dann vergleicht alle diese Rechte mit den Pflichten der Standesherren, muß man dann nicht anerkennen, daß wir Alle gleiche Rechte und gleiche Pflichten haben sollen?" Es erschien ihm deshalb als skandalös, dass die Privilegien der Standesherren nicht einfach abgeschafft, sondern aus Steuergeldern abgelöst werden sollten. Er begrüßte es zwar, „daß die Steuerfreiheit aufgehoben wird. Aber, meine Herren, nicht auf solche Art etwas aufheben und etwas ablösen, was nicht verliehen worden ist, wenigstens bezüglich der Kreisumlagen und der Einkommensteuer." Er wollte nicht einsehen, „wie die Regierung sich jetzt erwärmen kann, gerade den leistungsfähigsten Schultern die Taschen mit Gold zu füllen", woraufhin er vom Kammerpräsidenten wieder einmal zur Ordnung gerufen wurde[406].

Wieland hatte als Abgeordneter viele Ordnungsrufe provoziert, wurde häufig ausgelacht und gedemütigt. Bisweilen wurde er absichtlich missverstanden, oftmals jedoch blieb er seinen akademisch gebildeten Gegnern tatsächlich unverständlich. Er benutzte die gleichen Wörter und sprach doch eine andere, eine bäuerliche Sprache. Wieland war es deshalb im Landtag nicht möglich, die Hoffnungen, die seine Anhänger auf ihn setzten, zu erfüllen. Sein Einzug in den Landtag erwies sich nicht als das von Gäch erhoffte „geschichtliche Ereigniß"[407]. Dabei litt die Wirkung seiner Landtagstätigkeit nicht zuletzt daran, dass er seine vor kraftvoller Brutalität strotzende außerparlamentarische Agitation selbst bloßstellte, wenn er sich in der Abgeordnetenkammer den vom Zentrum gestalteten Kompromissen unterwarf. Da er sich nicht dazu entschließen konnte, diesen Widerspruch in die eine oder andere Richtung hin zu entscheiden, konnte es ihm nicht gelingen, die bündlerischen Abgeordneten auf eine Linie einzuschwören. Die Bauernbundsfraktion blieb auch zwischen 1897 und 1899 diejenige Fraktion mit der geringsten Geschlossenheit[408]. Oftmals musste sogar Wieland mit Gegenstimmen aus den eigenen Reihen rechnen[409], während der Grad der Übereinstimmung zwischen Bayerischem Bauernbund und Zentrum zur Zeit von Wielands Landtagsangehörigkeit sogar noch anstieg – wobei auch vorher schon zwischen keinen der Landtagsparteien eine so große Übereinstimmung herrschte, wie zwischen diesen beiden[410].

Sigl stellte deshalb am 19. April 1898 in seinem Bayerischen Vaterland fest: „In den Versammlungen schimpfen gewisse Leute über's Centrum, in der Kammer dagegen laufen sie ihm nach – Dank der unergründlichen Weisheit des Bundesgenerals Wieland." Dafür hatte er bereits am 25. Februar alleine Wieland verantwortlich gemacht, als er über die „parlamentarische Direktion Wieland's" schimpfte, dass sie „den Bauernbund wenigstens in der Kammer zu einem bloßen Centrumsschwanzstück zu machen droht".

Ebenso vernichtend urteilte die Frankfurter Zeitung über Wielands Führungsqualitäten: „So anstachelnd Wieland draußen in den Versammlungen auf die Bauern wirkte, so bedeutungslos war er in der Abgeordnetenkammer. Hier fehlt ihm eben doch das Wissen und die Erkenntniß, ohne die man in der Politik nicht auskommt."[411] Angesichts von Wielands tatsächlicher parlamentarischer Kraftlosigkeit musste sein agrarischer Radikalismus zur Phrase erstarren, als er am 19. Februar 1898 vor den Delegierten des Bayerischen Bauernbundes in München forderte: „Wenn man nicht scharf vorgeht, dann geht's gar nicht; wir müssen aber den geraden Weg des Programm's gehen. Ohne Schärfe werden wir nicht das erreichen, was wir in Niederbayern und zum Theil auch schon in Oberbayern erreicht haben. Aber, wie gesagt, radikal muß vorgegangen werden. Ich und wir in Niederbayern, wir denken gar nicht daran, gemäßigt vorzugehen."[412]

*„Special-Bauernbund Hierlbach und angrenzende Einöden."*

# Der Niedergang der Bauernbundsbewegung

Aus der Rückschau betrachtet erschien Wielands Landtagstätigkeit so manchem zeitgenössischen Kommentator als der Anfang vom Ende der Bauernbundsbewegung[413]. Es sah so aus, als habe sich Wieland übernommen, so wie es ihm Memminger am Tag nach seiner Wahl in den Landtag prophezeit hatte: „Zur Wahl gratulire ich Ihnen – nicht, denn in München werden Sie nicht gewinnen, was Sie zu Hause versäumen." Entsprechend gereizt reagierte Wieland, als ihm die klerikale Donau-Zeitung seine seltene Anwesenheit in der Kammer vorhielt. In der Neuen freien Volkszeitung erklärte er daraufhin am 7. Mai 1898: „Hätte ich einen fetten Gehalt für eine überflüssige Stelle, an welcher einer nie etwas versäumt, unverdient aus den Taschen der Steuerzahler einzustecken, so wäre ein Fehlen in der Kammer wohl nicht zu verantworten. Solches Fehlen in der Kammer stammt eben von der Rücksichtslosigkeit des Staates gegen Landwirthe und Gewerbetreibende. Würde mir der Staat für eine Arbeit, die ich nicht verrichte, einen Gehalt bezahlen wie Herrn Dr. Pichler in Passau oder mir einen Verwalter für die Dauer der Landtagssession auf mein Anwesen stellen, so wäre es wohl nicht nöthig, in der Kammer manchmal zu fehlen. In dieser glücklichen Lage sind blos Geistliche und Beamte, sofern sie Abgeordnete sind, da die meisten derselben auch für's Nichtsthun einen hohen Gehalt einstecken."

Trotzdem war der Vorwurf der Donau-Zeitung berechtigt. Wieland fehlte während der gesamten Dauer seiner Kammerzugehörigkeit in 32 von 72 Sitzungen[414]. Er sollte sich als Bauer um seinen Hof kümmern, als Parlamentarier die Interessen der Landwirtschaft in der Abgeordnetenkammer vertreten, sich als Präsident des Bayerischen Bauernbundes ohne die Hilfe einer Geschäftsstelle um eine funktionierende Organisationsstruktur bemühen und als einer der beliebtesten bündlerischen Agitationsredner das ganze Land bereisen. War es ihm bisher gelungen, die mangelhafte Organisationsstruktur des Bayerischen Bauernbundes durch eine intensive Versammlungstätigkeit einigermaßen auszugleichen, so wurde mit seinem Einzug in den Landtag der Punkt erreicht, an dem die Agitationstätigkeit an der Vernachlässigung der Organisationsarbeit zu leiden begann. Wielands Misstrauen gegen bürokratische Strukturen hatte dazu geführt, dass dem Bayerischen Bauernbund eine effiziente Finanzverwaltung fehlte, was sich nun verhängnisvoll auswirkte. Wie zahlreiche Briefe in Wielands Nachlass vor allem aus dem Zeitraum 1897 bis 1899 beweisen, blieben Rechnungen unbeglichen. Viele Ortsgruppen führten keine Beiträge an die Bundeskasse ab[415]. So war es unmöglich, die Unkosten der Agitationsredner zu erstatten und für Werbematerial zu sorgen. Eisenberger beklagte sich deshalb am 7. November 1897 bei Wieland, er könne „nicht immer mein Geld vorziehen von meinem eigenen Beutel, da müßte die Existenz meiner u. meiner Familie Schaden leiden; ich habe noch keinen Pfennig vom Bauernbund bekommen und habe schon 100 Versammlungen mitgemacht".

Die organisatorischen Verhältnisse im Bayerischen Bauernbund erschienen immer unhaltbarer. Memminger beschwerte sich daher am 27. November bei Wieland, dass „der ganze Verband überhaupt der strengen Organisation anderer Vereine entbehrt". Bereits vorher hatte sich ihm ein gewisser Carl Müller aus München angeboten, eine Geschäftsstelle „ähnlich dem centralisirten Bureaubetrieb des norddeutschen ‚Bundes der Landwirthe'" zu errichten[416]. Aber Wieland ignorierte diese Vorschläge und Klagen. Sein Organisationsprinzip forderte ein unbürokratisches unmittelbares Verhältnis zwischen sich und den Mitgliedern. Keine Geschäftsstelle sollte sich dazwischenschieben und das Gefolgschaftsverhältnis, das er als Führer zu seinen Anhängern unterhielt, unterbrechen. Zur Leitung des Bayerischen Bauernbundes verließ sich Wieland ganz auf seine charismatische Autorität. Deshalb besaßen die von ihm einberufenen Delegiertenversammlungen auch keine Struktur. Ordnungsgemäße Berichte über die Geschäftsführung und die Kassenverhältnisse gab es nicht. Die Münchner Neuesten Nachrichten urteilten deshalb, Wieland habe sich als Landtagsabgeordneter „nicht einmal so viel parlamentarische Schulung zu eigen gemacht, um eine Generalversammlung ordnungsgemäß einzuberufen, deren Tagesordnung sachgemäß aufzustellen und die Verhandlungen entsprechend zu leiten". Die Zusammenkünfte des Bayerischen Bauernbundes seien „programmlos einberufene Meetings, bei denen es selten Jemand der Mühe werth fand, sich vom Vorsitzenden das Wort ertheilen zu lassen; vielmehr griff Jedermann nach Belieben in die Debatten ein (eine Spezialität Dr. Gächs), so daß die Zuhörer oftmals das ‚Vergnügen' hatten, gleichzeitig die Ansichten mehrerer Redner kennen zu lernen. Diese Art, zu ‚Präsidiren', führte dann gewöhnlich zu einem allgemeinen Radau und hatte lediglich das Ergebniß, daß die ‚Delegirten', finanziell erleichtert, eben so klug nach Hause zurückkehrten, als sie gekommen waren."[417]

Beispielhaft für Wielands charismatischen und strukturfeindlichen Versammlungsstil war der Verlauf eines Treffens der Bauernbundsdelegierten am 19. Februar 1898 in München. Die organisationspolitisch relevanten Tagesordnungspunkte (Satzungsreform, einheitliche Gestaltung eines Eintrittsgeldes für Bauernbundsversammlungen, Schaffung einer Zentralstelle) wurden ergebnislos behandelt, wie die Augsburger Abendzeitung berichtete: „Man griff einige Punkte auf, debattirte eine Zeit lang darüber und dann sah man, daß Alles noch nicht gereift und vorbereitet war und ließ den Gegenstand wieder fallen." Wenn die zeitgenössischen Kommentatoren deshalb von einem Misserfolg sprachen, erkannten sie die Intentionen Wielands allerdings nicht. Dieser wollte nicht die Grundlagen für den Aufbau eines Büros und einer straff strukturierten Organisation schaffen. Vielmehr erschien ihm der § 3,2 der Bauernbundssatzungen ein ausreichendes und geeignetes Instrument zu sein, um den Bayerischen Bauernbund anzuführen. Für ihn bestand der Zweck der Delegiertenversammlung darin, in direkten Kontakt mit den Delegierten zu treten, um sie entsprechend aufzuhetzen und sich dann anschließend ein Mandat für seine politische Tätigkeit erteilen zu lassen. Für Wieland wäre die Versammlung in dieser Hinsicht durchaus erfolgreich verlaufen, hätten sich nicht kleine Haarrisse am programmatischen Kompromiss vom Herbst 1897 gezeigt. So äußerte der Antisemit Memminger Sympathie für die von Wieland so vehement bekämpften Beschränkungen des Güterhandels. Und der Unterfranke Schunk kritisierte die Forderung nach Verstaatlichung der Volksschule, weil sie ihm zu antiklerikal war. Einstweilen scheiterte Schunk mit seinem Vorstoß jedoch noch am vereinten Widerstand von Gäch, Memminger und Ratzinger[418].

## Die Reichstagswahlen als Nagelprobe für die radikale Richtung

Diese geradezu widernatürlich erscheinende Koalition zeigt, dass es die bevorstehenden Reichstagswahlen waren, die den Bayerischen Bauernbund in der ersten Jahreshälfte 1898 überhaupt noch zusammenhielten. Sah man genauer hin, konnte man erkennen, dass das notdürftig aufgemörtelte Bauernbundsmauerwerk schon wieder gewaltig bröckelte. Niederbayerns Regierungspräsident Fuchs von Bimbach und Dornheim hatte dem Innenminister am 7. Mai 1897 berichtet: „Es wurde mir schon wiederholt von anständigen Mitgliedern des Bauernbundes – bei meiner jetzigen Dienstreise erst vom Landrathsmitglied Wasserburger [Xaver, Brauereibesitzer] in Dingolfing – mitgetheilt, daß man in weiten Kreisen des Bauernbundes mit den fortgesetzten Schimpfereien des Wieland und namentlich des Dr. Gäch durchaus nicht einverstanden sei und ihnen dies auch schon wiederholt eröffnet habe; allein die Genannten kennen ganz genau ihr Publikum und schimpfen unbeirrt weiter."[419]

Sigl kämpfte in seinem Bayerischen Vaterland ohnehin unablässig gegen Wieland. Und nach seiner schulpolitischen Rede hatte Wieland auch noch den letzten klerikalen Sympathisanten der Bauernbundsbewegung vor den Kopf gestoßen. Der unterfränkische Kaplan Wilhelm Würzberger (1870–1950) distanzierte sich nun endgültig von der Bauernbundsbewegung: „Die sinnlose niederbayerische Bauernbundagitation ist zu verurtheilen, die dem Bauernbunde den Stempel einer revolutionären Partei aufgedrückt und die maßgebenden Faktoren des Staates und der Kirche gegen diese Bewegung in die Schranken gefordert haben. Wenn es nicht die Fälschung des alten Programms gewesen wäre, so hätte schließlich der von fanatischem Haß gegen Priesterthum und Katholizismus zeugende Antrag Wieland's, der unter dem bösen Geist des Hrn. Dr. Gäch stehe, um mit einem Bundesführer zu reden, den letzten Funken von Sympathie auf den Bund im innersten Herzwinkel selbst des weitherzigsten Geistlichen ersticken müssen."[420] Voll hämischer Freude kommentierte Sigl diese Entwicklung am 6. März 1898 im Bayerischen Vaterland: „Wenn man Bundespräsident und Wieland ist, das genügt, – um den Bund um alle Sympathien zu bringen und zu ruinieren. Bei anderen Parteien stellt man die gescheitesten und feinsten Köpfe, die klügsten und gewürfeltsten

Leute an die Spitze, beim Bauernbund ist so was nicht nöthig. Seine Führung und ihre ‚Erfolge' sind aber auch darnach."

Angesichts dieser Situation musste der Ausgang der Reichstagswahlen vom 15. Juni 1898 für Wieland deshalb ein warnendes Signal darstellen. Während der Bayerische Bauernbund seine Stimmenzahl aufgrund seiner zunehmenden Verbreitung und eines vergrößerten Kandidatenaufgebots im ganzen rechtsrheinischen Bayern im Vergleich zu 1893 von 74 689 auf 131 396 erheblich vermehren konnte, sanken die Bauernbundsstimmen in Wielands niederbayerischem Kerngebiet von 40 951 auf 33 796[421]. Die Reichstagswahlen konnten deshalb als Absage an Wielands radikale Agitation gewertet werden, zumal alle drei in Niederbayern gewählten Bauernbundsabgeordneten (Eßlinger in Straubing, Bachmaier in Pfarrkirchen und Ratzinger in Deggendorf) als gemäßigt galten. Die radikale Richtung Wielands und Gächs befand sich in einer Sackgasse. Denn neben der Wirkung der vernachlässigten Organisation zeigte das Wahlergebnis doch ganz deutlich, dass Wielands radikale Agitation mittlerweile stark an Attraktivität eingebüßt hatte. Die konkreten Vorteile, die die ökonomischen Angebote der Christlichen Bauernvereine den Landwirten brachten, waren nicht mehr zu übersehen. Außerdem hatte sich die Einkommenssituation der Landwirte wieder gebessert. Die Erzeugerpreise waren zwar sowohl im Getreide- wie im Fleischbereich nach wie vor schlecht, aber die Geldroherträge hatten sich aufgrund gestiegener Produktivität erhöht[422]. Diese Faktoren führten dazu, dass die Aufmerksamkeit, die Wielands Forderungen an den Staat entgegengebracht wurde, stark gesunken war.

Wenn im Reichstag nun auch vier statt der bisherigen drei Bauernbündler saßen, schlug sich der Stimmenzuwachs aufgrund des geltenden Mehrheitswahlrechts nicht voll in einer entsprechenden Mandatszahl nieder. Die Enttäuschung über das Wahlergebnis war deshalb trotz des Zuwachses erheblich. Innerhalb der Bauernbundsbewegung wuchs der Widerstand gegen Wieland. Denn seine radikale Agitation wurde neben der ebenfalls von ihm zu verantwortenden mangelhaften Organisation für das unbefriedigende Wahlergebnis verantwortlich gemacht. Der anonyme Autor eines Kommentars in den Münchner Neuesten Nachrichten warf Wieland organisatorische und programmatische Fehlentscheidungen vor, was ihn als Anhänger von Kleitners mittelständischem Parteikonzept qualifizierte. Möglicherweise war dieser selbst der Verfasser[423]. Jedenfalls behauptete er: „Durch die Brutalität der sogenannten ‚Bundespräsidentschaft' und anderer rustikaler Macher, deren Devise lautet: ‚Nur Bauern! – Keine Großstädter! – Fort mit den Doktoren!' wurden in Altbayern der Reihe nach sämmtliche politisch geschulten und arbeitsfähigen Elemente aus dem Bündniß hinausgeärgert und es dadurch möglich gemacht, den Unverstand und die Unfähigkeit zur absoluten Alleinherrschaft gelangen zu lassen." Dadurch habe es Wieland an der Spitze der „absolut unfähigen ‚Bundespräsidentschaft'" versäumt, „dem ungelenken Bauernhaufen ein festes, geschlossenes Gefüge zu geben und ihn dadurch zu einem Faktor zu gestalten". Der Autor forderte deshalb: „Führer einer aufstrebenden Partei kann nur ein wissenschaftlich gebildeter, in politischen und wirthschaftlichen Fragen geschulter, organisatorisch und oratorisch hervorragend befähigter und erfahrender Politiker sein. Diese Eigenschaften fehlen naturgemäß dem Bauern Wieland, der ein vortrefflicher Landwirth und Güterhändler sein mag, ohne Ausnahme."[424]

## Unübersehbare Risse im Bauernbundsgebäude

Wieland erwartete also eine stürmische Versammlung, als er die Delegierten des Bayerischen Bauernbundes nach der Reichstagswahl für den 1. Oktober 1898 nach München einlud. Er hatte sich deshalb dazu entschlossen, die Presse auszuschließen. So viel war jedoch über den chaotischen Verlauf der Versammlung nach außen gedrungen, dass sich die Augsburger Abendzeitung in der Lage sah, Wieland als Versammlungsleiter in einem sarkastischen Bericht aufs Korn zu nehmen. Die Vorbereitung der Versammlung war dem „Bundestyrannen von Hierlbach" – wie Wieland in dem Blatt spöttisch bezeichnet wurde – tatsächlich gründlich misslungen. Es wirkte sich nun endgültig nachteilig für ihn aus, dass er Satzungs- und Geschäftsordnungsfragen gegenüber der akklamatorischen Funktion derartiger Versammlungen vernachlässigte. Bezeichnend dafür ist, dass er geradezu im Vorbeieilen über eine neue Satzung abstimmen lassen wollte, um dann anschließend zur satzungsgemäßen Neuwahl der Bundesvorstandschaft zu schreiten – „aber es kam anders, wie ganz natürlich, wenn die Bundesdelegirten unter dem Präsidium Wielands versammelt sind", so die Augsburger Abendzeitung.

Memminger fühlte sich dadurch überrumpelt und wehrte sich gegen die Abstimmung über die Satzungsreform, die wegen der Aufnahme des Kleitnerbundes vor Jahresfrist dringend notwendig war. Denn die neue Satzung widersprach seinem fränkischen Partikularinteresse, da sie dem Bundespräsidium den Zugriff auf die wohlgefüllte fränkische Bundeskasse erlaubt hätte. Dies war wiederum der Grund, warum Wieland die neue Satzung rasch durchdrücken wollte. Es gelang ihm jedoch nicht, sich gegen den wachsenden Widerstand durchzusetzen, den der zunehmende Unmut über seinen Führungsstil hervorgerufen hatte. So kam es, dass Wieland „die Ordnung – was man in einer Bauernbunds-Delegirtenversammlung eben Ordnung nennt – nur noch mit größter Mühe aufrecht erhalten konnte". Er zog die Konsequenzen und bot seinen Rücktritt an. Eisenberger schloss sich ihm an. Dabei ist es bezeichnend für die Orientierungslosigkeit, die im Bayerischen Bauernbund damals herrschte, dass es keine Alternative zu den beiden gab. Da sich keine Nachfolger fanden, erklärten sich beide bereit, ihre Ämter bis zur nächsten satzungsgemäßen Generalversammlung im Frühjahr 1899 kommissarisch weiterzuführen. Trotzdem spielte Eisenberger offen mit dem Gedanken, mit seinem Anhang wieder eigene Wege zu gehen. Und auch Memmingers Verhalten zeigte, dass die Franken aus dem Bayerischen Bauernbund hinausdrängten. Während sich also deutliche Auflösungserscheinungen zeigten, verlief die Versammlung für den Ausbau der Organisation wieder einmal ergebnislos. Freilich ist dies nicht allein Wielands Schuld, nicht weniger verantwortlich dafür war Memmingers Streben nach fränkischer Autonomie. Trotzdem urteilte die Augsburger Abendzeitung: „Jede Delegirtenversammlung zeigt Wieland deutlicher in seiner Unfähigkeit als Führer."[425]

Dieses Urteil war durchaus zutreffend. Wieland schaffte es nicht, die beiden auseinanderstrebenden Pole der Bauernbundsbewegung zusammenzuhalten, als das einigende Band der Erfolgserwartung seit der Reichstagswahl verschlissen war. Dies lag daran, dass er in verfassungspolitischer Hinsicht zu dem demokratisierenden oberbayerischen Pol tendierte, wodurch er die Franken vor den Kopf stieß, während ihn mit dem fränkischen Pol in wirtschaftspolitischer Hinsicht das Interesse am Ackerbau verband, was die Anhänger Kleitners und Eisenbergers misstrauisch machte. Dabei besaß er nichts weniger als die taktische Flexibilität, um diese scharnierartige programmatische Mittelposition zur Überbrückung der Differenzen fruchtbar zu machen. Deshalb stellte er nicht das Bindeglied der auseinanderstrebenden Bauernbundspole dar, sondern entwickelte sich zur Bruchstelle.

Den ersten Schritt zur Auflösung des am 26. September 1897 geschlossenen Bundes taten die Franken. Auf Initiative Memmingers fand am 29. Oktober 1898 in Würzburg eine Generalversammlung des „Bayerischen Bauernbundes für Franken" statt, zu der rund 1000 Zuhörer erschienen. Schunk, der Vertreter Unterfrankens im Präsidium des Bayerischen Bauernbundes, eröffnete die Versammlung, und Memminger wurde einstimmig zum Vorsitzenden der Versammlung gewählt. Dieser ergriff das Wort, um vor der antiklerikalen, adels- und beamtenfeindlichen Hetze der „altbayerischen Grobiane" zu warnen. Die Verstaatlichung der Volksschule und die Abschaffung der Reichsrätekammer stießen auf einhellige Ablehnung. Jene störe die Wahlagitation bei der kirchennahen Bevölkerung, diese sei ungerechtfertigt, weil gerade die Reichsrätekammer Entgegenkommen in der Bodenzinsfrage gezeigt habe, so der protestantische Gutsbesitzer Karl Prieger (1864–1942) aus dem unterfränkischen Gereuth. Eine Absage erteilte die Versammlung auch der von Wieland forcierten Satzungsreform wegen der befürchteten Eingriffe in die fränkische Bundeskasse. Deutlich unterschied sich die Würzburger Versammlung durch den störungsfreien Verlauf, die diszipliniert abgearbeitete Tagesordnung und die fachlich qualifizierten agrarpolitischen Referate von denjenigen Bauernbundsveranstaltungen, die unter der Leitung Wielands oft zu Radauversammlungen wurden. Es zeigte sich eben, wie wohltuend sich eine sorgfältige Vorbereitung auswirken konnte[426].

Obwohl es in Würzburg nicht zu einer förmlichen Trennung von Wieland gekommen war, führten sich die Franken wie ein autonomer Verband auf. Daraufhin reagierten die Oberbayern mit einer eigenen Delegiertenversammlung, die Eisenberger auf den 26. November „zur Beseitigung der im Bauernbund herrschenden Zustände" ansetzte. Eisenberger hielt die Vorbereitungen geheim und lud nur Markmeister und Sektionsvorstände ein, die er für zuverlässig hielt. Sein Ziel bestand darin, die fränkische Kritik am verfassungspolitischen Teil des Bauernbundsprogramms zurückzuweisen. An Wielands Taktik kritisierten die Anwesenden dementsprechend im Gegensatz zu den Franken nicht dessen gegen Adel, Beamte und

Geistlichkeit gerichtete Radikalität; vielmehr machten sie die von ihm geforderte Abschließung gegenüber außerlandwirtschaftlichen sozialen Gruppierungen für den enttäuschenden Ausgang der Reichstagswahlen verantwortlich. Da Eisenberger um den demokratischen Teil des Bauernbundsprogramms fürchtete und den mittelstandsorientierten Charakter des ehemaligen Bayerischen Bauern- und Bürgerbundes – des so genannten Kleitnerbundes – wieder herstellten wollte, erwog er sogar, mit Wieland zu brechen. Aufgrund des Widerstands der Wieland treu ergebenen Bauernbündler aus den nördlichen Getreideanbaugebieten Oberbayerns verzichtete er jedoch darauf, die Trennung zu vollziehen[427]. Trotzdem erschienen die Differenzen innerhalb der Bauernbundsbewegung derart unüberbrückbar, dass der Bayerische Bauernbund nach Ansicht der Münchner Neuesten Nachrichten zu bestehen aufgehört hatte: „Dem absoluten Marasmus unrettbar verfallen ist jenes wirthschaftspolitische Parteigebilde, das unter dem Namen ‚Bayerischer Bauernbund' im September 1897 zu München in der berüchtigsten aller bündlerischen Radauversammlungen mit Ach und Krach das Licht der Welt erblickte, jedoch schon vom Augenblick der Schöpfung an, wie wir damals mit aller Bestimmtheit vorhergesagt haben, eine so starke Dosis zerstörenden Gifts in sich barg, daß ein längerer Bestand völlig ausgeschlossen war."[428]

Auch Wieland erachtete die Situation als heillos. Er resignierte und wollte seinen aufgeschobenen Rücktritt als Bundespräsident nun doch vollziehen. Eine entsprechende Erklärung sollte Schwab in der Neuen freien Volkszeitung veröffentlichten. Dieser weigerte sich jedoch und flehte seinen wichtigsten Bundesgenossen am 24. November 1898 an: „Ich wäre nun mit Allem einverstanden, aber nicht mit dem, daß du das Präsidium niederlegen willst. Das darfst du *nicht* thun, da ist noch lange Zeit; du darfst einfach nicht gehen. Ich bitte dich, mir die *Erlaubniß* zu erteilen, den Schluß deiner Erklärung *so* zu formuliren, wie ich's druke. Ich kann unmöglich meine Einwilligung geben zu deiner Abdankung." Deshalb riet er ihm: „Wenn du klug bist, beseitigst du *alle* deine Feinde; […]."

Tatsächlich gelang es Schwab, Wieland aufzurütteln und zu überreden, die Erklärung nicht zu drucken. Wieland blieb vorerst im Amt und kam nun auch zur Überzeugung, offensiv gegen seine Gegner vorgehen zu müssen. Dazu musste er aber erst in seinem niederbayerischen Kerngebiet für Ordnung sorgen. Wie das Ergebnis der Reichstagswahl zeigte, war sein Einfluss ja gerade dort stark im Schwinden. Am 18. Juli 1898 hatte der Landauer Bezirksamtmann erfreut an den niederbayerischen Regierungspräsidenten berichtet, dass „die Wieland-Gäch'sche Richtung des Bauernbundes im Amtsbezirke Landau an der Isar im Sinken begriffen" sei. Dafür machte er den Haunersdorfer Brauereibesitzer Mittermaier verantwortlich, der sowohl der Landauer Bauernbundssektion als auch dem dortigen Landwirtschaftlichen Bezirksausschuss vorstand. Befriedigt konstatierte der Bezirksamtmann, dass „für die gestrige Wanderversammlung [des Landwirtschaftlichen Bezirksvereins] in Haunersdorf nicht mehr wie früher die beiden Genannten als Referenten bestellt, sondern Herr Kgl. Ober-Regierungsrath Windstoßer [Joseph, Mitglied der Flurbereinigungskommission beim Innenministerium] um einen Vortrag über Flurbereinigung gebeten wurde und ich einen solchen über Pferdeversicherung halten konnte". Dabei musste es schockierend auf Wieland wirken, dass es ihm erstmals misslungen war, eine Versammlung zu überrennen und zu übernehmen. Stattdessen war er einer geschlossenen Front aus Beamten, Zentrumsanhängern und gemäßigten Bauernbündlern gegenübergestanden, weshalb der Bezirksamtmann „von einem großen Theil der Anwesenden" zustimmenden Beifall geerntet hatte, als er Wieland entgegnete, „daß seine Kampfesweise jedenfalls nicht die eines anständigen und ernsten Mannes sei"[429].

Die Haunersdorfer Versammlung zeigte sehr deutlich, dass die von Wieland geforderte Beschränkung auf politische Agitation nicht mehr befriedigte, seit die von der staatlichen Bürokratie geförderte strukturpolitisch orientierte Agrarpolitik nicht mehr zu übersehende Erfolge zeitigte. Während Bauernbündler wie Mittermaier daher in einer allzu obstruktiven Taktik gegenüber der Bürokratie keinen Sinn mehr sahen, verschloss sich Wieland dieser für ihn unangenehmen Analyse. Er suchte die Schuld für die Demütigung in Haunersdorf bei anderen, fand sie bei Mittermaier und verallgemeinerte sie auf die gesamte Wirte- und Brauerschaft. Er musste nicht lange überlegen, um immer wieder auf Bräuer und Wirte zu stoßen, wenn er sich die Kritiker an seinem agrarischen Radikalismus in Erinnerung rief. Im September 1897 hatte sich der Langquaider Brauer Josef Münsterer anlässlich der Landtagsersatzwahl in Kelheim öffentlich von den radikalen Phrasen der niederbayerischen Bauernbundsführer distanziert[430]. Im Frühjahr 1898 hatte sich Wieland dann genötigt gesehen, den Pfettracher Wirt Georg Stanglmayer wegen dessen pragmatischen Auftretens im niederbayerischen Landrat zu rügen[431]. Im Sommer 1896 war ihm der Leiblfinger Brauereibesitzer Eßlinger in dem Beleidigungsprozess, den der Bezirksamtmann von Straubing wegen der Vorfälle bei der Wahl des Landwirtschaftlichen Bezirksausschusses von Straubing gegen ihn führte, in den Rücken gefallen, als er behauptet hatte, „daß die Wahl eines Landwirthes als Vorstand auch ohne die beleidigenden Äußerungen Wielands hätte vorgenommen werden können"[432]. Und nun schien sich auch noch der Haunersdorfer Bräu Mittermaier mit dem Bezirksamtmann zu verbünden, um ihm seinen Landtagswahlkreis abspenstig zu machen.

## Der Kreuzzug gegen die Bräuer und Wirte

Für Wieland war die Sachlage klar. Die Bräuer und Wirte neigten seiner Meinung nach aus Furcht vor Geschäftsschädigung zu sehr dazu, dem Druck der lokalen und regionalen Beamten nachzugeben, und waren somit in erster Linie nicht als Landwirte, sondern als Gewerbetreibende zu betrachten. Er startete deshalb im Niederbayerischen Anzeiger einen publizistischen und agitatorischen Kreuzzug gegen sie. Wie die Neue freie Volkszeitung am 17. Dezember 1898 ausführlich berichtete, ließ sich Mittermaier daraufhin von den Ortsvorsitzenden des Bayerischen Bauernbundes im Bezirk Landau an der Isar das Vertrauen aussprechen. Einstimmig wurde ihm am 12. Dezember im Nebenzimmer des Kindl'schen Gasthauses in Landau bestätigt, „daß Landwirthschaft und Gewerbe also auch die Bräuer und Wirthe im Bayerischen Bauernbund gleichberechtigt seien".

Als Mittermaier aus der Gaststube heraus in den Saal trat, um die anschließende öffentliche Versammlung zu leiten, wurde er wohl kreidebleich. Denn er sah dort, dass Wieland inmitten eines zahlreichen und lautstarken Anhanges bereits auf ihn wartete. Weil die Versammlung den Bauernbundskandidaten für die nächsten Landtagswahlen zu nominieren hatte, wollte Wieland diesmal nichts dem Zufall überlassen. Er hatte seine Lehren aus der Haunersdorfer Wanderversammlung gezogen und sich gut vorbereitet. Auch Mittermaier hatte sich gewappnet und Wielands Bericht über seine Landtagstätigkeit an das Ende der Tagesordnung gesetzt. Wenn er damit verhindern wollte, dass Wieland die inhaltliche Richtung der Versammlung bestimmte, dann scheiterte er aber kläglich. Wieland erzwang gleich zu Beginn der Versammlung das Wort. Mittermaier konnte sich gegen die Übermacht des grölenden Haufens um Wieland nicht wehren. Sofort kritisierte Wieland „die zahme Haltung der Bräuer im Distrikts- und Landrath und im landwirthschaftlichen Verein", wobei er sich wenig darum kümmerte, dass er eigentlich über seine parlamentarische Arbeit sprechen sollte: „Allein die Bräuer und Wirthe – ich bemerke ausdrücklich, daß nicht alle gemeint sind, sondern nur einzelne – geben eben Anlaß zur Kritik. Sie widersprechen zu wenig, geben gleich nach, haben kein steifes Rückgrat. Wer ein steifes Rückgrat hat, der beugt sich auch nicht vor einem Minister. Eine Oppositionspartei sollte nicht mit Beamten etc etc. gehen und Verkehr mit ihnen pflegen. Ein Mitgehen ist hier ein Untergehen. Denn es wird dadurch die Widerstandsfähigkeit geschwächt. Der Bauer muß solange Opposition machen, bis diese Ungerechtigkeiten weg sind. Wer schon Bezirksamtmännern Komplimente macht, taugt nichts."

Mittermaier wollte sich verteidigen, wurde aber von Wielands Anhang immer wieder niedergebrüllt. Daraufhin ergriff das Wort der Leiblfinger Bräu Eßlinger, ein neuer Reichstagsabgeordneter, der sich für weltmännisch hielt und sich etwas vornehm zu geben versuchte. Er, Eßlinger, sei „auf specielles, dringendes Verlangen von Berlin hieher geeilt, und zwar wegen des Ernstes der Situation im Bauernbund". Von unfreundlichen Rufen aus der näheren Umgebung Wielands begleitet, erteilte er der radikalen Agitation Wielands eine deutliche Absage: „Da heißt es immer, wir müssen radikal sein, wir müssen radikal vorgehen. Was ist denn radikal? Wenn radikal das ist, daß man bei jedem zehnten Wort den ‚Saupfaffen' im Munde führt, so bin ich nicht radikal; ein anständiger Mensch will ich in erster Linie sein!"

Im Unterschied zu Wielands totaler programmatisch-taktischen Radikalität plädierte Eßlinger für ein inhaltlich entschiedenes, taktisch aber umsichtiges Vorgehen: „Wenn wir keine Verletzung der religiösen und konservativen Gefühle des Volkes wollen, sind wir noch lange keine Gemäßigten. Ich habe stets den Bauern gesagt, daß die Geistlichen allein die Schuld tragen, wenn heute der Bauernstand so darniederliege. Man kann ganz radikal (d. h. entschieden) sein, aber man braucht nicht grob sein." Der grundsätzliche Charakter, den Eßlingers Kritik an Wieland angenommen hatte, sollte dem Zweck dienen, ihm den Weg in eine führende Position in der Bauernbundsbewegung zu ebnen. Offen sprach er dies an, als er behauptete, „der Grund, weshalb wir Gewerbetreibenden bekämpft werden müssen, ist, weil wir rivalisiren, weil wir als gleichberechtigte Glieder im Bauernbund angesehen werden und nicht Mitglieder zweiter Klasse sein wollen". Diesen Anspruch nahm Gäch zum Anlass, um in den Saal wütend hineinzuplärren: „Herr Eßlinger wird Wieland's Stelle nicht ausfüllen."

Gäch war der Ansicht, „daß zur Zeit nur Wieland als Präsident im Bauernbund möglich ist. Denn zur Vertretung der Bauernbundforderungen gehört Entschiedenheit, Festigkeit und Zähigkeit." Daraufhin machte der Schwarzacher Arzt seinem Hierlbacher Freund das Rednerpult frei. Dieser nahm es „als ein entschiedenes Verdienst in Anspruch, daß die Aufbesserungen durchgefallen sind", auch „in der Bodenzinsfrage gebührt das Verdienst dem Bauernbund", dem Zentrum sei dadurch zu Bewusstsein gekommen, „was die kleine Fraktion des Bauernbundes für eine Bedeutung hat und für eine Macht, und daß er in der Kammer das Zünglein an der Wage bildet". Deshalb trete er „gegen die schwächliche, regierungsfreundlich schillernde Haltung Einzelner von den Brauern u. Wirthen" auf. Währenddessen brüllte ihm Eßlinger mehrmals entgegen, „daß an den vorhandenen Dissidien niemand anderer als Wieland Schuld sei". Nach dreieinhalb Stunden Schimpferei und Schreierei beendete Mittermaier aufgrund der vorangeschrittenen Zeit die Versammlung, ohne dass sie ein konkretes Ergebnis gezeitigt hätte. Ein Landtagskandidat wurde nicht aufgestellt.

## Der abtrünnige Eßlinger als Hauptgegner

Im Zentrum wurden die Vorgänge um Wieland genau beobachtet. Die Zentrumspresse versuchte die Führungsstreitigkeiten noch anzuheizen, indem sie das Gerücht streute, dass sich Karl Schäfer, bekannt als einer der engsten Weggefährten Wielands, von diesem getrennt habe[433]. Gleichzeitig wurden die Brauereibesitzer Mittermaier, Eßlinger und Wasserburger vom Zentrum umschmeichelt und umworben. Pichler soll geäußert haben, dass eine Zusammenarbeit des Zentrums mit Wieland auf keinen Fall, mit Eßlinger jedoch sehr wohl vorstellbar sei[434]. Wenn es das Ziel des Zentrums war, den Bayerischen Bauernbund dadurch noch tiefer in Unordnung und Chaos zu stürzen, dann ging die Rechnung tatsächlich auf. Wieland ließ am Tag vor Heilig Abend 1898 in der Neuen freien Volkszeitung eine unversöhnliche persönliche Erklärung gegen seine innerbündlerischen Gegner veröffentlichen. Scharf wandte er sich gegen „das vom Centrum so oft zitirte und gehätschelte und der Richtung hochwillkommene Gespenst einer gemäßigten Richtung im Bunde". Mit einem Stoßseufzer beendete er seine Schimpftirade: „O diese gemäßigten Vermittelungsmenschen, diese Bräuer und Wirthe, denen die ‚Neue freie Volkszeitung' und der ‚Niederbayerische Anzeiger' ein Dorn im Auge sind. Auch ist es traurig anzusehen, wie die besten Bauern gar so gerne jedem politischen Hansdampf nachlaufen, selbst wenn er noch so sehr an Nervosität leidet und nichts weniger als Bauer ist."[435] Diese persönliche Erklärung war von Schwab an sämtliche Bundesblätter verschickt, aber nur von der Neuen freien Volkszeitung und dem Niederbayerischen Anzeiger gedruckt worden. Schwab hielt die Situation darum für äußerst ernst. Er gab Wieland deshalb zu bedenken, „wenn du nicht sofort u. ungesäumt an diese Organisation gehst, dann wird der Kleitnerische Anhang mit Unterstützung der gemäßigten Niederbayern mächtig u. dein Sturz ist besiegelt"[436].

Schwabs Bedenken waren nicht unbegründet. In ganz Bayern nahmen die Abspaltungstendenzen von Wieland immer konkretere Formen an. Die oberbayerischen Bündler vollzogen die förmliche Trennung von ihm am 8. Januar 1899 auf ihrer Kreisdelegiertenversammlung im Mathäser in München. Sein Stellvertreter Eisenberger hielt es für besser, bei den kommenden Landtagswahlen unabhängig von Wieland zu marschieren. Eisenbergers Antrag, den Bayerischen Bauern- und Bürgerbund wiederzugründen, wurde daraufhin mit Mehrheit angenommen[437]. Nach Ansicht des Traunsteiner Wochenblatts demonstrierten die Oberbayern damit, „daß sie ferne stehen wollen den rohen Ausbrüchen fanatischen Hasses und den brutalen Gemeinplätzen, auf denen sich anderwärtige Führer des Bundes mit besonderer Befriedigung ihrer eingebildeten Leistungsfähigkeit so gerne tummeln"[438].

Zwei Tage nach den Oberbayern beschloss eine Delegiertenversammlung der schwäbischen Bauernbündler unter Leitung von

Seitz, sich den Franken um Memminger organisatorisch anzuschließen[439]. Diese forderten die Abdankung Wielands und die Ersetzung der „monarchischen Spitze“ durch einen kollegialen Ausschuss. Andernfalls kündigten sie die förmliche Trennung vom Bayerischen Bauernbund an[440]. In Niederbayern gingen die gemäßigten Kräfte um Eßlinger in Wielands Straubinger Kerngebiet in die Offensive. Einer von Eßlingers Anhängern beantragte am 21. Januar 1899 im Landwirtschaftlichen Bezirksausschuss von Straubing, Wieland das Misstrauen auszusprechen. Dies konnte von dessen Freund und Nachbarn, dem Hierlbacher Bauern Unger, zwar noch knapp verhindert werden, indem er zu bedenken gab, „ohne Wieland gäbe es überhaupt im Bezirksverein keinen derartigen Ausschuß, der nur aus Landwirthen und bereits aus lauter Bauern besteht“[441]. Nicht verhindern konnte es Wieland jedoch, dass sich Eßlinger auf einer Delegiertentagung der niederbayerischen Bauernbündler in Landau an der Isar wenige Wochen später per Akklamation zum Kreisvorsitzenden wählen ließ[442] – was gegen die immer noch bestehende alte Satzung war, die (noch) keine Kreisvorsitzenden kannte, sondern nur Wahlkreisvorsitzende vorsah. Damit war die Führung des gemäßigten Bauernbundsflügels in Niederbayern von den Rottalern um Zeitler endgültig auf Eßlinger übergegangen. Die Rottaler waren in den langjährigen Führungskämpfen mit Wieland wohl etwas müde geworden, weshalb es Zeitler selbst war, der dem unverbrauchten Eßlinger im Sommer 1897 die Führung des gemäßigten Flügels angetragen hatte[443].

Rückhalt, so schien es, hatte Wieland nur mehr bei den wenigen Bauernbündlern in der Oberpfalz, in den nordoberbayerischen Getreideanbaugebieten und in der Bauernbundsinsel am westlichen Rand Altbayerns. Nun drohte Realität zu werden, was Sigl am 9. Januar 1896 im Bayerischen Vaterland prophezeit hatte. Wieland, so schien es, hatte den Bayerischen Bauernbund doch noch zu einem „Special-Bauernbund Hierlbach und angrenzende Einöden“ gemacht. Kurz vor dem Ende seiner provisorischen Amtszeit schien seine Lage als Bundespräsident hoffnungslos zu sein, als er für den 25. Februar 1899 eine Delegiertenversammlung des Bayerischen Bauernbundes nach Regensburg einberief. Während die Versammlung von Eisenbergers oberbayerischem Anhang überhaupt ignoriert wurde, schickten die Franken immerhin eine Denkschrift, die aber als besondere Brüskierung Wielands nicht an diesen, sondern an

Eßlinger adressiert war. Wenn das Ziel dieses Telegramms darin bestand, Wielands niederbayerischen Rivalen zu stärken, dann war es ungeschickt. Denn Eßlinger sah sich daraufhin gezwungen, sich von den Franken zu distanzieren. Da aber Memminger und sein fränkischer Anhang nicht anwesend waren, war vom Widerstand gegen Wieland ohnehin nichts zu vernehmen. Die Schwaben waren nur stark im Widerstand gegen Wieland, wenn sie ihm nicht persönlich gegenüberstanden. Es gelang Wieland deshalb, die Versammlung zu einer grandiosen Vertrauenskundgebung für sich zu gestalten. Trotz lebhafter Auseinandersetzungen drückte Wieland diesmal die Satzung einstimmig durch. Glaubt man dem Bericht der Neuen freien Volkszeitung, so wurde er daraufhin „mit geradezu frenetischen Hoch- und Wieland-Rufen" einstimmig als Präsident des Bayerischen Bauernbundes bestätigt. Er hatte bekommen, was er brauchte, nämlich die plebiszitäre Bestätigung für die Fortführung seiner radikalen Taktik. Deshalb erklärte er nach der Annahme der Wahl, „daß er von der festen, entschiedenen (radikalen) Richtung nicht abweichen werde", denn „er habe sich als seine politische Aufgabe die Befreiung des Bauernstandes von geistiger und materieller Bevormundung und Unterdrückung gestellt". Weil die neuen Satzungen als Zugeständnis gegenüber den ländlichen Gewerbetreibenden einen solchen als Stellvertreter des Bundespräsidenten forderten, wurde Wielands alter Weggefährte, der Pondorfer Bäcker und Landwirt Schäfer zum Nachfolger des Hutzenauerbauern gewählt[444].

## Wieland schlägt zurück

Tags darauf rechnete Wieland in einer öffentlichen Kundgebung mit seinen Gegnern ab: „Jeder Bauernbündler müsse Oppositionsmann sein, bis die Regierung die Forderungen des Bauernbundes erfüllt hat. Erst dann könne der Bauernbund mit der Regierung gehen. Das, was bis jetzt erreicht wurde, sei nicht durch Milde und Nachgiebigkeit, sondern durch entschiedenes Auftreten erreicht worden."[445]

Wieland konnte sich durch das Ergebnis der Regensburger Versammlung bestätigt fühlen, seine radikale Agitation fortzusetzen. Der radikalen Richtung war ein eindeutiges Mandat verliehen worden, während Eßlinger nicht aufhörte, Wieland zu provozieren, indem er den Bundespräsidenten bewusst ignorierte. Ohne ihn zu informieren setzte der Leiblfinger Brauereibesitzer seinen Namen unter einen Aufruf des Mitteldeutschen Bauernbundes zum Fleischbeschaugesetz. Bestätigt durch das Regensburger Ergebnis, sah Wieland daraufhin die Gelegenheit gekommen, um gegen Eßlinger in die Offensive zu gehen. Da er ziemlich wütend auf seinen Rivalen war, bereitete er eine grobe und beleidigende Erklärung vor, die dazu angetan war, das Kind mit dem Bade auszuschütten und sämtliche bündlerischen Reichstagsabgeordneten mit Eßlinger zu brüskieren. Schwab warnte ihn davor, diese nicht unnötig zu provozieren: „Für den Anfang ist unter allen Umständen die mildeste Form zu wählen; der schlaue Fuchs kennt sich aus. Ferner darfst du bei solch offiziellen Aktenstücken niemals deinen persönlichen Gefühlen freien Lauf lassen, damit man dich nicht angreifen kann. Außerdem ist dies ein Akt der Klugheit.“[446]

Angesichts von Wielands Wut musste es besonders naiv wirken, wenn es nun ausgerechnet Ratzinger war, der ihm wegen der anstehenden Landtagswahlen riet, sich mit Eßlinger auszusöhnen[447]. Wieland vermutete sofort eine gemeinsame Intrige Ratzingers und Eßlingers gegen ihn und fühlte sich in seiner Abneigung gegen die beiden noch bestärkt[448]. Er ließ sich deshalb von Schwab nicht mäßigen, sondern war vielmehr bereit, die Autorität der Bundesleitung gegenüber Eßlinger mit aller Härte durchzusetzen. Dabei ging er in die Offensive, indem er Eßlingers Wahl zum Kreisvertreter Niederbayerns nicht anerkannte. Das Recht dazu besaß er, denn Eßlinger hatte sich nach dem Wortlaut der neuen Satzung wählen lassen, bevor sie von der Regensburger Delegiertenversammlung überhaupt beschlossen worden war. Wieland verlangte deshalb eine Wiederholung der Wahl. Erwartungsgemäß verweigerte sich Eßlinger aber der Autorität Wielands, weshalb er diesem schrieb: „Da ich gezwungen bin, in der Nichtanerkennung der Wahl eine persönliche Spitze gegen mich selbst gerichtet zu finden, erkläre ich hiermit, daß ich keinen Grund finde, eine nochmalige Wahl zu veranlassen und theile mit, daß als Kreisvertreter meine Person, als Kassier Herr Mathias Schmalhofer, Ökonom in Straubing, gewählt wurde.“[449] Daraufhin berief Wieland die niederbayerischen Vertrauensmänner des Bayerischen Bauernbundes für den 4. April 1899 nach Osterhofen zur Neuwahl des Kreisvertreters zusammen. Dabei war er durchaus bereit, eine Wiederwahl Eßlingers unter der Bedingung zu akzeptieren, dass sich dieser zuvor öffentlich seiner

Autorität unterwarf. Unerbittlich forderte er die Wiederholung der nicht satzungsgemäßen Wahl, stieß damit bei Eßlinger aber auf sture Verweigerung. Wieland und Eßlinger gerieten hart aneinander. Es gelang dem Bundespräsidenten nicht, sich durchzusetzen. Obwohl die Mehrheit der Anwesenden Anhänger Wielands waren, sahen sie keinen Grund, Eßlinger derart zu demütigen. Nun passierte das Unerwartete. Wieland erklärte seinen Rücktritt, was die Neue freie Volkszeitung pathetisch kommentierte: „Die rasende See wollte absolut ihr Opfer haben."[450]

Eßlinger schien das Kräftemessen gewonnen zu haben. Wie ein Lauffeuer verbreitete sich die Nachricht von Wielands Rücktritt. Wie die Presse unabhängig von ihrer Stellung zu Wieland übereinstimmend berichtete, hatte Wieland den Eindruck gemacht, als sei er des unablässigen Kampfes müde geworden. Die Begründung könnte durchaus zutreffend gewesen sein, denn seine Frau war schwer erkrankt[451]. Er musste sich nun alleine um den Hof kümmern und sich dazu noch Sorgen um die Gesundheit seiner Bäuerin machen. Die liberale Augsburger Abendzeitung, deren Verhältnis zu Wieland nach anfänglicher Begeisterung merklich abgekühlt war, berichtete über den Rücktritt Wielands am 6. April 1899 trotzdem sehr bedauernd: „Der Name ‚Wieland' ist von allen Bauernbundsführern mit der Bauernbewegung in Bayern am engsten verbunden, denn als die Bauernbewegung im Straubinger Gau im Frühjahr des Jahres 1893 entstand, ergriff Wieland die Fahne der rebellischen Bauern und trug sie im Kampf gegen das Zentrum bis zum heutigen Tage voran. [...] Von allen Bundesführern meinte es Wieland am ehrlichsten mit den Bauern, Streberthum und Heuchelei waren ihm fern gelegen, schnurstracks ging er auf sein Ziel los, wobei er allerdings manchmal zu weit ging und namentlich seine derbe, polternde Agitation selbst seine eigenen Bundesgenossen in Franken und Schwaben vor den Kopf stieß."

Dabei fand Wielands Rücktritt reichsweites Interesse. Die zentrumsnahe Kölnische Volkszeitung brachte am 7. April auf ihrer ersten Seite einen umfangreichen Bericht darüber und sprach von einem „Wendepunkt in der bayerischen Bauernbundbewegung". Übereinstimmend mit der Augsburger Abendzeitung behauptete sie: „Viele, die sonst das diktatorische Vorgehen Wielands missbilligen, werden sich nur schwer dazu verstanden haben, den Mann fallen zu lassen, dessen Eigenart schon seit 1893 der Bundesbewegung in Niederbayern das Gepräge gab. Auch der schärfste Gegner Wielands muß anerkennen, daß dieser antiklerikale Fanatiker und demagogische Hetzer vor fast allen seinen Mitläufern die Konsequenz, wenn auch die Konsequenz des Unrechtes, voraus hatte. Die anderen ließen sich zu den tollsten Widersprüchen verleiten. Wieland blieb starr, auch in seiner schier grandiosen Unwissenheit über die einfachsten politischen und historischen Dinge."

Die Nachrufe auf Wielands politische Tätigkeit waren verfrüht. Sein Rücktritt durfte nicht als Rückzug missverstanden werden. Wie er an Bachmaier schrieb[452], habe er „den Platz geräumt, um nicht mehr der angebliche unverträgliche Grobian zu sein". Mit seinem Rücktritt wollte er die Voraussetzung für die Wiedervereinigung der bayerischen Bauernbünde schaffen. Aber ohne sich davon beeindrucken zu lassen, „ließen die Feinde des Bundes, diese eingeschlichenen Wölfe im Schafspelz, die Katze aus dem Sacke. Man könnte doch sofort merken, daß nicht blos ich der Stein des Anstoßes sei, sondern der Bund im Allgemeinen. Wenn blos ich als der unerträgliche Grobian angesehen wurde, wozu dann alsdann noch, nachdem ich zurückgetreten bin, den Bund zerreißen? Das hat gar keinen anderen Sinn, als die Uneinigkeit der Bauern herbeiführen zu wollen mit aller Absicht!!!" Wieland sah bereits wieder das Gespenst einer Katholischen Volkspartei am politischen Horizont heraufziehen, weshalb er Bachmaier warnte: „Ihr bäuerlichen Abgeordneten mit Ausnahme Sinzinger seit die auf den Leim eines Sinzinger und Eßlinger gegangenen gewissen Vögel, die nicht merkten, daß Leim aufliegt, und sich solches auch von mir nicht sagen ließen. Ich muß jetzt unwillkürlich auf frühere Vorgänge im Bunde hinweisen! Wer war es denn hauptsächlich früher, der den konfusen unfähigen Zeitler im Kampfe gegen die radikale Richtung stärkte und die gemäßigte Richtung vertrat, welche sagte: Die Bodenzinse seien unantastbare Lasten pp. Es waren Dr. Ratzinger, Sinzinger u. Wasserburger mit Euch als Mitgänger! Wer ist es jetzt? Sinzinger, Eßlinger, wenn auch nicht gar wieder Dr. Ratzinger??"

Wieland fühlte sich hintergangen: „Als am vergangenen 7 Feb. der Landtag einberufen wurde und uns Sinzinger zu einer Besprechung einlud, habe ich dem Ganzen entnommen, daß Ihr Alle wißt, um was es sich handelt, nur ich wußte es nicht, war aber sofort

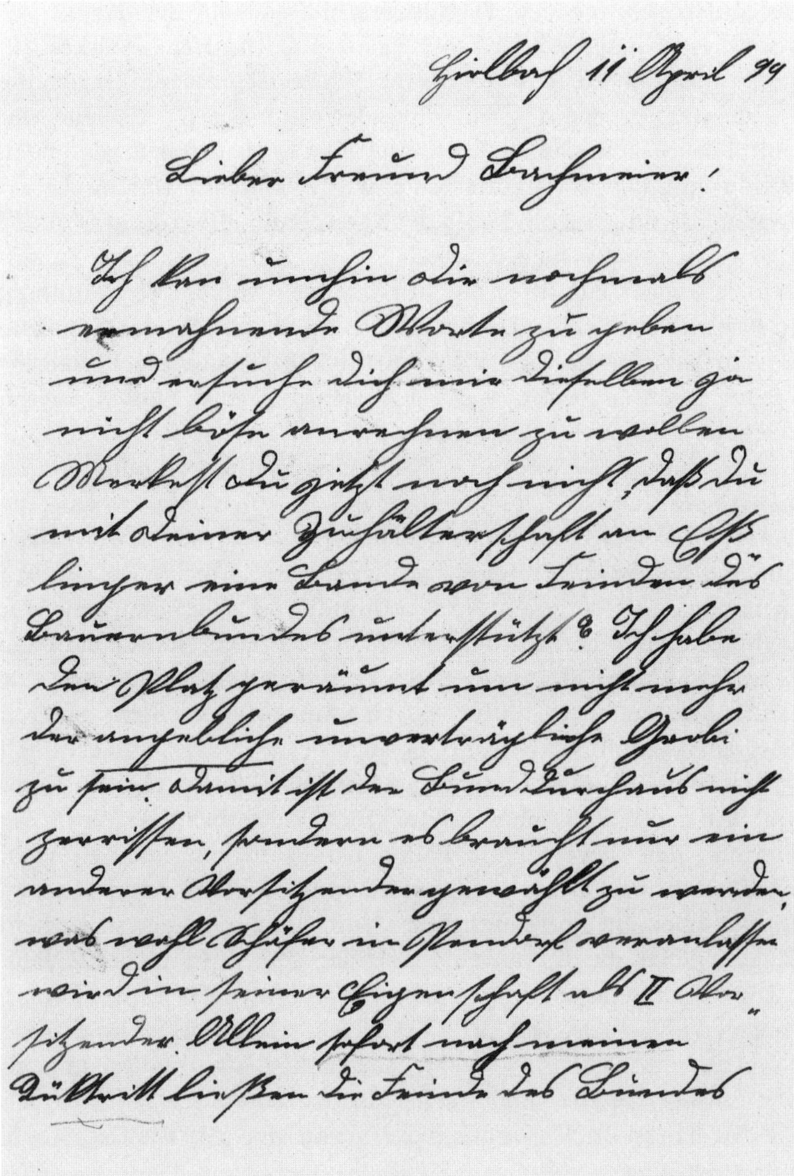

Heilbach 11 April 99

Lieber Freund Bachmaier!

Ich kann umhin dir nochmals
~~[illegible]~~ Worte zu geben
und ersuche dich mir dieselben gü-
nicht böse aufnehmen zu wollen
Weil du glaubst doch nicht, daß du
mit Deiner Zuhälterschaft an Ess-
linger eine Bande von Feinden des
Bauernbundes unterstützt? Ich habe
den Platz geräumt um nicht mehr
der angebliche unerträgliche [illegible]
zu sein. Damit ist der Bund durchaus nicht
zerrissen, sondern es braucht nur ein
anderer Vorsitzender gewählt zu werden,
was wohl Schäfer in Straubing veranlassen
wird in seiner Eigenschaft als II Vor-
sitzender. Allein sofort nach meinem
Rücktritt ließen die Feinde des Bundes

*Diesen Brief richtete Wieland am 11. April 1899 an den bündlerischen Landtagsabgeordneten Benedikt Bachmaier, um sich über die gegen ihn gerichteten Intrigen zu beschweren.*

aufgeklärt, als ich den Verläumder Eßlinger auf der Treppe des Landtagsgebäudes sah." Erbost fragte er Bachmaier: „Merkest du jetzt noch nicht, daß du mit deiner Zuhälterschaft an Eßlinger eine Bande von Feinden des Bauernbundes unterstützt?" Wieland war enttäuscht: „Ich glaubte Euch eine Freude zu machen, als ich in Regensburg den Vorsitz im Bunde wieder annahm, und mußte erfahren, daß am anderen Tag in der Kammer Ihr alle stumm waret[453]! Warum denn? Was habe ich Euch gethan? Antwort: Nichts! Sinzinger sagte sogar, daß Ihr gar nicht erbaut seid von der Versammlung in Regensburg: Sehr bezeichnend! Da ich Euch nicht das Geringste gethan habe, so darf ich wohl mit Sicherheit annehmen, daß Ihr erbaut gewesen wäret, wenn ich schon damals zurückgetreten wäre. Jetzt ist auch das geschehen!"

Nachdrücklich warnte er Bachmaier und dessen bündlerische Landtagskollegen – „die Verräther des Bauernstandes, mithin die Verräther der eigenen Sache" – aber davor, der „Sehnsucht nach einem Präsidenten Eßlinger" nachzugeben: „Warum wehrte sich denn Sinzinger so gegen die Bestimmung in den Satzungen, laut welchen stets nur ein Bauer den Vorsitz im Bunde führen darf? Ich sage: Wenn die Bauern wieder die geprellten sein wollen, wie seit Jahrhunderten, dann dürfen sie sich nur wieder einem anderen Stande anschließen und sollte es auch der Gewerbestand sein. Ich lobe mir ein ‚Hand in Hand' gehen, aber niemals in eine stille Umwandlung des Bauernbundes in einen Gewerbebund. Wenn die Herren einen Gewerbebund wollen, dann sollen sie einen gründen, jetzt haben wir noch einen Bauernbund." Wieland schloss seinen Brief mit einem unfreundlichen Gruß, der Bachmaier in keinem Zweifel über die Kompromisslosigkeit seines Standpunkts ließ: „Zum Schluße sage ich dir noch, daß ich auch mit dir das Letztemal verkehrt habe, was dir zwar gleich sein kann, wenn Ihr den Bund zerreißt. Ebenso verkehre ich auch nicht mit Verbündeten wie Eßlinger. Heute noch Bundesgrus. Franz Wieland."

Wielands Brief an Bachmaier bezog sich auf das Schreiben, mit dem ausgewählte Anhänger Eßlingers vom Hailinger Wirt Waasmaier, Gründungsmitglied des Bundes der niederbayerischen Landwirte, für den 17. April zu einer geheimen Besprechung in den Saal des Bierbrauers Weidemann nach Straubing eingeladen worden waren. Als Begründung dafür gab Waasmaier „Wielands persönliches Vorgehen, verbunden mit absolutistischer Herrschsucht“ an. Dies habe „trotz der allseitig anerkannten Verdienste, die sich derselbe um die Sache der Bauern erworben, uns Niederbayern getrieben, demselben unsere Missbilligung über sein Verhalten zum Ausdruck zu bringen und hat dadurch leider zum Bruche geführt“[454]. Daraufhin wurde Eßlinger nach dem Bericht der Augsburger Abendzeitung am 9. April in Eichendorf von Wieland „in Grund und Boden hinein verdonnert und – aus dem Bauernbunde feierlich ausgeschlossen“. Als ob er nie zurückgetreten wäre, begründete Wieland diesen Schritt, indem er erklärte: „Seit langer Zeit werden Veröffentlichungen ohne mein Wissen mit der Unterschrift ‚Bayer. Bauernbund‘ gemacht; das kann ich mir nicht gefallen lassen, soll ich in Zukunft nicht als Strohmann gelten.“ Deshalb sammelte er in Eichendorf seine Getreuen um sich, um in einer anderthalbstündigen Rede zum Kreuzzug gegen die gemäßigte Richtung um Eßlinger und im Rottal zu blasen und sich zum bündlerischen Landtagskandidaten für den Wahlkreis Landau an der Isar küren zu lassen[455].

## Demütigung der Gegner

Die Zeichen standen also erneut auf Sturm, als der 17. April nahte, zumal Wieland seine Anhänger im Niederbayerischen Anzeiger und in der Neuen freien Volkszeitung öffentlich aufgerufen hatte, sich um den geschlossenen Charakter der Versammlung nicht zu kümmern und recht zahlreich zu erscheinen[456]. Waasmaier bekam es deshalb mit der Angst zu tun und zog es vor, die Versammlung beim Stadtmagistrat Straubing als der zuständigen polizeilichen Aufsichtsbehörde „in letzter Stunde“ anzumelden, wie aus dem Bericht des Straubinger Bürgermeisters Franz von Leistner (1855–1916) an das Regierungspräsidium in Landshut bekannt ist[457]. Ein Exemplar der Einladung Waasmaiers – „dieses stilistischen Meisterwerks“, wie er ironisch meinte – legte er seinem Bericht bei. Um die Aufrechterhaltung von Ruhe und Ordnung sicherzustellen, mischten sich am 17. April auf Anordnung Leistners zwei Polizeisoldaten inkognito unter die Anwesenden; Leistner selbst ließ sich ebenfalls von einem Gendarmen begleiten.

Während Waasmaier einhundert Gefolgsleute Eßlingers eingeladen hatte, waren dem Aufruf Wielands nach dem Bericht

Leistners mindestens fünf- bis sechshundert, nach dem Bericht der Neuen freien Volkszeitung gar 1100 Anhänger gefolgt. Diese errichteten bereits vor Beginn der Versammlung eine akustische Front von rhythmischen Wielandrufen gegen Waasmaier und Eßlinger. Als Waasmaier die Versammlung eröffnen wollte, gesellten sich „,Pfui- und Schäm' dich'-Rufe" hinzu. Waasmaier hielt der psychischen Gewalt, die der Demagoge Wieland gegen den etwas unbedarften Hailinger Wirt aufgebaut hatte, nicht stand. Es gelang ihm nicht, Ordnung in die Versammlung zu bringen. Er erwies sich nach Ansicht Leistners „als vollständig unfähig". Ruhe kehrte erst ein, als Wieland das Wort an sich riss. Er forderte seine Gegner dazu auf, ihre Kritik an ihm und seinem Führungsstil öffentlich und in seiner Gegenwart vorzubringen. Sein finsterer und drohender Blick wanderte durch den Saal. Niemand regte sich, es blieb still. Eßlinger selbst hatte es vorgezogen, durch eine Seitentüre zu verschwinden. Verlassen von seinem Bundesgenossen, war Waasmaier der Demütigung durch den wütenden Hierlbacher alleine ausgesetzt. „Waasmeier mit Judas Ischariot vergleichend", unterzog Wieland das Putschvorhaben seiner Gegner einer vernichtenden Kritik „und fiel dann über die Pfarrkirchener sogenannte Bundeszeitung her, welche das größte Schandblatt, das existiere, sei". Nach Beendigung seiner Rede füllten frenetische Hochrufe die Pause, bis Gäch das Wort ergriff. Nachdem dieser der gemäßigten Richtung ebenfalls eine deutliche Absage erteilt und Wieland unter dem Jubel der Anwesenden hatte hochleben lassen, wurde Waasmaier zur Stellungnahme aufgefordert – „wenngleich derselbe gar nicht darum gebeten hatte", wie Leistner spöttisch und mit deutlich erkennbarem Vergnügen an dem Spektakel berichtete. Der Zweck der Aufforderung bestand ohnehin nur darin, ihn niederzubrüllen und dadurch ein weiteres Mal zu demütigen. Während Waasmaier noch am Rednerpult stand und um Worte rang, wurde Wieland auf ein Zeichen Gächs hin per Akklamation bestürmt, den Vorsitz im Bayerischen Bauernbund wieder zu übernehmen. Lebhafte Hochrufe auf Wieland und Gäch beendeten die Veranstaltung. „Das Ergebniß der Versammlung", so Leistner, „dürfte dahin zusammenzufassen sein, daß mit dem Bestreben eine gemäßigte Richtung im Bauernbunde aufkommen zu lassen, wohl so ziemlich aufgeräumt sein dürfte."

## Der Triumph, der in eine Niederlage umschlägt

Der Sieg Wielands schien total zu sein. Die gemäßigte Richtung war gedemütigt und bloßgestellt. Im Hochgefühl des Triumphes hatte Gäch kurz vor dem Ende der Versammlung behauptet: „Die Stimmung der heutigen Versammlung zeigt Ihnen klar und deutlich, daß wir heute mit der Entstehung zugleich ein Begräbniß der gemäßigten Richtung haben, und zwar ein Leichenbegängniß 6. Klasse, eine Armenleiche, die nichts kostet."[458] Eßlinger zog die Konsequenzen und legte tags darauf sein Reichstagsmandat nieder[459]. Wieland aber ließ sich am 29. April in Regensburg von den übrig gebliebenen getreuen Delegierten des Bayerischen Bauernbundes zu ihrem Präsidenten wählen[460]. Am 15. Mai wurde er dann zum Kandidaten für die Nachfolge Eßlingers im Straubinger Reichstagswahlkreis aufgestellt[461]. Die Reichstagsersatzwahl fand am 25. Mai statt. Sie endete mit einer katastrophalen und demütigenden Niederlage für Wieland. Dessen Heimatwahlkreis war von besonderem symbolischem Wert für die Bauernbundsbewegung, seitdem der Bund der niederbayerischen Landwirte dort die Vormachtstellung des Zentrums im Jahr 1893 gebrochen hatte. Eßlinger war es bei der regulären Wahl vor einem knappen Jahr noch gelungen, die bündlerischen Stimmen um dreißig Prozent zu vermehren und doppelt so viele Stimmen auf sich zu vereinigen wie sein Gegner von der Zentrumspartei. Wenn Wieland diesmal dem Zentrumskandidaten auch nur knapp unterlag, so waren die bündlerischen Stimmen doch im Vergleich zu Eßlingers Ergebnis um die Hälfte gesunken. Während sich die für das Zentrum abgegebenen Stimmen nicht verändert hatten, waren viele Bauernbündler einfach zu Hause geblieben. Nicht zu Unrecht wurde das Wahlergebnis von den Zeitgenossen deshalb als Misstrauensvotum gegen Wieland gewertet[462].

Wielands Radikalismus war an seinem Tiefpunkt angelangt. Wie überzeugend demgegenüber die gemäßigte, an pragmatischer Zusammenarbeit mit der Bürokratie interessierte Bauernbundsrichtung mittlerweile geworden war, zeigte sich, als es dem gemäßigten Mittermaier im Jahr 1903 ohne besondere Mühe gelang, den Reichstagswahlkreis Straubing dem Zentrum wieder abzuringen. Wielands Radikalismus aber verfiel in eine phrasenhafte Starre, die es ihm nicht erlaubte, die Wahlniederlage einer rationalen Analyse zu unterziehen. Er suchte die Schuld für die Wahlschlappe nicht bei sich selbst, sondern bei seinen Gegnern: „Das Wieland'sche Organ" – so die Augsburger Abendzeitung – „goß die Schale seines Zornes nicht nur über den gewählten Echinger, den ‚unbeschnittenen Rothschild des Bayerischen Waldes' aus, es stürzte sich auch mit heftigem Ingrimm auf Eßlinger und seinen Anhang, die Schuld seien, daß der Wahlkreis wieder ans Zentrum verloren gegangen. Eine ganz merkwürdige Verwechslung in der Person des Schuldigen!"[463]

Es war deshalb für Wieland nur konsequent, dass er zur Vorbereitung der anstehenden Landtagswahlen noch schärfer und härter gegen seine innerbündlerischen Gegner vorging. Anstatt sie mit Argumenten von der Notwendigkeit eines radikalen Vorgehens zu überzeugen – wozu es aber ohnehin schon zu spät gewesen wäre –, startete er einen weiteren Versuch, sie unter das imperative Mandat der Bauernbundsatzung zu zwingen. In einem Rundschreiben forderte er die Bauernbundskandidaten deshalb am 25. Juni 1899 auf, sich mit Unterschrift auf die Satzungen und das Programm des Bayerischen Bauernbundes zu verpflichten, denn er „hätte geglaubt, es wäre selbstverständlich, daß sich doch Niemand als Bündler betrachten sollte, der Programm und Satzungen desselben nicht anerkennt. Geradezu komisch ist es aber, wenn Leute wie Bachmeier, Sinzinger p.p. Programm und Satzungen anzuerkennen sich weigern und dann als Abgeordnete behaupten, sie seien der Bund bzw. die Bundesleitung."[464]

Aber Wieland stieß auf erheblichen Widerstand. Der Bauernbündler Max Thalhauser schrieb ihm am 28. Juni 1899 aus Untergessenbach bei Osterhofen: „Indem ich am 24. Juni von Jakob Berger von Friesendorf nach Plattling gerufen wurde, wegen Kaditatenaufstellung, so haben wir uns nicht einigen können. Indem er selber die Kadidatur nicht fest nahm; er sagte nämlich, er war bei dir selber schon 2 mal in Straubing und Ihr könnt Euch nicht ganz einigen, wegen Parigraph 2. Abs. 3. Er gab mir Antwort, er habe mit Häring gesprochen, den Kurz geschrieben; es ist nicht so leicht in den Landtag zugehen, es sei daher richtig, die zwei wieder zu wählen; da gab ich ihm Antwort, diese zwei können wir nicht brauchen, Sie sind gemäßigter Richtung, daß haben wir in Osterhofen erfahren; da sagte er, zu Radikal ist auch nichts." Am gleichen Tag bekam Wieland eine Absage von Ratzinger: „Ich bin Gegner der Fractionen u. Club's und unterwerfe mich auch irgend einem Ausschusse nicht. Ich will kein Mandat von irgend der Gnade eines

Ausschusses u. stimme bei allen Fragen unabhängig, nach bestem Wissen und Gewissen." Ratzinger hielt sich für „reif genug, um selbst zu wissen, wie ich zu stimmen habe, ich brauche dazu nicht die Bevormundung eines Ausschusses". Wielands Verlangen, „daß ein Abgeordneter bei einer abweichenden Absicht sein Mandat ‚in die Hände des Bundes zurück zu geben habe', ist eine wahrhaftige Comödie. Ich übernehme für meine Abstimmung die Verantwortung nur den Wählern gegenüber, keineswegs aber einem beliebigen Ausschusse gegenüber."

Selbst seinem treuem Weggefährten Adalbert Braun war Wielands Begehren zu weitgehend. Braun war zwar bereit, das „feierliche Versprechen" abzugeben, „daß ich mich gerade so feßt an den Satzungen und Programm des Bauernbundes halte wie bisher". Wielands Formulierung wollte er aber nicht übernehmen: „Wen mir der Bundesausschuß kein Vertrauen schenkt, wenn ich mich nicht unterschreibe, so muß ich mir denken, daß der Bundesausschuß zu mir kein Vertrauen hat, wen ihm das zu wenig ist, was ich meinen Wählern auf Ehrenwort versprochen habe. Für mich sind in erster Linie meine Wähler, denen ich folgen muß, weil Sie mir das Mandat übertragen haben, den diese fordern mein Ehrenwort und sonst nichts von mir, als das ich das Versprechen einhalte." Wenig verheißungsvoll schloss er seinen Brief, indem er erklärte: „Wen es dir und dem Bundesausschuß nicht recht sein sollte, was ich dir geschrieben habe, so kann ich nicht helfen."[465]

Auch der neue Redakteur der Pfarrkirchener Bundes-Zeitung weigerte sich, eine Unterwerfungserklärung abzugeben, obwohl ihm von Wieland gedroht wurde, „wenn ich eine solche nicht abgebe, die Existenz zu vernichten, so daß es mir schlimmer gehe wie Hrn. Zeitler"[466]. Wieland war zu weit gegangen. Michael Sonnleitner, einer seiner Rottaler Verbindungsmänner, schrieb ihm am 4. Juli aus Sachsenham bei Ortenburg: „Mit Bedauern muß ich dir schreiben, daß es sich in Wahlkreis Pfarrkirchen bei den 5 abgehaltenen versammlungen so genau zeigte, daß mit der bisherigen Führung unserer Abgeortnetten ein jeder Wähler vollkommen u. ganz zufrieden ist u. aus jeder Stimme kann u. muß man hören, die alten bisherigen Vertretter müssen wieder in Landtag geschikt werden, Bachmeier hat ein so Großes Vertrauen von den Wählern, daß ihn bei jeder Versammlung großer Beifall u. dank für seine bisherige Thäthigkeit in Land u. Reichstag u. große Vertrauensvotumme ausgesprochen wurden; sogar hat sich bereits der ganze Wahlkreis geeinigt, wen du nicht nachgibst mit den Forderungen des Bundesausschußes, mit den drohenten Worten gegen Redakteur Baumann, wen du da vieleicht noch weitere Schritte machen wirdest, welche ich nicht gut heißen würde gerade vor den Wahlen, so wird sich der Wahlkreis Pfarrkirchen schnell selbständig machen, welches jedenfalls keine gute Erfolge auf sich laden würde, aber die feßte überzeigung habe ich dafür gewonnen; sogar wir Bezirks-Obmänner wurden von den Wählern angetrieben, daß wir dich verständigen müssen, das die verpflichtung vor dem Bundes-Ausschuß nicht verlangt wird, welches mich gar nie freute u. gerade am beßten aus diesen Grund, weil Dr. Gäch in Osterhofen den Flaschenbierhandel u. das Fleischbeschaugesetz so lobend hieß; von solchen dingen hatten unsere Wähler einen Abscheu; alles anzuführen ist mir nicht möglich; ich bitte um nähere Auskunft."

Die Landtagswahlen brachten dann das böse Erwachen, obwohl der Wahlkampf von bündlerischer Seite mit äußerster psychischer Brutalität geführt und die Wähler von den Anhängern Gächs bisweilen sogar in den Wahllokalen massiv unter Druck gesetzt wurden[467]. Während das Zentrum die absolute Mehrheit errang, konnte der Bayerische Bauernbund von den neun bündlerischen Wahlkreisen Niederbayerns nur sechs mit Mühe behaupten. Hinzu kamen ein schwäbischer und zwei fränkische Bauernbündler – insgesamt also für ganz Bayern neun Abgeordnete[468]. Von ihnen kann nur der in Straubing gewählte Gäch als Parteigänger Wielands bezeichnet werden. Die beiden Franken Schunk und Prieger gehörten ebenso wie der Schwabe Dirr und der Rottaler Sinzinger seit jeher nicht zu den Anhängern Wielands, während die beiden anderen Rottaler Abgeordneten Bachmaier und Braun im Wahlkampf auf Distanz zu Wieland gegangen waren. Der in Deggendorf gewählte Ratzinger war ohnehin als parteiloser Kandidat angetreten und der in Straubing gewählte Gutsbesitzer Alois Röckl (geb. 1859) von Haindlingberg wurde von Wieland abgelehnt. Er war im Wahlkampf im Niederbayerischen Anzeiger „so umeinander gezogen worden", dass sogar die Auflösung der Mallersdorfer Bauernbundssektion drohte[469]. Wieland selbst war in seinem Wahlkreis Landau an der Isar dem Zentrumskandidaten unterlegen, weshalb ihn sein alter Mentor Richter zu trösten versuchte und ihm aus Gergweis schrieb: „Ich gratuliere Dir, daß Du für diesesmal von den parlamentarischen Kämpfen verschont bist, denn seit den letzten Wahlen tragen die Schwarzen die Köpfe furchtbar hoch u. bilden sich ein, sie seien selbst die Regierung."[470]

Die radikale Bauernbundsrichtung war derart unglaubwürdig geworden, dass sie auch von der immer noch sehr großen persönlichen Beliebtheit Wielands nicht gerettet werden konnte. Sonnleitner hatte unmittelbar vor den Landtagswahlen am 4. Juli 1899 an Wieland geschrieben, „daß sogar solche zurückgehen, welche immer mit dir gegangen sind, und wen ich sie frage warum? Dann sagten sie, solange Wieland mit Dr. Gäch u. Leitner von Sattlern maschirt, solange können wir nicht mehr mitgehen." „Wieland, heißt es immer, wäre ja ganz Recht", so Sonnleitner weiter, aber die „genannten Herren liegen einen jeden so im Magen, als wen sie von Teufel geboren worden wären; diese, heißt es immer, können ja doch sonst nichts als das Volck zerstreuen u. Unfrieden stiften".

Trotzdem ist das Wahlergebnis in mehrfacher Hinsicht Wieland persönlich anzulasten. Mit seinen unerbittlichen radikalen Phrasen hatte er nicht nur viele Bauernbündler, sondern auch Bundesgenossen außerhalb der eigenen Reihen vor den Kopf gestoßen. Selbst die Sozialdemokratie sah in der Bauernbundsbewegung keinen Bundesgenossen mehr. Vollmar hatte bereits Anfang März 1898 behauptet: „Man muß abwarten, bis ein tüchtiger Führer kommt. Unter den heutigen Verhältnissen ist es erklärlich, daß der Bauernbund im Landtage Dummheiten gemacht hat und oft, ohne es zu wissen oder zu wollen, dem Centrum gefolgt ist. Wenn einmal die richtigen Führer vorhanden sind, wird es besser werden und das wird nicht unser Schaden sein."[471]

Für die Landtagswahlen des Jahres 1899 ging Vollmar deshalb ein Wahlbündnis mit dem Zentrum ein, das nicht unerheblich zur Niederlage des Bayerischen Bauernbundes beitrug. Dem Zentrum sicherte es aber die absolute Mehrheit und der SPD einen beträchtlichen Zuwachs an Mandaten. Innerhalb des Zentrums bewirkte das Wahlbündnis eine Stärkung des linken Flügels um Heim, des direkten Kontrahenten des Bayerischen Bauernbundes[472].

Die Münchner Neuesten Nachrichten veröffentlichten am 27. Juli unter der Überschrift „Der Untergang des Bauernbundes" einen anonymen Kommentar, hinter dem Schwab Ratzinger als Autor vermutete[473]. Tatsächlich ist dieser Kommentar im Geiste Ratzingers geschrieben. Zwei Faktoren machte er für die Niederlage verantwortlich. Zunächst verurteilte der Autor das „Nurbauernthum“ Wielands. Denn nur bei „rein wirthschaftlichem Zusammenschlusse war ein solches Nurbauernthum denkbar. Wieland aber wollte, daß dieses Nurbauernthum auch politische Ziele erstrebe und als politische Partei den Kampf aufnehme. Das war ein politischer Widersinn, an welchem Wieland scheitern mußte.“ Anschließend kam der Autor auf die Vernachlässigung der Organisationsarbeit durch Wieland zu sprechen. Dabei unterwarf er den Konflikt zwischen diesem und Eßlinger einer hochwertigen organisationspolitischen Analyse: „Dem Duell Eßlinger-Wieland lag der Gegensatz zwischen Organisation und Agitation zu Grunde. Die organisatorische Arbeit Eßlingers schmähte Wieland als ‚Mäßigung‘, seine Agitation rühmte er als ‚Radikalismus‘. Eßlinger hatte im Straubinger Bezirk vortrefflich organisirt und das Resultat war sein glänzender Wahlsieg zum Reichstag, während bei Wielands Nachwahl diese Organisation versagte.“ Deshalb plädierte der anonyme Autor dafür, das „tobende, lärmende und schreiende Element der Wielandspartei“ fallen zu lassen und Eßlinger zurückzuholen: „Nicht Agitation à la Wieland, sondern Organisation à la Eßlinger verbürgt den Sieg der Zukunft.“

*„Der Stern Wieland's erblasste nun sehr rasch ...“*

# Resignation, Krankheit und Tod

Die Landtagswahlen hatten die letzte Chance für Wielands politisches Überleben dagestellt. Die radikale Richtung war durch das Ergebnis bloßgestellt. Der gewalttätige Enthusiasmus, mit dem der Wahlkampf von der radikalen Richtung geführt wurde, musste nach der Niederlage in eine tiefe Resignation umschlagen. Alois Hundhammer urteilte zutreffend: „Die Wahlen waren vorüber, der Bund zerspaltet, das Gefühl der Niedergeschlagenheit machte sich breit. Die ganze Bewegung befand sich auf einem toten Geleise."[474] Selbst der Kern der radikalen Richtung zeigte nach der katastrophalen Wahlniederlage Auflösungserscheinungen. Gäch gab sich im Landtag zurückhaltend und konziliant, Schwab trat von allen seinen Ämtern zurück und auch Wieland trug sich wieder mit Rücktrittsgedanken[475]. Nur die wenigen bündlerischen Oberpfälzer blieben mit dem Mut der Verzweiflung der Sache Wielands treu, an die dieser selbst nicht mehr zu glauben schien. Schäfer wollte die Hoffnung nicht aufgeben und schrieb ihm am 29. Dezember 1899: „Was soll es eigentlich mit Bauernbund sein, wen du nicht mehr an der Spitze bist? Es wäre dieß das Begräbniß der ganzen Sache und ich hoffe, daß es in Zukunft besser wird, den allmählich komt die Landbevölkerung dan doch zur Einsicht, daß Sie vom Centrum nur die Gefobbten sind."

## Finanzielle und gesundheitliche Probleme

Obwohl Wieland seinen Rücktritt daraufhin wieder aufschob, zog er sich trotzdem aus der Bauernbundsbewegung zurück. Er entfaltete keine Aktivität mehr, weder in der Geschäftsführung noch in der Agitation. Er resignierte und schien das Interesse an der Bauernbundssache verloren zu haben, wie er am 18. Mai 1900 im Entwurf eines Schreibens an einen nicht genannten Adressaten – womöglich seinen Stellvertreter Schäfer – deutlich machte: „Morgen ist es mir unmöglich nach Regensburg zu kommen. Ich brauche noch 80 Schüssel Saatkartoffel und muß dieselben *unbedingt* morgen auf dem Kartofelmarkte in Straubing kaufen, da doch gewiß höchste Zeit ist. Was du in der Bundessache thust, mit dem bin ich einverstanden. Lade nur die Rotthaler recht fleißig ein, damit sie zu hören bekommen, wie sich ihre Abgeordneten dem Bunde gegenüber verhalten. Daß Sinzinger an Falschheit dem Dr. Ratzinger gleichsteht, ist mir längst bekannt und ebenso aber auch, daß Bachmeier dumm genug ist, sich von Sinzinger führen zu lassen."[476]

Der Brief zeigt nicht zuletzt, dass sich Wieland nun mehr um seinen Hof kümmern wollte bzw. musste, weil er diesen in den vergangenen sieben Jahren politischer Rastlosigkeit stark vernachlässigt hatte. Obwohl er einer der größten in dem an Großbauern wahrlich nicht armen Bezirksamt Straubing war[477], befand er sich in keiner günstigen wirtschaftlichen Situation. Es zeigte sich nun, dass er sich verspekuliert hatte, als er sein Hierlbacher Gut im Jahr 1891 um 117 000 Mark gekauft hatte. Denn sechs Jahre später war es trotz baulicher Investitionen nur mehr 80 000 Mark wert – und darauf lasteten 77 000 Mark Schulden, die zum Teil noch auf den Kauf des Anwesens zurückgingen, aber auch später aufgenommen wurden und wohl in den Kosten seiner politischen Agitation ihren Grund haben. Der Straubinger Bezirksamtmann Crusilla hatte deshalb bereits am 7. Mai 1897 geurteilt: „Ich glaube nicht, daß Wieland ohne besondere Hilfe sehr lange sich wird halten können."[478]

Zu den wirtschaftlichen Sorgen traten seit Frühjahr 1900 gesundheitliche Probleme, als er schwer an Mastdarmkrebs erkrankte. Angesichts dessen fiel es ihm leicht, im Vorfeld der für den 5. Juni 1900 nach Landshut einberufenen Delegiertenversammlung des Restbauernbundes seinen Rücktritt vom Amt des Bundespräsidenten zu erklären, nachdem er sich durch die konziliante Haltung der Bauernbundsabgeordneten gegenüber Regierung und Zentrumspartei in der Öffentlichkeit ein weiteres Mal bloßgestellt sah. Die völlige Perspektivlosigkeit des Restbauernbundes führte jedoch dazu, dass er einstimmig wiedergewählt wurde. Wieland kämpfte nicht um den Posten, es galt ein Vakuum leidlich auszufüllen. Dabei entsprach es sowohl dem persönlichen Zustand Wielands als auch dem Zustand des Restbauernbundes, dass die Versammlung nicht den spektakulären Charakter der Vergangenheit hatte, sondern eine kraftlose Veranstaltung blieb[479].

Die Zeichen von Wielands tödlicher Krankheit waren mittlerweile nicht mehr zu übersehen und wurden von der Zentrumspresse sensationslüstern und erwartungsvoll ausgeweidet, nachdem sie vorher wohl etwas dramatisiert wurden. Wieland reagierte darauf, indem er am 18. Oktober 1900 eine persönliche Erklärung in der Neuen freien Volkszeitung veröffentlichte. Auf seine baldige Genesung hoffend, trat er den Gerüchten über seine Gebrechlichkeit mit altbekannter kraftstrotzender Grobheit entgegen: „Verlogene Korrespondenten, verlogene Berichte der Centrumspresse! Das im Lügen ebenso alt gewordene ‚Straubinger Tagblatt' wie die ‚Donauzeitung', das Blatt der politischen Geistlichen in Passau für Verdummung des Volkes der Umgebung, schreibt in Nr. 234, jedenfalls aus purer Schadenfreude und um den verhassten Wieland bereits als zu Allem unfähig hinzustellen, grobe Unwahrheiten über meine Wenigkeit." Unwahr sei es, dass „ich nur mehr auf Polstern sitzen kann", „daß mich der Nachbar nach Hause trug" und „daß ich nur weiche Nahrung, Milchsemmeln etc. genießen sowie Milch trinken darf und daß mir Bier verboten ist". Zum Beweis seiner Gesundheit führte er seinen Speisezettel an, der tatsächlich nur einem gesunden Magen nicht geschadet hätte: „Morgens meistens schwarze Brod- oder andere Suppe, früh 9. Uhr Eierkuchen oder hart gesottene Eier, hiezu ein Glas Tyroler Spezialwein. Mittags weich gekochtes Rindfleisch, da ich auch schlechte Zähne habe (was jedenfalls die beiden Centrums-, vielmehr Lügenblätter, unlieb zu bemerken vergessen haben) mit Knödel, Suppe und Gemüse, hiezu meistens noch ein Schöpplein Wein. Mittags auch mitunter ein gebackenes oder gebratenes Huhn oder Ente mit Gemüse in solcher Mastung, wie sie früher und auch wohl heute noch in die Pfarrhöfe wanderten, weil sie mir in schlechterer Mastung schaden würden. Nachmittags Semmelschmarrn oder andere Fastenspeise mit 1 Glas Bier. Abends wieder 1 Glas Bier mit kalten Fleisch und schwarzen Hausbrod. Dies ist jedoch nicht meine gewöhnliche Lebensweise, da beim Bauern solches Leben nicht zulässig ist und derselbe mit sauerer Milch etc. zufrieden sein muß, sondern dies nur zu meiner Genesung."

Um den Restbauernbund unter sich aufzuteilen, warteten der Christliche Bauernverein und der Bund der Landwirte tatsächlich wie die Geier auf das Ableben Wielands. Dem Bund der Landwirte, der seit Jahresbeginn 1900 in München eine Landesgeschäftsstelle unter der Leitung des Antisemiten Wengg unterhielt, war es sogar bereits gelungen, Sinzinger und Bachmaier zum Beitritt zu überreden[480]. Angesichts dieser Gefahr rückten die über das ganze Land verstreuten Bruchstücke der Bauernbundsbewegung wieder enger zusammen. Die Initiative dazu ging von Gäch aus, der sich mit seinem Begehren an Memminger wandte. Bei diesem rannte der Schwarzacher Arzt offene Türen ein. Memminger begann daraufhin wieder mit Wieland zu korrespondieren und verhandelte auch mit Eisenberger, der sich tatsächlich interessiert zeigte[481].

Dass sich Gäch an seinen programmatischen Hauptgegner der vergangenen Jahre wandte, zeigt nicht nur die organisatorische Stärke der Franken, sondern auch die Handlungsunfähigkeit der in zwei sich paralysierende Flügel gespaltenen Niederbayern. Konsequenterweise fand die Versammlung, die die Einigung herbeiführen sollte, am 3. November 1900 in Würzburg statt. Der Zweck der Versammlung bestand laut der Neuen freien Volkszeitung darin, „das von allen Seiten als dringend nothwendig erachtete Einigungswerk abzuschließen". 1200 Delegierte aus Franken, Schwaben, der Oberpfalz, Niederbayern und den nördlichen Getreideanbaugebieten Oberbayerns waren anwesend. Es fehlten nur die Oberbayern um Kleitner. Der in der Würzburger Presse als „General ohne Soldaten" bezeichnete und von Memminger als „Vertreter der Alpenländer" begrüßte Eisenberger war alleine erschienen. Wieland hatte sich mit der Versammlung einverstanden erklärt. Weil er selbst nicht anwesend war, wurde ein Grußtelegramm an ihn verschickt. Ungeschoren kam er jedoch nicht davon. Die Satzungsänderung, mit der eine kollegiale Bundesleitung auf der Basis der Kreisvorstände installiert wurde, beinhaltete eine deutliche Kritik an Wielands autokratischem Führungsstil. Dabei spiegelte diese Satzungsreform nur die Realität der disparaten Interessen der verschiedenen Einzelbünde dar, die eine Einigung bisher verhindert hatten und Wieland schließlich hatten scheitern lassen. Im Unterschied zu ihm hatte Memminger eingesehen, dass die Streitigkeiten der Einzelbünde auf divergierende landwirtschaftliche Interessen zurückgingen, die mit Hilfe einer starren Hierarchie nicht auf eine Linie gebracht werden konnten. Deshalb versuchte er, die kaum zu vereinbarenden Forderungen der Einzelbünde nach dem Vorbild des

Bundes der Landwirte durch eine nationalistische, antikapitalistische und imperialistische Verbandsideologie mit antisemitischem Einschlag zu überwölben. In Würzburg schien ihm dies gelungen zu sein, als eine von ihm entworfene Resolution gegen die probritische Außenpolitik der Reichsregierung nach einer aufpeitschenden nationalistischen Rede einstimmig angenommen wurde[482].

Wenn der 3. November in der Neuen freien Volkszeitung als „Tag der Wiedergeburt des bayerischen Bauernbundes" bezeichnet wurde[483], dann war die Freude darüber doch verfrüht. Kleitner war keinesfalls gewillt, sich der nationalistischen Phraseologie Memmingers zu unterwerfen. Auf seinen Antrag hin distanzierte sich die Delegiertenversammlung des Oberländer Waldbauernbundes in Traunstein am 11. November von der Würzburger Versammlung – und von Eisenberger gleich mit, dem wegen seines Auftritts in Würzburg das Misstrauen von der überwältigenden Mehrheit der Delegierten ausgesprochen wurde. Kleitner hatte Memmingers Strategie durchschaut und kritisierte sie heftig. Er vermisste in Würzburg klare wirtschaftspolitische Aussagen. Stattdessen habe man „den Blick der Bauern auf die hohe Weltpolitik gelenkt". Deshalb fragte er sich: „Was nütze es also den bayerischen Bauern, sich auf solch hohe, über die Beziehung des Reiches zu England abfällig urtheilende Politik zu verlegen, statt sich mit den unmittelbar brennenden wirthschaftlichen und politischen Fragen zu befassen."[484] Der von Wieland stets abgelehnte Kleitner war damit zum Verteidiger von dessen Credo geworden, die Interessen der Landwirtschaft niemals außerlandwirtschaftlichen Interessen zu unterwerfen.

## Tod

Obwohl Wieland immer noch als Bundespräsident fungierte, zeigte er kein Interesse mehr an diesen Entwicklungen. Die Kraft dazu hätte ihm ohnehin nicht ausgereicht. Er konzentrierte sich nun ganz auf sein Mandat als Mitglied des niederbayerischen Landrates, das er nach seiner Niederlage im Landtagswahlkampf im Sommer 1899 wieder angenommen hatte[485]. Dort kämpfte er im November 1900 mit aller ihm noch zur Verfügung stehenden Energie gegen die Ausgabenpolitik der staatlichen Bürokratie. Vor allem missfiel ihm diesmal der Zuschuss für die Ausgrabung des Römerkastells in

Eining bei Abensberg. Erfolglos bekämpfte er die Position in Höhe von 950 Mark mit dem Argument, „da eine Nothwendigkeit für derlei Ausgaben überhaupt nicht bestehe, da sie ja keinen Werth hätten, er glaube, daß der Staat so vernünftig sei, diese Last überhaupt nicht zu übernehmen“. Ebenso erfolglos lehnte er die Neugründung einer Gewerbeschule in Vilsbiburg mit dem ebenso phrasenhaft erstarrten Argument ab, „da man bei der Nothlage der Landwirtschaft mit solchen Neugründungen aufhören solle“. Den Zuschuss, den der Markt Zwiesel für die Ausrichtung einer Wanderversammlung des Landwirtschaftlichen Vereins beantragt hatte, lehnte er ebenfalls ab. Denn in derartigen Veranstaltungen, die ein Teil der strukturpolitischen Maßnahmen der Staatsregierung waren, sah er „keine Mittel, den Bauern zu helfen; was die Bauern verlangen, was sie allein retten könne, sei eine andere Gesetzgebung im Land und Reiche“. Der Vertreter der Regierung erwiderte mit einer rhetorischen Ohrfeige. Er behauptete, dass sich die von Wieland abgelehnten Versammlungen aus „intelligenten praktischen Landwirthen“ zusammensetzen, auf deren Äußerungen die Regierung großen Wert lege. Die daraufhin beantragte namentliche Abstimmung, die im Landrat äußerst selten vorkam, ergab dann die knappe Mehrheit von einer Stimme für die Ablehnung des Postens[486].

Wieland hatte sich also durchgesetzt. Konsequenterweise schlug er auch die Einladung des Regierungspräsidenten zu dem traditionellen Landratsschlussdiner aus und veröffentlichte seine Gründe am 24. November 1900 im Niederbayerischen Anzeiger. Vor allem für die bündlerischen Landräte erschien es ihm „unwürdig, ihren Magen mit den Vergeltsgott-Brocken vom Regierungstische zu füllen. Nach Lage der Dinge heutzutage sind die Bauernbündler gezwungen, gegen die Regierung starke Opposition zu treiben, um das durchzusetzen und zu erhalten, was dem Bauern gebührt.“ Darum sei es „nicht angängig, Tags zuvor sich von der Regierung abfüttern zu lassen, den Präsidenten anzubuckeln und anzuhochen und anderen Tags denselben energisch zu opponiren, darunter würde der Ernst der Sache Schaden leiden und nach außen gewiß recht komisch aussehen“. Deshalb habe er die Einladung abgelehnt. Er verzichte „auf die feinen Brocken und ißt lieber als einfacher Bauer eine aufgeschmalzene Wassersuppe als Kapaunen und Trüffeln aus der Hand der Regierung, abgesehen davon, daß er sich mit dem hiezu nöthigen Buckerlmachen ganz und gar nicht befreunden kann". Solchermaßen sah sich Wieland als „leuchtendes Beispiel" für die Bauernbündler, „denn wer A sagt, muß der Consequenz wegen auch B sagen, will er nicht ausgelacht werden".

Tatsächlich hatte Wieland mit dieser persönlichen Erklärung ein letztes Zeugnis für seine geradezu starrsinnige Konsequenz gezeigt, der er bis zum Ende seines politischen Lebens treu geblieben war. Seither sind keine politischen Äußerungen mehr aus seinem Munde überliefert. Das nun folgende zehnmonatige Siechtum zwang ihn endgültig zur politischen Untätigkeit. Gleichzeitig vergrößerte es seine finanziellen Schwierigkeiten. Allein an Kur- und Apothekerkosten sollten bis zu seinem Tod 4800 Mark auflaufen[487]. Er war deshalb gezwungen, sein Hierlbacher Anwesen gegen ein kleineres Gut einzutauschen, um sich und seiner Familie weniger Arbeit abzuverlangen und aus dem Differenzbetrag die Schulden und die Behandlungskosten zu begleichen. Am 27. Dezember 1900 vertauschte er sein 234 Tagwerk umfassendes Hierlbacher Gut mit einem Anwesen in Mitterharthausen, das 194 Tagwerk umfasste und im Besitz von Heinrich Schreyer, einem Parteifreund, war. Das Hierlbacher Anwesen wurde auf 96 000 Mark geschätzt, dasjenige in Mitterharthausen auf 90 000 Mark[488]. Angesichts der beträchtlichen Flächendifferenz von 40 Tagwerk nimmt sich der finanzielle Unterschied von 6000 Mark gering aus, was ein deutliches Anzeichen für den vernachlässigten Zustand des Hierlbacher Anwesens ist.

Bevor die Einigung des „Bayerischen Bauernbundes in Franken und Schwaben" mit dem „Bayerischen Bauernbund" auf der Grundlage der Beschlüsse von Würzburg am 9. November 1901 auf einer ebenfalls dorthin einberufenen gemeinsamen Generalversammlung vollzogen werden konnte[489], verstarb Wieland am 17. September 1901 nach „1½jährigem qualvollen, mit größter Geduld ertragenen Leiden und öfteren Empfang der hl. Sterbesakramente"[490]. Im Tod kehrte Wieland an seinen Geburtsort zurück. Er ließ sich in Gergweis begraben. Weder Hierlbach noch Mitterharthausen sind ihm Heimat geworden, sie waren nur Betriebsorte seiner Unternehmungen. Deshalb hatte er sich die Taufpaten für seine beiden in Hierlbach geborenen Kinder Amalie (geb. 1893) und Max (geb. 1895) aus seiner Gergweiser Verwandtschaft ausgewählt. Und deshalb hatte er auch die Handwerker, die der misstrauische Unternehmer auf seinem Hierlbacher Gut benötigte, meist aus seiner Gergweiser Heimat geholt[491].

## Wielands Erbe

Obwohl es Wieland nicht gelungen war, sein neues Mitterharthauser Anwesen im vollen Umfang zu erhalten und es deshalb bei seinem Tod nur mehr 156 Tagwerk umfasste, war seine Familie immer noch als sehr wohlhabend zu bezeichnen. Die Testamentsverkündung im Straubinger Amtsgericht am 11. Oktober 1901 ergab ein Aktivvermögen von 124 900 Mark, dem Schulden in Höhe von 67 000 Mark gegenüberstanden. Somit verblieben der Witwe und den fünf Kindern als Erben 57 900 Mark[492]. Da dieses Erbe jedoch nicht aus flüssigen Mitteln bestand, war es der Witwe nicht möglich, die Kur- und Apothekerkosten zu begleichen. In ihrer Not setzte sie ein Schreiben auf, mit dem sie die Finanzbehörde in Straubing um einen Nachlass von Grundsteuer und Bodenzins bitten wollte: „Durch die 1½ jährige schwere Krankheit meines nun vor 4 Wochen verstorbenen Mannes sind mir derart große Zahlungen erwachsen, daß deren Begleichung fast eine Unmöglichkeit für mich ist. Ich will hievon nur ein Beispiel anführen: Für Behandlung meines sel. Mannes war außer zwei Doktoren auch unbedingt ein Bader nötig, der die durch dreimalige Operation entstandenen Wunden täglich 3mal zu reinigen und zu verbinden hatte. Die Rechnung von diesem allein beträgt 1681 M. 10Pf. An die Rechnung von den zwei Doktoren wage ich überhaupt nicht zu denken. Die Beerdigungskosten waren ebenfalls nicht gering. Auch die Rechnung von der Apotheke ist noch nicht bezahlt. Das alles sind nun die außergewöhnlichen Ausgaben, die natürlich bestritten werden müssen. Die gewöhnlichen Ausgaben habe ich ohnehin auch. Die Einnahmen sind dagegen ganz verschwindend."[493]

Weil Wieland einer der schärfsten Kritiker der Bodenzinse war, musste diese Bitte seiner Witwe ein Politikum darstellen, das wohl nicht im Rentamt Straubing als der zuständigen Finanzbehörde entschieden werden konnte, sondern auf höchster ministerieller Ebene behandelt werden musste. Einschlägige Akten sind in den zuständigen Archiven jedoch nicht mehr erhalten, so dass die Folgen der Bitte unbekannt bleiben müssen. Ob ihr nun stattgegeben wurde oder nicht, am 14. August 1902 verkaufte Maria Wieland jedenfalls das Mitterharthauser Anwesen um 60 000 Mark. Es war ihr jedoch daran gelegen, ihrer Familie eine dauerhafte Existenz zu schaffen, weshalb sie sich wieder um ein landwirtschaftliches

*Wielands Witwe und seine fünf Kinder um das Jahr 1905, aufgenommen vor Wielands Geburtshaus in Gergweis. Hinten v. l. n. r.: der Hoferbe Franz, die unverheiratet gebliebene Emilie, Maria (als Englisches Fräulein von Passau-Niedernburg: M. Hildegard), das jüngste Kind Max; vorne v. l.: die mit einem Lehrer verheiratete Amalie und Wielands Witwe Maria.*

Anwesen umsah. Am 3. Juni 1907 erwarb sie um 41 305 Mark ein 100 Tagwerk umfassendes Gut in Degenberg bei Schwarzach[494]. Hier war das Klima rauer, die Felder waren schlechter – aber auch billiger. Davon, dass der Schwarzacher Arzt Dr. Gäch als Freund der Familie Vermittlungsdienste leistete, ist auszugehen. Mit großer Tatkraft gelang es Maria Wieland, das Anwesen in seinem Umfang zu erhalten und sogar noch auszubauen. Im Jahr 1911 errichtete die Wirtstochter ein neues Wohnhaus mit Gaststätte, die sich in der Umgebung eines guten Rufes erfreute. Das Gebäude war von unkonventionellem Zuschnitt, ein kleines verglastes Türmchen bekrönte den Dachfirst. Diese Extravaganz strahlt ein starkes Selbstbewusstsein aus, so dass sich daran erst erahnen läst, wie sehr die politische Karriere von Franz Wieland eine Stütze an einer starken Frau hatte, die ihn von der Arbeit auf dem Hof entlastete und das Hauswesen während seiner Abwesenheit in Ordnung hielt. Der Anteil, den Maria an Erfolg und Misserfolg ihres Mannes hatte, war sicher nicht unerheblich.

*Das Wieland'sche Gasthaus in Degenberg bei Schwarzach auf einer Postkarte aus der Zeit um 1915. Vorne rechts Maria, Franz jun. und Emilie Wieland.*

Maria Wieland übergab ihr Anwesen am 29. Dezember 1922 an ihren Sohn Franz. Obwohl er im Frühjahr 1930 zum Vertrauensmann eines Jungbauernfähnleins – der Jugendorganisation des Bayerischen Bauernbundes – gewählt wurde[495], trat er nicht in die politischen Fußstapfen seines Vaters. Sein Degenberger Anwesen veräußerte er am 20. Februar 1931 an einen gewissen Friedrich Brenner. Der Grund ist nicht bekannt, dürfte jedoch in wirtschaftlichen Problemen liegen. Denn während er nun bei seinen Gergweiser und Kröhstorfer Verwandten unterkroch, verdingte er sich bei verschiedenen Bauern des Vilstales als Ökonomiebaumeister. Verarmt starb er am 2. Februar 1952. Wielands Witwe zog sich nach dem Verkauf des Anwesens indes nach Passau zurück, wo ihre Tochter Amalie mit einem Volksschullehrer verheiratet war und ihre Tochter Maria als Schwester M. Hildegard bei den Englischen Fräulein von Niedernburg als Volksschullehrerin wirkte. In Passau starb sie am 29. Dezember 1934.

*„Was Bismarck dem deutschen Reiche,*
*das war Wieland den Bayerischen Bauern."*

# Das gescheiterte Denkmalsprojekt

Der 20. September 1901 war ein kühler Herbsttag. Der Nebel verzog sich an diesem Tag besonders zäh. Die Sonne hatte schon an Kraft verloren. Dumpf klangen die Glocken der Gergweiser Pfarrkirche, als sich die Konturen des Trauerzuges aus dem Nebel herausschälten. Das lateinische Gebetsgemurmel der Geistlichen wurde von den knirschenden Kieselsteinen unter den genagelten Stiefeln der Bauern übertönt. Den unübersehbaren Leichenzug führten die Witwe und die fünf Kinder Wielands an, denen die Bauernbundsgrößen Eisenberger und Gäch folgten. Gäch erschien besonders geknickt. Er spürte, dass seine politische Karriere ohne seinen wortgewaltigen Weggefährten an ihrem Ende angelangt war. Trotzdem hatte er nicht nur einen politischen Verbündeten verloren, sondern auch einen Freund. Seine Grabrede war deshalb besonders emotional: „Franz Wieland, unser großer Führer, unser kühner Vorkämpfer, der Mann, dem wir so viel verdanken, ist für immer von uns geschieden; sein beredter Mund ist geschlossen, die Feder, die so scharf zu schreiben verstand, ist seiner Hand entglitten, sein Arm für immer erlahmt." Er werde sich „erst daran gewöhnen müssen, daß es einen bayerischen Bauernbund ohne Wieland gibt; einen besseren Kameraden wie ihn kannten wir nicht und wir werden keinen kennen lernen"[496].

Bereits tags zuvor stimmte die Neue freie Volkszeitung auf die Beerdigung Wielands mit einem sentimentalen Nachruf ein: „Unser Wieland ist dahingeschieden, tausende und abermals tausende von Bauern werden den allzu frühen Hintritt des edlen, ehrlichen und dabei energischen Mannes aus tiefstem Herzen betrauern." Kritischer, aber immer noch wohlwollend reagierte am selben Tag die Augsburger Abendzeitung auf den Tod Wielands. Sie sprach von ihm als einer „in mehr als einer Hinsicht interessanten Persönlichkeit". Man habe ihn „den Doktor, der den Bauern den bündlerischen Geist einimpfte", genannt. Denn es „waren die Bauern seiner Gegend, überhaupt die Bündler Niederbayerns, lange dem ‚Hierlbacher' unterthan, sie schwuren nicht höher als auf Wieland und glaubten seinen Worten wie dem Evangelium". Während er der Bauernbundsbewegung „bis zu einem gewissen Grade den Stempel seines Wesens, seiner Individualität aufgedrückt hatte", konnte er sie aber nicht „in das Fahrwasser leiten, in dem sie zu einem dauernden Erfolge gelangt wäre". Denn dazu „fehlte ihm nicht nur so Manches, was der Leiter einer solchen Bewegung haben muß, er besaß auch gar Vieles, was einem Führer zum Verderben gereicht". Wieland „duldete in der Führung des Bauernbundes Keinen neben sich, wer nicht unter ihm stehen mochte, für den gab es in der Bundesführung kein Bleiben". Trotz dieser Kritik schloss die Augsburger Abendzeitung ihren Nachruf versöhnlich: „Man mag übrigens über den Agitator und Politiker Wieland denken wie man will, dem Menschen Wieland konnte man nicht die Achtung versagen, und das tragische Ende, das der vordem so stattliche Mann genommen, wird gewiß Jeden mit Bedauern erfüllen, der einmal mit ihm in Berührung gekommen ist. Sein Auftreten bei manchen Anlässen, sein Haß namentlich gegen den politisirenden Zentrumsklerus, wird übrigens denjenigen in milderem Lichte erscheinen, welche die Umgebung kennen, in der Wieland lebte und bei der Agitation wirkte."

In dieses Urteil hatte am selben Tag auch die sozialdemokratische Münchener Post eingestimmt: „Mit ihm stirbt einer der fleißigsten und energischsten Agitatoren des niederbayerischen Bauernbundes. Der eigentlichen Führerschaft des rasch anwachsenden Bundes zeigte er sich jedoch nicht gewachsen und seine kurze parlamentarische Thätigkeit gereichte seinem Ansehen und dem Bunde nur zum Schaden." Selbst seinem Freund Gäch sei es nicht gelungen, „den starren Eigensinn dieses Bauern zu brechen und ihn vor taktischen Missgriffen zu bewahren". Deshalb habe „die absolute Einsichtslosigkeit des Mitbegründers des Bauernbundes die eigene Gründung mit zerstören helfen". Schließlich urteilte die Münchener Post ganz im Rahmen marxistischer Geschichtsinterpretation: „Aber er war ein lauterer Charakter, seine Fehler waren schließlich nur die Fehler der lange politisch niedergehaltenen niederbayerischen Bauern."

Mit Wieland hatte die Bauernbundsbewegung den ersten prominenten Toten. Es hafteten ihm sogar märtyrerhafte Züge an, da sein Darmleiden durchaus psychosomatisch mit den heftigen politischen Auseinandersetzungen begründet werden konnte, die er so erbarmungslos führte. So sehr Wieland die Bauernbundsbewegung zu seinen Lebzeiten polarisiert hatte, konnte sich der neu geeinte Bayerische Bauernbund die Gelegenheit nicht entgehen lassen, die ihm der Tod Wielands bot. Eine verklärte Gründergestalt war zur Integration der auseinanderstrebenden Bauernbundsflügel durchaus brauchbar – selbst wenn sie Wieland heißen sollte. Auf einer Bauernbundsversammlung, die zufällig unmittelbar nach Wielands Tod in Straubing stattfand und von 700 Delegierten aus allen altbayerischen Landesteilen besucht war, wurde deshalb der Vorschlag gemacht, Wieland ein Denkmal zu errichten[497].

Die mittlerweile in München eingerichtete Geschäftsstelle des Bayerischen Bauernbundes begann nun damit, Bildpostkarten mit dem Konterfei Wielands zu verbreiten[498]. So manche niederbayerische Wirtsstube zierte seither auch ein Wielandbild. Trotzdem verbreitete sich die Verehrung Wielands nur schleppend, ein Denkmal bekam er nicht. Dabei ist das gescheiterte Denkmalsprojekt symptomatisch für einen Bayerischen Bauernbund, der nach dem Tode Wielands trotz der hoffnungsvollen Satzungsreform Memmingers in Lethargie verfiel. Memmingers Strategie, die Einzelbünde mit Hilfe einer nationalistischen Verbandsideologie zusammenzuhalten, scheiterte. Der Bayerische Bauernbund erinnerte dadurch zu sehr an den preußisch-großagrarischen Bund der Landwirte und konnte als Interessenvertretung spezifisch bayerischer agrarischer Belange nicht mehr überzeugen. Immer mehr Anhänger schlossen sich nach dem Vorbild Schunks entweder dem dezidiert mittelbäuerlichen Deutschen Bauernbund an oder gingen in den katholischen Regionen zum zentrumsnahen Christlichen Bauernverein über, ehe sich die letzte fränkische Bauernbundsinsel um Prieger noch vor dem Ersten Weltkrieg an den Bund der Landwirte anschloss. Für den Bayerischen Bauernbund aber folgte Wahlniederlage auf Wahlniederlage. Er wurde zur Splitterpartei. Der Tiefpunkt war erreicht, als zwischen 1907 und 1912 nur mehr drei bündlerische Abgeordnete im Landtag saßen[499]. Der Bayerische Bauernbund hatte sich als Protestbewegung selbst überflüssig gemacht, seitdem er es in den 1890ern geschafft hatte, die Aufmerksamkeit von Politik und Verwaltung zunehmend auf die Landwirtschaft zu lenken. War es Wielands radikale Agitation, die den Bayerischen Bauernbund vor dem Hintergrund dieser Entwicklung in die organisatorische Katastrophe

*Diese Postkarte verbreitete der Bayerische Bauernbund nach dem Tode Wielands. Die hinter den Berggipfeln des Bayerischen Waldes aufgehende Sonne symbolisierte die von Wieland forcierte politische Emanzipation der Bauern.*

stürzen musste und deshalb nun hinreichend bloßgestellt war, führte sich der Bayerische Bauernbund als Protestbewegung durch die gemäßigte Strategie seines Nachfolgers Eisenberger selbst ad absurdum. Im Vergleich zum Mut der Verzweiflung, mit dem Wieland und Gäch die Lebensfähigkeit der radikalen Richtung hatten beweisen wollen, trat der umsichtige und bedächtige Eisenberger geradezu langweilig auf. Die Hektik, die Wieland in den Amtsstuben der Verwaltung ausgelöst hatte, wich nun einer gemächlicheren Gangart. Die Überwachungsberichte wurden seltener und knapper[500]. Die Erinnerung an Wieland aber verblasste mit dem immer fahler werdenden Erscheinungsbild des Bayerischen Bauernbundes.

Es ist bezeichnend, dass die Erinnerung an Wieland erst wieder zurückkehrte, als die Bauernbundsbewegung auf der radikalen Seite erneut stark anwuchs, seitdem in der bayerischen Landwirtschaft die Unzufriedenheit mit der Zwangswirtschaft des Ersten Weltkriegs und der Inflationszeit zu gewaltbereiter Explosivität angewachsen war[501]. Während sich die Erinnerung an Wieland nicht zur Integration auseinanderstrebender Bauernbundsflügel eignete, so doch hervorragend zur Selbstvergewisserung der neuen Radikalen um den Journalisten Konrad Kübler (1884–1974), in dessen Landauer Volksblatt Wielands Niederbayerischer Anzeiger aufging, und den Großbauern Karl Gandorfer (1875–1932) aus dem niederbayerischen Markt Pfaffenberg. Besonders dessen Auftreten erinnerte die Zeitgenossen an Wieland, weshalb Alois Hundhammer in seiner volkswirtschaftlichen Doktorarbeit im Jahr 1926 urteilte: „Mit Gandorfer trat in die Reihe der Bundesführer eine neue Gestalt, die im Auftreten und in der Einstellung sehr viel gemeinsam hatte mit Wieland."[502]

Dabei inszenierte sich Gandorfer ganz bewusst als politischer Erbe Wielands. Am 29. Mai 1921 veranstalteten er und Kübler an Wielands geschmücktem Grab in Gergweis eine Gedenkfeier, um „herzliche Worte der Zuneigung und Anerkennung dem toten Schläfer nachzurufen", wie das Osterhofener Wochenblatt am 1. Juni berichtete. Eine ausführliche Meldung brachte Küblers Landauer Volksblatt am 4. Juni. Hauptredner war der niederbayerische Landwirt und Landtagsabgeordnete Joseph Klarhauser (1882–1958) aus Haunersdorf. Pathetisch stilisierte er Wieland zu einer Messiasgestalt: „Wonach wir heute alle bisher vergeblich schreien: der Mann, der sich des Volkes erbarme, der es herausführe aus seiner großen Not, der erstand damals auf unserem niederbayerischen

Boden." Deshalb appellierte er an die Anwesenden: „Wir wollen aber unserem unermüdlichen Vorkämpfer für die Freiheit des Bauernstandes auch in ferner Zukunft ein treues Andenken bewahren und sein Geist wird fortleben in uns."

Im Hinblick auf Wielands Bedeutung für die Entstehung landwirtschaftlicher Interessenvertretungen in Bayern behauptete der Bauernbundsredakteur und Landtagsabgeordnete Anton Städele (geb. 1873) aus München: „Was Bismarck dem deutschen Reiche, das war Wieland den Bayerischen Bauern. Die Namen Bauernbund und Wieland sind ewig unzertrennlich." So unzertrennlich, dass das durch den Tod tatsächlich zerrissene Band zwischen Wieland und der Bauernbundsbewegung eines Erben bedurfte, der es wieder zusammenknüpfte. Und diesen glaubte Klarhauser in Gandorfer gefunden zu haben: „Ein Lügen- und Verläumdungsfeldzug wurde gegen Wieland u. seine Freunde inszeniert, wie er höchstens in der im verflossenen Jahr gegen Gandorfer betriebenen Hetze ein Gegenstück findet." Damit hatte er den Boden für den Auftritt Gandorfers bereitet. Indem sich dieser den „Freiheitskämpfer" Wieland ausdrücklich zum Vorbild nahm, wollte er seinen Führungsanspruch in der mythischen Gründungszeit der Bauernbundsbewegung fundieren, als er „schwor, so lange ein Tropfen Blut in seinen Adern rolle, trotz aller Widerwärtigkeit und Verleumdung den Kampf für Ehre und Freiheit der Bauern und des Mittelstandes nicht aufzugeben". Euphorisch erblickte das Landauer Volksblatt in der Wielandfeier deshalb einen „Markstein in der Geschichte des Bauernbundes". Dabei sollte der Führungsanspruch, den die neue radikale Richtung im Bayerischen Bauernbund erhob, durch ein Wielanddenkmal sichtbar gemacht werden, für das das Landauer Volksblatt Spenden sammeln wollte.

Es gelang der neuen radikalen Richtung jedoch nicht, sich die Führung in der Bauernbundsbewegung zu erkämpfen, weshalb sich Wieland auch nicht dauerhaft zur verehrungswürdigen Gründergestalt stilisieren ließ. Aus dem Denkmal wurde auch diesmal nichts, und die Wielandfeier gab nicht das Startsignal für eine organisationspolitische Entwicklung im Sinne Gandorfers und Küblers. Die Bauernbundsbewegung blieb in zwei Richtungen gespalten, bis die vom Bayerischen Bauernbund mit wirtschaftsegoistischen Argumenten und ohne weltanschaulichen Halt radikalisierten Wähler den Nationalsozialisten in den Schoß fie-

*Erinnerungsbild an die Wieland-Feier in Gergweis am 29. Mai 1921. Im Mittelpunkt Karl Gandorfer, rechts hinter ihm angelehnt Konrad Kübler, links Wielands Witwe.*

len, als die Agrarkrise am Ende der Weimarer Republik immer auswegloser erschien[503].

Bevor der Nationalsozialismus dem Bayerischen Bauernbund den Garaus machte und das Andenken an Wieland vollends auslöschte, wurde dessen Geist jedoch nochmals beschworen, als sich die Straubinger Bezirksgruppe des nunmehrigen Bayerischen Bauern- und Mittelstandsbundes am 22. April 1933 traf, um über den von der Bundesleitung empfohlenen Anschluss an die Nationalsozialistische Bauernschaft zu beraten. „Zum letzten Male" – so das Landauer Volksblatt – „waren sie zusammengekommen, still und ernst saßen sie schon geraume Zeit vor dem festgesetzten Zeitpunkt im Versammlungsraum, die alten Wielandskämpfer, Trauer und doch Entschlossenheit in den harten Gesichtern, von denen eines das andere seit vielen Jahren kannte." Es herrschte lautlose Stille unter den Anwesenden, als sich der Hierlbacher Bauer Unger, „Jugendfreund und Kampfgefährte Wielands", erhob und aus Protest gegen den Übertritt zu den Nationalsozialisten sein Amt als Ehrenvorsitzender niederlegte. Trotzdem „leisteten sie alle Mann für Mann, den Treuschwur dem großen Führer und Kanzler Adolf Hitler"[504]. Befriedigt stellte das Regierungspräsidium von Niederbayern und der Oberpfalz fest: „Damit hat der Bauernbund in seinem Gründungsbezirk ein Ende gefunden."[505]

# Bilanz eines kompromisslosen Lebens

„Und als Grabschrift werden wir unserem großen Wieland die Worte setzen: ‚Sein Leben war Kampf'".[506] Eine treffendere Formulierung hätte Gäch am Grabe seines Weggefährten nicht finden können. Hatte Wieland eine Entscheidung getroffen, verfolgte er sie mit unerbittlicher Konsequenz und selbstzerstörerischer Energie, wie er selbst in einem fragmentarisch erhaltenen Briefentwurf zugab: „Ich habe hier meine Ansicht frei gesagt und weiche davon um kein Haar ab, selbst wenn der Bund in Trümmer gehen sollte, [...]." Agrarpolitische Forderungen, die er einmal als richtig erkannt hatte, änderte er nicht. Die Augsburger Abendzeitung urteilte deshalb am 6. April 1899 zu Recht: „[...] und seine ersten Ausführungen auf der Versammlung niederbayerischer Landwirthe am 10. April 1893 zu Straubing ziehen sich wie ein rother Faden durch alle seine Reden bis zum heutigen Tage." Zunehmend erstarrten Wielands agrarpolitische Forderungen deshalb zu radikalen Phrasen, seitdem sich die Lage der Landwirtschaft nicht zuletzt aufgrund der strukturpolitischen Maßnahmen der Staatsregierung und der segensreichen Tätigkeit der landwirtschaftlichen Genossenschaften schon vor der Jahrhundertwende gebessert hatte. Sein Programm wurde Ideologie, und zwar im Sinne einer Verabsolutierung historisch bedingter Interessen. Dies war der Punkt, an dem sich Wielands konsequenter Wirtschaftsegoismus in Starrsinn und Bockbeinigkeit verwandelte, was den ansonsten nicht besonders feinfühligen Sigl seufzen ließ: „Es gibt schon rechte Büffel von Bauernbündlern."[507]

Immer mehr wurde Wieland zum Rebell um des Rebellierens willen, was sich am besten durch eine von ihm selbst überlieferte Anekdote veranschaulichen lässt: „Einmal hatte man bei einem besonderen Anlaß seitens der Vorstandschaft des landw. Vereins uns Kreisausschußmitgliedern gegenüber sogar die Frechheit zu verlangen, wir möchten in schwarzer Wichs bei der Sitzung erscheinen. Ich erschien, um der Regierung meine Entrüstung über dieses Verlangen kundzugeben, in meiner ziemlich lichten abgetragenen Montur."[508] Dabei gründete Wielands Respektlosigkeit gegenüber den traditionellen Eliten in einem starken ökonomischen Selbstbewusstsein. Als Großbauer gehörte er zur ländlichen Elite Niederbayerns, die sich aufgrund des wirtschaftlichen Erfolgs, die ihr die Agrarkonjunktur der 1870er Jahre verschafft hatte, dazu legitimiert sah, strukturpolitische Eingriffe in ihre Betriebsautonomie als Rückfall in die Zeit vor der Bauernbefreiung zurückzuweisen.

Wielands Schulunterricht hatte sich auf die Gergweiser Volksschule beschränkt, weshalb sein politisches Auftreten von einem gehörigen Mangel an Bildung geprägt war. Dies führte nicht nur dazu, dass er seine politischen Weggefährten und Widersacher voller Misstrauen betrachtete und mit äußerster Brutalität reagierte, wenn er sich hintergangen fühlte. Dieser Mangel bewirkte auch, dass die Agrarpolitik seiner Wahrnehmung nach genauso unmittelbar auf seinen Betrieb wirkte wie die Natur. Sein Verhältnis zur Agrarpolitik war genauso direkt wie dasjenige zu Ackerbau und Viehzucht. Da aber die Natur keine Kompromisse im Umgang mit sich zuließ, ließ auch die Agrarpolitik für Wieland keine Kompromisse zu. Dies ist der Grund, warum er nicht in der Lage war, flexibel auf die sich stets verändernden partei- und wirtschaftspolitischen Rahmenbedingungen seiner politischen Tätigkeit zu reagieren. Es fehlte ihm die Befähigung, agrarpolitische Probleme im Rahmen gesamtwirtschaftlicher Bedürfnissen zu sehen und von seinen eigenen betrieblichen Interessen zu abstrahieren. Das wirtschaftliche Programm des Bundes der niederbayerischen Landwirte spiegelte daher die Interessen seines Hierlbacher Gutes wider. Es ist infolgedessen kein Zufall, dass der Bayerische Bauernbund Wieland'scher Prägung im Wesentlichen auf die landwirtschaftlichen Gunstgebiete Niederbayerns, Schwabens, Unterfrankens und des nördlichen Oberbayern beschränkt blieb[509] und die Einigkeit der Bauernbundsbewegung immer wieder an der Unvereinbarkeit der Interessen von Köndl- und Hörndlbauern scheiterte.

Da der bürokratische Obrigkeitsstaat am Ende des 19. Jahrhunderts über ein umfangreiches Repertoire aus nationalistischen, patriotischen und religiösen Phrasen verfügte, wenn es galt, die von der Landwirtschaft als Benachteiligung empfundene Sozial- und Handelspolitik mit dem Hinweis auf das Gemeinwohl zu rechtfertigen, misstraute Wieland jeglichem von außerhalb der Landwirtschaft stammenden wertorientiertem und sinnstiftenden weltanschaulichen Begründungszusammenhang. Sein Gut war ihm Wert genug. Er war deshalb nicht in der Lage, die wirtschaftlichen Differenzen innerhalb der Anhängerschaft der Bauernbundsbewegung durch eine integrierende Verbandsideologie zu überdecken. Sein Programm ist von einer unmittelbaren Brutalität gekennzeichnet, die bisweilen geradezu naiv wirkt. Es fällt deshalb schwer, den Bayerischen Bauernbund unter Wieland in ein politisches Schema zwischen konservativ, liberal und sozialistisch einzuordnen. Seine Forderungen erschienen kapitalistisch und liberal, wenn er für die Freiheit des Güterhandels eintrat, sie erschienen antikapitalistisch und rückwärtsgewandt, wenn er die Landwirtschaft vor der wirtschaftlichen Potenz des Großkapitals schützen wollte. Dabei konnte ihnen sogar ein sozialistisches Mäntelchen umgehängt werden, wenn er die Verstaatlichung der Versicherungen, des Getreidehandels und der Volksschulen vorbrachte. Seine Forderungen zum Schutz der Landwirtschaft fanden indes den Beifall derjenigen, die ihre ganzen Hoffnungen gegen die umstürzende Propaganda der Sozialdemokratie auf die gesellschaftlich konservierende Wirkung einer wohlhabenden Landwirtschaft setzten. Wenn Wieland aber von der bisherigen agrarischen Interessenvertretung durch Adelige, Geistliche und Beamte enttäuscht war und daraus die Forderung nach erweiterten Mitspracherechten für die Bauern ableitete, dann klang das demokratisch und rief wiederum den Beifall der Sozialdemokraten und Linksliberalen hervor. Tatsächlich aber entsprangen seine verfassungspolitischen Forderungen nicht der Einsicht in die Funktionalität demokratischer Staatswesen, sondern der Hoffnung, agrarische Interessen angesichts der zahlenmäßigen Bedeutung der landwirtschaftlichen Bevölkerung damit besser durchsetzen zu können.

Angesichts dessen ist es nur allzu verständlich, dass Wieland im Laufe seiner politischen Karriere alle diejenigen vor den Kopf stieß, die in ihm einen Bundesgenossen für die Durchsetzung ihrer eigenen Ziele sahen. Dauerhafte außerlandwirtschaftliche Weggefährten fand er nur bei der Volksschullehrerschaft, die unter der kirchlichen Schulaufsicht stöhnte und in Wieland einen antiklerikalen Mitstreiter erblickte, weshalb ihm ein Allgäuer Lehrer anlässlich seines Einzugs in den Landtag schrieb: „Vor dem 21. Oktober [1897] bemächtigte sich meiner eine geradezu peinliche Erregtheit, die sich mit jedem Tage steigerte. Als ich aber am

22. Oktober lesen konnte: ‚Schwere Niederlage des Zentrums in der Wahl bei Landau an d. Isar', da kehrten so wohlthuende Gefühle in meinem bewegten Innern ein, daß sie mich zu den unbändigsten Ausdrücken der Freude hinrissen. Aber nicht nur ich war über den glücklichen Ausfall gedachter Wahl so entzückt, sondern die ganze mir bekannte Lehrerschaft in der hiesigen Umgebung."[510]

Doch auch die Lehrer suchte sich Wieland nicht als Partner, vielmehr waren sie es, die sich ihm anschlossen. Er selbst hielt nie nach Bundesgenossen außerhalb der Landwirtschaft Ausschau. Wenn sich derartige einfanden, hatten sie sich jedoch nach Wielands Willen seinem radikalen Agrarismus bedingungslos unterzuordnen, wie er in Geiselhöring am 28. Februar 1894 deutlich gemacht hatte: „Wir sind keine Klassenhasser, wir haben auch aus jedem Stande Mitglieder, nur die Leitung dürfen wir nicht mehr aus der Hand geben. Jeder der beitritt, muß sich unserem Programm fügen."[511] Nach den schlechten Erfahrungen mit den traditionellen adeligen, klerikalen und bürokratischen Eliten wollte er es nicht mehr dulden, dass sich außerlandwirtschaftliche Kräfte in die Agrarpolitik einmischten. Er forderte ein unmittelbares Verhältnis zwischen den Landwirten und ihrer Interessenvertretung, worin das imperative Mandat in der Bauernbundssatzung gründet. Voller Misstrauen verweigerte er sich deshalb einer effizient und kontinuierlich arbeitenden bürokratische Maschinerie, die in der Lage gewesen wäre, die Wirkung seiner charismatischen und demagogischen Persönlichkeit zu verstetigen. Stattdessen übertrug er die Organisationsstruktur des Bauernhofes als „autoritär geführte Funktionshierarchie"[512] auf den Bayerischen Bauernbund.

Wieland wollte den Bayerischen Bauernbund genauso autoritär und patriarchalisch führen, wie er sein Gut leitete. Aus diesem Grund gelang es ihm auch nicht, das erhebliche Protestpotential der Bauern in der nördlichen Oberpfalz für den Bayerischen Bauernbund dauerhaft nutzbar zu machen, obwohl die dortige getreidebauzentrierte Agrarstruktur trotz der schlechteren Bonität und des raueren Klimas der niederbayerischen nicht unähnlich war[513]. Wo Wieland sprach, schnellten die Wahlergebnisse für den Bayerischen Bauernbund zwar auch in der Oberpfalz in die Höhe; nach der Weidener Radauversammlung konnte Heim in den Wahlkreisen Neustadt an der Waldnaab und Neunburg vorm Wald dem Ansturm des Bayerischen Bauernbundes kaum standhalten[514]. Die Wirkung Wielands verpuffte jedoch, sobald die Erinnerung an sein Auftreten verblasst war und Heim aufgrund der konkreten wirtschaftlichen Vorteile, die sein bürokratischer Apparat den Bauern bieten konnte, die Lücke füllte[515].

Glauben wir dem Zentrumsjournalisten Armin Kausen, dann haben Wieland und Gäch „gar nichts anderes erreicht, als Verhetzung und Verrohung der ihnen blindlings folgenden Massen, Verachtung jeder Autorität, Verhöhnung der Bischöfe und Priester"[516]. Die Forschung ist sich jedoch einig, dass es dem Bayerischen Bauernbund durch seine bisweilen radikale Agitation gelungen ist, die Aufmerksamkeit der staatlichen Verwaltung und der politischen Parteien vermehrt auf die Landwirtschaft zu lenken, so dass die öffentliche politische Diskussion in Bayern in dem Jahrzehnt zwischen 1892 und 1902 von agrarpolitischen Themen dominiert wurde[517]. Im Jahr 1898 stimmte keiner der bayerischen Zentrumsabgeordneten mit Ausnahme Hertlings im Reichstag für die Flottenvorlage[518], weil diese den vom Bayerischen Bauernbund definierten agrarischen Interessen widersprach. So überzogen das von Wieland getragene Programm des Bayerischen Bauernbundes in der Form gewesen sein mag, bezüglich der Appelle an den Staat verhielt es sich systemkonform zu dem sich entfaltenden Sozial- und Interventionsstaat, wenn es auch die reglementierende Tätigkeit der Bürokratie auf den Finanzmarkt umlenken und von den Hoftoren der Bauern fernhalten wollte.

Von denjenigen wirtschaftspolitischen Forderungen Wielands, die man für undurchführbar hielt, wurden im Laufe des 20. Jahrhunderts immerhin die progressive Einkommensteuer eingeführt, die private Versicherungswirtschaft Beschränkungen unterworfen und eine Marktordnung für Getreide errichtet. Im Zentrum aber wirkte die bloße drohende Existenz der Bauernbundsbewegung demokratisierend, so dass es sich von einer Honoratiorenpartei zu einer Volks- und Massenpartei entwickelte. Am Vorabend des Ersten Weltkrieges waren zumindest die adeligen – wenn auch nicht die geistlichen – Zentrumsführer weitgehend bäuerlicher und bürgerlicher Parteiprominenz gewichen[519]. Nicht zuletzt hatte die antiklerikale und antibürokratische Agitation der Bauernbündler um Wieland gemeinsam mit der Tätigkeit der Sozialdemokraten dahin gewirkt, dass Geistlichkeit und Beamtenschaft nach dem Ende des Kulturkampfes auch auf der mittleren und unteren Ebene enger zusammenrückten[520] und so die Voraussetzung dafür schufen, dass sich der politische Katholizismus in Bayern nach dem Ersten Weltkrieg zur zentralen staatstragenden Kraft entwickelte. Das Wirken Wielands und seiner radikalen Mitstreiter hat die bayerische Parteienlandschaft dauerhaft verändert.

Wielands eigentliches Verdienst liegt jedoch darin, das erwachende politische Bewusstsein der Bauern in eine organisationspolitisch relevante Form gegossen zu haben. Da sich dieser Prozess der politischen Bewusstseinsbildung gegen den öffentlichen Herrschaftsanspruch der Geistlichkeit, den fürsorglichen Eifer des bürokratischen Obrigkeitsstaates und die tradierte Macht des Adels durchsetzen musste, besaß er einen gegen jegliche Bevormundung gerichteten Charakter. Seine organisatorische Zuspitzung fand das politische Bewusstsein der Bauern deshalb in der von Wieland unermüdlich erhobenen Forderung, dass agrarische Interessen nur von Landwirten vertreten werden sollten. Von den in den 1890er-Jahren errichteten landwirtschaftlichen Interessenvertretungen herrschte allein im Niederbayerischen Bauernbund dieses Organisationsprinzip, eifersüchtig behütet von Franz Wieland. Es hat sich jedoch als zukunftsträchtig erwiesen, seine zeitbedingten Eierschalen abgeworfen und über das gesamte deutsche landwirtschaftliche Organisationswesen verbreitet. Mittlerweile ist es selbstverständlich geworden, dass Landwirte wie der derzeitige Bauernverbandspräsident Gerd Sonnleitner den Ton in der landwirtschaftlichen Interessenvertretung angeben – ganz im Gegensatz etwa zu den Gewerkschaften, die weitgehend von berufsfremden Akademikern geführt werden.

# Anhang

## Zeittafel

| | | |
|---|---|---|
| 20. Oktober | *1850* | Franz Wieland wird in Gergweis als Sohn des Bühlerbauern Michael Wieland geboren. |
| 31. März | *1882* | Der Vater zieht sich aufs Altenteil zurück. Franz Wieland ist nun Bühlerbauer. |
| 29. Februar | *1888* | Der Streit mit dem Gergweiser Dorfpfarrer eskaliert. Wieland schwingt sich zum Wortführer der dörflichen Oberschicht auf und soll exkommuniziert werden. |
| 14. Dezember | *1891* | Wieland zertrümmert den Bühlerhof und erwirbt sich ein Gut in Hierlbach bei Straubing. Er unterwirft es einer rigiden Rationalisierung. Neuer Streit mit dem Dorfpfarrer von Feldkirchen. |
| 18. Februar | *1893* | Aus Protest gegen die Handelspolitik des Reichskanzlers Leo von Caprivi wird in Berlin der Bund der Landwirte gegründet. |
| 18. März | | Erste Versammlung zur Vorbereitung einer entsprechenden Gründung für Niederbayern in Straubing. |
| 10. April | | Gründungsversammlung des Bundes der niederbayerischen Landwirte in Straubing. Wieland wird zum Stellvertretenden Vorsitzenden gewählt. Geburtsstunde der landwirtschaftlichen Interessenvertretung in Bayern. |
| 15. Juni | | Erste Erfolge bei den Reichstagswahlen, die sich wenige Wochen später bei den Landtagswahlen wiederholen. Hauptgegner ist die katholische, unter klerikalem Einfluss stehende Zentrumspartei. |
| 28. August | | Gründung des ersten Christlichen Bauernvereins in Würzburg, womit die Zentrumspartei ihren Einfluss auf die ländliche Bevölkerung zurückgewinnen will. |
| 7. November | | Der mit Unterstützung des Bundes der niederbayerischen Landwirte gewählte Georg Ratzinger distanziert sich im Landtag von dem wirtschaftsegoistischen Programm Wielands. Spaltung der niederbayerischen Bauernbundsbewegung in einen radikalen und einen gemäßigten Flügel. |
| 26. Dezember | | Gründung des Oberbayerischen Bundes der Landwirte und Gewerbetreibenden in Traunstein. Wieland leistet Geburtshilfe. |
| 17. April | *1894* | Als Vertreter des größeren Grundbesitzes wird Wieland in den niederbayerischen Landrat gewählt. Beginn seiner antibürokratischen und regierungsfeindlichen Agitation. |
| 8. Juli | | Fürstenzeller Radauversammlung. Wieland schlägt Ratzingers Putschversuch zurück. |
| 29. Dezember | | Straubinger Generalversammlung. Die radikale Richtung setzt sich in Niederbayern durch. |
| 2. März | *1895* | Gründung einer landesweiten agrarischen Protestorganisation unter dem Namen Bayerischer Bauernbund in Regensburg. Die Franken übernehmen unter Karl Ernst von Thüngen-Roßbach die Führung. Wieland wird als Vertreter Niederbayerns in die Vorstandschaft gewählt. |
| 30. März | | Der ehemalige Gymnasiallehrer Leonhard Kleitner und der Bauer Georg Eisenberger errichten in München den Bayerischen Bauern- und Bürgerbund als Gegenorganisation. |
| 15. Juli | | Wieland unterliegt bei der Landtagswahl in Landau an der Isar seinem Konkurrenten von der Zentrumspartei. |
| 2. Oktober | | Die agrarischen Landtagsabgeordneten außerhalb des Zentrums schließen sich auf die Initiative Thüngens hin zur Freien wirt- |

| | | |
|---|---|---|
| | | schaftlichen Vereinigung zusammen und nehmen ein konservatives Programm an. Wielands radikaler Flügel soll dadurch innerhalb der Bauernbundsbewegung isoliert werden. |
| 21. Dezember | | Wieland lässt sich zum Vorsitzenden des Landwirtschaftlichen Bezirksausschusses Straubing wählen. Die Wahl wird annulliert. |
| 5. Januar | *1896* | Zornedinger Versammlung. Wieland versucht aus der innerbündlerischen Isolation auszubrechen, indem er sich den Oberbayern um Kleitner und Eisenberger annähert. |
| 30. August | | Mooshamer Versammlung. Wielands radikale Agitation erreicht einen neuen Höhepunkt. |
| 7. Oktober | | Nürnberger Generalversammlung. Wieland wird zum Präsidenten des Bayerischen Bauernbundes gewählt. Die Einigung mit den Oberbayern scheitert aber zunächst noch an einer Indiskretion der Neuen freien Volkszeitung. |
| 3. Mai | *1897* | In einem Rundschreiben an die Regierungspräsidenten erläutert der Innenminister die Taktik der Staatsregierung im Kampf gegen Wieland. |
| 26. September | | Wieland verständigt sich in München mit den oberbayerischen Bündlern. Er bleibt Präsident, Eisenberger wird sein Stellvertreter. Erstmals sind alle bayerischen Bauernbünde für kurze Zeit in einer Organisation zusammengeschlossen. |
| 27. September | | Der Landwirtschaftliche Verein in Bayern hält in München seine alljährliche Generalversammlung ab, die wegen des Auftritts von Wieland zum Desaster für den Innenminister wird. |
| 21. Oktober | | Wieland wird für den Wahlkreis Landau an der Isar in den Landtag gewählt. Sein Landratsmandat muss er infolgedessen aufgeben. |
| 10. Dezember | | Wieland brüskiert die Staatsregierung in seiner Landtagsrede zur Reform des Bodenzinsgesetzes. |
| 18. Januar | *1898* | Der Bischof von Regensburg lässt einen Hirtenbrief gegen Wieland von den Kanzeln verlesen. |
| 15. Juni | | Die Reichstagswahlen bringen der radikalen Bauernbundsrichtung eine Niederlage. Das enttäuschende Ergebnis wird Wieland angelastet. Der Widerstand gegen ihn wächst. In der Folge distanzieren sich die Franken, die Schwaben sowie die Anhänger Kleitners und Eisenbergers von Wieland. |
| 1. Oktober | | Wieland tritt als Bauernbundspräsident zurück, führt das Amt aber kommissarisch weiter. |
| 12. Dezember | | Landauer Versammlung. In Niederbayern formiert sich der Widerstand der Gemäßigten gegen Wieland unter der Führung des Leiblfinger Brauereibesitzers Franz Xaver Eßlinger. |
| 25. Februar | *1899* | Delegiertenversammlung in Regensburg. Da die Franken abwesend sind, bricht der Widerstand gegen Wieland zusammen. Wieland wird in seinem Amt als Bauernbundspräsident bestätigt. |
| 4. April | | Zusammenstoß zwischen Wieland und Eßlinger auf einer Versammlung in Osterhofen. Wieland erklärt seinen Rücktritt. |
| 17. April | | Wieland demütigt seine innerbündlerischen Gegner auf einer Versammlung in Straubing. Eßlinger zieht sich daraufhin aus der Bauernbundsbewegung zurück. |
| 29. April | | Wieland lässt sich in Regensburg wieder zum Vorsitzenden des Bayerischen Bauernbundes wählen. In der Folge versucht er die radikale Bundesrichtung mit aller Gewalt gegen seine Gegner durchzusetzen. |
| 25. Mai | | Wieland will sich zum Nachfolger Eßlingers als Reichstagsabgeordneter im Wahlkreis Straubing wählen lassen und scheitert. |
| 17. Juli | | Landtagswahlen. Herbe Verluste für die radikale Bundesrichtung. Wieland verliert sein Landtagsmandat. Er zieht sich aus der Bau- |

| | | |
|---|---|---|
| | | ernbundsbewegung zurück, behält aber den Bundesvorsitz nominell bis zu seinem Tode. |
| 18. April | *1900* | Wielands Wahl in den niederbayerischen Landrat wird bekannt gegeben. Da er an Mastdarmkrebs erkrankt, ist seine politische Karriere jedoch tatsächlich beendet. |
| 27. Dezember | | Wieland vertauscht sein verschuldetes Hierlbacher Gut mit einem kleineren Hof im benachbarten Mitterharthausen. |
| 17. September | *1901* | Wieland stirbt in Mitterharthausen und wird im Familiengrab in Gergweis beerdigt. |
| 14. August | *1902* | Wielands Witwe verkauft das Mitterharthauser Gut und erwirbt am 3. Juni 1907 ein kleineres Anwesen in Degenberg bei Schwarzach, wo sie ein Wirtshaus errichtet. |
| 29. Mai | *1921* | Wieland-Gedenkfeier in Gergweis. |
| 22. April | *1933* | Die Nationalsozialisten fordern die Auflösung der Straubinger Bezirksgruppe des Bayerischen Bauernbundes. Wielands Freund und politischer Weggefährte Johann Baptist Unger protestiert dagegen, indem er vorher sein Amt als Ehrenvorsitzender niederlegt. |

# Quellen- und Literaturverzeichnis


**Ungedruckte Quellen**

*Archiv des Bistums Passau (ABP)*
OA, B6 (Ordinariatsarchiv, Ordinariatsprotokolle 1884–1888)
OA, Persa Schneider Andreas (Ordinariatsarchiv, Personalakt Andreas Schneider)
OA, Pfa Gergweis II 4a (Ordinariatsarchiv, Pfarrakten Gergweis, Kultus- und Pastoralsachen)
PfA Galgweis 52 (Pfarrarchiv Galgweis, Spaltbriefe der Kooperatoren)
PfA Galgweis 125 (Pfarrarchiv Galgweis, Naturalreichnisse)
PfA Gergweis 56 (Pfarrarchiv Gergweis, Kirchendienstpersonal)
Tauf-, Heirats- und Sterbematrikeln der Pfarreien Künzing, Gergweis und Galgweis

*Bayerisches Hauptstaatsarchiv, München (BayHStA)*
MInn 46675 und 46676 (Pressestatistik des Innenministeriums)
MInn 64140 (Personalakt Eugen Crusilla)
MInn 73455 (Agitation des Bauernbundes 1897–1899)
StK 6672 (Halbmonatsberichte des Regierungspräsidiums von Niederbayern und Oberpfalz)

*Bayerischer Bauernverband, Haus der bay. Landwirtschaft Herrsching (BBV-Herrsching)*
Archiv des Landwirtschaftlichen Vereins in Bayern GC/136 und GC/137

*Bundesarchiv Berlin (BundesA Berlin)*
Hauptarchiv der NSDAP NS 26/950 (Georg Eisenberger, Mein Leben für die Bauern. Erinnerungen eines Bauernführers, masch. Manuskript Ruhpolding 1933)

*Pfarrarchiv Feldkirchen bei Straubing*
Taufbuch 1878–1962

*Privatarchiv Georg Eisenberger, Traunstein (PrivatA Eisenberger)*
Nachlass Georg Eisenberger

*Privatarchiv Helmut Hilz, Siegsdorf*
Nachlass Franz Wieland

*Privatarchiv Mathilde Willnecker, Schatzbach bei Bad Birnbach (PrivatA Willnecker)*
Teilnachlass Franz Wieland

*Staatsarchiv Amberg (StA Amberg)*
Reg. d. Opf. Abg. 49 Nr. 5087

*Staatsarchiv Landshut (StA Landshut)*
BezA/LRA Straubing 152 (Pfarrei Feldkirchen: Verweigerung der Kirchtrachtwecken 1896)

BezA/LRA Vilshofen 296 (Gemeinde- und Kirchenverwaltungswahlen 1887–1894)
BezA/LRA Vilshofen 1052 (Naturalreichnisse des Madelbauernhofs Hs. Nr. 26 in Gergweis für die Hilfspriester in Galgweis)
BezA/LRA Vilshofen 7620 (Personalakt Karl Richter)
BezA/LRA Vilshofen 9049 (Akten betreffend die Anlage eines neuen Wassertriebwerkes für den Ökonomen Michael Wieland in Gergweis)
(Grundsteuer-)Kataster 1/42-13 und 1/42-16 (Steuergemeinde Schwarzach ab 1897)
(Grundsteuer-)Kataster 12/5-26 (Steuergemeinde Geiselhöring 1890)
(Grundsteuer-)Kataster 17/4-13 (Steuergemeinde Aiterhofen 1902)
(Grundsteuer-)Kataster 17/5-18 (Steuergemeinde Alburg 1881)
(Grundsteuer-)Kataster 17/9-8, 17/9-11, 17/9-12 und 17/9-15 (Steuergemeinde Feldkirchen ab 1861)
(Grundsteuer-)Kataster 17/12-14 (Steuergemeinde Hailing ab 1881)
(Grundsteuer-)Kataster 17/21-9 und 17/21-11 (Steuergemeinde Mitterharthausen ab 1888)
(Grundsteuer-)Kataster 20/16-7 und 20/16-10 (Steuergemeinde Gergweis ab 1859)
(Grundsteuer-)Kataster 20/43-1 und 20/43-8 (Steuergemeinde Walchsing ab 1844)
Nachlassakten (Rep. 166N/26) Nr. 205/1901 (Akten betreffend den Nachlaß des Wieland Franz)
Präsidium der Regierung von Niederbayern (Rep. 168/5) 971 (Versammlungen der landwirtschaftlichen Bezirksvereine 1895–1904)
Präsidium der Regierung von Niederbayern (Rep. 168/5) 1071 (Gründung eines niederbayerischen Bauernvereins [!] 1893–1896)
Präsidium der Regierung von Niederbayern (Rep. 168/5) 1073 (Niederbayerischer Bauernbund und dessen Vereinsversammlung 1897–1900)
Regierung von Niederbayern – Kammer des Innern (Rep. 168/1) 37522 (Niederbayerischer Bauernbund 1893–1904)
Schlossarchiv Moos 746 und 918 (Akten aus dem Nachlass des Grafen Konrad von Preysing)

*Stadtarchiv Straubing (StadtA Straubing)*
Alte Meldekartei, Meldebogen Sigmund Hiendlmayer

*Stadtarchiv Weiden (StadtA Weiden)*
A II Nr. 1359

**Mündliche Auskünfte**

Für mündliche Auskünfte danke ich Herrn Peter Münsterer aus Landshut (betr. Franz Xaver Münsterer), Frau Elisabeth Rabl aus Münchshöfen (betr. Hermann Rabl), Herrn Josef Sturm aus Hailing (betr. Jakob Waasmaier), Frau Barbara Unger aus Hierlbach (betr. Johann Baptist Unger), Herrn Rupert Venus aus Schwarzach (betr. Dr. Albert Gäch), Frau Mathilde Willnecker aus Schatzbach bei Bad Birnbach (betr. die Kinder Franz Wielands).

**Periodika**

Amberger Volks-Zeitung; Augsburger Abendzeitung; Das Bayerische Vaterland (München); Bayerischer Kurier (München); Bundes-Zeitung niederbayerischer Landwirte und Gewerbetreibender (Pfarrkirchen, ab 1898: Niederbayerische Bundes-Zeitung); Deggendorfer Donaubote; Deutsches Volksblatt. Bayerische antisemitische Zeitung für Stadt und Land (München); Donau-Zeitung (Passau); Fränkische Zeitung (Nürnberg); Frankfurter Zeitung (Frankfurt am Main); Die Geissel. Der bayrische Kladderadatsch (München); Germania (Berlin); Im deutschen Reich. Zeitschrift des Centralvereins deutscher Staatsbürger jüdischen Glaubens (Berlin); Kölnische Volkszeitung; Kreis-Amtsblatt von Niederbayern (Landshut); Landauer Volksblatt (Landau an der Isar); Mittheilungen aus dem Verein zur Abwehr des Antisemitismus (Berlin); Münchener Post; Münchner Fremdenblatt; Münchner Neueste Nachrichten; Münchner Zeitung; Neue Bayerische Landeszeitung (Würzburg); Neue freie Volkszeitung (München); Neue Weidener Zeitung; Niederbayerischer Anzeiger (Straubing); Oberhirtliches Verordnungs-Blatt für das Bisthum Regensburg (Regensburg); Osterhofener Wochenblatt; Passauer Zeitung; Regensburger Morgenblatt; Straubinger

Tagblatt; Weidener Anzeiger; Wochenblatt des Landwirtschaftlichen Vereins in Bayern (München, bis 1895: Zeitschrift des Landwirthschaftlichen Vereins in Bayern)

## Gedruckte Quellen und Literatur


John ABBOTT, Peasants in the Rural Public: The Bavarian Bauernbund, 1893–1933, masch. Diss. University of Illinois at Chicago 2000.

Walter ACHILLES, Deutsche Agrargeschichte im Zeitalter der Reformen und der Industrialisierung, Stuttgart 1993.

Walter ACHILLES, Der Einfluß industrieller Zentren auf den Kartoffelbau in der Phase der Hochindustrialisierung vor dem Ersten Weltkrieg, in: Hans-Jürgen GERHARD (Hg.), Struktur und Dimension. Festschrift für Karl Heinrich Kaufhold zum 65. Geburtstag Bd. 2, Stuttgart 1997, 94–119.

Dieter ALBRECHT, Von der Reichsgründung bis zum Ende des Ersten Weltkrieges (1871–1918), in: Alois SCHMID (Hg.), Handbuch der bayerischen Geschichte Bd. 4/1, München [2]2003, 318–438.

Rosmarie ANZENBERGER-MEYER, Bedingungen bäuerlicher Politisierung 1880–1933, dargestellt am Beispiel von Oberbayern, masch. Diss. Universität Innsbruck 1993.

Ferdinand BAUERNFREUND [d. i. Armin Kausen], Eine Muster-Partei oder: Die Bauernbündler unter sich. Wie sie sich schlagen und vertragen. Eine lehrreiche Sammlung, Augsburg 1896.

Die bayerischen Gemeindeordnungen 1808–1945. Textausgabe mit Einleitungen, hg. von Franz Ludwig KNEMEYER (Schriften zur öffentlichen Verwaltung 41), Köln 1994.

Hannsjörg BERGMANN, Der Bayerische Bauernbund und der Bayerische Christliche Bauernverein 1919–1928 (Schriftenreihe zur bayerischen Landesgeschichte 81), München 1986.

Klaus BERGMANN, Agrarromantik und Großstadtfeindschaft (Marburger Abhandlungen zur Politischen Wissenschaft 20), Meisenheim am Glan 1970.

David BLACKBOURN, Peasants and Politics in Germany, 1871–1914, in: European History Quarterly 14 (1984), 47–75.

Olaf BLASCHKE, Die Kolonialisierung der Laienwelt. Priester als Milieumanager und die Kanäle klerikaler Kuratel, in: Olaf BLASCHKE – Frank-Michael KUHLEMANN (Hg.), Religion im Kaiserreich. Milieus – Mentalitäten – Krisen (Religiöse Kulturen der Moderne 2), Gütersloh 1996, 93–135.

Werner K. BLESSING, Umwelt und Mentalität im ländlichen Bayern. Eine Skizze zum Alltagswandel im 19. Jahrhundert, in: Archiv für Sozialgeschichte 19 (1979), 1–42.

Rudolf BOCH, Staat und Wirtschaft im 19. Jahrhundert (Enzyklopädie deutscher Geschichte 70), München 2004.

Max BÖHM, Bayerns Agrarproduktion 1800–1870 (Studien zur Wirtschafts- und Sozialgeschichte 10), St. Katharinen 1995.

Siegfried BREWKA, Zentrum und Sozialdemokratie in der bayerischen Kammer der Abgeordneten 1893–1914 (Europäische Hochschulschriften. Reihe III: Geschichte und ihre Hilfswissenschaften 742), Frankfurt am Main 1997.

Anton DOEBERL, Graf Konrad Preysing und das Erwachen der katholisch-konservativen Partei in Bayern, in: Gelbe Hefte. Historische und politische Zeitschrift für das katholische Deutschland 2 (1926), 843–855.

Georg EISENBERGER, Georg Eisenberger. Der Hutzenauer 1863–1945. Ein Porträt des Bauernbundführers, Ruhpolding 1988.

Ian FARR, From Anti-Catholicism to Anticlericalism: Catholic Politics and the Peasantry in Bavaria, 1860–1900, in: European Studies Review 13 (1983), 249–269.

Ian FARR, In Search of Credit: Peasant Farmers, Credit Co-operatives and Rural Organisation in Bavaria at the Turn of the Century, in: Gemeinheitsteilungen in Europa. Die Privatisierung der kollektiven Nutzung des Bodens im 18. und 19. Jahrhundert (Jahrbuch für Wirtschaftsgeschichte 2000/2), Berlin 2000, 113–132.

Ian FARR, Peasant Protest in the Empire – the Bavarian Example, in: Robert G. MOELLER (Hg.), Peasants and Lords in Modern Germany. Recent Studies in Agricultural History, Boston 1986, 110–139.

Ian FARR, Populism in the Countryside: The Peasant Leagues in Bavaria in the

1890's, in: Richard J. EVANS (Hg.), Society and Politics in Wilhelmine Germany, London 1978, 136–159.

Edgar FEICHTNER, Die Bauernbefreiung in Niederbayern. Die Änderung der ländlichen Wirtschafts- und Sozialstruktur in Bayern durch die Reformierung der Agrarverfassung in der ersten Hälfte des 19. Jahrhunderts (Beiträge zur Wirtschafts- und Sozialgeschichte 53), Stuttgart 1993.

Jens FLEMMING, Landwirtschaftliche Interessen und Demokratie. Ländliche Gesellschaft, Agrarverbände und Staat 1890–1925 (Forschungsinstitut der Friedrich-Ebert-Stiftung. Reihe: Politik- und Gesellschaftsgeschichte), Bonn 1978.

Sigmund von FRAUENDORFER, Ideengeschichte der Agrarwirtschaft und Agrarpolitik im Deutschen Sprachraum Bd. 1: Von den Anfängen bis zum Ersten Weltkrieg, München ²1963.

Werner FRITSCH – Herbert GOTTWALD, Bayerischer Bauernbund (BB) 1895–1933 (ab 1922: Bayerischer Bauern- und Mittelstandsbund), in: Dieter FRICKE u. a. (Hg.), Lexikon zur Parteiengeschichte. Die bürgerlichen und kleinbürgerlichen Parteien und Verbände in Deutschland (1789–1945) Bd. 1, Leipzig 1983, 135–151.

Dirk GÖTSCHMANN, Wirtschaftsgeschichte Bayerns. 19. und 20. Jahrhundert, Regensburg 2010.

Wilhelm GÖTZ, Geographisch-Historisches Handbuch von Bayern Bd. 1, München 1895.

Heinrich HAAG, Landwirthschaftliche Verwaltung und Gesetzgebung, in: Die Landwirthschaft in Bayern. Denkschrift, nach amtlichen Quellen bearbeitet, München 1890, 631–704.

Bernhard HAGEL, Der Landrath von Schwaben und Neuburg 1852–1919 (Geschichte des Bezirkstags Schwaben 2 / Materialien zur Geschichte des Bayerischen Schwaben 2), Augsburg 1982.

Jörgen HANSEN, Bodenpreise, Eigentumswechsel und Grundverschuldung in einigen Teilen Niederbayerns während der Jahre 1900–1910, in: Lujo BRENTANO (Hg.), Preisbewegung landwirtschaftlicher Güter in einigen Teilen Bayerns während der Jahre 1900–1910 (Schriften des Vereins für Sozialpolitik 148), München 1914, 311–686.

Hartmut HARNISCH, Agrarstaat oder Industriestaat? Die Debatte um die Bedeutung der Landwirtschaft in Wirtschaft und Gesellschaft Deutschlands an der Wende vom 19. zum 20. Jahrhundert, in: Heinz REIF (Hg.), Ostelbische Agrargesellschaft im Kaiserreich und in der Weimarer Republik. Agrarkrise – junkerliche Interessenpolitik – Modernisierungsstrategien, Berlin 1994, 33–50.

Stefanie HARRECKER, Der Landwirtschaftliche Verein in Bayern 1810–1870/71 (Schriftenreihe zur bayerischen Landesgeschichte 148), München 2006.

Friedrich HARTMANNSGRUBER, Die Bayerische Patriotenpartei 1868–1887 (Schriftenreihe zur bayerischen Landesgeschichte 82), München 1986.

Heinz HAUSHOFER, Der Bayerische Bauernbund (1893–1933), in: Pankraz FRIED – Wolfgang ZORN (Hg.), Aus der Bayerischen Agrargeschichte 1525–1978. Gesammelte Beiträge zur Bayerischen Agrargeschichte von Heinz Haushofer, München 1986, 166–182.

[Georg HEIM], Politisches ABC-Büchlein. Ein nützliches Lesen für den bayerischen Bürger und Bauersmann. Von einem Centrumsmann, Augsburg 1898.

Karl HELLER, Der Bund der Landwirte bezw. Landbund und seine Politik mit besonderer Berücksichtigung der fränkischen Verhältnisse, Kulmbach 1936.

David W. HENDON, The Center Party and the Agrarian Interest in Germany 1890–1914, Ann Arbor 1984.

Friedrich-Wilhelm HENNING, Deutsche Wirtschafts- und Sozialgeschichte im 19. Jahrhundert (Handbuch der Wirtschafts- und Sozialgeschichte Deutschlands 2), Paderborn 1996.

Bruno HILDENBRAND u. a., Bauernfamilien im Modernisierungsprozeß, Frankfurt am Main 1992.

Anton HOCHBERGER, Der Bayerische Bauernbund 1893–1914 (Schriftenreihe zur bayerischen Landesgeschichte 99), München 1991.

Ludwig HÜTTL, 1893–1933 Genossenschaftsverband Bayern (Raiffeisen/Schulze-Delitzsch) e.V., München. Eine Chronik der landwirtschaftlichen und gewerblichen Genossenschaftsverbände in Bayern seit dem 19. Jahrhundert, München 1993.

Alois HUNDHAMMER, Geschichte des Bayerischen Bauernbundes, München 1924.

Alois HUNDHAMMER, Die landwirtschaftliche Berufsvertretung in Bayern, München 1926.

James C. HUNT, Peasants, Grain Tariffs, and Meat Quotas: Imperial German Protectionism Reexamined, in: Central European History 7 (1974), 311–331.

Johann KIRCHINGER, Theorie und Praxis sozialethischer Agrarpolitik. Georg Ratzinger und die Geschichte des ‚gerechten Preises', in: Johann KIRCHINGER – Ernst SCHÜTZ (Hg.), Georg Ratzinger (1844–1899). Ein Leben zwischen Politik, Geschichte und Seelsorge, Regensburg 2008, 301–348.

Hans-Michael KÖRNER, Staat und Kirche in Bayern 1886–1918 (Veröffentlichungen der Kommission für Zeitgeschichte. Reihe B: Forschungen 20), Mainz 1977.

Heinrich Ludwig KRICK, Handbuch des Katholischen Pfründewesens mit Rücksicht auf die im Königreiche Bayern geltenden staatlichen Bestimmungen (Handbibliothek für die pfarramtliche Geschäftsführung im Königreiche Bayern 2), Kempten [4]1905.

Joseph KÜRSCHNER, Der bayerische Landtag. 1893–1899, München o. J.

Hermann LAUERBACH, Die Bayerische Landwirtschaft im wirtschaftspolitischen Leben unter besonderer Berücksichtigung der staatlichen Einwirkungen und der landwirtschaftlichen Organisationen: ein Beitrag zur neueren Agrarpolitik, masch. Diss. Universität Erlangen 1924.

Leonhard LENK, Bauern im Bayerischen Landtag 1819–1970, in: Günther FRANZ (Hg.), Bauernschaft und Bauernstand 1500–1972. Büdinger Vorträge 1971–1972 (Deutsche Führungsschichten der Neuzeit 8), Limburg an der Lahn 1975, 245–264.

Wilhelm MATTES, Die bayerischen Bauernräte. Eine soziologische und historische Untersuchung über bäuerliche Politik (Münchener Volkswirtschaftliche Studien 144), Stuttgart 1921.

Uwe MAZURA, Zentrumspartei und Judenfrage 1870/71–1933. Verfassungsstaat und Minderheitenschutz (Veröffentlichungen der Kommission für Zeitgeschichte. Reihe B: Forschungen 62), Mainz 1994.

August MEMMINGER, Anton Memminger. Publizist und Politiker. 1846–1923, in: Anton CHROUST (Hg.), Lebensläufe aus Franken Bd. 5 (Veröffentlichungen der Gesellschaft für Fränkische Geschichte. Siebente Reihe 5), Erlangen 1936, 197–210.

Tatsuru MIYAKE, Die Anfänge der politischen Tätigkeit der Gebrüder Gandorfer. Staat und Bauern in Bayern vor dem Ersten Weltkrieg [von Noriko Hahl-Kabashima erledigte und in hektographierter Form verbreitete Übersetzung des japanischen Originalmanuskripts, erschienen in: Sundai Shigaku. The Journal of the Historical Association of Meiji University 45 (1978), 1–70].

Karl MÖCKL, Die Prinzregentenzeit. Gesellschaft und Politik während der Ära des Prinzregenten Luitpold in Bayern, München 1972.

Klaus MÜLLER, Zentrumspartei und agrarische Bewegung im Rheinland 1882–1903, in: Konrad REPGEN – Stephan SKALWEIT (Hg.), Spiegel der Geschichte. Festgabe für Max Braubach zum 10. April 1964, Münster 1964, 828–857.

Heinrich OSEL, Über die Errichtung von Landwirtschaftskammern in Bayern. Verfaßt i. A. der Zentralstelle der Bayer. Bauernvereine in Regensburg, München 1908.

Max Joseph PAULY, Armin Kausen. Das Lebensbild eines katholischen deutschen Mannes, in: Armin Kausen. Ein Buch des Andenkens an seine Persönlichkeit, sein Leben und sein Wirken, München 1928, 19–54.

Protokoll über die Verhandlungen des Parteitages der Sozialdemokratischen Partei Deutschlands. Abgehalten zu Breslau vom 6. bis 12. Oktober 1895, Berlin 1895.

Die Protokolle der Landtagsfraktion der bayerischen Zentrumspartei 1893–1914 Bd. 1: 1893–1899, hg. von Dieter ALBRECHT (Schriftenreihe zur bayerischen Landesgeschichte 91), München 1989.

Hans-Jürgen PUHLE, Agrarische Interessenpolitik und preußischer Konservatismus im wilhelminischen Reich (1893–1914). Ein Beitrag zur Analyse des Nationalismus in Deutschland am Beispiel des Bundes der Landwirte und der Deutsch-Konservativen Partei (Schriftenreihe des Forschungsinstituts der Friedrich-Ebert-Stiftung. Reihe B: Historisch-Politische Schriften), Hannover 1966.

Hans-Jürgen PUHLE, Politische Agrarbewegungen in kapitalistischen Agrargesellschaften. Deutschland, USA und Frankreich im 20. Jahrhundert (Kritische Studien zur Geschichtswissenschaft 16), Göttingen 1975.

Wolfram PYTA, Die Kanzel als Mittelpunkt des Dorflebens? Überlegungen zum Ansehen katholischer und evangelischer Landpfarrer in Deutschland 1800 bis 1850, in: Ruth DÖRNER – Norbert FRANZ – Christine MAYR (Hg.), Lokale Gesellschaften im historischen Vergleich. Europäische Erfahrungen im 19. Jahrhundert (Trierer Historische Forschungen 46), Trier 2001, 399–417.

Georg RATZINGER, Bauern, einigt euch! Ein Mahnruf, Kempten 1897.

Georg RATZINGER, Die Erhaltung des Bauernstandes. Ein Reformprogramm des Hochseligen Grafen Ludwig zu Arco-Zinneberg, Freiburg im Breisgau 1883.

Georg RATZINGER, Die Verschuldung des Bauernstandes, in: Die Gesellschaft 10/1 (1894), 7–26.

Georg RATZINGER, Die Volkswirtschaft in ihren sittlichen Grundlagen, Freiburg im Breisgau $^{2}$1895.

Carl-Wilhelm REIBEL, Handbuch der Reichstagswahlen 1890–1918. Bündnisse, Ergebnisse, Kandidaten (Handbücher zur Geschichte des Parlamentarismus und der politischen Parteien 15), Düsseldorf 2007.

Hermann RENNER, Georg Heim, der Bauerndoktor. Lebensbild eines „ungekrönten Königs", München $^{2}$1961.

Johann RIBLINGER, Radikalmittel zur Hebung des Notstandes der bayer. Bauern. Beitrag zur gründlichen Lösung der deutschen Agrarfrage, München [1895].

Gertrud M. RÖSCH, Ludwig Thoma als Journalist. Ein Beitrag zur Publizistik des Kaiserreichs und der frühen Weimarer Republik (Regensburger Beiträge zur deutschen Sprach- und Literaturwissenschaft. Reihe B: Untersuchungen 42), Frankfurt am Main 1989.

Alois SCHLÖGL u. a., Bayerische Agrargeschichte. Die Entwicklung der Land- und Forstwirtschaft seit Beginn des 19. Jahrhunderts, München 1954.

Gerhard SCHMOLZE, Zwischen „Schwarzen" und „Roten". Der Bauernbündler Konrad Kübler – Zu seinem 100. Geburtstag, in: Unser Bayern 33 (1984), 38–40.

Rupert SIGL, Dr. Sigl. Ein Leben für das Bayrische Vaterland, Rosenheim 1977.

Gunda SOSSINKA, Diederich Hahn, Direktor des Bundes der Landwirte. Sein Beitrag zur Diskussion um die Agrarpolitik des wilhelminischen Reiches, masch. Diss. Universität Göttingen 1974.

Wolfgang STÄBLER, Der Bayerisch-Patriotische Bauernverein und der Katholische Männerverein Tuntenhausen, in: Ferdinand KRAMER (Hg.), Tuntenhausen. Vom Herrenhof zum Wallfahrtsdorf. Geschichtliche Grundlagen seiner Dorfentwicklung, Weißenhorn 1991, 263–271.

Martin STEINKÜHLER, Agrar- oder Industriestaat: Die Auseinandersetzungen um die Getreidehandels- und Zollpolitik des Deutschen Reiches 1879–1914 (Europäische Hochschulschriften. Reihe III: Geschichte und ihre Hilfswissenschaften 529), Frankfurt am Main 1992.

Walter STELZLE, Die wirtschaftlichen und sozialen Verhältnisse der bayerischen Oberpfalz um die Wende vom 19. zum 20. Jahrhundert. Der Streit um Fuchsmühl, in: Zeitschrift für bayerische Landesgeschichte 39 (1976), 487–540.

Michael STOLLEIS, Die bayerische Gesetzgebung zur Herstellung eines frei verfügbaren Grundeigentums, in: Helmut COING – Walter WILHELM (Hg.), Wissenschaft und Kodifikation des Privatrechts im 19. Jahrhundert Bd. 3: Die rechtliche und wirtschaftliche Entwicklung des Grundeigentums und Grundkredits (Studien zur Rechtswissenschaft des neunzehnten Jahrhunderts 3), Frankfurt am Main 1976, 44–117.

Bernhard TAUBENBERGER, Wegmarken der Sozialdemokratie im Vilstal. Festschrift zum hundertjährigen Gründungsjubiläum der SPD Gergweis am 16. August 1998, Gergweis 1998.

Ludwig THOMA, Gesammelte Werke Bd. 2, München 1922.

Dietrich THRÄNHARDT, Wahlen und politische Strukturen in Bayern 1848–1953. Historisch-soziologische Untersuchungen zum Entstehen und zur Neuerrichtung eines Parteiensystems (Beiträge zur Geschichte des Parlamentarismus und der politischen Parteien 51), Düsseldorf 1973.

Hans-Peter ULLMANN, Interessenverbände in Deutschland, Frankfurt am Main 1988.

Verhandlungen der Kammer der Abgeordneten des bayerischen Landtages 1895/1896. Stenographische Berichte Bd. 6, München o. J.

Verhandlungen der Kammer der Abgeordneten des bayerischen Landtages 1897/1898. Stenographische Berichte Bd. 9 bis 12, München o. J.

Verhandlungen der Kammer der Abgeordneten des bayerischen Landtages 1899. Stenographische Berichte Bd. 13, München o. J.

Verhandlungen der Kammer der Abgeordneten des bayerischen Landtages 1899/1900. Stenographische Berichte Bd. 1, München o. J.

Verhandlungen der Kammer der Reichsräthe des Königreiches Bayern in den Jahren 1897 und 1898. Protokoll-Band VI, München o. J.

Xaver Wahrmund [d. i. Armin Kausen], Bauernbund gegen Bauernbund. Aktenmäßige Urtheile von Bauernbundführern über den Bauernbund und seine Führer. Momentbilder aus der fünfjährigen Geschichte des Bauernbundes, Neumarkt in der Oberpfalz 1898.

Ernst M. Wallner, Die Rezeption stadtbürgerlichen Vereinswesens durch die Bevölkerung auf dem Lande, in: Günter Wiegelmann (Hg.), Kultureller Wandel im 19. Jahrhundert. Verhandlungen des 18. Deutschen Volkskunde-Kongresses in Trier vom 13. bis 18. September 1971 (Studien zum Wandel von Gesellschaft und Bildung im Neunzehnten Jahrhundert 5), Göttingen 1973, 160–173.

Max Weber, Wirtschaft und Gesellschaft. Die Wirtschaft und die gesellschaftlichen Ordnungen und Mächte Teilband 1: Gemeinschaften, hg. von Wolfgang J. Mommsen (Max Weber Gesamtausgabe 22/1), Tübingen 2001.

Max Weber, Wirtschaft und Gesellschaft. Die Wirtschaft und die gesellschaftlichen Ordnungen und Mächte Teilband 4: Herrschaften, hg. von Edith Hanke (Max Weber Gesamtausgabe 22/4), Tübingen 2005.

Hans-Ulrich Wehler, Deutsche Gesellschaftsgeschichte Bd. 3: Von der „Deutschen Doppelrevolution" bis zum Beginn des Ersten Weltkrieges 1849–1914, München 1995.

Clemens Zimmermann, Das Dorf in der Moderne, 1800–2000, in: Werner Troßbach – Clemens Zimmermann, Die Geschichte des Dorfes. Von den Anfängen im Frankenreich zur bundesdeutschen Gegenwart, Stuttgart 2006, 172–282.

## Anmerkungen

1 Die Angaben zu den Familienverhältnissen Franz Wielands sind den Tauf-, Heirats- und Sterbematrikeln der Pfarreien Künzing, Gergweis und Galgweis (alle Landkreis Deggendorf, aufbewahrt im Archiv des Bistums Passau) bzw. den Taufmatrikeln der Pfarrei Feldkirchen (Landkreis Straubing-Bogen, aufbewahrt im Pfarramt Feldkirchen) entnommen.

2 Die Angaben über die Besitzverhältnisse der Familie Wieland um die Mitte des 19. Jahrhunderts entstammen einem Übergabevertrag vom 5. Januar 1850 (PrivatA Willnecker, Teilnachlass Franz Wieland). Die Angaben über die Besitzverhältnisse der Gergweiser Bevölkerung ab 1859 sind dem Grundsteuerkataster der Steuergemeinde Gergweis entnommen: StA Landshut, (Grundsteuer-)Kataster 20/16-7 und 20/16-10.

3 Die Angaben über die Besitzverhältnisse von Michael Habersbrunner (Gainstorf Haus Nr. 2) sind dem Grundsteuerkataster der Steuergemeinde Walchsing entnommen: StA Landshut, (Grundsteuer-)Kataster 20/43-1 und 20/43-8.

4 PrivatA Willnecker, Teilnachlass Franz Wieland, Auszug aus dem Nachlassinventar des Sebastian Wieland, 6. Juli 1818.

5 Zur so genannten Bauernbefreiung in Bayern vgl. Feichtner, Bauernbefreiung.

6 PrivatA Willnecker, Teilnachlass Franz Wieland, Tauschvertrag vom 31. Dezember 1868.

7 „Verzeichnis der ausständigen Geldbeträge meines verstorbenen Vaters

Michael Wieland, Austragsbauer von Gergweis", undatiert.

8 StA Landshut, BezA/LRA Vilshofen 9049, „Beschreibung zur Anlage eines neuen Wassertriebwerkes für den Ökonomen Michael Wieland von Gergweis", 14. Dezember 1875.

9 GÖTZ, Handbuch, 648 und 657.

10 StA Landshut, BezA/LRA Vilshofen 9049, Michael Wieland an das Bezirksamt Vilshofen, 11. September 1875; Gemeindeverwaltung Gergweis an das Bezirksamt Vilshofen, 29. Februar 1876; BayHStA, MInn 73455, Bezirksamtmann Crusilla (Straubing) an Innenminister Feilitzsch, 7. Mai 1897.

11 ABP, OA, Persa Schneider Andreas, Pfarrer Dick an das Ordinariat Passau, 21. Oktober 1889.

12 StA Landshut, BezA/LRA Vilshofen 296, Protokoll der Vereidigung der für die Periode 1888/1893 gewählten Bürgermeister und Beigeordneten, 29. Dezember 1887.

13 ABP, OA, Pfa Gergweis II 4a, Franz Wieland an Bischof Weckert, 29. Februar 1888.

14 ABP, OA, Pfa Gergweis II 4a, Pfarrer Dick und Kooperator Hermann Schlögl (Galgweis) an das Ordinariat Passau, 29. Februar 1888.

15 ABP, OA, Pfa Gergweis II 4a, „Protokoll aufgenommen in kirchlichen Angelegenheiten bei dem Pfarramte Galgweis am 29. Februar 1888".

16 ABP, OA, Pfa Gergweis II 4a, Franz Wieland an Bischof Weckert, 29. Februar 1888.

17 Vgl. dazu PYTA, Kanzel, 402–409.

18 ABP, OA, Persa Schneider Andreas, anonymes Schreiben aus Gergweis an das Ordinariat Passau, 5. Februar 1888.

19 Vgl. dazu BLASCHKE, Kolonialisierung, 93–135.

20 ABP, OA, Persa Schneider Andreas, Pfarrer Dick an das Ordinariat Passau, 21. Oktober 1889.

21 Vgl. dazu BLESSING, Umwelt, 5f.

22 ABP, OA, Persa Schneider Andreas, Untersuchungsbericht des Dekans Zitzelsberger, 5. Juni 1889.

23 Donau-Zeitung vom 20. September 1901.

24 Vgl. dazu ABBOTT, Peasants, 121–127; WALLNER, Rezeption, 160–173.

25 Zu den Naturalreichnissen vgl. KRICK, Handbuch, 120–132.

26 Angaben über landwirtschaftliche Maße, Gewichte und Erträge stets nach BÖHM, Agrarproduktion.

27 ABP, PfA Galgweis 125, Schneider an das Pfarramt Galgweis, 28. Dezember 1889.

28 ABP, PfA Gergweis 56, Franz Wieland an das Pfarramt Galgweis, 6. April 1890.

29 ABP, PfA Galgweis 125, Schneider an das Pfarramt Galgweis, 28. Dezember 1889.

30 ABP, OA, PfA Galgweis 125, Urteil des Bayerischen Verwaltungsgerichtshofes vom 2. Dezember 1890, ausgefertigt am 16. Dezember 1890.

31 ABP, OA, Persa Schneider Andreas, Wieland an Schneider, 18. September 1889.

32 ABP, OA, Persa Schneider Andreas, Protokoll der Vernehmung Schneiders im Ordinariat Passau am 1. Oktober 1889.

33 Zu Richter vgl. StA Landshut, BezA/LRA Vilshofen 7620 (Personalakt Karl Richter).

34 ABP, PfA Galgweis 52, Ordinariat Passau an das Pfarramt Galgweis, 24. Oktober 1889.

35 ABP, OA, Persa Schneider Andreas, Pfarrer Dick an das Ordinariat Passau, 21. Oktober 1889.

36 ABP, PfA Galgweis 52, Ordinariat Passau an das Pfarramt Galgweis, 24. Oktober 1889.

37 ABP, OA, Persa Schneider Andreas, Ordinariat Passau an Schneider, 17. November 1881 (Konzept).

38 ABP, OA, Persa Schneider Andreas, Schneider an das Ordinariat Passau, 25. November 1889.

39 ABP, OA, B6, Protokoll der Sitzung des Ordinariats Passau am 12. April 1888.

40 TAUBENBERGER, Wegmarken, 16.

41 RATZINGER, Volkswirtschaft, 444–450.

42 RIBLINGER, Radikalmittel, 58f.

43 Donau-Zeitung vom 21. April 1893.

44 Vgl. dazu FLEMMING, Interessen, 22f.

45 HANSEN, Bodenpreise, 389.

46 Verh. d. Kammer d. Abg. 1897/98. Sten. Ber. Bd. 10, Sitzung am 28. Januar 1898, 725.

47 Zu den Güterhandelsunternehmungen der Wieland'schen Verwandt-

schaft vgl. StA Landshut, BezA/LRA Vilshofen 1052, Michael und Joseph Wieland an das Bezirksamt Vilshofen, 3. Juli 1880; PrivatA Willnecker, Teilnachlass Franz Wieland, Einladung zur Holz-Versteigerung durch Michael Wieland, 3. Mai 1888; ABP, PfA Gergweis 56, Franz Wieland an das Pfarramt Galgweis, 7. Dezember 1885; Donau-Zeitung vom 24. Mai 1893.

48 Donau-Zeitung vom 20. Mai 1893; Donau-Zeitung vom 24. Mai 1893.

49 BayHStA, MInn 73455, Bezirksamtmann Crusilla (Straubing) an Innenminister Feilitzsch, 7. Mai 1897.

50 Die Besitzgeschichte von Wielands Hierlbacher Gut (Haus Nr. 77) ist dem Grundsteuerkataster der Steuergemeinde Feldkirchen entnommen: StA Landshut, (Grundsteuer-)Kataster 17/9-8, 17/9-11, 17/9-12 und 17/9-15. Zur Kaufsumme vgl. StA Landshut, Präsidium der Regierung von Niederbayern (Rep. 168/5) 1071, Bezirksamtmann Adam Hauptmann (Straubing) an Regierungspräsident Lipowsky, 9. Mai 1893.

51 PrivatA Willnecker, Teilnachlass Franz Wieland, Dienstbotenverzeichnis, 2. Februar 1892.

52 StA Landshut, Präsidium der Regierung von Niederbayern (Rep. 168/5) 1071, Bezirksamtmann Ferdinand Schneider (Vilshofen) an Bezirksamtmann Adam Hauptmann (Straubing), 10. Mai 1893.

53 Zu den bayerischen Rinderrassen im 19. Jahrhundert vgl. Schlögl, Agrargeschichte, 238–249.

54 PrivatA Eisenberger, Nachlass Georg Eisenberger, Wieland an Eisenberger und Jehl, 15. Mai 1896.

55 Zur Bedeutung des Kartoffelbaus vor dem Ersten Weltkrieg vgl. Achilles, Einfluß, 94–119.

56 Wieland an das Reichspatentamt Berlin, 17. Januar 1897.

57 Neue freie Volkszeitung vom 23. Dezember 1898.

58 Vgl. dazu Schlögl, Agrargeschichte, 693–696.

59 StA Landshut, BezA/LRA Straubing 152, Pfarramt Feldkirchen an das Bezirksamt Straubing, 21. Januar 1896.

60 StA Landshut, BezA/LRA Straubing 152, Bezirksamt Straubing an das Pfarramt Feldkirchen, 28. Dezember 1896 (Konzept).

61 Vgl. dazu Bergmann, Agrarromantik.

62 StA Landshut, Schlossarchiv Moos 918, Preysing an Ratzinger, 29. Mai 1884.

63 Zur Situation der Landwirtschaft am Vorabend der seit 1892/1893 um sich greifenden landwirtschaftlichen Protestbewegung vgl. Hunt, Peasants, 311–331; Achilles, Agrargeschichte, 308–354; Wehler, Gesellschaftsgeschichte, 825–842; Henning, Wirtschafts- und Sozialgeschichte, 889–967; Farr, Search, 113–132; Hochberger, Bauernbund, 6–48.

64 Zit. nach: Hundhammer, Geschichte, 7.

65 Neue freie Volkszeitung vom 3. Mai 1893.

66 BundesA Berlin, Hauptarchiv der NSDAP NS 26/950, Georg Eisenberger, Mein Leben für die Bauern. Erinnerungen eines Bauernführers, masch. Manuskript Ruhpolding 1933, 5.

67 Vgl. dazu Möckl, Prinzregentenzeit, 228–349; Körner, Staat, 24–62; Farr, Anti-Catholicism, 249–269.

68 Hundhammer, Geschichte, 14–20; Hochberger, Bauernbund, 46–48.

69 Wenn nicht anders angegeben, folgen die biographischen Angaben der in diesem Buch genannten Bauernbundspolitiker den Angaben bei Anton Hochberger (Hochberger, Bauernbund), Alois Hundhammer (Hundhammer, Geschichte) und Joseph Kürschner (Kürschner, Landtag).

70 Zur Entwicklung des landwirtschaftlichen Organisationswesens zwischen Reichsgründung und Erstem Weltkrieg vgl. Ullmann, Interessenverbände, 85–94.

71 StA Landshut, Präsidium der Regierung von Niederbayern (Rep. 168/5) 1071, Bezirksamtmann Adam Hauptmann (Straubing) an Regierungspräsident Lipowsky, 29. März 1893.

72 Münchner Fremdenblatt vom 23. März 1893; ferner: Straubinger Tagblatt vom 21. März 1893; Donau-Zeitung vom 22. März 1893; StA Landshut, Präsidium der Regierung von Niederbayern (Rep. 168/5) 1071,

Bericht des Stadtmagistrats Straubing über die Straubinger Bauernversammlung, 29. März 1893; StA Landshut, Präsidium der Regierung von Niederbayern (Rep. 168/5) 1071, Bezirksamtmann Adam Hauptmann (Straubing) an Regierungspräsident Lipowsky, 29. März 1893; HUNDHAMMER, Geschichte, 25f.; HOCHBERGER, Bauernbund, 71f.

73 RIBLINGER, Radikalmittel, 48–50; ferner: HUNDHAMMER, Geschichte, 26f.; Neue freie Volkszeitung vom 14. April 1893.

74 HARTMANNSGRUBER, Patriotenpartei, 250–259; STÄBLER, Bauernverein, 263–271; HARRECKER, Verein, 335–344.

75 Donau-Zeitung vom 14. April 1893.

76 StA Landshut, (Grundsteuer-)Kataster 17/21-9.

77 StA Landshut, (Grundsteuer-)Kataster 17/5-18.

78 StA Landshut, (Grundsteuer-)Kataster 12/5-26.

79 Zu Hiendlmayer vgl. StadtA Straubing, Alte Meldekartei, Meldebogen Sigmund Hiendlmayer.

80 StA Landshut, (Grundsteuer-)Kataster 17/12-14.

81 StA Landshut, (Grundsteuer-)Kataster 17/4-13.

82 Zum sozialen und ökonomischen Bewusstsein von Bauernfamilien vgl. HILDENBRAND, Bauernfamilien, 57–64; ANZENBERGER-MEYER, Bedingungen, 108–191; ZIMMERMANN, Dorf, 242.

83 Passauer Zeitung vom 18. April 1893; Deggendorfer Donaubote vom 16. April 1893; Straubinger Tagblatt vom 30. April 1893.

84 StA Landshut, Präsidium der Regierung von Niederbayern (Rep. 168/5) 1071, Regierungspräsident Lipowsky an Bezirksamtmann Adam Hauptmann (Straubing), 1. Mai 1893.

85 StA Landshut, Präsidium der Regierung von Niederbayern (Rep. 168/5) 1071, Regierungspräsident Lipowsky an Bezirksamtmann Adam Hauptmann (Straubing), 8. Mai 1893.

86 StA Landshut, Präsidium der Regierung von Niederbayern (Rep. 168/5) 1071, Bezirksamtmann Adam Hauptmann (Straubing) an Regierungspräsident Lipowsky, 9. Mai 1893.

87 StA Landshut, Präsidium der Regierung von Niederbayern (Rep. 168/5) 1071, Bezirksamtmann Ferdinand Schneider (Vilshofen) an Bezirksamtmann Adam Hauptmann (Straubing), 10. Mai 1893.

88 StA Landshut, Präsidium der Regierung von Niederbayern (Rep. 168/5) 1071, Entwurf eines Gutachtens über Franz Wieland, undatiert.

89 Zum Charakter des Deutschen Reiches als Sozial- und Interventionsstaat vgl. BOCH, Staat, 37–54 und 77–107.

90 HAAG, Verwaltung, 631–704.

91 BayHStA, MInn 73455, Regierungspräsident Fuchs von Bimbach und Dornheim (Niederbayern) an das Innenministerium, 7. Mai 1897.

92 BayHStA, MInn 73455, Innenminister Feilitzsch an Prinzregent Luitpold, 27. Mai 1897.

93 Augsburger Abendzeitung vom 27. Februar 1899.

94 RIBLINGER, Radikalmittel, 50f.

95 Zu den Landtags- und Reichstagswahlen 1893 in Niederbayern vgl. HUNDHAMMER, Geschichte, 30–34; HOCHBERGER, Bauernbund, 228; REIBEL, Handbuch,1001f.

96 THRÄNHARDT, Wahlen, 100–102.

97 RIBLINGER, Radikalmittel, 50f.

98 Michael Braun (Bergham bei Griesbach im Rottal, Vetter des bündlerischen Abgeordneten Adalbert Braun) an Wieland, 31. Mai 1896.

99 StA Landshut, Präsidium der Regierung von Niederbayern (Rep. 168/5) 1071, Bericht des Bezirksamts Landshut über die Landshuter Bauernversammlung, 14. Mai 1893.

100 Donau-Zeitung vom 20. September 1901.

101 StA Landshut, Regierung von Niederbayern – Kammer des Innern (Rep. 168/1) 37522, Bericht des Bezirksamts Landau/Isar über die Wallersdorfer Bauernbundsversammlung, 29. Juni 1896.

102 Ludwig THOMA, Der heilige Hies. Merkwürdige Schicksale des hochwürdigen Herrn Matthias Fottner von Ainhofen, Studiosi, Soldaten und späterhin Pfarrherrn zu Rappertswyl, in: THOMA, Werke, 105–124, hier: 107.

103 Donau-Zeitung vom 20. September 1901.
104 StA Landshut, Präsidium der Regierung von Niederbayern (Rep. 168/5) 1073, Vorstand des Stadtmagistrats Straubing an das niederbayerische Regierungspräsidium, 17. April 1899.
105 Schäfer an Wieland, 16. September 1895.
106 Neue freie Volkszeitung vom 3. September 1896.
107 Louis Seybold (Blindham bei Ortenburg) an Wieland, 26. Oktober 1893; Augsburger Abendzeitung vom 6. April 1899; Münchener Post vom 19. September 1901; Landauer Volksblatt vom 4. Juni 1921.
108 RIBLINGER, Radikalmittel, 48.
109 Augsburger Abendzeitung vom 11. März 1894 zit. nach: RÖSCH, Thoma, 474–476, hier: 474.
110 Carossa an Wieland, 2. Mai 1893 und 6. Mai 1893.
111 Friedrich Köbel (Straubing) an Wieland, 22. Januar 1894.
112 Kleitner an Wieland, 4. Juni 1894.
113 Niederbayerischer Anzeiger vom 5. Juli 1894.
114 BAUERNFREUND, Muster-Partei, 121.
115 BayHStA, MInn 73455, Innenminister Feilitzsch an Prinzregent Luitpold, 27. Mai 1897.
116 Zu den Stolgebühren vgl. KRICK, Handbuch, 107–119.
117 Augsburger Abendzeitung vom 31. Dezember 1894.
118 J. Batz (Oberdolling bei Ingolstadt) an Wieland, 9. Juli 1895.
119 Mathias Zeitler an Wieland, 10. September 1896.
120 BayHStA, MInn 73455, Innenminister Feilitzsch an Prinzregent Luitpold, 27. Mai 1897.
121 StA Landshut, Präsidium der Regierung von Niederbayern (Rep. 168/5) 1071, Bericht des Bezirksamts Landshut über die Landshuter Bauernversammlung, 14. Mai 1893.
122 J. Zeitler (Frontenhausen, Bruder des Pfarrkirchener Mathias Zeitler) an Wieland, undatiert.
123 J. Zeitler an Wieland, undatiert.
124 StA Landshut, Regierung von Niederbayern – Kammer des Innern (Rep. 168/1) 37522, Bericht des Bezirksamts Mallersdorf über die Geiselhöringer Bauernbundsversammlung, 30. Februar 1894.
125 StA Landshut, Präsidium der Regierung von Niederbayern (Rep. 168/5) 1071, Bericht des Bezirksamts Landshut über die Landshuter Bauernversammlung, 14. Mai 1893.
126 StA Landshut, Regierung von Niederbayern – Kammer des Innern (Rep. 168/1) 37522, Regierung von Niederbayern (Kammer des Innern) an das Innenministerium, 11. Januar 1894 (Konzept).
127 Amberger Volks-Zeitung vom 16. Februar 1898.
128 Verh. d. Kammer d. Abg. 1897/98. Sten. Ber. Bd. 12, Sitzung am 19. April 1898, 111.
129 Oberhirtliches Verordnungs-Blatt für das Bisthum Regensburg 1898, 1–6, hier: 3.
130 StA Landshut, Regierung von Niederbayern – Kammer des Innern (Rep. 168/1) 37522, Bericht des Bezirksamts Landau/Isar über die Pilstinger Bauernbundsversammlung, 14. Juni 1895.
131 BayHStA, MInn 73455, Innenminister Feilitzsch an Prinzregent Luitpold, 27. Mai 1897.
132 Niederbayerischer Anzeiger vom 2. Oktober 1893.
133 StA Landshut, Präsidium der Regierung von Niederbayern (Rep. 168/5) 1071, Bezirksamtmann Adam Hauptmann (Straubing) an Regierungspräsident Lipowsky, 29. März 1893.
134 HUNDHAMMER, Geschichte, 31.
135 HUNDHAMMER, Geschichte, 39.
136 StA Landshut, Regierung von Niederbayern – Kammer des Innern (Rep. 168/1) 37522, Bericht des Bezirksamts Mallersdorf über die Pfaffenberger Bauernbundsversammlung, 30. Mai 1893.
137 RIBLINGER, Radikalmittel, 50.
138 Vgl. dazu KIRCHINGER, Theorie, 319–324.
139 Donau-Zeitung vom 12., 16., 19., 25., 26., 29. April, 2., 9. und 13. Mai 1893.
140 Georg RATZINGER, Zur Lage in Bayern, in: Das Bayerische Vaterland vom 22. Juni 1893, 1f.
141 Das Bayerische Vaterland vom 22. Juni und vom 12. Juli 1893.

142 Regensburger Morgenblatt vom 6. Juni 1893.
143 Zu diesem Landtagswahlprogramm vom Juni 1893 vgl. Bauernfreund, Muster-Partei, 122; Riblinger, Radikalmittel, 54f.; Hochberger, Bauernbund, 24–30 und 122–127.
144 Hochberger, Bauernbund, 43.
145 StA Landshut, Präsidium der Regierung von Niederbayern (Rep. 168/5) 1071, Bericht des Bezirksamts Landshut über die Landshuter Bauernversammlung, 14. Mai 1893.
146 StA Landshut, BezA/LRA Straubing 152, Bezirksamt Straubing an das Pfarramt Feldkirchen, 28. Dezember 1896 (Konzept).
147 Ratzinger, Verschuldung, 7–26; vgl. ferner: Ratzinger, Volkswirtschaft, 372–413.
148 StA Landshut, Regierung von Niederbayern – Kammer des Innern (Rep. 168/1) 37522, Bericht des Bezirksamts Deggendorf über die Plattlinger Bauernbundsversammlung, 22. Oktober 1893; ferner: Regensburger Morgenblatt vom 27. Oktober 1893; Das Bayerische Vaterland vom 26. Oktober 1893; Riblinger, Radikalmittel, 56; Hundhammer, Geschichte, 44 und 204f.; Hochberger, Bauernbund, 112.
149 Zu Ratzingers parlamentarischer Tätigkeit vgl. Hochberger, Bauernbund, 245–280.
150 Vgl. dazu Hartmannsgruber, Patriotenpartei, 131–133.
151 Hundhammer, Geschichte, 45. Zu dem nun folgenden Richtungsstreit vgl. Bauernfreund, Muster-Partei, 8–43; Hundhammer, Geschichte, 43–48; Hochberger, Bauernbund, 156–160; Abbott, Peasants, 265–273.
152 StA Landshut, Regierung von Niederbayern – Kammer des Innern (Rep. 168/1) 37522, Bericht des Bezirksamts Mallersdorf über die Geiselhöringer Bauernbundsversammlung, 30. Februar 1894.
153 Niederbayerischer Anzeiger vom 29. Juli 1894.
154 Vgl. Hochberger, Bauernbund, 74–76.
155 Bachmaier an Wieland, 3. Juli 1894.
156 Münchner Neueste Nachrichten vom 9. Juli 1894; ferner: Riblinger, Radikalmittel, 60–64; Bauernfreund, Muster-Partei, 17–24.
157 Riblinger, Radikalmittel, 60.
158 Das Bayerische Vaterland vom 19. Juni 1894.
159 Hundhammer, Geschichte, 168.
160 Niederbayerischer Anzeiger vom 5. Juli 1894.
161 Vgl. dazu Kirchinger, Theorie, 335–337.
162 PrivatA Eisenberger, Nachlass Georg Eisenberger, Wieland an Eisenberger, 4. August 1897.
163 Ratzinger, Bauern, 36.
164 PrivatA Eisenberger, Nachlass Georg Eisenberger, Wieland an Eisenberger und Jehl, 15. Mai 1896.
165 Bauernfreund, Muster-Partei, 122.
166 StA Landshut, Regierung von Niederbayern – Kammer des Innern (Rep. 168/1) 37522, Bericht des Bezirksamts Mallersdorf über die Geiselhöringer Bauernbundsversammlung, 30. Februar 1894.
167 Augsburger Abendzeitung vom 7. Januar 1896.
168 BayHStA, MInn 73455, Innenminister Feilitzsch an Prinzregent Luitpold, 27. Mai 1897.
169 StA Amberg, Reg. d. Opf. Abg. 49 Nr. 5087, Bericht des Bezirksamts Regensburg über die Mooshamer Bauernbundsversammlung, 31. August 1896.
170 Zu den Bodenzinsen vgl. Stolleis, Gesetzgebung, 98–111.
171 Farr, Protest, 125; Hochberger, Bauernbund, 30–33.
172 Das Manuskript dieser Rede befindet sich im Nachlass Wielands. Obwohl es keinen Verfasser nennt, konnte dieser aufgrund der biographischen Angaben, die er über sich selbst macht, mit Hilfe von Herrn Peter Münsterer, Landshut, als dessen Vorfahre Franz Xaver Münsterer identifiziert werden.
173 BayHStA, MInn 73455, Bezirksamtmann Crusilla (Straubing) an Innenminister Feilitzsch, 7. Mai 1897.
174 Wochenblatt des Landwirtschaftlichen Vereins in Bayern vom 20. März 1896.
175 Verh. d. Kammer d. Abg. 1897/1898, Sten. Ber. Bd. 10, Sitzung am 14. Dezember 1897, 134.

176 Augsburger Abendzeitung vom 7. Januar 1896.
177 Neue freie Volkszeitung vom 16. Januar 1896.
178 Verh. d. Kammer d. Abg. 1897/98. Sten. Ber. Bd. 12, Sitzung am 7. Mai 1898, 518f.
179 StA Landshut, Präsidium der Regierung von Niederbayern (Rep. 168/5) 971, Bericht des Bezirksamts Landau/Isar über die Großenpinninger Versammlung des Landwirtschaftlichen Bezirksvereins, 14. Juni 1897.
180 Augsburger Abendzeitung vom 31. Dezember 1894.
181 Verh. d. Kammer d. Abg. 1897/98. Sten. Ber. Bd. 11, Sitzung am 8. März 1898, 546.
182 Hundhammer, Geschichte, 14; Blackbourn, Peasants, 54f.; vgl. dazu auch BundesA Berlin, Hauptarchiv der NSDAP NS 26/950, Georg Eisenberger, Mein Leben für die Bauern. Erinnerungen eines Bauernführers, masch. Manuskript Ruhpolding 1933, 6.
183 Verzeichniß der Mitglieder des Landrathes von Niederbayern und deren Ersatzmänner für die Wahlperiode 1894 bis 1899, in: Kreis-Amtsblatt von Niederbayern vom 17. April 1894, 27–29.
184 Gesetz vom 28. Mai 1852, die Landräthe betreffend, in: Die bayerischen Gemeindeordnungen, 74–83.
185 Protokoll über die Verhandlungen des Landrathes von Niederbayern vom 12. November bis 23. November 1894 (Außerordentliche Beilage zum Hauptblatte des Kreis-Amtsblattes von Niederbayern vom 7. Dezember 1894).
186 Augsburger Abendzeitung vom 31. Dezember 1894.
187 Protokoll über die Verhandlungen des Landrathes von Niederbayern vom 11. November bis 23. November 1895 (Außerordentliche Beilage zum Hauptblatte des Kreis-Amtsblattes von Niederbayern vom 14. Dezember 1895).
188 Protokoll über die Verhandlungen des Landrathes von Niederbayern vom 9. November bis 21. November 1896 (Außerordentliche Beilage zum Hauptblatte des Kreis-Amtsblattes von Niederbayern vom 16. Dezember 1896).
189 BayHStA, MInn 73455, Regierungspräsident Fuchs von Bimbach und Dornheim (Niederbayern) an das Innenministerium, 23. November 1898.
190 Niederbayerischer Anzeiger vom 16. Oktober 1894.
191 Bundes-Zeitung vom 3. September 1894.
192 StA Landshut, Regierung von Niederbayern – Kammer des Innern (Rep. 168/1) 37522, Bericht des Bezirksamts Eggenfelden über die Schönauer Bauernbundsversammlung, 11. November 1894.
193 Zu Erhardt vgl. Neue freie Volkszeitung vom 16./17. Januar 1899.
194 Erhardt an Wieland, 27. Februar 1895.
195 Augsburger Abendzeitung vom 31. Dezember 1894; ferner: Bauernfreund, Muster-Partei, 24–29; Riblinger, Radikalmittel, 64–67.
196 Bauernfreund, Muster-Partei, 43.
197 StA Landshut, Regierung von Niederbayern – Kammer des Innern (Rep. 168/1) 37522, Innenministerium an die Regierung von Niederbayern (Kammer des Innern), 4. Januar 1895.
198 Revisionsantrag der Staatsanwaltschaft am kgl. Landgericht Straubing zur Anklage Wielands wegen Beleidigung, undatiert.
199 Adalbert Braun an Wieland, 9. Mai 1895.
200 Eisenberger an Wieland, 1. Januar 1895.
201 Augsburger Abendzeitung vom 8. Dezember 1894.
202 Hochberger, Bauernbund, 82–88.
203 Zur Bauernbundsbewegung in Franken vgl. Hundhammer, Geschichte, 39–41; Hochberger, Bauernbund, 79–82.
204 Vgl. Steinkühler, Industriestaat, 164–184.
205 StA Landshut, Präsidium der Regierung von Niederbayern (Rep. 168/5) 1071, Bericht des Bezirksamts Landshut über die Landshuter Bauernversammlung, 14. Mai 1893.
206 StA Landshut, Regierung von Niederbayern – Kammer des Innern (Rep. 168/1) 37522, Bericht des Be-

zirksamts Landau/Isar über die Eichendorfer Bauernbundsversammlung, 12. Mai 1895.

207 Kleitner zit. nach: Riblinger, Radikalmittel, 80.

208 Bauernfreund, Muster-Partei, 133.

209 Memminger an Wieland, 29. Januar 1895.

210 Niederbayerischer Anzeiger vom 23. Februar 1895.

211 StA Landshut, Schlossarchiv Moos 746, Memminger an Konrad Graf von Preysing, 15. Juli 1893.

212 Das Bayerische Vaterland vom 19. April 1894.

213 Das Bayerische Vaterland vom 5. Februar 1895.

214 Bauernfreund, Muster-Partei, 92f.

215 Niederbayerischer Anzeiger vom 5. März 1895; ferner: Augsburger Abendzeitung vom 4. März 1895; Bauernfreund, Muster-Partei, 88–104; Riblinger, Radikalmittel, 67–69; Hundhammer, Geschichte, 51–57 und 220f.; BundesA Berlin, Hauptarchiv der NSDAP NS 26/950, Georg Eisenberger, Mein Leben für die Bauern. Erinnerungen eines Bauernführers, masch. Manuskript Ruhpolding 1933, 20–22.

216 Hochberger, Bauernbund, 63f.

217 Das Bayerische Vaterland vom 6. März 1895; ferner: Augsburger Abendzeitung vom 6. März 1895.

218 Traunsteiner Wochenblatt zit. nach: Bauernfreund, Muster-Partei, 104.

219 Münchner Neueste Nachrichten vom 2. April 1895; ferner: Niederbayerischer Anzeiger vom 14. April 1895; Riblinger, Radikalmittel, 85–89; Hundhammer, Geschichte, 57–59; Hochberger, Bauernbund, 90f.

220 Augsburger Abendzeitung vom 25. Juni 1895.

221 Zur Passauer Reichstagsnachwahl vgl. Bauernfreund, Muster-Partei, 113–118.

222 Josef Kernbichl (Pilgramsberg bei Bogen) an Wieland, 30. Dezember 1894.

223 Wieland an Seitz, 15. Mai 1895.

224 Hien an Wieland, 9. Juni 1893.

225 PrivatA Eisenberger, Nachlass Georg Eisenberger, Wieland an Eisenberger und Jehl, 15. Mai 1896.

226 Louis Seybold (Blindham bei Ortenburg) an Wieland, 25. Mai 1893.

227 StA Landshut, Präsidium der Regierung von Niederbayern (Rep. 168/5) 1073, Bezirksamtmann Roman Hattemer (Eggenfelden) an Regierungspräsident Fuchs von Bimbach und Dornheim, 22. Mai 1897.

228 Münchner Neueste Nachrichten vom 27. Juli 1899.

229 Vgl. Zimmermann, Dorf, 226–230.

230 Zum Niederbayerischen Anzeiger vgl. die zwischen 1892 und 1899 erstellten Verzeichnisse der in Niederbayern erschienenen politischen Presse: BayHStA, MInn 46675 und MInn 46676.

231 Niederbayerischer Anzeiger vom 10. und 13. November 1895.

232 Zur Neuen freien Volkszeitung vgl. Hochberger, Bauernbund, 150.

233 Zum Bund der Landwirte vgl. Puhle, Interessenpolitik; Flemming, Interessen. Für den Bund der Landwirte in Bayern vgl. immer noch die politisch problematische Arbeit von Karl Heller aus dem Jahr 1936 (Heller, Bund der Landwirte).

234 Zu den Christlichen Bauernvereinen vgl. Möckl, Prinzregentenzeit, 465–474; Farr, Populism, 149–152.

235 StA Amberg, Reg. d. Opf. Abg. 49 Nr. 5087, Bezirksamtsassessor Josef Gabler (Neustadt/Waldnaab) an die Regierung der Oberpfalz und von Regensburg (Kammer des Innern), 25. April 1898.

236 Verh. d. Kammer d. Abg. 1897/98. Sten. Ber. Bd. 10, Sitzung am 11. Dezember 1897, 99.

237 Vgl. Renner, Heim, 71–81.

238 Sitzung am 11. November 1897, in: Die Protokolle der Landtagsfraktion der bayerischen Zentrumspartei, 315–318, hier: 318.

239 Neue freie Volkszeitung vom 23. Dezember 1898.

240 StA Landshut, Regierung von Niederbayern – Kammer des Innern (Rep. 168/1) 37522, Bericht des Bezirksamts Mallersdorf über die Geiselhöringer Bauernbundsversammlung, 30. Februar 1894.

241 Heim, ABC-Büchlein, 5.

242 Verh. d. Kammer d. Abg. 1897/98. Sten. Ber. Bd. 10, Sitzung am 15. Dezember 1897, 158–161.

243 Vgl. dazu Hüttl, Genossenschaftsverband, 27–69.

244 StA Landshut, Regierung von Niederbayern – Kammer des Innern (Rep. 168/1) 37522, Bericht des Bezirksamts Mallersdorf über die Geiselhöringer Bauernbundsversammlung, 30. Februar 1894.
245 Anonymes und undatiertes Manuskript einer Rede, abgehalten in Pfettrach (vgl. Anm. 172).
246 HOCHBERGER, Bauernbund, 133f.
247 BAUERNFREUND, Muster-Partei, 120; RIBLINGER, Radikalmittel, 69; HUNDHAMMER, Geschichte, 61f.
248 Neue freie Volkszeitung vom 18. September 1895.
249 Frankfurter Zeitung vom 13. September 1895.
250 Erhardt zit. nach: RIBLINGER, Radikalmittel, 71.
251 Mittheilungen aus dem Verein zur Abwehr des Antisemitismus vom 27. November 1901, 396.
252 Neue freie Volkszeitung vom 28. Dezember 1895.
253 Vgl. dazu MAZURA, Zentrumspartei.
254 Donau-Zeitung vom 10. Mai 1893.
255 Im deutschen Reich. Zeitschrift des Centralvereins deutscher Staatsbürger jüdischen Glaubens 11 (1905), 42f.
256 ABP, OA, PfA Galgweis 125, Urteil des Bayerischen Verwaltungsgerichtshofes vom 2. Dezember 1890, ausgefertigt am 16. Dezember 1890.
257 Memminger an Wieland, 7. Dezember 1896.
258 Deutsches Volksblatt vom 30. August 1896; Neue freie Volkszeitung vom 3. September 1896; HUNDHAMMER, Geschichte, 69f.
259 PUHLE, Interessenpolitik, 134.
260 Memminger an Wieland, 8. August 1896.
261 Memminger an Wieland, 7. März 1895.
262 Zur Reichstagsersatzwahl in Aschaffenburg vgl. BAUERNFREUND, Muster-Partei, 118–120.
263 Münchner Neueste Nachrichten vom 27. Mai 1895.
264 Niederbayerischer Anzeiger vom 2. April 1895.
265 Augsburger Abendzeitung vom 25. Juni 1895.
266 Vgl. BAUERNFREUND, Muster-Partei, 148f.; HOCHBERGER, Bauernbund, 89.
267 Fränkischer Kurier zit. nach: BAUERNFREUND, Muster-Partei, 148f.
268 BAUERNFREUND, Muster-Partei, 162–164; HUNDHAMMER, Geschichte, 62–64; Das Bayerische Vaterland vom 4. Oktober 1895; Das Bayerische Vaterland vom 17. Oktober 1895.
269 Das Bayerische Vaterland vom 9. April 1895.
270 Das Bayerische Vaterland vom 6. November 1895.
271 WAHRMUND, Bauernbund, 36.
272 Vgl. BAUERNFREUND, Muster-Partei, 175f.
273 Augsburger Abendzeitung vom 7. Januar 1896; ferner: Neue freie Volkszeitung vom 8./9. Januar 1896; Das Bayerische Vaterland vom 9. Januar 1896; BAUERNFREUND, Muster-Partei, 181–196; HOCHBERGER, Bauernbund, 90f.
274 Niederbayerischer Anzeiger vom 10. Januar 1896.
275 Das Bayerische Vaterland vom 9. Februar 1896.
276 BAUERNFREUND, Muster-Partei, 153–155.
277 Verh. d. Kammer d. Abg. 1895/1896. Sten. Ber. Bd. 6, Sitzung am 23. Januar 1896, 538.
278 BAUERNFREUND, Muster-Partei, 155–159.
279 Niederbayerischer Anzeiger vom 28. Januar 1896.
280 PrivatA Eisenberger, Nachlass Georg Eisenberger, Wieland an Eisenberger und Jehl, 15. Mai 1896.
281 HUNDHAMMER, Geschichte, 68.
282 HUNDHAMMER, Geschichte, 68f.; ferner: WAHRMUND, Bauernbund, 34f.; Neue freie Volkszeitung vom 17. Juni 1896.
283 HOCHBERGER, Bauernbund, 96.
284 Bachmaier an Wieland, 9. August 1896.
285 Neue freie Volkszeitung vom 3. September 1896; ferner: StA Amberg, Reg. d. Opf. Abg. 1949 Nr. 5087, Bericht des Bezirksamts Regensburg über die Mooshamer Bauernbundsversammlung, 31. August 1896; Augsburger Abendzeitung vom 1. September 1896.
286 Bayerischer Kurier vom 3. September 1896.

287 Wahrmund, Bauernbund, 36.
288 Anton Rackl (Straubing) an Wieland, 31. August 1896.
289 Münchener Post vom 7., 8., 9., 10./11. und 13. März 1895.
290 StA Landshut, Regierung von Niederbayern – Kammer des Innern (Rep. 168/1) 37522, Bericht des Bezirksamts Landau/Isar über die Eichendorfer Bauernbundsversammlung, 12. Mai 1895.
291 Augsburger Abendzeitung vom 7. Januar 1896.
292 BayHStA, MInn 73455, Innenminister Feilitzsch an Prinzregent Luitpold, 27. Mai 1897.
293 Vgl. dazu Brewka, Zentrum, 174–176.
294 Protokoll über die Verhandlungen des Parteitages der Sozialdemokratischen Partei Deutschlands, 110.
295 Neue freie Volkszeitung vom 17. September 1896; Hundhammer, Geschichte, 70f.
296 Augsburger Abendzeitung vom 25. September 1896.
297 Neue freie Volkszeitung vom 25. September 1896.
298 Schwab an Wieland, 24. September 1896.
299 Neue freie Volkszeitung vom 3. September 1896.
300 Neue freie Volkszeitung vom 17. Juni 1896.
301 BayHStA, MInn 73455, Innenminister Feilitzsch an Prinzregent Luitpold, 27. Mai 1897.
302 Schwab an Wieland, 7. August 1896.
303 Das Bayerische Vaterland vom 6. Oktober 1896; ferner: Neue freie Volkszeitung vom 7. Oktober 1896.
304 Augsburger Abendzeitung vom 9. Oktober 1896; ferner: Das Bayerische Vaterland vom 9. Oktober 1896; Neue freie Volkszeitung vom 10. Oktober 1896; Wahrmund, Bauernbund, 38f.; Hundhammer, Geschichte, 71f.
305 Eisenberger an Wieland, 2. April 1897.
306 PrivatA Eisenberger, Nachlass Georg Eisenberger, Wieland an Eisenberger, 23. April 1897.
307 Schwab an Wieland, 5. April 1897; Münchner Neueste Nachrichten vom 8. April 1897.
308 Hundhammer, Geschichte, 74; Wahrmund, Bauernbund, 40f.
309 PrivatA Eisenberger, Nachlass Georg Eisenberger, Wieland an Eisenberger, 9. Mai 1897.
310 Zu Lang vgl. Neue freie Volkszeitung vom 26. August 1896; Bauernfreund, Muster-Partei, 135; Verh. d. Kammer d. Abg. 1899/1900. Sten. Ber. Bd. 1, Sitzung am 5. Dezember 1899, 985–987.
311 Neue freie Volkszeitung vom 27. September 1897; Neue freie Volkszeitung vom 28. September 1897; ferner: Augsburger Abendzeitung vom 27. September 1897; Hundhammer, Geschichte, 75–77; Hochberger, Bauernbund, 94.
312 Vgl. dagegen Hochberger, Bauernbund, 97.
313 Kleitner an Wieland, 29. September 1897.
314 Kleitner an Vilsmaier, 16. November 1897.
315 Hundhammer, Geschichte, 77f.
316 Neue freie Volkszeitung vom 4./5. Oktober 1897.
317 Fränkische Zeitung vom 29. September 1897.
318 Vgl. Harrecker, Verein; Lauerbach, Landwirtschaft; Hundhammer, Berufsvertretung, 5–34.
319 Neue freie Volkszeitung vom 28. Dezember 1895.
320 StA Landshut, Regierung von Niederbayern – Kammer des Innern (Rep. 168/1) 37522, Bericht des Bezirksamts Mallersdorf über die Geiselhöringer Bauernbundsversammlung, 30. Februar 1894.
321 Sitzung am 19. Oktober 1893, in: Die Protokolle der Landtagsfraktion der bayerischen Zentrumspartei, 51–65, hier: 51–56.
322 Zeitschrift des Landwirthschaftlichen Vereins in Bayern vom Januar/Februar 1895.
323 StA Landshut, Präsidium der Regierung von Niederbayern (Rep. 168/5) 971, Regierungspräsident Fuchs von Bimbach und Dornheim an Innenminister Feilitzsch, 27. Dezember 1895.
324 Neue freie Volkszeitung vom 18. September 1895.
325 Stenographischer Bericht über die Central-Versammlung des landwirthschaftlichen Vereines am Montag den 30. September 1895 (IV. Beilage zur Zeitschrift des Landwirth-

schaftlichen Vereins in Bayern vom November 1895).
326 Augsburger Abendzeitung vom 7. Januar 1896.
327 StA Landshut, Präsidium der Regierung von Niederbayern (Rep. 168/5) 971, Bericht des Bezirksamts Bogen über die Versammlung des Landwirtschaftlichen Bezirksvereins Bogen, 21. Dezember 1895.
328 Augsburger Abendzeitung vom 25. Dezember 1895.
329 StA Landshut, Präsidium der Regierung von Niederbayern (Rep. 168/5) 971, Bezirksamtmann Franz Matt (Bogen) an Regierungspräsident Fuchs von Bimbach und Dornheim, 31. Oktober 1900.
330 Friedrich Gulder (Tünzhausen bei Freising) an Wieland, 9. Januar 1896.
331 Augsburger Abendzeitung vom 25. Dezember 1895.
332 StA Landshut, Präsidium der Regierung von Niederbayern (Rep. 168/5) 971, Regierungspräsident Fuchs von Bimbach und Dornheim an Innenminister Feilitzsch, 27. Dezember 1895.
333 StA Landshut, Präsidium der Regierung von Niederbayern (Rep. 168/5) 971, Bezirksamtmann Schödtl (Bogen) an Regierungspräsident Fuchs von Bimbach und Dornheim, 8. Januar 1896.
334 Wochenblatt des Landwirtschaftlichen Vereins in Bayern vom 17. Januar 1896.
335 Donau-Zeitung vom 20. September 1896; ferner: Das Bayerische Vaterland vom 5. März 1896; Donau-Zeitung vom 6. März 1896; Das Bayerische Vaterland vom 8. März 1896; Bauernfreund, Muster-Partei, 216.
336 Wochenblatt des Landwirtschaftlichen Vereins in Bayern vom 2 .Oktober 1896.
337 BayHStA, MInn 73455, Bezirksamtmann Crusilla (Straubing) an Innenminister Feilitzsch, 7. Mai 1897.
338 BBV-Herrsching, Archiv des Landwirtschaftlichen Vereins in Bayern GC/136, Ergebnis der Neuwahlen der Vorstände und Schriftführer der landwirtschaftlichen Bezirksausschüsse von Niederbayern pro 1893–1895.
339 BBV-Herrsching, Archiv des Landwirtschaftlichen Vereins in Bayern GC/137, Ergebnis der Neuwahlen der Vorstände und Schriftführer der landwirtschaftlichen Bezirksausschüsse von Niederbayern pro 1896–1898.
340 Donau-Zeitung vom 20. September 1896.
341 BBV-Herrsching, Archiv des Landwirtschaftlichen Vereins in Bayern GC/137, Landwirtschaftlicher Kreisausschuss von Niederbayern an den Bayerischen Landwirtschaftsrat, 27. September 1896.
342 BBV-Herrsching, Archiv des Landwirtschaftlichen Vereins in Bayern GC/137, „Der Landwirtschaftliche Kreisausschuß von Niederbayern nach den Wahlen für 1896/98".
343 Sigmund Rabl (München-Schwabing) an Wieland, 1. Juli 1896.
344 Wochenblatt des Landwirtschaftlichen Vereins in Bayern vom 1. Mai und vom 31. Juli 1896.
345 Wieland an den Bayerischen Landwirtschaftsrat, 1. September 1896 (Entwurf).
346 Wochenblatt des Landwirtschaftlichen Vereins in Bayern vom 9. Oktober 1896.
347 BayHStA, MInn 73455, Innenminister Feilitzsch an Prinzregent Luitpold, 27. Mai 1897.
348 BayHStA, MInn 73455, Innenminister Feilitzsch an die Regierungspräsidenten, 3. Mai 1897.
349 StA Amberg, Reg. d. Opf. Abg. 49 Nr. 5087, Bezirksamt Regensburg an die Regierung der Oberpfalz (Kammer des Innern), 1. September 1896.
350 StadtA Weiden, 4 II Nr. 1359, Georg Hiltl an den Stadtmagistrat Weiden, 25. April 1898.
351 StA Landshut, Präsidium der Regierung von Niederbayern (Rep. 168/5) 971, Bericht des Bezirksamts Landau/Isar über die Großenpinninger Versammlung des Landwirtschaftlichen Bezirksvereins, 14. Juni 1897.
352 BayHStA, MInn 64140, Auszug aus dem Reisetagebuch des Regierungspräsidenten Fuchs von Bimbach und Dornheim, 30. Juli 1896.
353 Farr, Protest, 126f.
354 Verh. d. Kammer d. Reichsräthe 1897 und 1898. Protokoll-Band VI, Sitzung am 10. März 1898, 519–627, hier: 530–532.

355 BayHStA, MInn 73455, Innenminister Feilitzsch an die Regierungspräsidenten, 3. Mai 1897.
356 StA Landshut, Regierung von Niederbayern – Kammer des Innern (Rep. 168/1) 37522, Bezirksamt Bogen an die Regierung von Niederbayern (Kammer des Innern), 10. Januar 1897.
357 StA Landshut, Regierung von Niederbayern – Kammer des Innern (Rep. 168/1) 37522, Wieland an die Regierung von Niederbayern (Kammer des Innern), 17. Juni 1897.
358 Regierung von Niederbayern (Kammer des Innern) an Wieland, 23. Mai 1895.
359 StA Landshut, Regierung von Niederbayern – Kammer des Innern (Rep. 168/1) 37522, Bezirksamtmann Heß (Landau/Isar) an die Regierung von Niederbayern (Kammer des Innern), 19. Mai 1895.
360 PrivatA Eisenberger, Nachlass Georg Eisenberger, Wieland an Eisenberger, 6. Juni 1897.
361 PrivatA Eisenberger, Nachlass Georg Eisenberger, Wieland an Eisenberger, 31. August 1897.
362 Wochenblatt des Landwirtschaftlichen Vereins in Bayern vom 1. Oktober 1897.
363 Osel, Errichtung, 8.
364 Zum Fall Söldner vgl. Brewka, Zentrum, 337–339.
365 Sitzung am 9. Oktober 1897, in: Die Protokolle der Landtagsfraktion der bayerischen Zentrumspartei, 288f., hier: 289.
366 Neue freie Volkszeitung vom 18./19. Oktober 1897.
367 Sitzung am 14. Oktober 1897, in: Die Protokolle der Landtagsfraktion der bayerischen Zentrumspartei, 293–303, hier: 294.
368 Augsburger Abendzeitung vom 21. Oktober 1897.
369 Augsburger Abendzeitung vom 22. Oktober 1897.
370 Augsburger Abendzeitung vom 19. September 1901.
371 StA Landshut, Regierung von Niederbayern – Kammer des Innern (Rep. 168/1) 37522, Bericht des Bezirksamts Landau/Isar über die Landauer Bauernbundsversammlung, 15. Juli 1895.
372 Adalbert Braun an Wieland, 14. Oktober 1897.
373 Verh. d. Kammer d. Abg. 1897/1898. Sten. Ber. Bd. 9, Sitzung am 30. Oktober 1897, 437.
374 Kurz an Wieland, 7. November 1895.
375 Verh. d. Kammer d. Abg. 1897/ 1898. Sten. Ber. Bd. 9, Sitzung am 10. November 1897, 575–578.
376 Verh. d. Kammer d. Abg. 1897/ 1898. Sten. Ber. Bd. 9, Sitzung am 12. November 1897, 615.
377 Vgl. Brewka, Zentrum, 310.
378 Memminger an Wieland, 27. November 1897.
379 Verh. d. Kammer d. Abg. 1897/98. Sten. Ber. Bd. 10, Sitzung am 10. Dezember 1897, 64f.
380 Verh. d. Kammer d. Abg. 1897/98. Sten. Ber. Bd. 10, Sitzung am 11. Dezember 1897, 77–82.
381 Verh. d. Kammer d. Abg. 1897/98. Sten. Ber. Bd. 10, Sitzung am 11. Dezember 1897, 85–120.
382 Gäch zit. nach: Wahrmund, Bauernbund, 48.
383 Verh. d. Kammer d. Abg. 1897/98. Sten. Ber. Bd. 10, Sitzung am 14. Dezember 1897, 134–142.
384 Tatsächlich sollte Ratzinger dann am 16. Juni 1898 erstmals in seiner politischen Karriere ausdrücklich als Bauernbundskandidat im Reichstagswahlkreis Deggendorf antreten (vgl. dazu Kirchinger, Theorie, 336f.).
385 Verh. d. Kammer d. Abg. 1897/98. Sten. Ber. Bd. 10, Sitzung am 16. Dezember 1897, 179–184.
386 Vgl. Hochberger, Bauernbund, 30–33; Brewka, Zentrum, 288–293.
387 Verh. d. Kammer d. Abg. 1897/98. Sten. Ber. Bd. 10, Sitzung am 17. Dezember 1897, 213.
388 Neue freie Volkszeitung vom 17. Dezember 1898.
389 Sinzinger an Wieland, 20. Dezember 1897.
390 Memminger an Wieland, 14. Dezember 1897.
391 Anonyme Zuschrift „Aus dem Allgäu", undatiert.
392 Wieland zit. nach: Kultusminister Robert von Landmann (Verh. d. Kammer d. Abg. 1897/98. Sten. Ber. Bd. 10, Sitzung am 7. Januar 1898, 327).

393 Verh. d. Kammer d. Abg. 1897/98. Sten. Ber. Bd. 10, Sitzung am 5. Januar 1898, 284.
394 Sitzung am 13. November 1897, in: Die Protokolle der Landtagsfraktion der bayerischen Zentrumspartei, 319–322, hier: 321.
395 Verh. d. Kammer d. Abg. 1897/98. Sten. Ber. Bd. 10, Sitzung am 7. Januar 1898, 327.
396 Verh. d. Kammer d. Abg. 1897/98. Sten. Ber. Bd. 10, Sitzung am 8. Januar 1898, 352.
397 Verh. d. Kammer d. Abg. 1897/98. Sten. Ber. Bd. 10, Sitzung am 28. Januar 1898, 724–731.
398 Zur weltanschaulichen Bedingtheit der Diskussion über die wirtschaftlichen Folgen des Güterhandels vgl. ABBOTT, Peasants, 66–74. Offenbar wurde Wieland als Agrarier in der außerlandwirtschaftlichen Wahnehmung so sehr in diesem konservativen Bereich verortet, dass er in den Mittheilungen aus dem Verein zur Abwehr des Antisemitismus vom 25. September 1901 entgegen der Tatsachen und ungeprüft als Gegner des Güterhandels dargestellt wurde.
399 Wieland zit. nach: Verh. d. Kammer d. Reichsräthe 1897 und 1898. Protokoll-Band VI, Sitzung am 10. März 1898, 519–627, hier: 530–532.
400 Verh. d. Kammer d. Abg. 1897/98. Sten. Ber. Bd. 11, Sitzung am 10. Februar 1898, 77–79.
401 Verh. d. Kammer d. Abg. 1897/98. Sten. Ber. Bd. 11, Sitzung am 8. März 1898, 533–554.
402 Verh. d. Kammer d. Abg. 1897/98. Sten. Ber. Bd. 11, Sitzung am 8. März 1898, 551f.
403 Zit. nach: Landauer Volksblatt vom 4. Juni 1921.
404 Frankfurter Zeitung vom 10. April 1898 (Morgenblatt).
405 Verh. d. Kammer d. Abg. 1897/98. Sten. Ber. Bd. 12, Sitzung am 18. April 1898, 94f.
406 Verh. d. Kammer d. Abg. 1899. Sten. Ber. Bd. 13, Sitzung am 12. Mai 1899, 870.
407 Augsburger Abendzeitung vom 22. Oktober 1897.
408 BREWKA, Zentrum, 69.
409 WAHRMUND, Bauernbund, 57.
410 BREWKA, Zentrum, 436.
411 Frankfurter Zeitung vom 10. April 1898 (Morgenblatt).
412 Das Bayerische Vaterland vom 26. Februar 1898.
413 Augsburger Abendzeitung vom 19. September 1901; Münchener Post vom 19. September 1901.
414 BREWKA, Zentrum, 444.
415 Münchner Neueste Nachrichten vom 15. Dezember 1898.
416 Müller an Wieland, 2. Oktober 1897.
417 Münchner Neueste Nachrichten vom 15. Dezember 1898.
418 Augsburger Abendzeitung vom 20. Februar 1898; ferner: Neue freie Volkszeitung vom 21./22. Februar 1898; Das Bayerische Vaterland vom 22. Februar 1898; Bayerischer Kurier vom 22. Februar 1898.
419 BayHStA, MInn 73455, Regierungspräsident Fuchs von Bimbach und Dornheim an Innenminister Feilitzsch, 7. Mai 1897.
420 Würzberger zit. nach: WAHRMUND, Bauernbund, 61f.
421 Zur Reichstagswahl 1898 vgl. HUNDHAMMER, Geschichte, 79f.; HOCHBERGER, Bauernbund, 221–223.
422 ACHILLES, Agrargeschichte, 318, 327f., 333–336.
423 Der wohlinformierte Schwab behauptete indes, dass Riblinger der Autor sei (Schwab an Wieland, 16. Dezember 1898).
424 Münchner Neueste Nachrichten vom 15. Dezember 1898.
425 Augsburger Abendzeitung vom 3. Oktober 1898; ferner: Neue freie Volkszeitung vom 3./4. Oktober 1898; HUNDHAMMER, Geschichte, 80f.
426 Augsburger Abendzeitung vom 31. Oktober 1898; ferner: Neue freie Volkszeitung vom 1./2. November 1898.
427 Augsburger Abendzeitung vom 30. November 1898; ferner: Neue freie Volkszeitung vom 30. November 1898; Schwab an Wieland, 24. November 1898.
428 Münchner Neueste Nachrichten vom 15. Dezember 1898.
429 StA Landshut, Präsidium der Regierung von Niederbayern (Rep. 168/5) 971, Bezirksamtmann Bader (Landau/Isar) an Regierungspräsident Fuchs von Bimbach und Dornheim, 18. Juli 1898.

430 Wahrmund, Bauernbund, 43.
431 Stanglmayer an Wieland, 20. April 1898.
432 Donau-Zeitung vom 20. September 1896.
433 Neue freie Volkszeitung vom 18. Dezember 1898.
434 Augsburger Abendzeitung vom 6. April 1899.
435 Neue freie Volkszeitung vom 23. Dezember 1898.
436 Schwab an Wieland, 3. Januar 1899.
437 Neue freie Volkszeitung vom 11. Januar 1899; ferner: Augsburger Abendzeitung vom 9. Januar 1899; Hundhammer, Geschichte, 82.
438 Traunsteiner Wochenblatt zit. nach: Augsburger Abendzeitung vom 6. Januar 1899.
439 Neue freie Volkszeitung vom 14. Januar 1899; ferner: Augsburger Abendzeitung vom 12. Januar 1899.
440 Neue freie Volkszeitung vom 19. Januar 1899.
441 Neue freie Volkszeitung vom 25. Januar 1899.
442 Neue freie Volkszeitung vom 22. Februar 1899.
443 Mathias Zeitler an Eßlinger, 17. Juni 1897.
444 Neue freie Volkszeitung vom 1. März 1899; ferner: Augsburger Abendzeitung vom 27. Februar 1899; Hundhammer, Geschichte, 83.
445 Augsburger Abendzeitung vom 27. Februar 1899.
446 Schwab an Wieland, 15. März 1899.
447 Ratzinger an Wieland, 18. April 1899.
448 Ratzinger an Wieland, 20. April 1899.
449 Eßlinger an Wieland, 26. März 1899.
450 Neue freie Volkszeitung vom 6./7. April 1899; ferner: Augsburger Abendzeitung vom 6. April 1899; Hundhammer, Geschichte, 84.
451 Schwab an Wieland, 7. April 1899.
452 Wieland an Bachmaier, 11. April 1899 (Entwurf).
453 Im Zusammenhang mit der Debatte über die Reform des Gewerbesteuergesetzes wurde am 27. (!) Februar 1899 auch die Frage aufgeworfen, welcher Partei das Verdienst gebühre, die Reform des Bodenzinsgesetzes angestoßen zu haben. Wieland war beurlaubt, und keiner der anwesenden Bauernbündler nahm für ihn Partei (Verh. d. Kammer d. Abg. 1899. Sten. Ber. Bd. 13, Sitzung am 27. Februar 1899, 303–326).
454 StA Landshut, Präsidium der Regierung von Niederbayern (Rep. 168/5) 1073.
455 Augsburger Abendzeitung vom 13. April 1899; ferner: Neue freie Volkszeitung vom 14. April 1899.
456 Neue freie Volkszeitung vom 13. April 1899.
457 StA Landshut, Präsidium der Regierung von Niederbayern (Rep. 168/5) 1073, Vorstand des Stadtmagistrats Straubing an das niederbayerische Regierungspräsidium, 17. April 1899; ferner: Neue freie Volkszeitung vom 19. April 1899; Augsburger Abendzeitung vom 20. April 1899.
458 Augsburger Abendzeitung vom 20. April 1899.
459 Hundhammer, Geschichte, 84f.
460 Neue freie Volkszeitung vom 4. Mai 1899; ferner: Augsburger Abendzeitung vom 3. Mai 1899.
461 Neue freie Volkszeitung vom 17. Mai 1899.
462 Zu den Ergebnissen im Straubinger Reichstagswahlkreis bis zum Ersten Weltkrieg vgl. Reibel, Handbuch, 992–994.
463 Augsburger Abendzeitung vom 19. September 1901.
464 Wieland an Ratzinger, 25. Juni 1899 (Entwurf).
465 Adalbert Braun an Wieland, 5. Juli 1899.
466 Redakteur E. C. Baumann (Pfarrkirchen) an Wieland, 22. Mai 1899.
467 Verh. d. Kammer d. Abg. 1899/ 1900. Sten. Ber. Bd. 1, Sitzung am 5. Dezember 1899, 977–992.
468 Hundhammer, Geschichte, 85f.
469 Johann Lermer (Geiselhöring) an Wieland, 29. Mai 1899.
470 Richter an Wieland, 26. Juli 1899.
471 Vollmar zit. nach: Wahrmund, Bauernbund, 59.
472 Möckl, Prinzregentenzeit, 486–490.
473 Schwab an Wieland, 4. August 1899.
474 Hundhammer, Geschichte, 88.
475 Schwab an Wieland, 8. Dezember 1899.
476 Wieland an einen ungenannten Adressaten, 18. Mai 1900 (Entwurf).

477 Liste der für den Landrat wahlberechtigten und wählbaren Grundbesitzer in dem Regierungsbezirke Niederbayern (IV. Beilage zur Regierungs-Entschließung vom 23. März 1900 ad Num. 5028[F]), in: Kreis-Amtsblatt von Niederbayern 1900.
478 BayHStA, MInn 73455, Bezirksamtmann Crusilla (Straubing) an Innenminister Feilitzsch, 7. Mai 1897.
479 Neue freie Volkszeitung vom 8. Juni 1900; ferner: HUNDHAMMER, Geschichte, 89.
480 HOCHBERGER, Bauernbund, 101.
481 Memminger an Wieland, 9. Oktober 1900.
482 Neue freie Volkszeitung vom 7. November 1900; ferner: HUNDHAMMER, Geschichte, 90–92.
483 Neue freie Volkszeitung vom 7. November 1900.
484 Neue freie Volkszeitung vom 16. November 1900.
485 Verzeichniß der Mitglieder des Landrathes von Niederbayern und deren Ersatzmänner für die Wahlperiode 1900/05, in: Kreis-Amtsblatt von Niederbayern vom 18. April 1900, 123–125.
486 Protokoll über die Verhandlungen des Landrathes von Niederbayern vom 12. November bis 24. November 1900 (Außerordentliche Beilage zum Hauptblatte des Kreis-Amtsblattes von Niederbayern vom 13. Dezember 1900); ferner: Neue freie Volkszeitung vom 23. November 1900.
487 StA Landshut, Nachlassakten (Rep. 166N/26) 205/1901, Protokoll der Testamentseröffnung am 8. Oktober 1901.
488 Die Besitzgeschichte des Anwesens Haus Nr. 8 ist dem Grundsteuerkataster der Steuergemeinde Mitterharthausen entnommen: StA Landshut, (Grundsteuer-)Kataster 17/21-9 und 17/21-11.
489 Vgl. dazu HOCHBERGER, Bauernbund, 103f.
490 Todesanzeige vom 17. September 1901.
491 Leichenpredigt vom 20. September 1901.
492 StA Landshut, Nachlassakten (Rep. 166N/26) 205/1901, Protokoll der Testamentsverkündung am 11. Oktober 1901.
493 Gesuch Maria Wielands um Nachlass von Bodenzins und Grundsteuer, undatiert (Entwurf).
494 Die Besitzgeschichte des Anwesens Haus Nr. 97 in Degenberg ist dem Grundsteuerkataster der Steuergemeinde Schwarzach entnommen: StA Landshut, (Grundsteuer-)Kataster 1/42-13 und 1/42-16.
495 PrivatA Eisenberger, Nachlass Georg Eisenberger, Franz Wieland jun. an Eisenberger, 29. April 1930.
496 Neue freie Volkszeitung vom 22. September 1901.
497 Neue freie Volkszeitung vom 23./24. September 1901.
498 Landauer Volksblatt vom 13. Mai 1913.
499 Zur Entwicklung der Bauernbundsbewegung zwischen Wielands Tod und dem Ersten Weltkrieg vgl. HOCHBERGER, Bauernbund, 103–110; ferner: HELLER, Bund der Landwirte, 8–12.
500 Vgl. dazu HOCHBERGER, Bauernbund, 176.
501 Zur Entwicklung der Bauernbundsbewegung seit dem Ersten Weltkrieg vgl. BERGMANN, Bauernbund, 45–202; ferner: MATTES, Bauernräte; FRITSCH – GOTTWALD, Bayerischer Bauernbund, 141–149; HAUSHOFER, Bauernbund, 175–181.
502 HUNDHAMMER, Berufsvertretung, 74.
503 Vgl. dazu BERGMANN, Bauernbund, 336–363.
504 Landauer Volksblatt vom 24. April.
505 BayHStA, StK 6672, Halbmonatsbericht des Regierungspräsidiums von Niederbayern und der Oberpfalz, 4. Mai 1933.
506 Neue freie Volkszeitung vom 22. September 1901.
507 Das Bayerische Vaterland vom 24. April 1898.
508 PrivatA Eisenberger, Nachlass Georg Eisenberger, Wieland an Eisenberger, 6. Juni 1897.
509 Zur geographischen Verbreitung der Bauernbundsbewegung vgl. HOCHBERGER, Bauernbund, 131–137.
510 Anonyme Zuschrift „Aus dem Allgäu", undatiert.
511 StA Landshut, Regierung von Niederbayern – Kammer des Innern

(Rep. 168/1) 37522, Bericht des Bezirksamts Mallersdorf über die Geiselhöringer Bauernbundsversammlung, 30. Februar 1894.
512 BLESSING, Umwelt, 7.
513 STELZLE, Verhältnisse, 487–510.
514 REIBEL, Handbuch, 1040 und 1043.
515 STELZLE, Verhältnisse, 518–531.
516 WAHRMUND, Bauernbund, 3.
517 PUHLE, Interessenpolitik, 278; FARR, Populism, 153; HOCHBERGER, Bauernbund, 169–171.
518 THRÄNHARDT, Wahlen, 84.
519 THRÄNHARDT, Wahlen, 83; LENK, Bauern, 245–264.
520 Vgl. dazu FARR, Populism, 150f.

# Personenregister

## Bildnachweis

Bayerische Staatsbibliothek München: 116, 118, 161
Bayerischer Bauernverband, Geschäftsstelle Straubing-Bogen: 13
Briefmarkenfreunde Osterhofen: 19
Dr. Johann Kirchinger, Holztraubach bei Mallersdorf-Pfaffenberg: 14, 68
Friedrich Murr, Feldkirchen bei Straubing: 30
Gäubodenmuseum Straubing, Sammlung Stickroth: 38
Georg Eisenberger, Traunstein: 169, 252
Gottfried Liebl, Degenberg bei Schwarzach: 59, 248
Helmut Hilz, Siegsdorf bei Traunstein: 41, 56, 229
Mathilde Willnecker, Schatzbach bei Bad Birnbach: 247, 255
Pfarrarchiv Oberigling: 17
Rupert Venus, Schwarzach: 61
Stadtarchiv Straubing, Fotosammlung Weichhart-Schwarz 1033: 123
Verlagsarchiv Pustet, Regensburg: 127
Karte: Stefan Krabichler, Schernfeld

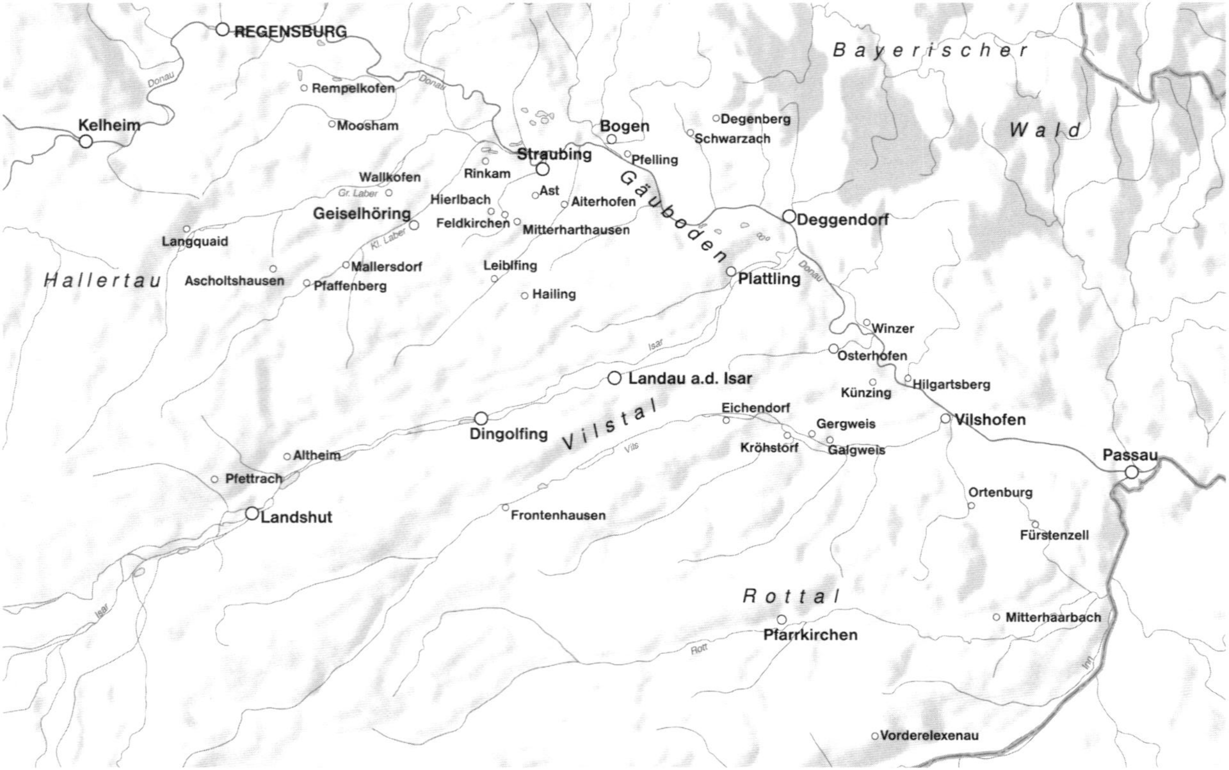


*Niederbayerische Orte, die mit Wielands Leben besonders in Verbindung stehen*